Bildung und Erziehung in Übergangsgesellschaften

Schriften der Deutschen Gesellschaft für Erziehungswissenschaft (DGfE)

Frank Achtenhagen
Ingrid Gogolin (Hrsg.)

Bildung und Erziehung in Übergangsgesellschaften

Beiträge zum 17. Kongress der Deutschen Gesellschaft für Erziehungswissenschaft

Leske + Budrich, Opladen 2002

Gedruckt auf säurefreiem und alterungsbeständigem Papier.

Die Deutsche Bibliothek – CIP-Einheitsaufnahme
Ein Titeldatensatz für diese Publikation ist bei Der Deutschen Bibliothek erhältlich.

ISBN 3-8100-3454-1

Druck: DruckPartner Rübelmann, Hemsbach
Printed in Germany

Inhalt

Frank Achtenhagen, Ingrid Gogolin

Vorwort

In den letzten Jahren haben sich auf allen Gebieten des gesellschaftlichen Lebens einschneidende Wandlungsprozesse vollzogen. Beispiele dafür: Von den Individuen wird erhöhte Mobilität erwartet; die Bedingungen der Erwerbsarbeit ändern sich radikal; neue Technologien führen zu anderen Raum- und Zeiterfahrungen. All dies bringt veränderte Ansprüche an Bildung und Erziehung mit sich. Die Umgestaltung der Geschlechterverhältnisse etwa oder die offensivere Präsenz jugendkultureller Eigenwelten, die Veränderung religiöser Bindungen oder der Identitätsentwicklung unter Migrationsbedingungen müssen im Bildungs- und Erziehungswesen aufgegriffen werden, um die Nachwachsenden bei der Bewältigung von neu auf sie einstürmenden Entwicklungsaufgaben zu unterstützen. Zwar zeigen sich alle hiermit angesprochenen Transformationsprozesse weltweit, in allen Gesellschaften. In Deutschland aber erhielten sie eine besondere Dynamik aufgrund der politischen Wende vor nun mehr als zehn Jahren.

Die Debatten während des 17. Kongresses der DGfE haben sich um die Herausforderungen gedreht, die die gesellschaftlichen, ökonomischen und technischen Entwicklungen für die Erziehungswissenschaft mit sich bringen. Unter den ca. 800 Wissenschaftlerinnen und Wissenschaftlern aus dem In- und Ausland, die am Kongress teilnahmen, bestand darüber Einigkeit, dass die Erziehungswissenschaft sich besonders der Aufgabe anzunehmen hat, den Verwerfungen entgegenzutreten, die die Wandlungsprozesse mit sich bringen. In den zahlreichen Kongressbeiträgen wurden nationale und internationale Erfahrungen mit Umsteuerungen der Bildungs- und Erziehungssysteme vorgestellt, die unter anderem auf die Frage Antwort geben sollten, wie sich unerwünschte Nebenfolgen von Innovationsmaßnahmen vermeiden lassen. Auch die Frage, wie die Erziehungswissenschaft dazu beitragen kann, Rechtsextremismus und Fremdenfeindlichkeit zu bekämpfen, wurde intensiv diskutiert. Hierzu wurde eine Erklärung verabschiedet, die im Anhang dieses Bandes veröffentlicht wird.

In diesem Band ist eine Auswahl aus den Beiträgen zum 17. Kongress der DGfE versammelt. Die Zusammenstellung geschah in Zusammenarbeit mit den Organisatorinnen und Organisatoren von Symposien. Wir danken allen Beteiligten für ihre freundliche Kooperationsbereitschaft. Unser Dank gilt auch Frau Renate Mecky, die uns bei der Herstellung des Manuskripts unterstützt hat.

Hamburg und Göttingen, zur Jahreswende 2001/2002
Frank Achtenhagen, Ingrid Gogolin

Prof. Dr. Gerd Lüer, Vizepräsident
der Georg-August-Universität Göttingen

Grusswort der Universität

Im Namen der Georg-August-Universität Göttingen begrüße ich Sie zur Eröffnung des 17. Kongresses der Deutschen Gesellschaft für Erziehungswissenschaft. Unsere Universität erfüllt es mit Freude und Ansporn, Ihrer wissenschaftlichen Fachgesellschaft alle notwendigen Voraussetzungen zur Durchführung eines erfolgreichen Kongresses zu bieten. Und daß Sie Göttingen bereits zum 2. Mal als Tagungsort für Ihre Konferenzen ausgewählt haben, erleben wir mit Genugtuung und auch ein wenig Stolz. Mögen Sie hier wissenschaftliche ertragreiche Tage erleben und mit neuen Ideen und hinzugewonnener Nachdenklichkeit Göttingen nach anstrengenden Kongreßtagen verlassen, allerdings nicht ohne zusätzliche Erinnerungen an interessante Begegnungen und Kontakte mit anregenden und freundlichen Menschen sowie mit vielen positiven Erlebnissen in unserer vom Universitätsleben stark geprägten Stadt.

Mit dem Thema „Bildung und Erziehung in Übergangsgesellschaften" haben Sie ein hoch aktuelles Problem gewählt. Es bedarf keines langen Nachdenkens darüber, um sicher zu sein, daß jeder von uns in seinen unterschiedlichsten Lebensbezügen von Merkmalen und Konsequenzen betroffen ist, die sich dem Tatbestand von Übergangsgesellschaften zuordnen lassen. Selbst unser alltägliches Universitätsleben bleibt hiervor nicht verschont: Das Tempo, mit dem beispielsweise hier in der Göttinger alma mater Strukturen und Fundamente verändert und reformiert werden, mag mancher schon als atemberaubend empfinden. Davon sind nicht nur z.B. formale akademische Abschlüsse betroffen, die sich internationalen Standards und Gebräuchen anpassen, dazu gehören auch neue Studiengänge in englischer Sprache und mit geänderten Lehr- und Betreuungsphasen der Studierenden gegenüber dem althergebrachten zeitlichen Raster von zwei jährlichen Semesterperioden. Auch das neue Instrument der Zielvereinbarungen, mit dem das alte routinemäßige und auch wohl sehr stumpf gewordene Antragswesen für neue Ressourcen in transparente und dynamisch sich entwickelnde Planungen und Evaluationen erstmalig in diesem Jahr überführt werden konnte, gehört zu solchen Veränderungen. Und daß der uns bevorstehende Globalhaushalt mit den Konsequenzen einer Kosten- und Leistungsrechnung ab Beginn des Jahres 2001 noch gar nicht ganz abgeschätzte Folgen für unsere Institute und Seminare bereit halten wird, ahnen wir alle schon in unbequemer Unsicherheit. Daß solche Reformen sich unmittelbar auswirken werden auf die Bildung und ebenso auf die Erziehung, ist uns zwar plausibel und evident, über ein sicheres Wissen oder gar genaueres Verständnis hierzu verfügen wir allerdings nicht. Deshalb ist es so wichtig, daß sich die Erziehungswissenschaft als unmittelbar betroffene Disziplin diesem Gegenstand zuwendet. Und wenn ich mir Ihr wissenschaftliches Programm ansehe, gehen Sie diese Problemstellung in einer langen und systematischen Perspektive an: Nicht der Status quo allein steht zur Debatte, auch historische Entwicklungslinien werden herausgearbeitet, analysiert und bewertet und hier und da werden – wenn auch vorsichtige – Blicke in die Zukunft gelenkt. Diese Vorgehensweise, die ganz der wissenschaftlichen Erkenntnissuche und Erkenntnissicherung dient, erscheint erfolgversprechend, soweit ich das als interessierter Laie verstehen kann. Und daß all diese anvisierte Arbeit durch internationale Beiträge kräftig unterfüttert ist, erhöht in meinen Augen die Aussicht auf erfolgreiche Problemlösungen erheblich.

Sie haben sich ganz ohne Zweifel ein schwieriges Problem zum Leitthema ausgesucht, das Ihnen kein intellektuelles Ruhekissen sein kann. Eine durch die täglich erlebbaren Merkmale einer Übergangsgesellschaft verunsicherte Öffentlichkeit wird Sie über die Medien bei Ihrer Arbeit begleiten und Ihre Erträge interessiert registrieren, aufnehmen und diskutieren. Damit stehen Sie allerdings auch ein wenig unter Erwartungsdruck, wenn es nämlich um Antworten geht, auf die Ihr Leitthema in aller Aktualität hinweist und auf die die Gesellschaft von der Wissenschaft wartet.

Schließen möchte ich nicht, ohne den Mitgliedern des Seminars für Wirtschaftspädagogik dafür zu danken, daß Sie die Arbeit der Organisation und der wissenschaftlichen Strukturierung dieses wissenschaftlichen Treffens auf sich genommen haben. Sie haben nicht nur viel Arbeit zu leisten gehabt in den vergangenen Wochen, Sie werden sicherlich auch teilhaben an einer hoffentlich intensiven Nachhaltigkeit, die der Göttinger Kongreß nach sich ziehen wird.

So wünsche ich Ihnen alle Erfolge und Durchbrüche bei der Behandlung des so wichtigen und aktuellen Themas, Durchhaltekraft und Unnachgiebigkeit beim Ringen um neue Erkenntnisse und Perspektiven und – last but not least – angenehme und interessante Tage in den Mauern der Georgia Augusta und in unserer wissenschaftslebendigen Stadt.

Rede der Bundesministerin für Bildung und Forschung Edelgard Bulmahn anlässlich der Eröffnung des 17. Kongresses der Deutschen Gesellschaft für Erziehungswissenschaft „Bildung und Erziehung in Übergangsgesellschaften" am 19.09.2000 in Göttingen gehalten von Ministerialdirektorin Veronika Pahl

Sehr geehrte Frau Professor Gogolin,
sehr geehrter Herr Professor Lüer,
meine sehr geehrte Damen und Herren,

ich grüße Sie sehr herzlich von Frau Bundesministerin Edelgard Bulmahn. Sie ist untröstlich, dass sie heute nicht hier sein kann. Ich bin gerne an ihrer Stelle eingesprungen, um hier in Göttingen bei der Eröffnung des 17. Kongresses der „Deutschen Gesellschaft für Erziehungswissenschaft" dabeizusein.

Das Thema „Erziehung und Bildung in Übergangsgesellschaften", das Sie für Ihren diesjährigen Kongress gewählt haben, könnte zentraler kaum sein. Der Plural „Übergangsgesellschaften" weist pointiert auf eine der großen Schwierigkeiten hin, vor denen wir heute stehen – in der Wissenschaft wie in der Politik:

Gesellschaften, die im Zuge von Enttraditionalisierung und Individualisierung faktisch plural geworden sind, erzeugen auch plurale Selbstbeschreibungen. Die unterschiedlichen Deutungsmuster – von der „Risikogesellschaft" (Beck) über die „Dienstleistungsgesellschaft" (Bell u.a.), die „Verantwortungsgesellschaft" (Etzioni) bis hin zur „Informations- und Wissensgesellschaft" (Spinner und Steher) – zeigen dies beispielhaft.

Diese Pluralität der Deutungsmuster macht es zunehmend schwieriger, eindeutige und konsensfähige Bildungs- und Qualifikationsziele zu benennen. Aber: auch wenn „Veränderung" zur Regel und „Umbruch" zur Zeitsignatur werden, kommen wir nicht umhin, die dominierenden politischen und gesellschaftlichen Trends zu bestimmen. Trends, auf die wir unsere Reformbemühungen in Erziehung, Bildung und Wissenschaft ausrichten müssen.

Die Bildungs- und Wissenschaftspolitik gerät dadurch leicht in Gefahr, auf die vielfältigen, oft widersprüchlichen Anforderungen, die an das Bildungssystem herangetragen werden, nur zu reagieren, oder aber die Gesetzmäßigkeiten anderer gesellschaftlicher Teilbereiche bruchlos auf Bildung und Wissenschaft zu übertragen. Denken Sie hier nur an die Tendenz einer zunehmenden Ökonomisierung von Bildung und Wissenschaft.

Wenn wir dieser Gefahr begegnen wollen, brauchen wir ein weites – alle Rationalitäten dieser Welt umfassendes – Bildungsverständnis. Ein Bildungsverständnis, das sowohl Bildung als auch Qualifikation umfasst, anstatt sie gegeneinander auszuspielen. Das Spannungsverhältnis ist unaufhebbar: Ohne eine vielseitig entwickelte Gesamtpersönlichkeit mit ausgeprägter Eigen- und Sozialkompetenz ist Qualifizierung und Beschäftigung heute nicht mehr denkbar. Umgekehrt ist die Fähigkeit, den eigenen Lebensunterhalt zu sichern, eine notwendige Voraussetzung für die Entfaltung der eigenen Person und für die Teilhabe an der Gesellschaft insgesamt.

Meine Damen und Herren, wir stehen heute vor einer doppelten Fragestellung, nämlich vor der Frage nach den maßgeblichen Trends in der politisch-gesellschaftlichen Entwicklung und vor der Frage nach den Reformnotwendigkeiten für unser Bildungssystem, die sich daraus ergeben.

Wenn wir hier Antworten finden wollen, brauchen wir einen breit angelegten Dialog, der die Grenzen zwischen Wirtschaft, Wissenschaft und Gesellschaft – nicht zuletzt auch zwischen Nationen – überwindet. Wenn uns das gelingt, haben wir gute Chancen, die vor uns liegenden Zukunftsaufgaben zu meistern.

Die Bundesregierung hat deshalb Dialog zu einem Grundprinzip ihrer Regierungsarbeit gemacht:

Im „Bündnis für Arbeit, Ausbildung und Wettbewerbsfähigkeit" suchen wir im Konsenz mit den Sozialpartnern nach Auswegen aus der Krise des Beschäftigungssystems.

In der von Frau Bundesministerin Edelgard Bulmahn geleiteten Arbeitsgruppe „Aus- und Weiterbildung" treffen wir Verbredungen über Modernisierung der beruflichen Bildung, der Erstausbildung – mit Blick auf den am Donnerstag sich anschließenden internationalen Berufsbildungskongress incl. der Prüfungen – wie der Weiterbildung.

Und im „Forum Bildung" führen wir einen breiten gesellschaftlichen Dialog über die Erneuerung unseres Bildungssystems. Wir wollen gemeinsame Strategien entwickeln, um die Qualität und Zukunftsfähigkeit unseres Bildungssystems im internationalen Vergleich zu sichern.

Bildung, meine Damen und Herren, ist heute zu einer zentralen Voraussetzung für Zukunftsfähigkeit geworden. Nicht nur die Sicherung der Wettbewerbsfähigkeit der deutschen Wirtschaft verlangt besondere Anstrengungen im Bildungsbereich. Bildung ist auch aus der Sicht der Einzelnen die wichtigste Form der Zukunftsvorsorge: Bildung ist er Schlüssel zum Arbeitsmarkt und die beste Vorbeugung gegen Arbeitslosigkeit, natürlich kein Garant. Und vor allem – keine noch so gute Bildungspolitik ersetzt Arbeitsmarkt- und Wirtschaftspolitik. Bildung ermöglicht die Teilhabe am sozialen und gesellschaftlichen Leben und bietet zugleich Orientierung in einer Welt, die immer komplexer wird.

Die Bundesregierung hat deshalb die Zukunftsinvestitionen in Bildung und Forschung deutlich erhöht. Mit dem Haushalt 2001 wird es das dritte

Mal in Folge sein. Trotz enger finanzieller Spielräume und der notwendigen Haushaltssanierung sind die längst fälligen Kurskorrekturen erfolgt bzw. eingeleitet.

Dies allein reicht aber nicht aus. Notwendig ist vielmehr eine Doppelstrategie, die die Leistungsfähigkeit des Bildungswesens durch erhöhten Mitteleinsatz steigert und zugleich auf Effizienzerhöhung durch Reformen setzt.

Welches sind nun – allen divergierenden Deutungsmustern zum Trotz – Trends, die die Bildungspolitik aufnehmen und strategisch in Reformkonzepte umsetzen muss? Lassen Sie mich nur einige Trends stichwortartig benennen:

Transnationale Zusammenarbeit insgesamt und insbesondere die europäische Einigung verlangen immer mehr internationale Ausrichtung, Verstehen anderer Kulturen und führen dazu, dass Politik und Wirtschaft immer weniger national bestimmt werden.

Unser Wissen vervielfacht sich mit zunehmender Geschwindigkeit. Insbesondere die wachsende Wissensintensität der Produktion mit immer kürzeren Produktionszyklen und Produktivitätssprüngen verlangt neue kognitive und kommunikative Fähigkeiten.

Durch Veränderungen in der Arbeitswelt verlieren unsere tradierten Vorstellungen von lebenslanger Erwerbstätigkeit in dem einmal erlernten Beruf an Bedeutung. Neue Formen der Arbeitsorganisation erfordern immer mehr Mobilität, Flexibilität sowie die Fähigkeit, unsichere Situationen bewältigen zu können (Ambiguitätstoleranz und Interpolationsfähigkeit).

Verlängerungen im familiären und sozialen Umfeld verlagern immer mehr Erziehungsaufgaben auf die Schulen.

Demografische Veränderungen führen dazu, dass unsere Gesellschaft im Durchschnitt immer älter wird.

Diese Entwicklungen fordern unser Bildungssystem in seiner ganzen Breite heraus:

Die Qualifikationsanforderungen werden immer höher. Auf dem Arbeitsmarkt zeigt sich deutlich, dass die Zahl der Arbeitsplätze für Un- und Angelernte drastisch abnimmt.

Neue und andere Qualifikationen sind gefragt: Fachkenntnisse verbunden mit sozialer Kompetenz, Fremdsprachenkenntnisse und interkulturelle Kompetenz, die Fähigkeit zu selbständigem Lernen und Medienkompetenz sind gefragter denn je.

Neben Schulen, Hochschulen und Berufsbildungsstätten entstehen neue Lernorte: Gelernt wird heute zunehmend in Weiterbildungseinrichtungen, am Arbeitsplatz oder auch weltweit und multimedial im Internet.

Die Fähigkeit, lebenslang lernen zu können und zu wollen, muss frühzeitig im Bildungssystem erwerbbar und in der Arbeitswelt anwendbar sein. Strukturwandel muss künftig auch von Älteren initiiert werden!

Meine Damen und Herren, diesen Wandel gestalten – das kann die Politik, das kann eine Regierung nicht allein leisten. Daran müssen alle mitwirken, die in Wirtschaft und Gesellschaft Verantwort tragen. Das heißt: Wir alle sind gefordert, gemeinsam Rahmenbedingungen zu schaffen für ein Lehren und Lernen, das dem gesellschaftlichen Wandel Rechnung trägt.

Wir müssen – erstens – unser Bildungssystem insgesamt leistungsfähiger machen, indem wir es zu einer „lernenden Organisation“ umgestalten. Zur Qualitätssicherung brauchen wir in allen Bildungsbereichen Instrumente der Leistungsmessung und des Leistungsvergleichs.

Und wir müssen – zweitens – die Voraussetzungen für individuelle Leistungen verbessern, damit Kreativität und Eigenverantwortung gefordert und gefördert werden, damit Chancengleichheit gesichert und das Recht auf bestmögliche Bildung verwirklicht wird.

Ich möchte mich im folgenden auf zwei Aspekte konzentrieren. Es sind die Internationalisierung von Bildung und Wissenschaft sowie die Erneuerung der Lehr- und Lernkultur in der Informations- und Wissensgesellschaft. Hier werden die Herausforderungen der „Übergangsgesellschaften“ besonders deutlich.

Internationalisierung von Bildung und Wissenschaft

Wir leben heute in einer Welt, in der sich Kapital und Güter nahezu frei und ungehindert bewegen können. Der Erwerb Bildung und Wissen außerhalb des Heimatlandes hat dagegen immer noch viel zu viele bürokratische Hindernisse zu überwinden.

Eine zukunftsorientierte Bildungs- und Wissenschaftspolitik kann deshalb heute nur noch im Einklang mit europäischen und internationalen Entwicklungen gestaltet werden.

Ein Ziel, das das Bundesministerium für Bildung und Forschung für die nächsten Jahre fest im Blick hat, ist die Errichtung eines europäischen Hochschulraums. Die Bildungsminister und -ministerinnen von 29 europäischen Staaten haben dafür mit der Bologna-Erklärung vom Juni 1999 einen wichtigen Grundstein gelegt. Diese Entwicklung werden wir weiter vorantreiben. Der europäische Hochschulraum muss Konturen gewinnen und in der Welt wahrnehmbar sein.

Mit der Entwicklung internationaler Studiengänge und der Einführung von Bachelor- und Master-Abschlüssen ist eine Öffnung und Internationalisierung unserer Studienangebote eingeleitet. Für die deutsche Hochschullandschaft ist das ein Meilenstein! Die Hochschulen haben begonnen, ein Leistungspunktsystem einzuführen, das den Transfer von Studien- und Prüfungsleistungen wesentlich erleichtert.

Ausländische Studierende können bei uns inzwischen ihren Abschluss in englischer Sprache machen. Und wir werden uns dafür einsetzen, dass diese Studierenden bei uns Arbeit finden und Erfahrungen machen, von denen später zu Hause Wirtschaft oder Wissenschaft profitieren.

Der Hochschul- und Wissenschaftsstandort Deutschland muss noch weltoffener und toleranter im Umgang mit Ausländerinnen und Ausländern werden. Die Zahl der ausländischen Studierenden bei uns ist in den letzten Jahren zwar ständig gestiegen, aber mit einem Anteil von 6 Prozent immer noch zu niedrig.

Mit der Änderung der Richtlinien zu Ausländergesetzgebung haben wir hier für Studierende sowie für Wissenschaftlerinnen und Wissenschaftler inzwischen erhebliche Erleichterungen erreicht.

Mobilität ist aber keine Einbahnstraße! Wir wollen deshalb den Anteil deutscher Studierender, die für ein oder mehrere Semester ins Ausland gehen, von heute 10 auf künftig 20 Prozent steigern. Mit der Internationalisierung der Ausbildungsförderung im Rahmen der BAföG-Reform kann ein in Deutschland begonnenes Studium künftig innerhalb der EU bis zum Abschluss gefördert werden.

Meine Damen und Herren, mit der gleichen Intensität treiben wir die internationale Öffnung in der beruflichen Bildung voran. Hier gibt es im Vergleich zum Hochschulbereich noch immer größeren Nachholbedarf. Unser Ziel ist es, den Austausch in der beruflichen Bildung innerhalb der nächsten Jahre zu verdoppeln. Dazu erarbeiten wir gerade ein Konzept zur internationalen Mobilitätssteigerung in der Berufsbildung.

In allen Bildungsbereichen bieten die EU-Bildungsprogramme eine gute Grundlage für Austausch, Zusammenarbeit und für die Verwirklichung neuer Ideen. Diese Chance wollen wir in Zukunft noch viel stärker nutzen!

Ich komme zu dem zweiten genannten Aspekt, der Lehr- und Lernkultur in der Informations- und Wissensgesellschaft.

Meine Damen und Herren, alle Zukunftsstudien – so weit sie im Detail auch voneinander abweichen mögen – stimmen in einem Punkt überein: Nämlich in der Feststellung, dass wir künftig immer mehr mit „offenen Strukturen“ zurecht kommen müssen.

Was das bedeutet, können wir immer wieder erleben: Wir müssen unser Wissen ständig erweitern und aktualisieren, um auf dem Laufenden zu bleiben. Und im Arbeitsleben müssen wir uns immer wieder in neuen Aufgaben oder sogar in einem neuen Beruf zurechtfinden.

Hier liegt eine große Herausforderung für unser Bildungssystem. Eine neue Lehr- und Lernkultur, die „offenen Strukturen“ Rechnung trägt, muss deshalb ein Kernbestandteil jeder Bildungsreform sein.

Wir müssen das Feld „Unterricht und Erziehung“ weiterentwickeln und die Qualität des Unterrichts verbessern – vor allem im mathematisch-naturwissenschaftlichen Bereich. Das wollen wir mit zwei großen Bund-Länder-Modellprogrammen erreichen.

Eine neue Lernkultur betrifft aber nicht nur die Lernenden, sondern vor allem auch die Lehrenden selbst. Die Aus- und Fortbildung der Lehrerinnen und Lehrer ist das Nadelöhr jeder Bildungsreform.

Nach meiner Beobachtung liegt ein gravierender Mangel bei uns in dem Fehlen einer schlüssigen Verbindung von fachwissenschaftlicher und pädagogisch-didaktischer Ausbildung. Das muss sich ändern! Ein Vorbild wird hier die mustergültige Arbeit des neu gegründeten „Zentrums für Wissensmanagement und Wissensmärkte“ an der Universität Göttingen sein.

Die Verbindung von Forschung und Lehre und die fakultätsübergreifende Zusammenarbeit werden hier ja ganz groß geschrieben!

Besonders gravierende Mängel in der Aus- und -fortbildung der Lehrer und Lehrerinnen zeigen sich im Bereich der Neuen Medien. Im praktischen Umgang mit Computern haben unsere Schüler und Schülerinnen ihren Lehrern und Lehrerinnen oft immer noch einiges voraus.

Wir müssen aber die vielfältigen Möglichkeiten der Neuen Medien im Unterricht und in der Lehre nutzen. Die Ausstattung aller Bildungseinrichtungen mit Computern und Internet-Zugängen ist dazu nur ein erster Schritt. Ohne geeignete Konzepte für die Anwendung der Hardware und ohne eine ausreichende Qualifizierung der Lehrer und Lehrerinnen werden wir dabei auf halber Strecke stehen bleiben.

Wenn ich mir die Bildungsstätten der Zukunft vorstelle, dann spielen Lehr- und Lernsoftware dort die gleiche Rolle wie heute Schulbücher oder die Wandtafel. Das Bundesministerium für Bildung und Forschung unterstützt deshalb die Entwicklung didaktisch hochwertiger Lehr- und Lernsoftware für Schulen, Hochschulen und berufliche Bildungsstätten. Allein dafür stellt die Bundesregierung in den nächsten fünf Jahren 400 Mio. DM zusätzlich zur Verfügung.

Im Bereich der Hochschule, meine Damen und Herren, haben wir inzwischen eine weltweite Vorreiterrolle übernommen. Mit dem breitbandigen „Internet 2“ steht unseren Hochschulen eine ausgezeichnete Infrastruktur für netzgestützte Bildungsangebote zur Verfügung.

Die Diskussion um virtuelle Hochschulen zeigt, worum es hier in erster Linie geht: Nämlich um die Loslösung der Bildung von den angestammten Orten ihrer Vermittlung. Mit Leitprojekten wie der „Virtuellen Fachhochschule“ oder dem „Vernetzten Studium Chemie“ erproben wir deshalb Studiengänge, die den neuen Anforderungen des netzbasierten Lehrens und Lernens Rechnung tragen.

Meine Damen und Herren, wir dürfen jedoch nicht aus den Augen verlieren, dass Computer, Internet und Software allein nicht zu mehr Wissen führen. Sie können lediglich den Zugriff auf Daten und Informationen erleichtern, die vorher oft unzugänglich waren. Grundlage für persönlich und gesellschaftlich verantwortliches Handeln sind aber immer Daten und Informationen verknüpft mit individuellem Wissen.

Deshalb muss auch in der Informations- und Wissensgesellschaft der Mensch im Mittelpunkt stehen – und nicht die Technik! Der Spagat zwischen modernen Wissen, wie etwa der souveräne Umgang mit dem Computer und den durch ihn eröffneten Lernmöglichkeiten und dem klassischen Bildungskanon muss gelingen. Der Erwerb individuellen Wissens, die Entfaltung von Fähigkeiten und sozialer Kompetenz und damit die Entwicklung der Gesamtpersönlichkeit – das sind Aufgaben, die nur durch Bildung und Erziehung zu lösen sind.

Lebensbegleitendes Lernen

Die Erstausbildung, meine Damen und Herren – egal ob Berufsausbildung oder Hochschulstudium –, prägt nach wie vor den Berufseinstieg. Zur Sicherung der beruflichen Laufbahn bis zum Altersruhestand reicht sie heute aber nicht mehr aus.

Wir müssen deshalb den Grundsatz des lebensbegleitenden Lernens in allen Bildungsbereichen konsequent verwirklichen. Dies erfordert eine Veränderung und Vernetzung aller Lernorte und schließt auch informelles Lernen außerhalb der klassischen Bildungsinstitutionen ein.

Mit Aktionsprogrammen wie „Lebensbegleitendes Lernen für alle" werden wir die zahlreichen Aktivitäten in diesem Bereich bündeln und damit einen Beitrag zur Verwirklichung einer „lernenden Gesellschaft" leisten. Ein erster Schritt ist hier der Aufbau „lernender Regionen" durch die Förderung von Kooperationsverbünden, in denen wir die Anbieter und Nachfrager von Bildung besser zusammenführen als bisher.

Die politische Perspektive, meine Damen und Herren, ist klar: Nur mit der bestmöglichen Bildung für alle können wir die Chancen der Informations- und Wissensgesellschaft nutzen – einer Gesellschaft, die mehr und mehr zu einer Bildungsgesellschaft wird.

Dieses Reformvorhaben reicht weit über die Zuständigkeit des Bundes hinaus und kann nur gemeinsam mit Ländern, Sozialpartnern, vor allem aber mit den Betroffenen selbst verwirklicht werden.

Für die Entwicklung der Bildungsgesellschaft brauchen wir also Partner. Partner, die sich in den vielen verschiedenen Bildungseinrichtungen „vor Ort" engagieren. Und Partner, die mit ihrem Expertenwissen und Sachverstand mithelfen, eine vorausschauende und erfolgreiche Bildungspolitik zu gestalten.

Hier setzen wir auch in Zukunft auf die Deutsche Gesellschaft für Erziehungswissenschaft.

Ich wünsche Ihnen, meine Damen und Herren, eine abwechslungsreiche, spannende und informative Tagung – und uns viele neue Ideen für unsere gemeinsame Gestaltung der Bildungsgesellschaft von morgen. Reflexion, Nachdenklichkeit und Entschleunigung ist erwünscht. Machen Sie mit!

Ich danke Ihnen.

Ingrid Gogolin

Grenzüberschreitung. Bedingung pädagogischen Handelns in Übergangsgesellschaften.

Beitrag zur Eröffnung des 17. Kongresses der Deutschen Gesellschaft für Erziehungswissenschaft

Hätte in der jüngeren Zeit jemand eine Häufigkeitszählung öffentlich benutzter Nomen vorgenommen, so hätte sie gewiß ergeben, daß das Wort „Bildung" eine höhere Frequenz erreicht hat als in vielen Jahren zuvor; es nimmt vermutlich augenblicklich einen der oberen Ränge ein. Wir vernehmen es alleinstehend, wir vernehmen es in vielen Kombinationen. Zu den beliebtesten Hinzufügungen gehörte wohl „Offensive". Auch wurde schon zu ruckweisen Bewegungen geraten, damit Erziehung und Bildung die gewünschte Fitness der Nachwachsenden erzeugen. Der 17. Kongreß der Deutschen Gesellschaft für Erziehungswissenschaft trifft also auf ein Klima, das hoffen läßt, daß seine Debatten Gehör zu finden. Es sollte selbstverständlich sein, daß die breite Öffentlichkeit sich für das interessiert, was die Expertinnen und Experten für Bildung und Erziehung zu den Themen, die neuerdings so viele zu bewegen scheinen, zu sagen haben. Man wird sehen.

Mit diesem Beitrag wende ich mich zuerst an die Expertinnen und Experten für Bildung und Erziehung selbst. Seien Sie herzlich begrüßt zum Kongreß in Göttingen, und erlauben Sie mir, einige Überlegungen in Ihrem kritischen und kundigen Kreise zur Diskussion zu stellen, die mir für die künftige Entwicklung der pädagogischen Profession und der Wissenschaft, die sie beobachtet und begleitet, relevant erscheinen – zwar unabhängig davon, ob sie auch den Geschmack des breiten Publikums treffen.

In der kurzen Zeit, die hier zur Verfügung steht, möchte ich mich auf einen Gesichtspunkt konzentrieren, der unserer wissenschaftlichen Arbeit im engeren Sinne zwar äußerlich ist; der aber sehr wohl zu unserem Verantwortungsbereich gehört. Es ist dies der Gesichtspunkt, daß wir – in Einheit mit unserer Forschung – eine Lehre bieten müssen, deren Früchte eine lange Zeit überdauern. Führen wir uns diejenigen konkret vor Augen, die in den Genuß einer erziehungswissenschaftlichen Ausbildung kommen: Sie haben Aussicht darauf (jedenfalls hoffen und wünschen wir ihnen das), den pädagogischen Beruf, dessen Aneignung sie bei uns beginnen, in den kommenden dreißig bis vierzig Jahren auszuüben. Diejenigen also, deren Erziehung, Bildung und soziale Integration von den Menschen, die wir in den Universitäten ausbilden, (mit)besorgt wird, werden zum erheblichen Teil den nächsten Jahrhundertwechsel noch erleben. Das heute von uns verantwortete und weitergegebene professionelle Können und Wissen der Erziehungswissenschaft, der Pädagogik erreicht mithin nicht nur die nächste Generation, sondern auch noch die übernächsten.

Dies ist gewiß keine Sensation, denn so verhält es sich mit Ausbildungen für komplexe, verantwortungsreiche Berufe – immer schon, seit es solche nach jetzt geläufigem Verständnis gibt. Eine Besonderheit unserer Tage liegt aber darin, daß gewaltige Umbruchprozesse im Gang sind, die mit rasanter Geschwindigkeit vonstatten gehen. Ohne zu dramatisieren, müsse man der nächsten und übernächsten Generation bei nüchterner Beurteilung zugestehen, daß sie in ihrer möglichen Lebenszeit vor Aufgaben gestellt sein werden wie noch keine Generation zuvor – so formulierte es HELMUT PEUKERT (vgl. dens. 1998: 17).

Es wird diesen Kongreß beschäftigen, welche Denk- und Handlungsanstöße wir aus dieser Bedingung unserer erziehungswissenschaftlichen Arbeit gewinnen können – oder auch: gewinnen müssen. Ich kann hier dieser Frage nur in einem winzigen Ausschnitt nachgehen, den ich für exemplarisch halte. Zur Auswahl des Ausschnitts bewegt mich die Gewißheit, daß Entwicklungen vonstatten gehen, die die nächste und übernächste Generation nicht nur in abstrakter Weise, also im Darüber-etwas-wissen, angehen. Vielmehr wird auch ihre psychische und physische Realität unmittelbar von den Entwicklungen betroffen sein. Der Gesichtspunkt, dem ich mich zuwende, steht unter den Schlagworten „Pluralität“ und „Integration“.

Wenn wir gegenwärtige sozio-ökonomische und technisch-kulturelle Entwicklungstendenzen betrachten, so springt ins Auge, daß sie unweigerlich eine wachsende gesellschaftliche Pluralisierung zur Folge haben. Es fragt sich daher, ob und wie das Selbstverständnis und die Angebote der Erziehungswissenschaft sowie der pädagogischen Praxis geeignet sind, auf Pluralität als konstitutives Merkmal der Gegenwarts- und Zukunftsgesellschaften zu reagieren.

Um dieser Frage nachzugehen, werfe ich zunächst einen raschen Blick zurück: in die historische Epoche, der wir das Entstehen von Bildungs- und Erziehungssystemen in öffentlicher Verantwortung, wie sie uns heute geläufig sind, verdanken. Der sich anschließende Abschnitt gilt der Betrachtung gegenwärtiger sozio-ökonomischer und technisch-kultureller Entwicklungstendenzen, deren Folge eine wachsende Pluralisierung ist, und er gilt der Frage nach der Passung dieses Umstands auf vorherrschendes Selbstverständnis und Angebot der Pädagogik und des Bildungswesens

Kurzer historischer Ausflug: „Integration" als Leitmotiv für die Etablierung öffentlicher Bildungs- und Sozialsysteme

Von heute aus betrachtet, war eines der Leitmotive für die Etablierung öffentlicher Erziehungs- und Bildungssysteme, später auch Sozialsysteme nach unserem Verständnis das Interesse an gesellschaftlicher Integration (vgl. zum folgenden: HEYTING 1998, S. 6f). Das Entstehen dieses Motivs muß man sich so erklären, daß das Verständnis des Zusammenhangs von Individuum und Gesellschaft in der Transformationsepoche, die als Zeit der Aufklärung etikettiert ist, einen radikalen Wandel erfuhr. Vor dieser Epoche gestaltete sich dieser Zusammenhang quasi selbstredend. Der Mensch wurde hineingeboren in eine kosmologische Ordnung; seine Stelle und sein Stand in dieser Ordnung waren vorbestimmt, und seine Erziehung bewegte sich in dem dadurch gesteckten Rahmen. Diese als „gegeben" betrachtete Ordnung mußte mit der voranschreitenden Entwicklung der bürgerlichen Gesellschaft mehr und mehr einer Ordnung weichen, die von den Gesellschaftsmitgliedern erst hergestellt werden mußte – die also auf Konsensbildung beruht. FRIEDA HEYTING, die diesem Prozeß profunde Arbeiten gewidmet hat, formuliert: Diese Sicht auf einen durch die Übereinstimmung zwischen Menschen begründeten gesellschaftlichen Zusammenhang beherrsche bis heute die Praxis gesellschaftlicher Integration und das Nachdenken über sie; nur das Objekt des Konsensus werde immer wieder neu gefaßt (vgl. dies 1998, S. 6).

Ein seit jener Epoche Geltung besitzendes Grundmuster für die Gestaltung gesellschaftlicher Integration ist „Homogenisierung". Diese ermöglichte es in der damaligen politisch-sozialen Kräftekonstellation, die Voraussetzungen für den notwendigen Wertekonsens zu schaffen, ebenso wie die praktischen Mittel dafür, ihn zu erzielen. Dies wirkte sich zunächst auf der Ebene der schlichten, praktischen Möglichkeiten des Beredens von Sachverhalten und Auffassungen aus, nachdem sie nicht länger selbstredend gelten; man erinnere sich, daß die über ein größeres Territorium verteilt lebenden Menschen, die zu verfassungsstaatlicher Gemeinschaft, also einer neuen gesellschaftlichen Ordnungsform zusammengeführt wurden, zunächst keineswegs über eine einheitliche Verständigungssprache verfügten – weder untereinander noch für den Verkehr mit den sie gesellschaftlich Leitenden.

Homogenisierung in sprachlicher Hinsicht war deshalb für die gesellschaftlichen Erfordernisse jener Zeit funktional. Es bedurfte ferner der Herstellung von geglaubter Gemeinsamkeit auf anderen wichtigen Ebenen – nicht zuletzt: auf den Ebenen des Empfindens füreinander, wofür die Herausbildung eines kollektiven Gedächtnisses bedeutsam war. Daß diese die zur Nation geformte Gesellschaft kittenden großen Erzählungen entstanden und sich im Selbstverständnis ihrer Institutionen ebenso wie im einzelnen Menschen durchsetzten, hatte nicht nur funktionale Gründe. Mitverantwortlich dafür war vielmehr, daß die tiefgreifenden Umbruchprozesse jener Zeit von einem allgemeinen, starken Bedürfnis nach Ordnung und Strukturierung, nach Reduktion der neuentstandenen Komplexität begleitet wurden. Anknüpfend an Denktraditionen, die sich in Europa über Jahrhunderte hinweg entwickelten, setzte sich nun die synthetisierende Betrachtungsweise der Weltverhältnisse durch, die ein Grundzug abendländischen Denkens ist: nämlich die manichäische Ordnungsweise, die Einteilung der Welt in paarweise Gegensätze – gut und schlecht; Mann und Frau; reich und arm; wir und die anderen –, der Modus also, Einheitlichkeit und Allgemeinheit nach innen zu verlegen, hingegen Uneinheitlichkeit und Besonderheit nach außen. Das „Irritiertwerden durch Pluralität", so Adalbert Rang, war der historische Anfang für den als auch Abwehrmechanismus interpretierbaren Modus, einheitsstiftende Ordnungen zu schaffen – jenes Modus also, der sich als Strategie der Homogenisierung äußert (vgl. RANG 1993).

Diese Strategie der Integration in die Staatsgesellschaft – oder kurzgefaßt: die Erfindung und Durchsetzung von einheitlichem Nationalgefühl, einheitlicher Nationalsprache – ist nicht nur in den Ideenbestand, in die Strukturen und Formen des Schulwesens gegossen worden, das sich als Institution des entstehenden Verfassungsstaats, des Nationalstaats konstituierte. Sie ging auch ein in die Strukturmerkmale und das Selbstverständnis anderer gesellschaftlicher Institutionen, in denen heute pädagogische Handlungsfelder vorfindlich sind. Denn mit dem Nationalstaat wurden Mechanismen wichtig, die die Zuteilung oder Verweigerung von Ressourcen erlaubten; die also halfen, die Menschen einzuteilen in Berechtigte und Nichtberechtigte – etwa zum Empfang von sozialer Hilfe, von Alterspensionen, und eben zur Teilhabe an Bildung.

Diese historisch gewordenen Grundmomente sind in den derzeitigen Institutionen der Erziehung und Bildung noch wirksam. Der traditionelle Modus der „Integration" ist in ihrer Konstruktion als Institutionen des Nationalstaats aufgegangen. Die Aufgabe der „Integration" gilt nach diesem Selbstverständnis prinzipiell nur dem Bürger des eigenen Staats.

Nicht zu leugnen ist, daß hier ein historischer Wandel stattfand. So ist es uns inzwischen beispielsweise selbstverständlich, daß auch *die Staatsbürgerin* ein Recht auf Bildung hat. Daß aber dieser Rechtsstatus, nämlich Zugehörigkeit zur eigenen Nation, für den uneingeschränkten Anspruch auf Leistungen aus dem Erziehungs-, Bildungs- und Sozialwesen Voraussetzung ist, mutet uns heute so an, als gehöre es zur Natur des Menschen. Es findet seine Abbildung in den Grundzügen der Institutionen von Bildung, Erziehung und Sozialem, wurde also quasi auch zu ihrer „Natur". Wie weitgreifend die Durchsetzung dieser Grundauffassungen gelungen ist, ist unter anderem daran zu sehen, daß die Kenntnis dieser Geschichte als *Geschichte* aus dem Bewußtsein fast gänzlich geschwunden ist. Im Inbild des „allgemeinen Kindes", auf das hin das Bildungswesen sich orientiert, hat sich zwar weitgehend durchgesetzt, daß es eine Zweigeschlechtlichkeit gibt. Nach wie vor aber gilt das „allgemeine Kind" als seßhaft. Nach wie vor steht üblicherweise nicht in

Frage, daß die Entfaltung und Vervollkommnung der Nationalsprache, auf deren Territorium ein Kind lebt, gleichsam zu seinen „eingeborenen“, natürlichen Haltungen zu rechnen sei, auf die der Unterricht sich verlassen könne und die er nur aufgreifen müsse. Nach wie vor ist gemeinhin nicht fragwürdig, daß sich das fachliche Lernen prinzipiell im Medium dieser Nationalsprache vollziehen müsse. Nach wie vor gilt als selbstverständlich, daß das Lernen fremder Sprachen einen isolierten Ort haben müsse, damit es die sogenannte Muttersprache nicht kontaminiere. – Dies und mehr dergleichen sind Setzungen aus dem 19. Jahrhundert, die das hiesige Bildungswesen bis heute – zum Teil: im Verborgenen – regieren, und die in der Erziehungswissenschaft weitgehend unthematisiert geblieben sind.

Die Verteidigung des Grundsatzes der Zugehörigkeit zur eigenen Nation als Voraussetzung für Teilhabe wird noch heute von vielen, auch von Personen in öffentlicher Verantwortung, benutzt, um Exklusionsmaßnahmen zu legitimieren. Ein Beispiel hierfür ist, der Ausschluß von Jugendlichen, die als Flüchtlinge in dieses Land kommen, aus der dualen Ausbildung, die zum öffentlich verantworteten Bildungswesen gehört.

Die „Integration“ von Grenzgängern

Hier komme ich auf meine Ausgangsfrage zurück und kann sie konkretisieren. Die Etablierung des Bildungs- und Sozialwesens mit den konstitutiven Merkmalen, wie wir sie heute noch vorfinden, geschah – so macht der Blick in die Vergangenheit uns klar – in einer Zeit der gesellschaftlichen Transformation, die der heutigen strukturell vielleicht vergleichbar ist. Es entstanden in jener Zeit praktische Lösungen sowie ihre philosophische oder später wissenschaftliche Begründung, die für die sich vollziehenden Entwicklungen funktional waren und – soweit sich das vorhersehen ließ – auch zukunftsfähig. Grundmuster gesellschaftlicher Integration war der Rekurs auf eine „universelle Ordnung“, deren Gültigkeit mindestens auf dem als Nation umgrenzten Raum nicht in Frage stand. Grundmuster der hierauf aufruhenden pädagogischen Praxis und ihrer theoretischen Legitimationen ist es, die Nachwachsenden, die der Nation als gleichsam natürlicherweise angehörig gelten, mit dieser Ordnung vertraut zu machen, ihnen zu ihrer Aneignung zu verhelfen und dazu, ihr Leben mit ihr konform zu leben. Die Pädagogik der jüngeren Zeit beharrt demgegenüber zwar auf der Selbsttätigkeit und Eigenverantwortung des Individuums im Bildungsprozeß und in anderen pädagogischen Handlungsfeldern. Sie erlaubt, oder fordert gar, die kritische Distanzierung der Nachwachsenden von manchem geltenden Wert. Sie hat aber vorerst noch kaum das Moment der nationalstaatlichen Verfaßtheit ihrer selbst sowie der Institutionen und Praktiken von Bildung und Erziehung als solches hinterfragt, und sie hat eben erst begonnen, über die Konsequenzen zu reflektieren, die es besitzt, daß die Mobilität der Menschen zunimmt und daß es keineswegs mehr geltende Normalität ist, sein Leben auf dem Territorium eines einzigen Staates zu beginnen, zu durchlaufen und zu beschließen.

Wie verhält es sich nun mit der Passung jener traditionellen Grundzüge der Erziehungswissenschaft und der pädagogischen Praxisfelder auf diese Entwicklungen und die vorhersehbaren Anforderungen der Zukunft – unter der Voraussetzung, daß das Ziel der Integration der Gesellschaftsmitglieder nicht aufgegeben wird?

Betrachten wir einen Augenblick lang die gegenwärtige demographische Lage, da sie von großem Gewicht für Antworten auf diese Frage ist. Faktum ist, daß die Grundannahme prinzipieller Seßhaftigkeit schon heute auf etwa ein Drittel der Jugend in den europäischen Staaten nicht mehr zutrifft. So hoch jedenfalls ist nach Ermittlungen des Europäischen Statistischen Amtes im Jahr 2000 der Anteil jener Mitglieder europäischer Gesellschaften bis zum Alter von 35 Jahren, die in der eigenen Biographie oder in der engsten Familie einen Migrationsprozeß erlebt haben. Legt man nun prognostische Daten zur Bevölkerungsentwicklung in Europa, speziell in Deutschland, zugrunde und berücksichtigt man Daten zur ökonomischen und ökologischen Entwicklung auf diesem Globus, so ist zwingend, daß der Anteil von Menschen, die mindestens einen grenzüberschreitenden Wanderungsprozeß in ihrem Leben vollziehen werden, künftig weiter wachsen wird.

Grenzüberschreitung in diesem Sinne, daß Menschen sich aufmachen, auf einem anderen Territorium zu leben (und sei es vorübergehend), ist also ein Grundmerkmal heutiger Gesellschaften und der Zukunft. Die Mobilität der Menschen selbst ist aber keineswegs der einzige Anlaß und Modus von Grenzüberschreitung – ich nenne Beispiele für weitere:

In der Sphäre der Ökonomie sind nationale Grenzen längst nur noch virtuelle Größen; wenn sie überhaupt Beachtung finden, dann in dem Sinne, daß danach getrachtet wird, ihre einschränkenden Konsequenzen für Geld- und Warenflüsse zu umgehen oder zu beseitigen. Eine gravierende Folge dieser Entwicklung ist das sich ändernde Verständnis von „Arbeit", vom „Arbeitsplatz" und von den Voraussetzungen, die der einzelne Mensch erfüllen muß, um Arbeit zu bekommen, um sie auszuführen und sie zu behalten.

Ein anderes Beispiel für Grenzüberschreitungen kommt aus der Sphäre der Medien und neuen Technologien. Es bedarf nicht einmal mehr der persönlichen Mobilität des Individuums, damit es sich Bilder vom Leben in anderen Weltgegenden machen kann; es bedarf gar nicht der direkten Begegnung, damit Menschen rund um den Globus herum miteinander in relativ unmittelbare Kommunikation treten können und Sprachgrenzen überwinden müssen. Eine weitreichende Folge hiervon betrifft die Formen der Aneignung von Zeit und Raum. Die bisherigen Konzepte verlieren ihre relativ körperlichen traditionellen Bezüge – anders gesagt, sie gewinnen an Dimensionen und an Ausdehnungsrichtungen, die uns heute noch nicht recht begreiflich sind.

Grenzgängertum im angedeuteten Sinne ist bereits jetzt konstitutiv für das Leben einer großen Zahl von Menschen, und daß diese Zahl wächst, ist unvermeidlich. Ohne Prophetie ist beschreibbar, daß dies Anforderungen an das Selbstbild und die Haltungen, an das Können und Wissen stellt, mit dem die Angehörigen der nächsten Generationen an die Arbeit der Selbst- und Wirklichkeitskonstruktion gehen müssen. Sie werden in ihrer Lebenszeit wahrscheinlich vor die Aufgabe gestellt sein, sprachliche Flexibilität in mehr als einer Sprache zu entwickeln, damit sie imstande sind, höchst heterogene und möglicherweise rasch wechselnde sprachliche Lagen zu bewältigen. Sie werden mit anderen als den uns jetzt noch geläufigen Statuspassagen konfrontiert sein, damit also, daß die Übergänge im Leben – vom Kind zum Erwachsenen zum Greis; vom Schüler zum Berufsinhaber zum Rentner oder Pensionär – keine klaren, aufeinanderfolgenden, kalkulierbaren Phasen mehr darstellen können. Eine ihrer konstitutiven Bedingungen ändert sich, wie gesagt, radikal, nämlich die Bestimmung des mittleren Lebensabschnitts durch die relative Autonomie, die mit „Arbeit“ (und Einkommen) im jetzt allmählich verschwindenden Verständnis zu tun hat. Und sie werden, um dies als letztes Beispiel anzuführen, mit dem Erfordernis konfrontiert sein, ihre Lern- und Bildungsprozesse unabgeschlossen zu halten, da die technologischen Entwicklungen in hohem Maße alltagsbestimmend sein werden. Sie erlauben es also nicht, daß nur einzelne Spezialisten – Expertinnen und Experten – mit ihnen zurechtkommen. Nicht unbedingt durch jedes einzelne Erfordernis, sehr wohl aber durch ihre Kumulation kommt es dazu, daß – um nochmals HELMUT PEUKERTS Worte zu gebrauchen – die nächsten Generationen in ihrer möglichen Lebenszeit vor Aufgaben gestellt sein werden wie noch keine Generation zuvor.

Das Resümee dieser Erwägungen lautet, daß der Auftrag der Integration, den Erziehung und Bildung in öffentlicher Verantwortung besitzen, unter der Bedingung zunehmenden Grenzgängertums nicht mehr erfüllt werden kann, wenn die Strategie der Homogenisierung leitend bleibt. Die Integrationsleistung, die die Institutionen unter den geschilderten Bedingungen zu erbringen haben, kann weder auf gesellschaftliche Homogenität als Voraussetzung bauen noch sich an der Illusion ausrichten, daß sie herstellbar sein könnte. Dies ist zwar als Faktum nicht neu. Neu ist aber, daß auch das Konstrukt selbst nicht mehr überzeugt. Die skizzierten Entwicklungen machen zudem deutlich, daß die Resultate von Erziehungs- und Bildungsprozessen nicht von pädagogischen Entwürfen abhängig sein werden, in denen sich das „gesellschaftlich Gute“ abbildet (vgl. erneut HEYTING 1998: 14).

Pädagogische Professionalität, die diesen Umständen gerecht wird, gewinnt ihr Fundament damit, daß diese Bedingungen des eigenen Tuns durchschaut werden und man imstande ist, über ihre Auswirkungen auf das Erziehen, Lehren, Bilden oder pädagogische Begleiten begründete Annahmen zu entwickeln. Zum Rüstzeug dafür gehören die Kompetenzen zur historischen Analyse und zum internationalen Vergleich: Die Entstehenszusammenhänge einer heute oder hierzulande quasi-natürlichen Struktur oder Anschauung oder Handlungsweise dem Unbewußten zu entreißen ist eine unabdingbare Voraussetzung für die Entwicklung pädagogischer Urteils- und Gestaltungskraft. Ebenso unabdingbar ist es, zur kritischen Analyse der gesellschaftlichen und der individuellen Bedingungen imstande zu sein, unter denen ein Bildungsgang sich vollzieht oder andere pädagogische Praxis ihre Wirksamkeit entfalten soll.

Im Kern pädagogischer Professionalität stehen also: Reflexivität und kritische Aufmerksamkeit für die Voraussetzungen des eigenen Tuns – und für seine erwünschten und die unerwünschten Folgen. Damit aber haben Erziehungswissenschaft und pädagogische Praxis in der Öffentlichkeit heutzutage schlechte Karten. Denn es ist en vogue, das Bemühen um Nachdenklichkeit als beschleunigungshemmend zu denunzieren oder gar als innovationsfeindlich zu brandmarken.

Ich wünsche mir, daß wir uns davon nicht beirren lassen. Daß wir nicht schweigen zu den grotesken Irreführungen der Öffentlichkeit, die darin liegen, die Komplexität des Erziehungs- und Bildungsprozesses zu leugnen – sie etwa dadurch zu negieren, daß einseitig auf sogenanntes Optimierungswissen, beispielsweise auf die zur bloßen Handhabung moderner Technologien gebrauchten Fertigkeiten gesetzt wird, oder dadurch, daß Erziehung und Bildung total für die Umsetzung von Marktgesetzen, für die Erzeugung von Fitness für den ökonomischem Wettbewerb in Anspruch genommen werden, oder auch dadurch, daß man das Bildungswesen selbst unter die Alleinherrschaft der Ökonomie zu stellen wünscht.

Nutzen wir diesen Kongreß, unsere Stimme laut zu machen, um die Öffentlichkeit auf solche Irreführungen hinzuweisen. Ich wünsche uns allen anregende Debatten und Begegnungen, an die wir uns noch lange gern erinnern werden. Gedankt sei Herrn Professor Frank Achtenhagen und seinen Mitarbeiterinnen und Mitarbeitern für die exzellente Vorbereitung des Kongresses. Gedankt sei der Georg-August-Universität, der Stadt Göttingen und dem Land Niedersachsen für ihre Gastfreundschaft – der 17. Kongreß der Deutschen Gesellschaft für Erziehungswissenschaft ist eröffnet.

Zitierte und andere beigezogene Literatur

GOGOLIN, INGRID (1994): Der monolinguale Habitus der multilingualen Schule. Münster/ New York (Waxmann-Verlag)

GOGOLIN, INGRID/ KRÜGER-POTRATZ, MARIANNE/ MEYER, MEINERT A. (Hrsg., 1998): Pluralität und Bildung. Opladen (Leske + Budrich)

HERRLITZ, HANS-GEORG/ HOPF, WULF/ TITZE, HARTMUT (1984): Institutionalisierung des öffentlichen Schulsystems. In: BAETHGE, MARTIN/ NEVERMANN, KNUT (Hrsg.): Enzyklopädie Erziehungswissenschaft, Bd. 5, Stuttgart (Klett-Verlag), S. 55 – 71

HELSPER, WERNER (1998): Zum Verhältnis von Schulpädagogik und Allgemeiner Erziehungswissenschaft – fließende Grenzen und schwierige Übergänge. In: Zeitschrift für Erziehungswissenschaft (ZfE), 1. Jg., Heft 2, S. 203 – 222

HEYTING, FRIEDA (1998): Erziehung zum Zusammenleben. Abschied von Moral und Tugend als gesellschaftliche Integrationsmedien. In: Neue Sammlung, [Sonderdruck], S. 3 – 17

LOHMANN, INGRID (1993): Bildung, Bügerliche Öffentlichkeit und Beredsamkeit im Vormärz. Zur pädagogischen Transformation der Rhetorik zwischen 1750 und 1850. Münster/ New York (Waxmann-Verlag)

PEUKERT, HELMUT (1998): Zur Neubestimmung des Bildungsbegriffs. In: Meyer, Meinert A./ Reinartz, A. (Hrsg.), Bildungsgangdidaktik. Denkanstöße für pädagogische Forschung und schulische Praxis. Opladen (Leske + Budrich), S. 17 – 29

RANG, ADALBERT (1993): Pädagogik und Pluralismus. Abschiedsvorlesung. Amsterdam (Universität von Amsterdam; Eigendruck; publ. 1994 in HEYTING, F./ TENORTH, H.E. [Hrsg.], Pädagogik und Pluralismus. Weinheim [Dt. Studienverlag], S. 23 – 51)

STING, STEPHAN (1999): Kollektives Gedächtnis und kulturelle Identität. In: GEMENDE, MARION/ SCHRÖER, WOLFGANG/ STING, STEPHAN (Hrsg.), Zwischen den Kulturen. Pädagogische und sozialpädagogische Zugänge zur Interkulturalität. Weinheim/ München (Juventa), S. 55 – 65

Ingrid Gogolin

Zur Ehrung von Klaus Mollenhauer

Die Deutsche Gesellschaft für Erziehungswissenschaft ehrt den verstorbenen Prof. Dr. Dr. h.c. Klaus Mollenhauer mit dem Ernst-Christian-Trapp-Preis des Jahres 2000.

Klaus Mollenhauer ist im Frühjahr 1998 verstorben – nach einem reichen Lebenswerk, doch allzufrüh. Die Nachricht über seinen Tod erreichte uns während des 16. Kongresses der Deutschen Gesellschaft für Erziehungswissenschaft. Der 17. Kongreß der DGfE, zweieinhalb Jahre später, findet am Ort seines langjährigen wissenschaftlichen Wirkens – in Göttingen – statt. Beides gab uns Anlaß, aber nicht den Grund für diese Ehrung.

Die Entscheidung, Klaus Mollenhauer zu ehren, gründet sich vielmehr auf seine Tüchtigkeit und sein Ansehen in der Erziehungswissenschaft, auf seine Eloquenz, seine Ausstrahlung auf das Fach und auf die Nachhaltigkeit seines wissenschaftlichen Wirkens und Werks.

Klaus Mollenhauer ist der deutschen Erziehungswissenschaft als Begründer einer sozialwissenschaftlich argumentierenden Sozialpädagogik bekannt. Er war zweitens ein Mitbegründer der „Kritischen Erziehungswissenschaft“. Ein gewichtiger Teil seines Werks gilt dem Interesse, kritische Reflexionen über das in Gang zu bringen, was die Erziehungswissenschaft als allgemein versteht, und die Konturen einer „Allgemeinen Pädagogik“ in seinem Sinne sichtbar werden zu lassen. Der dritte Schwerpunkt war sein Interesse am Problem der bildenden Wirkung künstlerischer Tätigkeit, er war beteiligt an der Ausarbeitung einer Pädagogischen Ästhetik.

Gemeinsam ist den Arbeiten Klaus Mollenhauers: Anstöße zu geben. Er bringt, in skeptischer Haltung gegenüber allen Versuchen der abschließenden Bestimmung des Gegenstands der Pädagogik, Debatten in Gang oder zum Aufflammen, die das Selbstverständnis des Faches in seinem Kern betreffen, und er entfacht Kontroversen (oder, wie es ein durchaus wohlmeinender Kollege ausgedrückt hat: Er schafft es, eine ganze Disziplin aus ihrer Schläfrigkeit zu wecken). Stets mahnen seine Beiträge zu den Debatten uns zur Genauigkeit. Stets stellt er die nicht immer gern gehörte Frage nach dem präzisen Sinn von Redegewohnheiten in der Pädagogik und mahnt, Verknüpfungen zu unterlassen, die einen unmittelbaren Ableitungszusammenhang von – nicht bloß erziehungswissenschaftlicher – Reflexion und praktischem – nicht bloß pädagogischen – Tun suggerieren könnten. In seiner Göttinger Abschiedsvorlesung von 1996 führt er dies am Exempel der Begriffe „Individualität“ und „Autonomie“ aus. Diese „ideellen Konstrukte“ könnten wir, so schließt er nach eingehender Analyse, „zwar nicht empirisch verifizieren als etwas, worauf Verlaß wäre; sie sind nur mental gegeben als Vorstellung, nur schwach konturiert. Wir können sie deshalb auch nicht normativ, in Erziehungs- und Bildungstheorien, zur Geltung bringen, als Handlungsempfehlungen etwa, denn dann müßten wir über prognostisches Wissen verfügen. Individualität und Autonomie sind [..], im strengen Sinne dieser Rede, ‚kontrafaktische‘ Ideen, die auf keine Wirklichkeit, sondern nur auf Möglichkeiten verweisen, auf Hoffnungen einer Gattung, die sich noch nicht aufgegeben hat.“

Solche zugleich skeptische und zukunftsoffene Weise der Betrachtung gibt uns Klaus Mollenhauer auf den Weg. Sie paßt gut an den Beginn eines Kongresses, dessen leitendes Interesse es ist, sich mehr Klarheit darüber zu verschaffen, welche Konsequenzen die heute vonstattengehenden tiefgreifenden kulturellen, sozio-ökonomischen, technischen Umbrüche für Bildung und Erziehung zeitigen, und auf welche Weise die Erziehungswissenschaft hiervon berührt ist.

Klaus Mollenhauer hat die Disziplingeschichte der Erziehungswissenschaft entscheidend mitgeprägt. Er war ein kritischer, manchmal amüsierter, zuweilen zorniger, stets aber ambitionierter Beobachter und Begleiter ihrer Kämpfe darum, nicht nur eine „normale Wissenschaft“ zu werden, sondern auch als eine solche öffentlich zu gelten. Wir sind ihm Dank und Gedenken schuldig, und wir wünschen uns, daß die Verleihung des Ernst-Christian-Trapp-Preises dazu beiträgt, Klaus Mollenhauer weiterzudenken.

Dieter Lenzen

Laudatio auf Klaus Mollenhauer aus Anlass der Verleihung des Ernst-Christian-Trapp-Preises post mortem, 1. Teil

Liebe Frau Mollenhauer,
sehr geehrte Frau Ministerin,
liebe Frau Gogolin als Vorsitzende der Deutschen Gesellschaft für Erziehungswissenschaft,
meine sehr geehrten Damen und Herren,
liebe Kollegen!

Der Vorstand unserer Gesellschaft hat Cornelie Dietrich und mich gebeten, eine sehr weise Entscheidung zu begründen, nämlich Klaus Mollenhauer posthum mit der Verleihung des Ernst-Christian-Trapp-Preises zu ehren. Der Vorstand hat uns somit beauftragt, etwas zu begründen, was er selbst entschieden hat. Wir werden Ihnen deshalb nur *unsere* Gründe nennen können, aus denen heraus wir die Entscheidung des Vorstandes für eine sehr gelungene halten. Eingedenk der Tatsache, dass wir auch erst zwei Jahre nach seinem Tode angesichts des nun rasanten Generationenwechsels in unserem Fach nicht davon ausgehen können, dass jeder Klaus Mollenhauer kannte, begreifen wir unsere Aufgabe auch als diejenige, Sie mit Klaus Mollenhauer bekannt zu machen. Wie macht man ein Publikum mit einer Persönlichkeit bekannt, die – wer ihn kannte, wird meine Empfindung vielleicht bestätigen – auf spezifische Weise alterslos war? – Man beauftragt zwei Laudatores, die sich voneinander nicht unbeträchtlich unterscheiden, zumindest was ihre objektiven Merkmale angeht. Eine junge, begabte Nachwuchswissenschaftlerin aus dem Kreise der Mollenhauer-Schüler und einen nicht mehr ganz so jungen Mann, der sich darüber freut, zu den Freunden Klaus Mollenhauers gezählt zu haben. Die beiden teilen sich die Aufgabe, wie könnte es anders sein, der Ältere blickt zurück, die Jüngere voraus.

Zurückgeblickt habe ich selbst auf Klaus Mollenhauers Oeuvre bereits aus einem anderen Anlass im Jahre 1993, als mein Fachbereich an der Freien Universität Berlin Klaus Mollenhauer die Ehrendoktorwürde verlieh. Die Motive, die seinerzeit zu dieser Entscheidung führten, unterscheiden sich nicht grundlegend von den Veranlassungen, die uns zu der heutigen Ehrung zusammengeführt haben.

Aber schauen wir zunächst auf die nüchternen Daten eines herausgehobenen Lebens:

Klaus Mollenhauer wurde am 31.10.1928 in Berlin geboren, verbrachte seine Schulzeit in Cottbus und Naugard in Pommern; er war bei Kriegsausbruch 11 Jahre alt, zu jung, um irgendeine intellektuelle Erwartung in Bezug auf eine Distanzierung zu dem Geschehen herausbilden zu können, aber alt genug, um als Luftwaffenhelfer auf den Opferweg gebracht zu werden, der für ihn nicht 1945 bei Kriegsende, sondern erst nach der Kriegsgefangenschaft sich abschloss. Nach seinem Abitur 1948 studierte Mollenhauer zunächst an der Pädagogischen Hochschule Göttingen und arbeitete zwischen 1950 und 1952 als Volksschullehrer in Bremen. 1952 schloss sich ein Zweitstudium der Fächer Pädagogik, Geschichte und Psychologie zunächst an der Universität Hamburg, sodann an der Universität Göttingen mit den Fächern Pädagogik, Geschichte, Psychologie, Literaturwissenschaft und Soziologie an. Zu seinen wichtigsten Lehrern gehörten Helmut Plessner und der Literaturwissenschaftler Wolfgang Kaiser. 1958 promovierte Mollenhauer bei dem Nohl-Schüler Erich Weniger zum Dr. phil. mit einer Dissertation über das Thema „Ursprünge der Sozialpädagogik in der industriellen Gesellschaft“.

Ab 1958 war er wissenschaftlicher Assistent zunächst bei Erich Weniger, seit 1961 bei Heinrich Roth in Göttingen. Seine wissenschaftliche Aufmerksamkeit galt damals dem Versuch einer theoretischen Verbindung von Pädagogik und Soziologie. Wie bereits während des Studiums als Praktikant in sozialen Einrichtungen (Jugendgefängnis, Heim, Heimvolksschule) setzte Mollenhauer jetzt und später seine Bemühungen um eine enge Verbindung seiner wissenschaftlichen Tätigkeit mit der sozialpädagogischen Praxis fort. So arbeitete er neben seinem Hauptamt in der außerschulischen Jugendbildung sowie bei der Fort- und Weiterbildung von Sozialarbeitern.

1962 ist das Jahr, in welchem Klaus Mollenhauer in die damals noch junge Freie Universität als Akademischer Rat eintritt und in welchem er seine Zusammenarbeit mit Fritz Borinski beginnt.

Hier lag der Schwerpunkt seiner Aufmerksamkeit auf dem Versuch einer Theorie der Sozialarbeit und der außerschulischen Jugendbildung. Es ist diese Freie Universität, an der etwa 1964 durch viele Fächer hindurch die Auseinandersetzung mit dem Erbe des Hitlerfaschismus und theoretisch mit den Möglichkeiten der Kritischen Theorie der Gesellschaft beginnt. Zu dieser Zeit kann er sich der Idee zuwenden, auch die Pädagogik im Anschluss an die Frankfurter Schule neu zu begründen. Neben den zahlreichen Bezügen zu den wichtigsten Persönlichkeiten der Studentenbewegung ist Mollenhauers erste intensive Zusammenarbeit mit Herwig Blankertz zu erwähnen, der damals gleichfalls an der Freien Universität tätig ist und wie Mollenhauer versucht, das Konzept der Kritik für die Erziehungswissenschaft fruchtbar zu machen. Während Blankertz dieses vornehmlich für die Wirtschaftspädagogik und die Didaktik versucht, arbeitet Klaus Mollenhauer an einer Rezeption für die

Sozialpädagogik. 1965 wechselt er auf eine außerordentliche Professur an die Pädagogische Hochschule Berlin.

1966 wechselte er an die Universität Kiel, an die er als ordentlicher Professor und Direktor des Pädagogischen Seminars berufen wurde. In diese Phase von zwei Jahren fällt seine intensivierte Auseinandersetzung mit der Frankfurter Schule. Mollenhauer versucht, ein Konzept kritischer Sozialisationsforschung zu begründen. Er ist als Gutachter für den Deutschen Bildungsrat tätig. Neben seiner „Einführung in die Sozialpädagogik" erscheint, auf dem Höhepunkt der Studentenbewegung, 1968 „Erziehung und Emanzipation", der erste Ansatz einer Begründung Kritischer Erziehungswissenschaft in Deutschland. Es wird zu einem der wichtigsten Ausgangs- und Angelpunkte der Kritischen Erziehungswissenschaft für zwei Wissenschaftler-„Generationen".

Im Jahre 1969 nimmt Mollenhauer den Ruf auf eine ordentliche Professur für Pädagogik an der Universität Frankfurt am Main an. Er ist gleichzeitig Abteilungsleiter am Bildungstechnologischen Zentrum Wiesbaden, Mitglied des Vorstandes der Deutschen Gesellschaft für Erziehungswissenschaft und Mitverfasser des Jugendberichts der Bundesregierung. Er leitet ein Projekt der Deutschen Forschungsgemeinschaft über Strukturprobleme des Jugendhilfesystems und wendet sich einer Erweiterung seiner zunächst auf die Sozialpädagogik beschränkten kritischen Konzeption der Erziehungswissenschaft zu. Mit dem 1972 erstmals erschienenen Buch „Theorien zum Erziehungsprozess" verfasst er eine kritische Allgemeine Pädagogik. Dieser Ansatz greift insbesondere auf den symbolischen Interaktionismus zurück und bereitet hierdurch nicht nur die Rezeption eines derzeit in den USA bereits breit entfalteten Theorieprogramms vor, sondern insbesondere auch theoretisch die so genannte „Alltagswende" am Ende der 70er Jahre. In den „Theorien zum Erziehungsprozess" wird aber gleichzeitig deutlich, was für viele in den 80er Jahren zum Signet der so genannten Postmoderne geworden sein wird: dass es nämlich nicht mehr möglich ist, eine einheitliche Theorie der Erziehung zu entwickeln, „sondern eine Vielzahl von ‚Theorien' mit unterschiedlich gesichertem Status", wie Mollenhauer damals schrieb, aufzuzeigen. Erst „sie erlauben eine genaue Beschreibung der Erziehungsvorgänge als interpersonelle Ereignisse, und sie erlauben, die je besondere Gestalt dieser Ereignisse auf den Kontext ihrer gesellschaftlichen Genese zu beziehen." Die drei Hauptlinien, die Mollenhauer zusammengeführt hat, sind die der Kommunikationstheorie, der Interaktionstheorie und dessen, was er als „Erziehung als Reproduktion" bezeichnet.[1] In der ersten Linie geht es darum, „die Tatsache der in aller Erziehung notwendigen normativen Unterstellung zu klären", in der zweiten geht es um die „Struktur pädagogischer Beziehungen als Interaktionen" und in der dritten wird die Frage „nach der historisch-gesellschaft-

1 Vgl. Mollenhauer, K.: Theorien zum Erziehungsprozess. München 1973[3], S. 7.

lichen Formbestimmtheit pädagogischer Interaktionen" gestellt.[2] Gegenüber dem Entweder der Konzentration auf ausschließlich individuelle Variablen beziehungsweise dem Oder ausschließlich gesamtgesellschaftlicher Erklärungsmodelle, die damals durch die historischen Ereignisse noch nicht in Misskredit gebracht waren, bestand Mollenhauer schon am Beginn der 70er Jahre auf Integration, ohne diese noch als Versuch einer Systematischen Pädagogik verstehen zu wollen.

1972 wechselte Klaus Mollenhauer an die Georg-August-Universität in Göttingen auf die Universitätsprofessur für Pädagogik, die er bis zu seiner Emeritierung innehatte. Hier gründete er das heute noch bestehende psychagogische Kinderheim Rithmarshausen für verhaltensauffällige Kinder, an dessen Leitung er fortan mitwirkte. Dieser Wechsel war natürlich auch eine Art Rückkehr. Dass es keine Rückkehr in den Schoß geisteswissenschaftlicher Pädagogik wurde, dafür zeugt seine rege bildungspolitische und publizistische Tätigkeit. Er wurde Mitverfasser des zweiten Familienberichts der Bundesregierung, Herausgeber der „Grundfragen der Erziehungswissenschaft", Leiter verschiedener DFG-Projekte zur Jugendforschung, publizierte 1975 eine Theorie der Familienerziehung und 1977 eine Schrift zur Methodologie erziehungswissenschaftlicher Forschung. Gerade an der gemeinsam mit Christian Rittelmeyer geschriebenen Einführung in die erziehungswissenschaftlichen Forschungsmethoden lässt sich, wie natürlich auch anhand seiner Forschungsprojekte, zeigen, dass die durch Heinrich Roth in den 1960er Jahren geforderte „realistische Wendung" für Mollenhauer selbstverständlich war. Die Kapitel dieses Buches befassen sich mit Grundoperationen und Gütekriterien, mit Beobachtung, Befragung, Experiment, mit der Inhaltsanalyse und mit Verzerrungen und Fehlern bei der empirischen Arbeit. Von der Hermeneutik, der Phänomenologie oder dem Strukturalismus ist in dieser Phase keine Rede mehr. Diese Methoden waren ihm ohnedies fraglos vertraut. Wir ehren also heute auch einen Wissenschaftler, der die Erziehungswissenschaft durch die Anwendung und Verbreitung exakter Methoden zur „normal science" zu machen geholfen hat.

Mit diesem Buch wird seine erste große Arbeitsperiode abgeschlossen, die ganz im Zeichen der Kritischen Theorie sowie ihrer Rezeption für eine Kritische Erziehungswissenschaft stand. Diese Periode war die einer intensiven Befassung mit einer Theorie der Sozialpädagogik. Mollenhauers diesbezügliche Schriften sind für ein Verständnis theorieorientierter sozialpädagogischer Forschung, fern von Praktizismus, aber doch nah den Problemen sozialpädagogischer Praxis, inzwischen zum Kanon der unverzichtbaren theoretischen Orientierungen geworden.

Vielleicht deshalb, weil Mollenhauer genau wusste, dass eine solche Kanonisierung aber auch als Indiz für eine Krise gesehen werden kann, leitete er am Ende der 1970er Jahre für sich eine neue Arbeitsphase ein, die von Kon-

2 Ebd., S. 8.

rad Wünsche in der Wochenzeitung „DIE ZEIT“ mit der Bemerkung kommentiert wurde: „Klaus Mollenhauer bricht mit seiner pädagogischen Vergangenheit.“ Bei genauerer Betrachtung seiner seither erschienenen Schriften wird man dieser Charakterisierung nicht zustimmen können. Zwar änderte sich der Objektbereich seiner Forschung grundlegend, die forschungsleitenden Intentionen waren indessen solche, die als gelungene Fortsetzung auch seiner geisteswissenschaftlichen Herkunft verstanden werden können. Mollenhauer wandte sich nunmehr unterschiedlichen Kulturzeugnissen und unter ihnen besonders Bildern zu, die er im Hinblick auf die dort zum Ausdruck gebrachten Vorstellungen von Bildung und vom Umgang der Generationen miteinander analysiert. Diese Arbeiten sind ein Beitrag zur Allgemeinen Pädagogik. Sie koinzidieren mit einer geistesgeschichtlichen und kulturhistorischen Veränderung, die in den 1980er Jahren Platz gegriffen hat. Es ist dieses die Einsicht, dass, synchronisch wie diachronisch, Wirklichkeit als Text analysiert werden kann, dass kulturtragende Begriffe, Kategorien und Vorstellungen wie Bildung und Erziehung sich auch in Dokumenten finden, die nicht als Darstellung erzieherischer Vorgänge konzipiert sind. Mollenhauer ist es in diesen Schriften gelungen, nicht nur einen Beitrag zu der längst überfälligen Rezeption poststrukturalistischer Theoriebildung französischer Provenienz in der Erziehungswissenschaft zu leisten, sondern insbesondere eine ästhetische Problemstellung im Zusammenhang der Allgemeinen Pädagogik zu konturieren, die die Rede vom „Anderen“ der Vernunft ernst nimmt und eben nach den „vergessenen Zusammenhängen“ zwischen Rationalität und Ästhetik sucht. Die Vehemenz, mit der Mollenhauer durch seine Schriften der 1980er Jahre erneut in die Diskussion geriet, verrät, dass er mit ihnen nicht nur den Kern eines kulturellen Wandels traf, sondern, was seine Persönlichkeit angeht, dass er ein undogmatischer Intellektueller war, der ohne Rücksicht auf eine vermeintliche Geschlossenheit des eigenen Oeuvres riskierte, das zu tun, was nach einem klassischen Wissenschaftsverständnis erwartet wurde, nämlich das für wahr Erkannte zu bekennen. Nein: Das ist nicht ganz richtig. Als ich aus heutigem Anlass noch einmal in den weit über 100 Seiten Briefen las, die er mir geschickt hat, fand ich eine Passage über das Wahrheitsproblem, mit dem wir uns damals angesichts der postmodernen Provokation auseinander setzten. Ich hatte ihm meine Auffassung geschrieben, dass wir uns hinsichtlich der Wahrheitsansprüche wohl künftig einer gewissen Zurückhaltung unterwerfen müssten, und er fragte an, ob ich Wahrheit zur Disposition stellen wollte. Er meinte, dass er das aus dem von mir Geschriebenen eigentlich nicht entnehmen könnte und formulierte einen Satz, der das, was ich meine, das ihn ausmachte, vielleicht nachvollziehbar macht: „In allem, was Du sprichst und schreibst, zeigt sich, jedenfalls für mich, eine ganz besondere artifizielle Rationalität, von der ich denke, dass sie nicht bloß flüchtige Attitüde ist, sondern eine Art Ernst zum Ausdruck bringt.“ (Brief vom 24.02.1989)

Ernst, das war es wohl, woran ihm, dem durchaus zur Unernsthaftigkeit Fähigen, in Abgrenzung zu einem vordergründigen wissenschaftlichen Wahrheitsimperialismus lag. So hat er es in einem Diktum von Herwig Blankertz am treffendsten formuliert gesehen und es seinem Buch „Vergessene Zusammenhänge" gleichsam als Motto vorangestellt: „Das Ganze der Pädagogik, die Erziehung, hat einen szientistisch nicht einholbaren Sinn."

Für das akademische Jahr 1986/87 wurde Klaus Mollenhauer als wissenschaftliches Mitglied an das Wissenschaftskolleg zu Berlin berufen. In dieser Zeit hat er seine Studien zum Verhältnis von Pädagogik und Ästhetik intensiviert und eine Reihe kleinerer Arbeiten zu Bildern von Duccio, Rembrandt, Chardin, Friedrich und Bacon verfasst, die inzwischen geradezu als Muster bildungshistorischer Interpretationen ästhetischer Zeugnisse gelten. Wer, wie die Autorin der „ZEIT" 1986, glaubte, man könne diese Arbeiten unter dem Rubrum „Postmoderne Pädagogik" verbuchen, indizieren und der öffentlichen Schmähung übergeben, weil man daraus nicht lerne, was diese Einsichten „für die Praxis der Bildung bedeuten", hatte nichts verstanden, und er – in diesem Falle sie – kannte ihn nicht. Er fühlte sich provoziert, missverstanden auch wohl und vielleicht zur öffentlichen Dokumentation dessen veranlasst, dass er über seine historisch-ästhetischen Arbeiten zur Allgemeinen Pädagogik die Berührung zu seiner „Vergangenheit", zur sozialpädagogischen Praxis, letztlich nicht verloren hat. Dieses zeigt die Tatsache, dass er 1990 wiederum ein empirisch-analytisches Forschungsprojekt im Jugendhilfebereich begann. Es befasste sich mit sozialpädagogischen Diagnosen und Behandlungschancen für schwerstverhaltensgestörte Jugendliche. Hier nahm Mollenhauer nunmehr die beiden Stränge seines Oeuvres auf und führte sie zusammen. Dieses Projekt und andere, ähnlich ausgerichtete Arbeiten zeigen, dass sozialpädagogische Objektwahl und bildungstheoretische beziehungsweise – historische Orientierung im Bereich des methodischen Zugriffs miteinander in Verbindung gebracht werden konnten, wenn Mollenhauer in diesen Arbeiten die Möglichkeiten kunsttherapeutischer Einwirkung auf seine Klientel untersuchte.

Die wissenschaftliche Produktion Klaus Mollenhauers in seinen letzten fünf Lebensjahren zeigt aber noch mehr, mehr als das erfolgreiche Bemühen um eine Verbindung sozialpädagogischer und bildungstheoretischer Fragestellungen. Dieses drückt sich nämlich in den drei Bänden sozialpädagogischer Diagnosen aus, die er gemeinsam mit Uwe Uhlendorff der Fachöffentlichkeit präsentierte. Das war die eine Seite. Die andere seine noch 1996 erschienenen „Grundfragen ästhetischer Bildung". Sie waren gewissermaßen das Widerlager. Aber dieses Buch integriert zwischen seinen Deckeln noch eine andere Differenz, die zwischen ästhetischer Theorie und empirischen Befunden zu der Frage, ob es so etwas wie ästhetische Bildung überhaupt gibt. Vom Boden der Lernpsychologie wird dieses in zahlreichen empirischen Untersuchungen bekanntlich eher bezweifelt. Mollenhauer irritierte das nicht.

Wenn man der Auffassung ist, dass bei manchen Menschen ein Oeuvre zum Lebensende hin sich runden kann und dafür nach Beispielen sucht: Mollenhauer bietet eines. Der Beginn mit einer hyperkritischen, antitraditionalistischen, fast aggressiven Position – das Ende weitaus vorsichtiger, nicht versöhnlerisch, aber doch von der Einsicht getragen, dass der Fortschritt nicht in der gewaltsamen Durchsetzung einer extremen Position bestehen kann, sondern in dem Versuch, Fragestellungen und Problembearbeitungen zusammenzubringen, die traditionellerweise einander eher gegenüberstanden denn nebeneinander.

Dürfen wir uns, wenn wir den Vir-Bonus Klaus Mollenhauer loben, darauf beschränken, in seinen weit über 200 Publikationen zu lesen? – Wahrlich nein. Wir müssen auch den akademischen Lehrer sehen, über den seine Schüler gewiss mehr sagen können als ich. Dennoch: Nachdem wir 1988 seinen 60. Geburtstag in großer Runde gefeiert hatten, schrieb er uns einen Dankesbrief, in dem er selbst auf das einging, was ihm für seine akademische Lehre bedeutsam war. Die Passage aus diesem Brief zu verlesen, ist vielleicht gerade hier und heute in Göttingen mehr als angemessen. Er schrieb nämlich:

„Jeder Art von Missverstehen offen blieb das Stichwort ‚Göttingen'. ‚Göttingen': Das war nämlich, nach dem weit ausgreifenden Produktionsschub der Jahre 1968 bis 1972 ... nun der wissenschaftliche Alltag oder die Frage: Wie sichert man dem Phantasiegewinn (‚Nehmt euch die Freiheit der Wissenschaft. Entdeckt, was ihr wollt!') ein akademisches Überleben in einer irgendwie manierlichen Universitätsausbildung? Das ist nur möglich, – so war meine, unsere Meinung 1972 bis 1978 in Göttingen – wenn es gelingt, eine Weise der akademischen Lehre zu finden, in der den Studierenden Sensibilität nach zwei Seiten hin vermittelt werden kann: Interaktion *und* Struktur, individuelle Empfindung *und* ihr ökonomisch-politisches Bedingungsgefüge, personale Beziehung *und* Gewalt. ... Sechs Jahre lang haben wir an dieser schwierigen Balance laboriert, acht Leute in risikoreichem, andauernden persönlichem wie wissenschaftlichem Austausch, bis in gemeinsame Ferien hinein, emotional und intellektuell strapaziös. ... Dass die Problemstellungen jener Jahre nicht falsch waren, habe ich ... in der so genannten ‚Theorie-AG' der Kommission Sozialpädagogik der DGfE erlebt, ...: ... Immer noch stehen sich in verständigungsarmer Sprache und bisweilen verständnisloser Starre soziologische Strukturtheoretiker und pädagogische Beziehungsliebhaber (‚Theoretiker' und ‚Liebhaber' kann man aber auch austauschen: Struktur-Liebhaber und Beziehungstheoretiker) gegenüber."

Es ging ihm also offenbar auch darum, Theoriearbeit und soziale Beziehungen miteinander zu verbinden – Bildung und Eros würde ich bevorzugen zu sagen.

Dieser Drang dazu, das scheinbar Unverknüpfbare doch zueinander zu bringen, kennzeichnete auch, und hier möchte ich nur einen kleinen Blick auf unserer beider Beziehung gestatten, Verbindungen zu den Freunden.

Die ersten Briefe, die wir getauscht haben, datieren aus den 70er Jahren, ein Austausch wechselseitiger Verständnislosigkeit, Distanz und aber eben doch auch Neugier auf den anderen. Das hat sehr, sehr lange gedauert. Wir waren fast immer unterschiedlicher Meinung. Ich selbst vielleicht manchmal so radikal wie Klaus in den Sechzigern, nur nicht vor dem Hintergrund derselben politischen Orientierung. Es hat über zehn Jahre gedauert, bis wir uns umständlich zum Du entschließen konnten und bis er seinen ersten Brief danach mit dem Satz eröffnete: „Ich genieße es, ... Dich nun endlich, nach so langer Zeit, so in einem Brief anreden zu können." Die Redeform ermöglichte nun einen ganz offenen Austausch über einen heiklen Anlass. Man hatte ihn gebeten, zu der Gedenkschrift für Herwig Blankertz einen exegetischen Beitrag zu dessen Schriften zu verfassen. Klaus Mollenhauer wollte das nicht. Und das, was er mir in über 18 Seiten des Nachdenkens über den Tod dann zugespitzt zu dieser Frage schrieb, sollten wir heute selbst ernst nehmen und deshalb die heutige Verleihung des Ernst-Christian-Trapp-Preises als eine Art Schlusspunkt verstehen.

Klaus schrieb mir:

> „Ich überlasse derartige Todesspielereien gern denen, die meinen, daraus irgendeinen Nutzen ziehen zu können. Ich bin nicht Herwig Blankertz gewesen; wäre ich aber, jetzt, an seiner Stelle, und hätte ich irgendetwas zu sagen, dann würde ich mir derartige Spielereien dringlichst verbitten."

Schauen wir also nun nicht mehr zurück, sondern nach vorn. Das ist das Stichwort für Cornelie Dietrich.

Cornelie Dietrich

Einblicke - Ausblicke

Der Laudatio auf Klaus Mollenhauer zweiter Teil

Liebe Susanna Mollenhauer, meine sehr verehrten Damen und Herren,

Herr Lenzen endete seine Rede mit einigen Bemerkungen aus dem Munde Klaus Mollenhauers über die Entbehrlichkeit von Feierlichkeiten und braver Textexegese, an die ich direkt anschließen möchte. Solches war ihm stets hoch ambivalent. Gedenkfeiern und runde Geburtstage wollte er zwar weder begehen aber noch übergangen wissen. Festschriften konnte er nicht ausstehen; die ihm zu seinem 65. Geburtstag überreichte war ihm dann aber doch sehr lieb. Eigene Texte hat er uns nie empfohlen oder gar zum Gegenstand einer Lehrveranstaltung gemacht; die Erwartung, dass man sie kannte, war trotzdem unausgesprochen spürbar. Und natürlich würde er sich über eine kritische Exegese seiner Texte freuen; er würde sich allerdings schwertun, diese Freude ungebrochen zum Ausdruck zu bringen, und vor allem: sie dürfte in der Tat nicht aus Zwang oder Ehrfurcht gegenüber der Person geschehen, sondern allein aus ehrlichem Interesse an der Sache. In diesem Sinn sei auch das folgende verstanden: vermischte Bemerkungen über die Sachen, die uns Klaus Mollenhauer als Herausforderungen hinterlassen hat (aus Sicht und Kenntnis einer späten Studentin und Mitarbeiterin, die nur die letzten 10 Jahre seines Wirkens hat miterleben können). Mit den Sachen meine ich nun nicht in erster Linie Sachthemen der Disziplin, sondern ebenso Haltungen, die er uns - in der ihm eignenden Ambivalenz freilich - vorgelebt hat: Haltungen der eigenen Bequemlichkeit gegenüber (1.), unserer fraglich gewordenen Kultur der Moderne gegenüber (2.), unserem Verhältnis zur bedrängenden Wirklichkeit pädagogischer Praxen gegenüber (3.) und schließlich unserem Verständigungsmodus, der wissenschaftlichen Sprache gegenüber (4.)

1.

Da ist z.B. die Sache mit dem Nachahmungsverbot. Ich habe mich oft gefragt, warum man ihn nicht nachahmen durfte; warum er sich mit solcher

Vehemenz dagegen wehrte, wenn wir wiederholten, was er sagte, und sei es nur, um für einen Moment Orientierung zu erlangen in einer diffizilen Diskussion. Meist hatte er dann sofort das Gegenteil des zuvor selbst Formulierten parat. „Wer nicht denkt, fliegt raus“, das war die bei Joseph Beuys entlehnte Botschaft dieses Diskussionsgestus. Das „Werk“, eine als Postkarte gedruckte gelbe Karteikarte des Künstlers (edition klaus staeck), stand auf seinem Schreibtisch, und mitunter verteilte er sie zusammen mit anderen Sprüchen wie etwa „Hiermit trete ich aus der Kunst aus“ oder „Ich bin auf der Suche nach dem Dümmsten“ in Kopie auch an Erstsemester. Aber die Aufforderung zum eigenständigen Denken war ebenso Dokumentation einer auf Dauer gestellten Selbstaufforderung: Nachahmung als Wiederholung dessen, was schon da war, gar ein Anflug von theoretisch-begrifflicher Bequemlichkeit, das hat Klaus Mollenhauer mit ziemlicher Strenge für sich selbst und dann eben auch für Andere zurückgewiesen. Sich häuslich einzurichten in einem einmal bewährten Theoriegebäude, das war ihm fremd, verdächtig, früher oder später an der Sache vorbeizugleiten und zum Selbstzweck zu werden. So befand er sich immer wieder „on the road again“ – kein Cowboy, aber ein Wanderer und Schubert-Kenner. Dabei hat er sich mehrmals selbst beerbt, hat neu angefangen, ohne das Zurückliegende zu negieren. In der letzten Phase entstand daraus eine wissenschaftliche Grundhaltung, die versuchte, die Verbindungen zwischen Kultur- und Sozialwissenschaft, zwischen historisch aufgeklärter Bildungstheorie und Sozialpädagogik immer dichter werden zu lassen. Damit ist ein Projekt erziehungswissenschaftlichen Denkens und Forschens entworfen und begonnen, welches, wie ich meine, noch eine Reihe von Herausforderungen, von Aufgaben und Rätseln aufgibt. Vorbehaltlich des Nachahmungsverbots.

2.

Da ist also die Sache mit der Pädagogik als einer kritischen Kulturtheorie. Bekannt geworden, verehrt, verspottet und vielfach mißverstanden sind die Bildinterpretationen, die Vergessenen Zusammenhänge, die Grundfragen zur Ästhetischen Bildung. Fast überflüssig ein weiteres mal zu erwähnen, dass es dabei nicht um Kunsterziehung und Didaktik geht, sondern um die Einordnung der grundlegenden Problemstellungen unseres Faches in eine kulturgeschichtliche Reflexion, der die Moderne fraglich geworden ist.

Das Problem der „Autonomie“ zum Beispiel erscheint Mollenhauer dann, in einer ironischen Bemerkung, nur noch als ein „gattungsgeschichtliches Zipperlein“[1], das gerade einmal 400 Jahre dauert, und außerdem fast nur

1 Alle Zitate dieser Rede stammen aus unveröffentlichten Briefen Klaus Mollenhauers an Kolleginnen und Kollegen, in die mir Susanna Mollenhauer freundlicherweise Einblick gewährt hat.

auf Europa beschränkt sei; oder die großen Anstrengungen um den Begriff der Individualität: „Kulissenschieberei“ auf der Hinterbühne unserer Erziehungskultur. Solche und andere kulturhistorischen Feststellungen betreibt Mollenhauer wie eine sanfte Dekonstruktion, bei der er jedoch nie die Frage aus dem Blick verlor, was denn an die Stelle des Dekonstruierten treten könne, wie denn die Inhalte der Moderne jedenfalls im Sinne kontrafaktischer Ideen zu halten seien.

Die beinahe respektlose Art und Weise, mit der er dabei geschlossene Theorien aufhebelte und sich nur die Teile zu eigen machte, die für ihn den Sachverhalt angemessen beschreibbar machten, ist schon atemberaubend und an vielen Stellen vielleicht auch kritisierbar. Ähnlich ging er ja auch mit der Geschichte um: Er bediente sich im Steinbruch der Vergangenheit und fügte die herausgebrochenen Steine zu großen thematischen Linien zusammen; allerdings nie zu glatten, eindimensionalen Linien, sondern immer zu knotig um verschiedene Höhen und Tiefen sich windende Beziehungsseile zwischen den Epochen. Das konnte jemandem wie mir, die ihre Erstausbildung in einer Philologie erhalten hat, schon manches mal die Sprache verschlagen. Letztlich aber zog er nur ungenierter und ehrlicher als Andere die methodische Konsequenz aus dem Wissen, dass die Erzählungen über Erziehung Konstruktionen sind und dass wir gut daran tun, die Regeln der Konstruktion mit zu bedenken. Diese Regeln verfügbar zu machen, war ihm ja ein wesentliches Anliegen in der Arbeit an Pädagogik als einer kritischen Kulturtheorie.

Die Forschungen zur Ästhetischen Bildung sind dann nur ein, wenn auch bedeutender, Sonderfall kulturwissenschaftlich betriebener Bildungstheorie. Solche Kulturanalysen nun auch in theoretische und moralische Bereiche der Bildung weiterzutreiben, scheint mir ein lohnendes, aber eben erst begonnenes Unternehmen zu sein. Dennoch ist die Beschäftigung mit Fragen der Ästhetischen Bildung aber auch ihr Ausgangspunkt, weil in der Ästhetik sowohl die kulturellen Formationen einer Gesellschaft als auch die individuelle Erfahrung an die Ränder dessen gelangt, was uns zugänglich ist, dadurch aber eine reflexive Bewegung, die zur Bildungsbewegung führen kann, immer aufrecht erhält. So ist (empirische) Forschung im Bereich Ästhetischer Bildung auch Brennpunkt phänomenologischer Wissensproduktion. Hier ist der Ort, wo wir im Forschungsprozeß selbst immer wieder auf die leiblich-sinnliche Dimension der Bildung stoßen, wo wir am ehesten immer wieder uns selbst im Wege stehen, die Begrenztheit unseres Verstehens und Erklärens verspüren und dadurch einer Kreisfigur der Erkenntnis nahekommen, die mit den vermuteten Bildungsbewegungen des Subjekts korrespondiert. Dies verstärkt sich noch im Fall der Musik, der sich Mollenhauer in der letzten Zeit immer mehr zuwandte. Damit hat er nicht nur den Themenpark der pädagogischen Ästhetik, die sich nach wie vor ganz überwiegend mit Bildern und Texten auseinandersetzt, erweitern wollen, sondern er hat sich auch einer Erkenntnisweise angenähert, die im Hören, im Zuhören, sich entfaltet, die anerkennt, dass man das Ohr nicht verschließen kann und dass man die klare distanzierte Sicht des kühlen Beobachters aufgeben darf, um sich dem zu Hörenden des Gegenübers anzunähern, sich ihm zu verbinden. Eine stärker auf das Hören als auf das Sehen ausgerichtete Bildungstheorie steht allerdings noch aus. Auch hier besteht eine Herausforderung für uns.

Gibt man aber den souveränen Beobachtungsposten des modernen Wissenschaftlers erst auf, dann speist sich Kritik in erster Linie aus Selbstkritik. Das war seine vorbildliche Schwäche: ich kenne, zumal in der Wissenschaft, keinen verschämteren, stärker mit Selbstzweifeln beschäftigten Mann, zumal keinen *Mann*, als Klaus Mollenhauer. Im Rahmen der Disziplin Erziehungswissenschaft konnte er seinen Wert ganz gut einschätzen, darüber hinaus aber, und es ging ja bei ihm Vieles darüber hinaus, plagte er sich oft mit dem Gefühl, nicht zu genügen. Das galt besonders für die scheinbar fremdes Terrains, die er durchstreifte: Kunstgeschichte, Philosophie, Musikwissenschaft. Und das galt in noch stärkerem Maße, wenn er selbst künstlerisch tätig wurde, „entsetzlich dilettantisch", wie er sagte. Auf unseren Exkursionen kam es häufiger vor, dass er sich hinsetzte und eine Skizze, ein Aquarell anfertigte, dann aber kaum wagte, uns das Gemalte zu präsentieren. Spontaner konnte man bei solchen geselligen Anlässen musikalische Improvisationen mit ihm gestalten, er spielte dann am liebsten eine kleine Piccoloflöte oder die Trommel. Dann allerdings war sofort spürbar, dass es sich bei der Ästhetik um ein Lebensthema handelte, und nicht um eine Fluchtbewegung des Älteren, der keinen Mut mehr zur Politik hat. (Die Biographen werden das später bestätigen: Klaus Mollenhauer hatte sich, bevor er zum Promotionsstudium nach Göttingen kam, zunächst an der Musikhochschule in Detmold angemeldet, um dort Geige zu studieren, und war erst im letzten Moment wieder auf die Wissenschaft umgeschwenkt).

Ein provokativer Satz von ihm, der aus der Beschäftigung mit ästhetischen, besonders dichterischen Werken erwuchs, lautet: „Über das sich bildende Ich sollte nur poetisch gesprochen werden, oder gar nicht; weil es schlechterdings kontingent ist. Einer solchen These gegenüber ist „Pädagogik" eine Art Sprachspiel, in dem nichts anderes passiert, als daß Kreise gezogen werden, denen gegenüber die uns am wichtigsten scheinende Frage nicht in der Mitte liegt, sondern außerhalb (kontingent)."

3.

Doch hat er sich davon nicht entmutigen lassen, sondern im Gegenteil beständig die Herausforderung durch Praxen des pädagogischen Handelns und Lebenswelt der Beteiligten gesucht. Obwohl wir im Grunde nie genau wissen, wen und was wir vor uns haben, wir auch keine Poeten sind, die den besseren Weg kennten, darüber etwas mitzuteilen, gibt es nach der sogenannten realistischen Wende der Erziehungswissenschaft, keinen Weg vorbei an der dichten Beschreibung dessen, was Erziehung und Bildung ausmacht.

Obwohl wir anerkennen und im Bewußtsein halten müssen, dass immer Projektionen, Wünsche, eigene Interessen mit im Spiel sind, sind wir aufgefordert, die Artefakte des Aufwachsens, der Generationenbeziehungen, der Erwartungsproblematiken von Kindern und Jugendlichen in der Normalität unserer Kultur so genau wie möglich zu erfassen: Es geht nicht ohne Empirie.

Dabei ging es Mollenhauer besonders um die dichte Beschreibung von Lebenswelten, um die individuellen Selbstbeschreibungen der pädagogischen Klientel in ihrer Differenz zu den institutionalisierten Herrschaftsgesten, die in den formalisierten Modellen von Bildung und Erziehung zum Tragen, aber oft eben nicht zum Vorschein kommen. Hier hat er z.B. begonnen mit mikrologischen Interaktionsanalysen von Familienszenen, deren Wiederaufnahme auf unserem Methoden-Spielplan sicher nützlich wäre. Klaus Mollenhauer hat uns immer wieder gezeigt, wie fruchtbar es ist, sich besonders den verborgenen Seiten von Bildung und Erziehung zuzuwenden, dem, was geschieht, ohne dass wir es sehen und abbilden können, dem, was wirkt, ohne dass es gewollt ist; dem, was in dem Moment hervortritt, wenn wir gerade beginnen uns einzubilden, ein Phänomen erklärt zu haben. Das bedarf freilich divinatorischer, hermeneutischer Verfahren, die heute nicht sehr populär sind. Doch eine Theorie muß sich immer wieder an der gelebten und erlittenen Lebenswelt des Subjekts brechen. Läßt sie dies nicht zu, dann taugt sie nicht, es sei denn zur Befriedung und Befriedigung der sientific community, oder schlimmer noch, der Rechtfertigung von Politik.

Geleitet sind diese Arbeiten von einem vielfach gebrochenen Festhalten an den Utopien der Moderne. Er sah dazu letztlich keine Alternative. Doch haben diese Brechungen, die Enttäuschungen, die die uneingelösten Hoffnungen moderner Pädagogik mit sich brachten, weder den weltabgewandten Ästheten noch den Zyniker hervorgebracht, der sich an der Brillanz des eigenen Sprachspiels berauscht (obwohl er das Zeug und manchmal die Lust dazu hatte), sondern einen sehr an den Schattenseiten der Aufklärung leidenden, mit ihren Verlierern mitleidenden Menschen. Diesen Verlierern hat er sich, sei es in der eigenen Wohnung, in Briefen oder in langjähriger Vereinsarbeit, immer wieder mit einem Engagement zugewendet, das keine Uhr und keine theoretischen Skrupel mehr kannte. Der Postmoderne näherte er sich nur so weit an, dass er sagte: „Das Schönste an ihr ist, dass ich als Pädagoge nun schwanken darf zwischen Melancholie und Optimismus." Beides war ihm wichtig, für beides besteht, denke ich, eine Zukunft.

4.

Und da ist schließlich die Sache mit der Sprache. Es gibt ein ganz spätes biographisches Interview mit Klaus Mollenhauer, geführt von einer Studentin, die sich in das Verfahren des narrativen Interviews einüben sollte. Die

Studentin ist natürlich verzweifelt, weil ihr Gesprächspartner nicht das lieferte, was er laut Lehrbuch liefern sollte: ausführliche narrative Sequenzen über das eigene Leben. Statt dessen ist dort ein aufregendes Dokument entstanden, in dem man Klaus Mollenhauers Verhältnis zur Sprache, das ein gleichermaßen skeptisches wie leidenschaftliches war, lauschen und dabei leibhaftig miterleben kann. Da hört man die langen Pausen als angestrengtes Ringen um den richtigen Begriff, immer wieder Verbesserungen, die Zurücknahme von Begriffen, die er während des Sprechens als Worthülse entlarvt. Das ganze Interview ist durchsetzt von Reflexionen über das schwierige Verhältnis von Sprache zu ihrem Sprecher. Befragt nach seinen Eltern antwortet er beispielsweise: Nein, über die Eltern zu erzählen, sei ganz schwierig, weil man da nur verlogenes Vokabular zur Verfügung hat, mit dem die Eltern entweder erhöht oder herabgesetzt werden. Beides trifft ja die Sache nicht. Dieses Vokabular müßte man erst einmal abräumen, neues finden, am Besten im Erzählen von konkreten Situationen, aber das könne er nicht, weil er kein guter Erzähler sei. Dieses Dokument verkörpert in der eigenen, stockenden Lebenserzählung im Kern seinen skeptischen, verwickelten, letztlich produktiven Umgang mit den sprachlichen Systemen, die der Wissenschaft zur Verfügung stehen. Was er nicht leiden konnte, was man in seiner Nähe also tunlichst vermeiden sollte, waren zum einen leere begriffliche Abstraktionen, denen die Anschauung fehlte, weil er sie für zwar konsensfähig, aber praktisch irrelevant hielt. Auf der anderen Seite zeigte er häufig starke allergische Reaktionen, wenn jemand versuchte, Wissenschaft zu betreiben mit erfahrungsgesättigten Fallberichten und dazugehörigen ungestützten Deutungshypothesen, denen das theoretische Potential fehlt: Psychokitsch; Selbsterfahrungsgeschwätz. Vor allem aber konnte er unglaublich böse werden, wenn jemand es sich in einem Jargon bequem machte und mit selbstgefälliger Geste immer mehr verschleiererte als erklärte und dabei außerdem noch die Exklusion Uneingeweihter zu genießen schien. „Was meinen Sie denn damit: Selbstverwirklichung?“ rief er oft dazwischen. Oder: „Wissen Sie denn wirklich, was das ist, das Ich? Also ich weiß eigentlich nur, dass es die erste Person Singular im Satz ist, sonst nichts. Aber vielleicht wissen Sie ja mehr.“

Daher war ihm die Beschäftigung mit den Künsten auch ein sprachliches Anliegen: weil sie sensibilisiert für die Grobheiten eines unhinterfragten Jargons, der zum Machtmißbrauch verführt. Und weil sich dann die Frage stellen läßt, ob nicht allen anderen Sprachen, nämlich denen der Bilder, der Dinge, der Gesten und Melodien die gleiche intellektuelle Aufmerksamkeit des Erziehungshistorikers und des Erziehungswissenschaftlers gelten sollte wie dem demgegenüber magere Textkorpus, mit dem wir uns ganz überwiegend beschäftigen, sei es als geschriebene Quelle, sei es in der aktuellen Forschung als Interviewtext. Klaus Mollenhauer war es immer ein Anliegen, die falschen Sprachordnungen der eingespielten Wissenschaftsrhetorik abzulegen und Raum zu schaffen für neue Ordnungen, die sich Worte erst erfinden müssen. Genauso gern wie von den Künsten ließ er sich dafür aber auch beeindrucken und irritieren von den alltäglichen Äußerungen der Kinder und Jugendlichen, die in den verschiedenen Projekten befragt wurden. Seine Texte dokumentieren dieses Engagement für sprachliche Genauigkeit, die die Differenz zwischen dem, was man sagen kann und dem, was man sagen will, aber nicht kann, ehrlicherweise immer aufrechterhält. Das macht oft ihre Schwierigkeit aus.

Den wir heute ehren, er könnte uns Jüngere fast einschüchtern durch die Breite seines Wissens, die Vielfalt an Themen, das immer begleitende Engagement in der pädagogischen Praxis. Aber er entlastete uns auch immer wieder durch das in Gesten der Selbstbeschränkung und vor allem Selbstironie gelebte Eingeständnis, dass er nirgends einen Grund zur Überheblichkeit sah, im Gegenteil:

„Pädagogik“, so schreibt er am Ende eines Briefes 1996 „ ist schon eine ziemlich absurde Wissenschaft; man müßte das *Ganze* einer Kultur kennen, um über deren Überlieferungsprobleme manierlich argumentieren zu können. Unter der Hand bricht einem dann alles auseinander.“

Parallelvorträge

Neville Alexander

Innovation and Inertia: South African Education after Apartheid

Macro-economic policy as constraint

The transition from apartheid to democracy has occurred in the context of the hegemony of neoliberal economic thinking and the practical implementation of structural adjustment programmes with their implication of what are supposed to be short-term austerity budgets. At the structural level of the hardware of the post-apartheid dispensation, the impact of the global economic realities has been immediate, sharp and brutal. The statistics are eloquent proof of this. Their significance in the present context is that they represent the most fundamental constraint on any systemic innovation, especially in the light of the lack of a well-trained, self-reliant and innovative corps of educators.

Taking the latest national budget as an example, the following data illustrate some of the more important the trends[1]. Of all the budget categories, education still gets the largest slice of the national revenue cake, i.e., 21,9% of government spending and 5,7% of GDP. The amount of R50,7 billion represents a real increase of only 0,5% over last year's allocation. Some of the consequences of the real pressure on education budgets are brought out clearly by SHIREEN MOTALA (2000:12-17). In a nutshell, these are the fact that

- state subsidies to formely black universities and technikons have been declining rapidly (partly because of a decline in student numbers, as students vote with their feet to get to what they perceive to be the better higher education institutions);
- personnel costs constitute 92% of all provincial education budgets (all pre-university education is the responsibility of the nine provinces);
- consequently, there is very little revenue left over for the provision of non-personnel expenditure such as textbooks, stationery and in-service training; for example: "budgeted provincial spending on books and stationery in primary and secondary

1 The following paragraph is based largely on MOTALA 2000

- schools showed a real decline of 14% between 1996/97 and 1999/2000". (MOTALA 2000:14);
- there is a dramatic reduction in the funds available for children with special educational needs;
- there is a 50% decline in expenditure on Early Childhood Development, with the DEPARTMENT OF EDUCATION hoping that the private sector will pick up the tab if they are promised tax exemption for all grants in this area;
- capital expenditure continues to be so low that the backlogs in classrooms and school buildings, one of the bitter legacies of the apartheid era, will take a long time to make up.

There are clearly many other implications that flow directly from the budgetary constraints imposed on the new democratic government through it being entangled in the global economic networks. South Africa, as is well known, has one of the highest rates of income inequality in the world, unemployment is officially acknowledged to be in the region of 40% and jobs are being shed at an increasing rate. And while the new government is committed to increasing social spending and to a gradual redistribution of wealth and resources, the simple fact is that in the absence of economic growth, even this modest aspiration cannot be realised. Overall, the effect of the economic strangulation of the country is that the capacity to deliver on the promises made in 1994 is reduced considerably. Indeed, more and more "black" voices are being heard posing the awkward question: *What has happened to the miracle? Why is there no economic miracle?* At the level of school education, this central fact of the post-apartheid state translates into schools having to become small businesses when in most areas, which are lamentably poor, the managerial capacity and the community resource base simply do not exist. Schools are becoming fundraising, rather than educational, institutions and most educational commentators consider the real situation to be a disaster:

> A key concern raised by analysts was that provincial budgets continued to be "maintenance" budgets with limited scope to address backlogs, particularly for infrastructural expenditure. Many of these - for example, the national shortage of 57 499 classrooms or the 57% of schools with no (electric NA) power supply - still need to be addressed... (MOTALA 2000:16)

Because many wealthy parents are unwilling to pay high "user fees" to schools where those parents who are unable to pay may be exempted within certain limits, the tendency has been for those who can afford to do so to send their children to private schools. Indeed, the privatisation of schooling has gone very far in South Africa even if the overwhelming majority of schools are in fact public schools.

Since the assumption of office by President Mbeki and his cabinet, government has been systematically exploring ways of bringing about "racial equity and redress" (MOTALA 2000:17). At the level of the schools, one of the main methods used has been to skew allocations to schools in terms of their socio-economic status. A formula has been devised in terms of which the poorest 40% of the schools in a province receive 60% of the province's educational allocation and the least poor 20% get only 5% of the allocation. This is clearly a major step in the right direction but we are brought down to earth with a resounding thud when we are reminded that these figures and proportions refer only to the 8% or 9% of non-personnel expenditure![2]. The fundamental dilemma of the new regime has been aptly described by CHISHOLM (1997:63)

> The approach of the GNU (Government of National Unity NA) to education financing has been shaped and influenced by both a redistributive as well as a cost-cutting imperative. The cost-cutting imperative is linked to the marketisation of education and may very well undermine redistributive efforts.

By way of concluding this section on a more positive note, it should be pointed out that the extent to which the legacy of apartheid has to be addressed as far as undertrained and undermotivated teachers are concerned is now being realised. Much more funding is being set aside for in-service training and the teachers' unions have managed to negotiate time and conditions for in-service training and upgrading of teachers' qualifications which are generous by any standards. Of course, we still have the absurd paradox in South Africa that with disproportionately large class sizes and lamentably undertrained teachers, we allegedly have to retrench teachers because, in terms of government's macro-economic strategy, we have "too many" teachers (see KALLAWAY 1997)! In a middle-level country such as South Africa, economic, rather than educational, criteria determine the shape of the educational terrain.

School clustering

Projections indicate that we cannot expect any serious improvement either in the proportion of the budget to be spent on education or in the per capita expenditure on learners. At this level of the afforability of education, therefore, we have to expect that the de facto two-tier system of education, one for the children of the rich and one for those of the poor, will become entrenched and will spread further. The only viable solution to this problem, given that the system itself is not going to be capable of "turning around" will be, the

---

2 See MOTALA 2000:16

adoption of the strategy of "sharing, increasing and improving the quality of existing resources". Schools will have to cluster in order to share material and human resources.

> Basically, the idea involves clustering schools around a centrally located hub of shared specialized facilities. Higher urban densities will ensure that pupils from a number of different residential neighbourhoods could be within acceptable walking distance of a school cluster....(This) would enable facilities to be shared between schools and with the community. For example, instead of providing an understaffed community library and a number of ill-equipped school libraries, one fully staffed and fully equipped library to serve both the community and a number of schools could be provided within a school cluster (SMIT and HENNESY 1995:1)

For both economic and cultural-political reasons, this approach is one that ought to be given serious attention by a government committed to the promotion of equity and national unity.

A second option is to establish magnet schools in the townships. This would put an immediate stop to one of the most negative developments in South African education, i.e., the inevitable migration of black children out of township schools into formerly white, coloured and Indian schools. The latter are assumed to provide a better quality of education because they have, for historical reasons, better infrastructure and equipment as well as better qualified and better trained teachers. Besides the negative symbolism involved in "bussing" large numbers of children from one racially defined area to another, always in the same direction, i.e., from the "inferior" black residential area to the "superior" white area, there is a limit to the number of students who can "gain" from this mobility. Well equipped magnet schools would necessarily attract students from all former group areas because they would have the best specialised teachers and equipment[3]. In other words, it is not enough to put material equipment in the township schools, we should be ensuring that some of the best teachers are located there as well.

Curriculum reform

At the level of the system's software, the problems are enormous. Curriculum reform has been a disaster in spite of the attempts by government to put a brave face on it.

Beginning with the National Education and Training Forum (NETF), which was an attempt to do for education what CODESA had done for the political system, right up to the present where the post-apartheid Curriculum

3 Some will opt for private schools, as is already happening, but for the majority of South African children, this is not an option.

2005 is in a state of limbo, those who were supposed to reform the system were hamstrung by forces pulling in diametrically opposite directions. On the one hand, the old regime and their old-guard bureaucrats wanted as much continuity as possible between yesterday and tomorrow, as it were, i.e., they wanted as little as possible to change. On the other hand, the new people and their would-be managers and practitioners of the emerging system had no clear ideas about how the system should look. This, in spite of the fact that education had been the one area in which the activists of the liberation movement had been extremely active for decades and in which many innovative experiments and sometimes self-consciously conceived pilot projects for a post-apartheid South Africa had been realised. One of the few things on which the ANC and its allies were very clear was that it had to be obvious to "the masses" that we were moving away from the apartheid curriculum as rapidly as possible.

Somewhere during 1994-95, the strategic error was made. This was no less and no more than the decision to adopt a largely imported curriculum model rather than to take the time and to begin from first principles by designing a home-grown curriculum, one which would, naturally, incorporate what progressive South African educationalists consider to be the best and most relevant of international experience[4]. Suggestions made at the time to begin the process from below by identifying and defining in a democratic manner what best, or even good, educational practice is at every grade and phase in the educational system and then to devise the most effective and efficient ways of disseminating these practices over a certain period, were never taken seriously. Given the fatal legacy of apartheid in the form of underqualified, undertrained and undermotivated teachers in most parts of the system, such an approach would have constituted an organic campaign of in-service training, indeed retraining, of the existing corps of teachers. It would have been instrumental in re-establishing the "culture of teaching" and would have generated the most exciting educational innovations, which would have attracted many new recruits to the sector.

Instead, the GNU succumbed to the inertia of the old system and in effect if not in intention merely made cosmetic changes by introducing a half-baked notion of "outcomes-based education" (OBE). It is unnecessary to describe this paradigm in detail, since it is well known in Europe. To the credit of most South African educators, it should be said that reasonable and sympathetic criticism of both the concept and the inordinate haste with which it was to be implemented was expressed at the time the decision was announced.

4 The process of curriculum reform, some insist on calling it „transformation", has been traced in a concise but substantial form in KALLAWAY et al 1997. An apocyphal story suggests that the reason we have C2005 is that in a modern version of the Pied Piper, we got the curriculum which came together with the money to implement it. *This* Pied Piper, in other words, *was* paid!

There is no doubt that OBE was seen as a trendy and "in" alternative to the Christian National Education (CNE) and fundamental pedagogics paradigm of the apartheid period. This was also the main reason for its broad appeal and acceptance. It looked different and, on the surface, appeared to put the teacher ("educator") in charge. The most trenchant critique of the implementation strategy and of the particular approach to OBE, which was being offered by the authorities in 1997 was contained in a series of popular pamphlets by Professor JONATHAN JANSEN. One of these had the challenging, if somewhat melodramatic title, "Why OBE will fail". In summary, he questioned the need for the impenetrable jargon in which the new curriculum was couched and caustically rejected the claim that OBE would result in a jump of 3% in South Africa's economic growth rate. "There is not a single study that demonstrates any relationship between fiddling with the school curriculum and changing the economic realities of a given country" (JANSEN 1998). Like so many others at the time, JANSEN stressed that the introduction of an OBE curriculum model in the context of a mass of undertrained teachers and minimal resources was destined to failure. Similarly, he questioned the conspicuous lack of positive values (such as anti-racism, anti-sexism, etc.) in the new curriculum and insisted that the "instrumentalism" that underpinned it would produce people without any commitment to social development. Also, at the level of didactics, he put his finger on one of the main weaknesses of the OBE approach, i.e., its behaviourist paradigm. "...(There) is a fundamental contradiction in insisting that students use knowledge creatively only to inform them that the desired learning outcomes are already specified" (JANSEN 1998). Earlier, he had also questioned the wisdom of "trivialising" the curriculum by voiding it of content through the adoption of the skills-orientation model of OBE (see JANSEN 1997:7). He lambasted the ANC government for moving away from the struggle tradition of emphasising process as opposed to "product" or outcome, questioned the centrality of the elite group of teachers who in reality drove the process of introducing the new curriculum, to the exclusion of the majority of foot soldiers and asked the question, which was on everyone's lips at the time: "Why the rush?" (see JANSEN 1997:5). Given the cost-cutting imperatives of the new government and the rationalisation exercise of "right-sizing", i.e., retrenching, the teacher corps, JANSEN pointed to the self-defeating implication of increasing the administrative burden of a declining number of teachers caught in the pressure of large classes without the essential support systems. Finally, he warned against alienating teachers and turning them against policy altogether. His words have a prophetic ring today:

> The fact that the apartheid curriculum has to change is indisputable – whether OBE will be able to transform the legacy of the old system is what is in question. There is real concern that introducing sophisticated curriculum changes into underprepared educational environments will breed policy cynicism among teachers...which is what our country can least afford (JANSEN 1998).

While JANSEN expressed the scepticism which all seasoned educationalists felt at the time, there were many detailed critiques written during or soon after the process of working out the new paradigm. By way of example, CHRISTIE (1997:111-126) showed up the pitfalls in the path that had been adopted by the education authorities in trying to bring about the integration of "education" and "training". Her main criticism was that the formal education sector had not been part of the process of conceptualising and operationalising this integration model. She criticised the human-capital basis of the particular OBE model and pointed out that "..early human capital assumptions that investment in education could spearhead development are not borne out" (CHRISTIE 1997:120). Even more poignantly, she stressed the lack of authenticity of the new model by referring to Kraak's rejection of the assumptions

> That global post-fordist economic trends are applicable in South Africa, or that they would be beneficial for South African social and economic development policies. (CHRISTIE 1997:120)

This, in spite of the fact that she recognises that in the 21st century, "global processes are now partly constitutive of local realities, so that local contexts cannot be completely understood in strictly local terms" (CHRISTIE 1997: 123). Or, to quote the insightful words of another contributor to this volume:

> The experience of other countries in the region and elsewhere can be of great help...However, to copy mechanically models from widely different circumstances (such as enhanced scientific education in East Asia and integrated qualification frameworks in the South Pacific) may not come to much, unless the local conditions are taken into account. Avoiding the pitfalls of uncritical borrowing on the one hand and insularity on the other, we should continue to look for creative ways of meshing the specificity of the South African condition with the quest for universally acknowledged educational achievements. (GREENSTEIN 1997:141)

In retrospect, it has to be said that all these educationalists were willing to give the project the benefit of the doubt and most of them tried hard to make it work. However, the hope that the National Qualifications Framework (NQF) would temper the top-down implementation of the new curriculum by providing space and opportunity for teachers and other educators to introduce bottom-up changes in classroom practices has certainly not been realised. The ambitious and hasty project of the immediate post-apartheid years of introducing and consolidating a cleaned-up, progressive curriculum model (with all its implications in regard to the retraining of teachers, rewriting of textbooks, restructuring of the administration of the system and the building of new schools) while at the same time attempting to integrate academic, or general, education on the one hand and vocational education (training) on the other simply cannot be sustained, especially in the bleak and demotivating context of economic austerity and cutbacks on social spending[5].

This is in fact the inarticulate conclusion reached by the Review Committee on Curriculum 2005 appointed under the chairpersonship of Professor LINDA CHISHOLM by the new Minister of Education, Professor KADER ASMAL. This Committee, which had to undertake the delicate task of criticising ASMAL'S predecessor's regime without appearing to do so and without hurting the easily bruised egos of the education department's administrators, performed yet another South African miracle by walking on eggs without breaking any. Ultimately, it found that the dual challenge which it identified as facing South Africa's curriculum designers, i.e., to ensure the requisite knowledge, values and skills base so as to create the conditions for greater social justice, equity and development on the one hand, and to align the curriculum to the "global competitiveness challenge" on the other hand (see VALLY 2000:2) was fraught with contradictions.

> ...there is a perception that schools are not assisting in either creating new social values or the skilled population that the country requires in order to compete globally. In part, it must be recognised that education (or even a curriculum) cannot change society or on its own produce national development. Vesting such hopes in education are bound to lead to disillusionment (Report 2000:1).

Sometimes, it is salutary for the sake of sobering up to repeat well known incantations!

The review process exposed to the public gaze some of the central problems of the new system that were perfectly obvious to most educators. These are, firstly, the fact that there is an almost unbridgeable gap between policy and implementation in many areas of the new South Africa. The educational arena, certainly, is carpeted with elegantly phrased policy papers relating to virtually all aspects of the sub-system. Yet, with a few laudable exceptions, very little of this profusion of policy has been realised in classrooms. Secondly, the sophisticated, complex and jargonised curriculum model that had been introduced in 1997 was not understood by the vast majority of teachers. The so-called training which these "educators" had received in the new approaches was lamentably inadequate and the "cascade" model of disseminating the wisdom of the curriculum designers to the men and women at the chalkface in fact diluted and distorted the "message" by filtering out important items of information. Thirdly, and related to the previous point, only

5 None other than Minister ASMAL acknowledged this when he appointed the Committee to review Curriculum 2005. On the occasion, he said, among other things, that "immediately after the election (of 1994 NA), the first thing to happen was the attempt to eradicate from our syllabi all notions of racism and sexism. On reflection some of this may have been too rushed, we may have been too hasty. We then proceeded swiftly with the National Qualifications Frameworks and the establishment of the South African Qualifications Authority. Again, we may not have prepared well enough. We have to acknowledge that pressure for visible change provoked hasty responses" (ASMAL 2000a).

those schools which were already well equipped with material and human resources actually gained from the introduction of the new curriculum. In effect, the failure to pay proper attention to implementation strategies had the unintended consequence of deepening the gap between the rich and the poor, between roughly white and black schools and, thus, between the learners in them. VALLY (2000:4) aptly sums up this effect as follows:

> There is a view that teachers in disadvantaged schools have to be creative in 'mustering additional resources and inventing alternatives' but, without adequate training and resources to sustain their initiatives, this is akin to providing teachers merely with 'a lamp and three wishes'.

It is unnecessary to repeat in detail the findings and recommendations of the Review Committee. Essentially, it found that C2005 was "overdesigned" and unnecessarily complex and jargon-ridden. It recommended that a National Curriculum Statement be formulated which would spell out clearly what had to be learnt and how it is to be taught and assessed in each grade of school education. The training of teachers in the principles of OBE is given much attention in the Report and many sensible recommendations are made including various forms of clustering of schools, "lead teachers" to give on-site support as well as exemplars of lessons for all learning programmes. The Report put an end to one of the more naive assumptions of C2005, i.e., that teachers educated under Bantu and Coloured Education during the apartheid regime would have the time and the innovative capacity to produce their own learning materials and other educational resources and that textbooks could more or less be dispensed with once this process got underway. The only effect of this economically driven delusion was the virtual collapse of the publishing industry in South Africa, which is totally dependent on the publishing of school textbooks. The Report brings the textbook back into the classroom and spells out some of the corollary strategies necessary for effective use of textbooks and other learning support materials. Because of the lack of synchronisation that has bedevilled the central and provincial departments of education, a problem which arises from the fact that the former is responsible for policy formulation and the setting of norms and standards while the latter is focussed on implementation and training, the Report makes various tentative recommendations to improve coordination and administrative capacity[6].

Although there has been a generally favourable response to the Report, especially from teachers themselves, circles close to government, including the main teachers' association, the South African Democratic Teachers' Union, have been less than charmed by the muted critique of C2005. This is largely a question of saving face although there is also a genuine concern in

6 An excellent summary of the main recommendations of the Review Committee can be read up in VALLY 2000:1-13.

some of these groups about the fact that the Review Committee did not always distinguish clearly between the critique of the curriculum design and the critique of the principles of OBE. The Minister's original brief to the Committee was explicit in regard to this point. C2005, not OBE, was to be reviewed. Despite this, the Committee made critical comments on the particular, decontextualised skills-focussed interpretation of OBE which the DoE actually implemented via C2005 and bewail the conspicuous absence of content from the curriculum policy documents[7].

One of the members of the Committee recently delivered a lecture in which some of the subtext of the Report are spelled out. His main point is that as the result of the euphoria of the anti-apartheid struggle in the 1980s in particular, the myths and illusions of what he dubs "progressivism"[8] had taken root in the body pedagogic. He supports the Bernsteinian position that class, rather than any other marker of social differentiation, is the main predictor of scholarly achievement and that "schools cannot compensate for society" (MULLER 200:3). Essentially, his critical review of international school reform literature signals a kind of "back-to-basics" shift away from the "illusions" of the activists of the 1980s in the ranks of the pace-setting institutions in South African education. It has the value that it shows up very clearly how international theories and financially driven educational reform deriving from the imperatives of globalisation can, and mostly do, have devastating consequences in the economically less developed South. Indeed, we often have the situation that educational theories and experiments that have become passé in the Northern countries of origin continue to be held doggedly in the importing countries of the South and he hints broadly that this may well be the case with South Africa's C2005 (see MULLER 2000:9). MULLER, who is Professor of Education at the University of Cape Town and has been central to most anti- and post-apartheid education reform processes, has come back to promote the centrality of teachers' content, or disciplinary, knowledge, their professional values and the importance of social resources, i.e., class related family and parenting patterns of socialisation. Significantly, he supports the finding of some international research that

> "...(increasingly), teachers themselves are questioning the romantic notion that day-to-day curriculum should be developed by collaborative school or department level groups. They have neither the energy nor the desire to create from whole cloth when others might have invented very usable and good materials" (MULLER 2000:14, citing Fuhrman)

---

7 An early detailed critique of the epistemological and pedagogical dimentions of the new curriculum and of the complexities and behaviourist tendencies of OBE was compiled by TALYOR and VINJEWOLD 1999.

8 Among the features of progressivism, he mentions „...learner-centredness, teacher autonomy, local control of learning and the curriculum, a fiercely anti-bureaucratic sentiment, and a celebration of creativity, idiosyncrasy, and humanistic values, from whence the distaste for academic outcomes and testing" (MULLER 2000:3)

The next period

This disillusioning summation of the experience of the 1980s and the 1990s in South African educational reform is by no means representative or definitive. At the time of writing, there are other important initiatives launched by the DoE, the private sector and the NGO sector, all of which will eventually have decisive influence on the shape of the system within the next decade or so. Since all of these, with the exception of the Report of the Working Group on Values in Education (the James Report), are works in progress, I shall not deal with them on this occasion[9]. The really fascinating thing about the education sector of South African life is the eternal optimism with which it is infused. All layers of the society value education as the most important asset after life itself. This commitment is the result of decades and centuries of political oppression and economic exploitation reinforced by educational and cultural deprivation. Even now, the radical critique of the factual continuities between apartheid and post-apartheid education is being intensified and an educational social movement is once again emerging. That movement will draw upon the indigenous experience of alternative education during the darkness of the apartheid years as well as on the insights of global learning and other forms of experiential learning.

We cannot, however, avoid the obligation to take a hard look at the structural impediments to genuine and sustained transformation of the society and, therefore, of the educational sector. Of these, the most difficult and without any doubt the most intractable is the fact of what I have referred to as the entanglement of South Africa in the global economic networks. This is not the forum in which to discuss in detail the dilemmas of the countries of the South. In recent lectures which he delivered in South Africa, the celebrated urban sociologist, Manuel Castells, pointed to the very real danger that South Africa, like so many of the countries of the African continent, could simply become superfluous as far as the global economy is concerned. Because the country is not yet reduced to that Lazarus status, the present leadership, political as well as economic, is haunted by the spectre of instability and dysfunctionality. Everything is geared to attracting the lifegiving foreign direct investment which, as is well known, comes on terms that lead to job losses, immiseration of large sections of the urban and rural population, in-

---

9 These include the restructuring of the higher education (universities and technikons) sector, the development of a language policy framework for higher education, the review of language policy in school education, the costing of the English-second-language medium system of education, a national literacy compaign, the examination of the needs of the Early Childhood Development and the Adult Basic Education and Training sectors, as well as the professional development of the existing corps of educators and their accreditation. some of these are discussed briefly in VALLY 2000.

creased competitiveness, marketisation and privatisation of collectively produced assets, including schools and other institutions of learning.

The real question is, therefore, whether there is an alternative to this route. Will the new South African state become no more than an agent of global capital or can it prioritise the interests and needs of the majority of its local constituency? In the context of an AIDS pandemic which is truly unprecedented, this is a question that demands an urgent answer. Given the lack of credibility of the socialist project at present, it is clear that the task facing those of us who are committed to equity and to a society in which it is possible to feed the hungry, house the homeless, clothe the naked and care for the sick, the elderly and the young with dignity, will have to continue showing up the barbaric consequences of neoliberal economics in all spheres of life, especially in education, where the future is being shaped. At the same time, we shall have to come forward with pilot projects which demonstrate that alternatives are indeed possible and that they can go to scale as soon as the objective structural conditions allow.

Above all else, I believe that it is essential for two milestones to be attained within the next period regardless of the regime. The first of these is that we press for large-scale in-service teacher (re-) training campaigns with a view to producing a core of highly competent, self-motivated and innovative educators across the entire sector. Without such a platform, no curriculum, no matter how clear or how sophisticated, can hope to get off the ground. In South Africa, secondly, it is imperative that the universal principle of mother-tongue medium education be rehabilitated. Unless this is done, we shall remain a country where at best mediocrity, at worst failure, is programmed into the educational system and excellence can ever only be realised by the chosen few who, indeed, are taught through the medium of their mother tongues. These are, need it be stated?, those who have Afrikaans or English as a home language together with a very few black, usually middle-class people who become really proficient in English!

In conclusion, it should be said that as one of the newest liberal democracies on earth and because of the painful memories of the apartheid prison, we still have in South Africa the exhilarating climate of a social laboratory. We live in an open society where people have not yet become cynical and, thus, are able to put forward even "old" ideas with a newness of impact that can and sometimes does lead to real transformative action.

References

ASMAL, K. (2000a) "Notes for remarks by Prof. Kader ASMAL, MP, Minister of Education, at the first meeting of the Curriculum Review Committee, Pretoria, 21 February 2000. (Internet version).

ASMAL, K. (2000b) "Response by Professor Kader ASMAL, MP, Minister of Education, to the Report of the Review Committee on Curriculum 2005, *A Curriculum for the 21st Century*, Pretoria, 19 June 2000. (Internet version).

CHISHOLM, L. (1997) "The restructuring of South African education and training in comparative context". In P. KALLAWAY et al.

CHRISTIE, P. (1997) "Globalisation and the curriculum: proposals for the integration of education and training in South Africa. In P. KALLAWAY et al.

DEPARTMENT OF EDUCATION (Republic of South Africa). (2000) *A South African Curriculum for the Twenty-First Century. Report of the Review Committee on Curriculum 2005*. Presented to the Minister of Education, Professor Kader ASMAL, Pretoria, 31 May 2000.

DEPARTMENT OF EDUCATION (RSA). (2000) *Values, Education and Democracy. Report of the Working Group on Values in Education*. Pretoria: DoE.

GREENSTEIN, R. (1997) "Education, identity and curriculu policies in the new South Africa". In KALLAWAY et al.

JANSEN, J. (1997) *Why OBE Will Fail*. Durban: Macro-Education Policy Unit, University of Durban-Westville.

JANSEN, J. (with E. POTENZA) (1998) "Outcomes-Based education: will it benefit our children? *Fairlady*, 21 January 1998.

KALLAWAY, P., KRUSS, G., FATAAR, A. and DONN, G. (eds.). (1997) *Education after Apartheid. South African Education in Transition*. Cape Town: University of Cape Town Press.

MOTALA, S. (2000) "Education transformation 2000: from policy to systemic reform". *Quarterly Review of Education and Training in South Africa*. Vol.7, No.1.

MULLER, J. (with J. ROBERTS) (2000) "The sound and fury of international school reform: a critical review". Report prepared for the Joint Education Trust. February, 2000. Unpub. mimeo.

SMIT, W. and HENNESY, K. (1995) *Taking South African Education out of the Ghetto. An Urban-planning Perspective*. Cape Town: UCT Press and buchu books.

TAYLOR, N. and VINJEVOLD, P. (1999) *Getting Learning Right. Report of the President's Education Initiative Research Project*. Johannesburg: Joint Education Trust.

VALLY, S. (2000) "Reassessing policy and reviewing implementation: a maligned or misaligned system?" *Quarterly Review of Education and Training in South Africa*. Vol.7, No.2.

Karl Heinz Gruber

Die OECD – Anatomie eines pädagogischen „global player"

Mit der Errichtung des „Center for Educational Research and Innovation"(CERI) im Jahre 1968 wurde die OECD, die in Paris angesiedelte „Organisation for Economic Cooperation and Development", also eine primär auf wirtschaftliche Kooperation ausgerichtete Organisation, zur mächtigsten internationalen Bildungsforschungs- und Innovationsagentur. Man nannte sie „brain trust der westlichen Welt" (HÜFNER 1995), „clearing house for information and discussion on trends in education throughout the industrialised world" (PAPADOPOULOS 1994) oder „major force in promoting cross-fertilization in (educational) policy development" (GREEN 1999). „In the Western world, no international organisation has played a greater role in educational collaboration, exchange of experience and ideas than the OECD" (EIDE 1990, S.1).

„Global player" ist die OECD, weil sie im Unterschied zur Europäischen Union auf das gewaltige Forschungspotential, die finanziellen Ressourcen und die Innovationserfahrungen außereuropäischer Länder wie die USA, Kanada, Neuseeland und Australien zugreifen kann. Der OECD gehören im Jahr 2000 29 Länder an; darunter alle hochentwickelten westlichen und pazifischen Industriestaaten (auch Japan). Im Unterschied zur ebenfalls weltweit agierenden UNESCO bleiben der OECD infolge ihrer grundlegenden Mitgliedschaftskriterien, nämlich parlamentarische Demokratie und Marktwirtschaft, makro-politische Konflikte und das Aushandeln ideologischer Interessensgegensätze erspart. Ihr wird gelegentlich der Vorwurf gemacht, „der Club der reichen Länder" oder „ein trojanisches Pferd des US-amerikanischen Neoliberalismus"zu sein (BOURDIEU 2000).

Strukturen und Akteure

Wenn in diesem Beitrag von den Aktivitäten „der OECD" im Bildungsbereich die Rede ist, so ist damit sowohl die Arbeit sowohl des Center for Educational Research and Innovation (CERI) als auch die des „Education Committee“ gemeint. Beide Gremien sind dem Direktorat für „Education, Employment, Labour and Social Affairs“ untergeordnet. GASS (1985), EIDE (1990) und PAPADOPOULOS (1994) erklären in ihren historischen Analysen die Genese dieser beiden Instanzen und ihre jeweiligen Zuständigkeiten. Dominiert beim Education Committee die bildungspolitische Beratung der Mitgliedsländer, deren deutlichste Manifestationen die „country reviews“, die Prüfung der Bildungspolitik einzelner Länder sind (vgl. dazu NOAH 1979), ist das CERI mit seinen Projekten der forschende, kreative, innovative „think tank“. Ein wesentlicher Unterschied ist, dass die Mitglieder des Education Committee mehrheitlich delegierte Ministerialbeamte sind, die ihre nationalen Interessen und Prioritäten einbringen und vertreten, während das CERI einerseits aus hochrangigen Bildungsadministratoren, zum größeren Teil jedoch aus Erziehungswissenschaftlerinnen und Erziehungswissenschaftlern besteht, die zwar jeweils von ihren Ländern vorgeschlagen, aber vom Generalsekretär der OECD ernannt werden und explizit die übernationalen Interessen der OECD und nicht die ihrer Herkunftsländer zu vertreten haben[1]. De facto überlappen sich die Themen und die methodische Vorgangsweise der stark koordinierten Aktivitäten beider Einheiten (mit Ausnahme der Länderexamen) so stark, dass auf eine strenge Distinktion verzichtet werden muß. Der Großteil der folgenden Ausführungen bezieht sich auf das erziehungswissenschaftlich interessantere CERI.

Das bildungsbezogene Arbeitsprogramm der OECD wird alle fünf Jahre durch die Bildungsminister der Mitgliedsländer legitimiert und vom Sekretariat in Kooperation mit dem Education Committee und dem CERI Governing Board in ein budgetiertes Programm umgesetzt. Das Sekretariat ist eine diplomatisch-diskret agierende Instanz, in der ein kleiner, hochkompetenter Staff mit international rekrutierten Experten zusammenarbeitet, die für mehrere Jahre an Projekten arbeiten. Manche Länder nutzen OECD-Postierungen bewußt als „training ground for officials“, die in ihren nationalen Ministerien internationale Aufgaben wahrzunehmen haben.

---

1 Bei der Abfassung dieses Beitrags befand ich mich gleichsam in der Position eines ehemaligen Kurienkardinals, der über den Vatikan schreibt. Ich war von 1989 bis 1995 Mitglied des OECD-CERI Governing Board, in den Jahren 1992 und 1993 dessen Vorsitzender. Als Quellen dienten mir die angeführte Literatur, ein großer Fundus an subjektiven Erfahrungen und sowie eine Reihe von Interviews mit hochrangigen Angehörigen des OECD-Sekretariats im Sommer 2000. Alle in diesem Beitrag geäußerten Meinungen sind ausschließlich meine persönlichen und drücken in keiner Weise den offiziellen Standpunkt der OECD aus.

Die „Philosophie“ der OECD

In seiner Einleitung zur „offiziellen“ Geschichte der Bildungsaktivitäten der OECD in den Jahren 1960 bis 1990 von PAPADOPOULOS (1994, S.3) bringt ein früherer OECD-Generalsekretär das Selbstverständnis der Organisation auf den Punkt:

„In relating education to other sectors of policy, economic, social and environmental, the OECD has developed an approach in its work that distinguishes it from other international organisations. Education is seen as a major partner of such policies,with which it interacts, both contributing and responding to them [.]. relating education to the socio-economic realities in within which it operates [.]“.

Der in der deutschen Pädagogik weitverbreitete Vorbehalt gegenüber einer „Indienstnahme“ von Bildung durch die Wirtschaft besteht in der OECD, die sich explizit um die Integration von „education, employment, labour and social affairs“ bemüht, nicht. Dass die OECD-Bildungsagenda dennoch nicht „economy-driven“ sind, dafür sorgt das internationale power-play zwischen unterschiedlichen regionalen Bildungskulturen, in dem insbesondere der „Scandinavian approach“ und einzelne charismatische Experten als Anwälte der Allgemeinbildung und des Bürgerrechts auf Bildung agieren[2].

OECD-Projekte befassen sich mit „education and learning“ in allen möglichen Erscheinungsformen; auf die in der deutschsprachigen Pädagogik so wichtig genommene Unterscheidung von Allgemeinbildung und beruflicher Qualifizierung wird wenig Wert gelegt. Die Dominanz der anglo-amerikanischen Wissenschaftstradition bringt es zudem mit sich, dass mit „measurability“, also der empirischen Messung pädagogischer Phänomene, unbefangener umgegangen wird, wenngleich es auch innerhalb der Organisation Skepsis gegenüber der Aussagekraft bestimmter Indikatoren und der Sinnhaftigkeit von Großprojekten wie PISA gibt.

Zahlreiche OECD-Aktivitäten beschäftigen sich mit „comparative policy analysis“ und „educational decisionmaking“, einem Teilbereich der vergleichenden Bildungsforschung, der im deutschen Sprachraum lange Zeit als „Bildungspolitik“ galt.

Die Kreativität und Offenheit der OECD-Bildungsdiskurses resultiert daraus, dass sich die Organisation in dreifacher Hinsicht als „learning organisation“ definiert:

- sie beschäftigt sich mit allen Formen von „lernen“
- sie offeriert sich als Lernforum für die Mitgliedsländer und

---

2 Es ist dennoch ein Standardscherz von Mitarbeitern des CERI-Sekretariats, darauf hinzuweisen, dass das "E" in OECD leider nicht für "Educational", sondern für "Economic" steht.

- sie lernt selber als Organisation, indem sie sich permanent um die Relenvanz und um den „state-of-the art“ der Themen und methodischen Vorgangsweisen ihrer Projekte bemüht.

Die Homepage des CERI umschreibt dessen Aufgaben folgendermaßen:

- „to encourage better links between research, policy innovation and practice,
- to enrich knowledge about educational trends internationally, and
- to actively involve educational researchers, praticioners and government officials in cross-national decisions“.

Der wesentliche Aspekt dieser Rollenbeschreibung ist, dass die OECD eine „non-coercive organisation“ ist, die gegenüber ihren Mitgliedern keinerlei Sanktionsmacht hat. Die Beteiligung an Projekten und die Implementierung von Empfehlungen ist freiwillig. Der Satz „The OECD barks, but it does not bite“ gilt selbst für die in Länderprüfungen enthaltene Kritik, die immer „diplomatisch“ vorgebracht wird. Der oben erwähnte OECD-Generalsekretär spricht von „the catalytic role of the Organisation in influencing national policies, but without intervening in the internal affairs of individual countries“ (PAPADOPOULOS 1994, S.3).

Die CERI-Homepage drückt die angestrebten Effekte etwas stärker aus:

> „consensus building through peer pressure, which encourages countries to be transparent, to accept explanantions and to become self-critical.“

HÜFNER (1995) weist auf den hohen Freiheitsgrad hin, den die OECD durch die Verwischung der in manchen Ländern (auch Deutschland?) besonders ausgeprägten Demarkationslinien zwischen Forschung, Verwaltung und Politik besitzt; dies begünstige die Dissemination von Innovationen.

Zugleich wirft er der OECD (undemokratische) „Geheimniskrämerei“ vor. Jedoch sind die Entscheidungen von CERI und Education Committee (auch die Budgets) durch statutengemäß bestellte, rechenschaftspflichtige Delegierte demokratisch legitimiert; ferner hat die „Diskretion“ der OECD den Vorteil, auf den NEYER hinweist:

> „Being able to rely on means of international policy formulation and multilateral negotiation governments have access to policy-arenas which are removed from public supervision and societal pressure groups“ (NEYER 2000, S.179f.).

OECD- Aktivitäten

Das Spektrum der Aktivitäten umfaßt

- die Durchführung von multinationalen Studien und Gutachten zu Schlüsselproblemen der Bildung, insbesondere solchen, die unterschiedliche nationale Erscheinungsformen von „good practice" sichtbar machen;
- die Veranstaltung internationaler Seminare und Konferenzen zur Klärung und Dissemination von Forschungsbefunden;
- die Entwicklung internationaler Statistiken, Indikatoren, „Standards" und „Benchmarks", die sich zum Vergleich der Wirkungsweise von Bildungssystemen eignen;
- die Förderung des Erfahrungsaustausches zwischen nationalen Bildungsministerien.

International wohl am meisten beachtet sind die Länderberichte und seit einigen Jahren die Publikation „Education at a Glance".

Länderberichte („country reviews") sind entweder Gesamtaufnahmen des bildungspolitischen status quo eines Landes oder sie sind auf einen bestimmten Sektor, etwa das Hochschulwesen, gerichtet. Diese Reviews verlaufen nach einem idealtypischen Grundmuster, das sich seit der vor mehr als 20 Jahren verfaßten Studie von NOAH (1979) nicht wesentlich verändert hat: Auf Wunsch eines Landes stellt das OECD-Sekretariat ein drei bis fünf Personen umfassendes multinationales Expertenteam zusammen, in der Regel bestehend aus Professorinnen oder Professoren der Erziehungs- und Sozialwissenschaften, hochrangigen Bildungsbürokraten und eventuell ehemaligen Ministern. Das betreffende Land erarbeitet ein sogenanntes „background document" und erforderlichenfalls spezielle Gutachten für das Prüfungsteam. Das Team betreibt, unterstützt von den nationalen Bildungsbehörden, für mehrere Tage, gelegentlich auch einige Wochen Erkundungen (Interviews, Begehungen, Beratungen) vor Ort und verfaßt einen Bericht samt einem Katalog von Fragen, die bei einem sogenannten „confrontation meeting" am Sitz der OECD in Paris von Bildungspolitik und Administration des untersuchten Landes zu beantworten sind. NOAH betrachtet diese Konfrontationen als überaus wertvolle „multi-national seminar(s) on the problems of educational policy", quasi als „berufliche Fortbildung" für Minister und Spitzenbeamte. In der Regel erscheint einige Zeit darauf eine Publikation, die ein Resümee des background document, den examiners' report, die aufgeworfenen Fragen und eine Zusammenfassung des Konfrontationstreffens umfaßt.

Zu Problemfeldern, in denen sich signifikante Innovationen abzeichnen oder wo die Ministerkonferenzen einen besonderen Klärungsbedarf orten, werden international vergleichende Studien mit unterschiedlichem Design durchgeführt. Dies kann wie folgt vor sich gehen:

- Ein kleines internationales Expertenteam verfaßt ein autoritatives „state-of-the-art“-Papier; sodann werden die OECD-Mitgliedsländer eingeladen, sich an diesem Projekt zu beteiligen und von nationalen Experten „best practice case studies“ verfassen zu lassen. Diese Fallstudien werden bei einem oder mehreren Expertenmeetings diskutiert. Der Endbericht wird nach Freigabe durch den CERI-Governing Board oft im Rahmen einer größeren Konferenz in einem Land, das sich für dieses Vorhaben besonders engagiert, der Öffentlichkeit vorgestellt. Bei einigen neueren Projekten, etwa beim Schule/Umwelt-Projekt ENSI wird versucht, durch die Vernetzung innovativer Schulen in mehreren Ländern eine nachhaltige Implementierung von Ergebnissen in der Schulpraxis grundzulegen.
- Wenn vom CERI Governing Board in irgendeinem Problemfeld ein rascher Klärungsbedarf konstatiert wird, werden unter dem Titel „What works“ vom Sekretariat oder beigezogenen Experten meist innerhalb weniger Monate Explorationen in ausgewählten Ländern durchgeführt; nach der internen Diskussion werden diese „quick and sharp“ Gutachten zur Publikation freigegeben. Ein vielbeachtetes Beispiel dieser Kategorie war die Studie „School: A Matter of Choice“ (OECD 1994).
- Großangelegte internationale Vergleichsstudien („thematic reviews“) wie z.B „Redefining Tertiary Education“ sind hingegen Produkte einer mehrjährigen Kooperation größerer, multinationaler Expertenteams (OECD 1998).
- Seit einigen Jahren gehört die regelmäßige Publikation von „Education at a Glance“, einer vergleichenden Darstellung der Wirkungsweise der OECD-Bildungssysteme auf der Basis eines Bündels von Indikatoren, zu den sichtbarsten OECD-Aktivitäten, neben das in den nächsten Jahren das Schülerleistungs-Meßsystem PISA treten wird (zur Tauglichkeit von „Education at a Glance“ aus deutscher Sicht vgl. KLEMM 1997)
- Schließlich gehören zum Aufgabenspektrum der OECD noch das Hochschulmanagement-Projekt IMHE und ein Schulbauprogramm.

Sowohl PAPADOPOULOS (1994) als auch EIDE (1990) und HÜFNER (1995) identifizieren periodische Konjunkturen von bestimmten Themen und Forschungsansätzen:

- Bildungsökonomie in den sechziger Jahren,
- Bildungsexpansion und Chancengleichheit in den siebziger Jahren,
- Berufs- und Hochschulbildung in den achtziger Jahren,
- in den letzten Jahren eine Ausweitung des Interesses an Wissenssoziologie und Grundlagenforschungsbereichen wie Hirnforschung und Informationstechnologie.

Im OECD-Publikationskatalog des Jahres 2000 findet sich eine kurze Charakterisierung der jüngsten National Policy Review Italiens, die in geradezu „klassischer" Weise die zur Zeit geltenden OECD-Visionen von systemischer Bildungsreform skizziert:

„A major reform of the entire education and training system [...], aiming at the improvement and integration of learning in schools, universities and regional training institutions in order to respond to changing social and economic demands for knowledge, skills and qualifications. Fundamental changes [...] include the decentralisation of administrative responsibilities and increased school autonomy, enabling the grassroot actors in education and training to react more flexibly to the diversity of individual, local and enterprise needs and to utilise more effectively available funds and technologies. Central elements in the reform will also provide evaluation and increased accountability across the system."

Machtverhältnisse

Sowohl der CERI-Governing Board als auch das Education Committee sind demokratische Gremien, in denen unterschiedliche Ideologien, Problemlösungsansätze und wissenschaftliche Ansätze um internationale Akzeptanz konkurrieren. Dennoch ist nicht zu übersehen, dass die Größe, die wirtschaftliche Macht und die wissenschaftliche Potenz eines Landes eine Rolle bei der Durchsetzung von Interessen spielen. Zu den Ländern, die im Bildungsdiskurs der OECD „major players" sind, gehören die USA, das Vereinigte Königreich, Australien und Frankreich, aber auch die Niederlande, Schweden und die Schweiz. Als Großfinanziers sind die USA, Frankreich und das Vereinigte Königreich im Rahmen der OECD Schwergewichte. Durch das gezielte Offerieren von Ressourcen für bestimmte Vorhaben wird deren Akzeptanz befördert. So stehen z.B. hinter den Science, Mathematics and Technology-Projekten zu einem erheblichen Teil die Interessen und Geldmittel der USA, hinter einem jüngeren IT-Projekt die substantielle Förderung durch Finnland.

Die Gewichtigkeit der Vorschläge und Anregungen dieser Ländergruppe hat aber auch damit zu tun, dass sie aufgrund der politisch-administrativen Kontexte ihrer Bildungssysteme sowie aufgrund ihrer Wissenschaftssysteme innovationsfreudiger zu sein scheinen und daher eher im Einklang mit dem korporativen Selbstkonzept bzw. der „Innovations-Philosophie" der OECD sind. Dass die Größe einer Nation keine Rolle spielt bezeugen die Beispiele der Niederlande und Schwedens. Die zwischen den OECD-Mitgliedsländern stark variierende Bereitschaft, sich an Projekten zu beteiligen, verleiht manchen Ländern eine hohe Sichtbarkeit innerhalb der Organisation.

Während die USA und Japan einen Delegierten in den CERI Governing Board entsenden, ist Deutschland dort mit einer Bundes- und einer Ländervertretung präsent. Trotz dieses Umstandes, der der föderativen Struktur des deutschen Bildungswesens Rechnung trägt, scheint es schwierig zu sein, den deutschen Bildungsdiskurs mit den Bildungsaktivitäten der OECD zu verknüpfen (vgl. dazu HÜFNER 1995). Selbstverständlich ist die deutsche Bildungsforschung an OECD-Projekten beteiligt, aber generell kann man sagen, dass Deutschland sowohl im Personal der OECD als auch unter den beigezogenen Expertinnen und Experten unterrepräsentiert war.

Die Wahrnehmung und Einbindung der deutschen Bildungsforschung leidet wie die französische, die spanische und erst recht die japanische unter dem „transatlantic bias" des Sekretariats. Der anglo-amerikanische Pragmatismus, der dem Zugriff der meisten OECD-Bildungsaktivitäten zugrundeliegt, ist nicht ohne weiteres mit Sichtweisen und Konventionen der deutschen Erziehungswissenschaft in Einklang zu bringen.

Der hohe Grad der Verrechtlichung des deutschen Bildungswesens und ein komplexes System von politischen „checks and balances" scheint Innovationen einen engen Rahmen zu setzen, so dass Deutschland eher „Importeur" als „Exporteur" von innovativen Modellen ist, und auch dabei mangelt es nach HÜFNER (1995) an „transparenten Umsetzungsstrategien".

Um der gemeinsamen Bildungstradition der deutschsprachigen Länder (z.B. frühe Sekundarschulselektion, duales System der Berufsbildung, Hochschulstruktur) und der Tatsache Rechnung zu tragen, dass diese Länder im OECD-Diskurs durch die Begrenzung auf die Arbeitssprachen Englisch und Französisch benachteiligt sind, finden seit etwa zwanzig Jahren im Zweijahresrhythmus abwechselnd in der Schweiz, in Deutschland und in Österreich deutschsprachige OECD-Regionalseminare statt. So wertvoll der durch keinerlei Übersetzungsnotwendigkeiten erschwerte Erfahrungsaustausch dieser Ländergruppe sein mag, er birgt dennoch die Gefahr einer dysfunktionalen Abkoppelung des deutschsprachigen Diskurses vom OECD-„mainstream" in sich.

Pierre BOURDIEU hat den Vorwurf erhoben, die OECD fungiere wie andere internationale Organisationen als Vehikel der Verbreitung eines neoliberalen symbolischen Imperialismus US-amerikanischer Provenienz, in dem Begriffe wie „Klasse", „Herrschaft" und „Ungleichheit" nicht vorkämen, hingegen ein kruder Antietatismus, Befürwortung von „market and choice" und Propagierung von konsumeristischer Konkurrenz in allen Lebensbereichen vorherrschten und für global tauglich erklärt würden (BOURDIEU 2000).

In welchem Ausmaß auch immer der anglo-amerikanische Neoliberalismus die wirtschaftspolitische Orientierung der OECD beeinflußt haben mag: für den Bereich der OECD-Bildungsaktivitäten dürfte BOURDIEUS Vorwurf eher nicht zutreffen. Den gewiß auch hier merkbaren neoliberalen amerikanischen Tendenzen steht eine massive, vorwiegend skandinavische, aber auch französische wohlfahrtsstaatliche Gegenkultur entgegen, die sich nach wie vor an Chancengleichheit, der Vermeidung von sozialer Exklusion und der Integration von gesellschaftlichen Risikogruppen orientiert und für den Staat als Anwalt für die Realisierung des Bürgerrechtes auf Bildung eintritt. Nach

EIDE (1990) hat der skandinavische Widerstand gegen amerikanische bildungsimperialistische Ambitionen in der OECD eine jahrzehntelange Tradition.

Die offizielle OECD-Politik der Zweisprachigkeit mit Englisch und Französisch als Arbeitssprachen kann nicht darüber hinwegtäuschen, dass de facto der OECD-Diskurs auf Englisch erfolgt und Französisch nur eine subsidiäre Funktion hat; in den meisten Fällen werden auf Englisch abgeschlossene Verhandlungen, Projektberichte und Publikationen ins Französische übersetzt.

Diese Dominanz der englischen Sprache hat weitreichende Konsequenzen für die Arbeit der Organisation:

- Sie begünstigt die Wissenschaftstraditionen und die sozialwissenschaftliche Epistemologie der anglo-amerikanischen Länder. Die Selbstverständlichkeiten und die kulturellen sowie politisch-administrativen Rahmenbedingungen von Bildung dieser Länder bestimmen die Projektdefinitionen stärker als die jener Länder, bei denen eine von der OECD-Philosophie abweichende Kultur- und Sprachbarriere besteht. Die deutschsprachigen und romanischen Länder leiden mehr oder weniger stark unter diesem Handicap, nicht jedoch Schweden, Norwegen und die Niederlande, wo die meisten Wissenschaftler(innen) und politischen Entscheidungsträger über so gute Englischkenntnisse verfügen, dass sie am OECD-Diskurs, der üblicherweise unter Zeitdruck in einer konnotationsreichen Fachsprache erfolgt, voll teilhaben können.
- Bei der Rekrutierung von Projektexperten und Konferenz-Rapporteuren scheint das CERI-Sekretariat bevorzugt auf die kombinierte Sach- und Sprachkompetenz aus der englischsprachigen Wissenschaft und ihrer Forschungsnetzwerke zurückzugreifen. Die knappen Zeitbudgets von Expertentreffen erfordern die Befähigung zum „quick response", die knappen Projektbudgets legen den Verzicht auf teure Dolmetsch- und Übersetzerdienste nahe.
- Bei zahlreichen OECD-Projekten ist unübersehbar, dass nicht-englische Forschungsbefunde nur selten wahrgenommen werden oder in die Projektformulierung einfließen.
- Bestimmte, schwer zu übersetzende Begriffe wie „standards", „assessment", „employability", „accountability" etc. werden der Einfachkeit halber als Lehnwörter in andere Sprachen übernommen und transportieren als globalisierte termini technici anglo-amerikanische Konnotationen und Kontextbezüge. Umgekehrt werden schwedische Begriffe wie „jämlikhet" und erst recht große Bestände der deutschen Bildungsbegrifflichkeit wie „Mündigkeit" oder „Allgemeinbildung" nur mit erheblichem Aufwand und unzureichend in den englischsprachigen Diskurs eingeführt.

- Die Größe, Potenz und Offenheit englischer, amerikanischer und australischer Universitäten und Bildungsforschungseinrichtungen begünstigt, dass eine wachsende Zahl von mobilen, nicht-englischsprachigen Erziehungs- und Sozialwissenschaftler(inne)n kürzere oder längere Phasen ihrer Karrieren und damit ihrer professionellen Sozialisation im englischsprachigen Raum verbringen und dadurch dessen „Selbstverständlichkeiten" erfahren.
- Insgesamt resultiert daraus ein „transatlantic bias" der Arbeitsweise des CERI, mit dem sich manche Erziehungswissenschaftlerinnen und Erziehungswissenschaftler aus deutschsprachigen und romanischen Ländern eher schwer tun.

Die Wirkungen

Mit GREEN (1999) ist zu fragen, ob die OECD bloß zur Globalisierung der politischen Rhetorik beiträgt oder ob sie einen substantiellen Beitrag zum tatsächlichen Wandel der politischen und institutionellen Praxis ihrer Mitgliedsländer leistet.

Das Ausmaß, in dem Länder bereit sind, sich an OECD-Projekten zu beteiligen bzw. diesen internationalen Prozeß zu nutzen, hängt wie bei anderen Formen des internationalen Wissenstransfers von ihrer Offenheit oder Parochialität ab. Die skandinavischen Länder und die Niederande gelten in dieser Hinsicht als besonders „lernbereit", die USA eher nicht. Es darf vermutet werden, dass wie bei anderen Formen der politischen Nutzung von Wissenschaft die Aufgeschlossenheit für Innovationen mit dem „Gütesiegel" der OECD dann größer ist, wenn sie sich zur Legitimierung und Bekräftigung nationaler Prioritäten eignen, und dass es bei Inkompatibilität von nationaler Politik und OECD-Befunden zu selektiver Wahrnehmung kommt oder Ergebnisse ignoriert werden (zur französischen OECD-Rezeption vgl. BEDARIDA 1994).

Dazu zwei Beispiele aus Österreich: Während es der österreichischen Bildungspolitik sehr recht war, sich für die Einführung von Fachhochschulen Mitte der neunziger Jahre das Placet der OECD zu holen, nimmt Österreich (wie Deutschland) die von der OECD schon seit den siebziger Jahren vielfach geäußerte Befürwortung einer nichtselektiven, gesamtschulischen Organisation der Sekundarstufe I nicht zur Kenntnis.

Wie erwähnt steht am Ende der meisten OECD-Projekte eine Publikation und eine Disseminationskonferenz. Zu den Ländern, in denen der OECD-Impakt am stärksten sein dürfte, gehören die skandinavischen Länder, die Niederlande, Australien und Neuseeland, sei es, weil diese Länder innovative pädagogische Kulturen haben und OECD-Anregungen auf einen aufbereiteten, fruchtbaren Boden fallen, oder sei es, weil es in diesen Ländern bei Wissenschaft und Bildungsbürokratie keine Sprachbarriere gegenüber englischsprachigen Studien und Berichten gibt. Die Tatsache, dass nur wenige OECD-Publikationen ins Deutsche übersetzt werden, beeinträchtigt die Rezeption von und Auseinandersetzung mit vielen OECD-Befunden im deutschen Sprachraum.

Die Positionierung im multinationalen OECD-Indikatorensystem löst schon jetzt in den meisten Ländern massenmediale Debatten aus: im unteren Drittel einer OECD-„league table“ aufzuscheinen bringt Bildungsministerien in Rechtfertigungsnöte. Die Veröffentlichung der PISA-Befunde setzt diesen Trend fort (vgl. dazu KERSTAN 2000).

Literatur

BEDARIDA, C. (1994): L' OECD parle aux Français. In: Le Monde de l' Education Nr. 217, Juli-August 1994, S. 14ff.

BOURDIEU, P. (2000): Schöne neue Begriffswelt. In: Deutschsprachige Ausgabe von Le Monde diplomatique, Mai 2000, S. 7.

EIDE, K. (1990): 30 Years of Educational Collaboration in the OECD. (Typoscript). Oslo.

GASS, J.R. (1985): Organisation for Economic Co-operation and Development: Educational Activities. In: HUSEN, T./POSTLETHWAITE, T.N. (Hg.): The International Encyclopaedia of Education, vol.6, S. 3693 – 3696. Oxford.

GREEN, A. (1999): Convergence and Divergence in European Education and Training Systems. London.

GRUBER, K.H. (1995): Comparative comments on educational research and development in Austria, Germany and Switzerland. In: OECD (1995): Educational Research and Development, S. 21 – 29. Paris.

HÜFNER, K. (1995): Internationale Bildungs- und Hochschulpolitik: Beispiel OECD. In:

KEMPER, H./RAU, E. (Hg.): Formation und Transformation, S. 183 – 199. Frankfurt/M.

KERSTAN, T. (2000): Testen statt glauben. In: DIE ZEIT Nr.21, 18.Mai 2000,S. 37f.

KLEMM, K. (1997): Lohnt sich Schule? Reinbek bei Hamburg.

NOAH, H.J. (1979): The OECD Review and Higher Education. In: Canadian Journal of Higher Education 9. S. 5 – 12.

NEYER, J. (2000): Neo-Medievalism, Local Actors und Foreign Policy. In: ALBERT, M./BROCK, L./ WOLF, K.D. (Hg.): Civilizing World Politics, S. 179 – 197. Lanham.

OECD (1994): School: a Matter of Choice. Paris.

OECD (1996): Knowledge Bases for Educational Policies. Paris.

OECD (1998): Redefining Tertiary Education. Paris.

OECD (2000): Education at a Glance. Paris.

PAPADOPOULOS, G. S.(1994): Education 1960-1990: The OECD Perspective. Paris.

TROW, M. (1984): Researchers, Policy Analysts and Policy Intellectuals. In: HUSEN, T./KOGAN, M. (Hg.): Educational Research and Policy, S. 261 – 282. Oxford.

Dieter Kirchhöfer

Veränderungen in den alltäglichen Lebensführungen ostdeutscher Kinder – eine Kritik des Transformationsparadigmas

Die vergangenen und gegenwärtigen Wandlungen in der ostdeutschen Kindheit bieten der Kindheitsforschung und vielleicht auch den Erziehungswissenschaften die Chance, einen Veränderungsprozess von Kindheit wissenschaftlich zu begleiten und zu analysieren, der eine zweifache Erkenntnisdimension aufweist. Einerseits sind diese Veränderungen in einen umfassenden, systemübergreifenden historischen Wandel von Kindheit eingeordnet, an dessen Anfang wir möglicherweise erst stehen. Andererseits verweisen diese Veränderungen auf eine deutsche respektive ostdeutsche Transformationsspezifik und einen Systembruch, der notwendigerweise auch Veränderungen in der Kindheit bewirkte. Wie in einem Brennspiegel könnten Umbruch und Transformation die Strukturen, Formen und bewegenden Subjekte von Kindheit und die sich auflösenden und neu konstituierenden Widersprüche eines historischen Wandels von Kindheit identifizieren lassen.

Hinter dieser scheinbar abstrakten Fragestellung eines kindheitssoziologischen Wissenschaftsdiskurses verbirgt sich die auch in der publizistischen Öffentlichkeit diskutierte Frage nach der „inneren Einheit" des deutschen Volkes, einem ostdeutschen Sonderbewusstsein der nachwachsenden Generationen in den neuen Bundesländern bzw. einer sich festigenden oder neu einstellenden ostdeutschen Identität und den möglichen Gefährdungen, die von einer labilen, für ideologische Versuchungen anfälligen ostdeutschen Kindheit ausgehen könnten. Es ist erklärte Absicht dieses Beitrages nachzuweisen, dass die Kindheiten in Ost- und Westdeutschland gegenwärtig unter gleichen oder ähnlichen Problemlagen eines historischen Wandels von Kindheit agieren. Sie gestalten aber diese Veränderungen auf der Grundlage unterschiedlicher sozio-struktureller und sozioökonomischer Bedingungen und kultureller Lebensformen. Beide Nachkriegsgesellschaften haben über mehrere Generationen hinweg eigene Kindheiten hervorgebracht, die sich auf jeweils unterschiedliche Weise entwickelt und vielleicht auch vereinseitigt haben. Die Differenz der Andersartigkeit zu bejahen, könnte zugleich die Chance sichtbar machen, die mit einer Zweiheit deutscher Kindheiten in der Bundesrepublik möglich werden.

Der Beitrag bedient sich einer theoretischen und einer empirischen Argumentation:

1. Kritik des Transformationsmodells als Analyseparadigma des Wandels ostdeutscher Kindheit

Der Beitrag geht in seiner theoretischen Argumentation davon aus, dass unter Kindheit eine soziale Konstruktion (KIRCHHÖFER 1999, S.247) verstanden werden kann, die durch das Handeln agierender und interagierender Subjekte (Wirtschaft, Politik, Schule, Jugendhilfe, Organisationen, öffentliche Institutionen, Eltern und Elternvertretungen, Kinder und Kindervereinigungen) hervorgebracht wird. Kindheit objektiviert und strukturiert sich in Institutionen, Ordnungssystemen und Rationalitäsannahmen und wirkt in kulturell-lebensweltlichen Lebensformen. Ein solches Kindheitskonzept impliziert eine Vielzahl von Folgerungen, von denen nur einige genannt werden sollen:

- Kindheit ist nicht nur eine Struktur, sondern eine praktische Bewegung, ein Prozess, ein sich veränderndes soziales Gebilde, das in der praktischen Negation Innovation, Fortführung und Abwerfen vereint.
- Kindheit existiert und entwickelt sich in der Interdependenz von systemisch-institutioneller Umwelt und lebensweltlich-kulturellen Lebensformen. Die Subjekte passen sich nicht nur ihrer institutionellen Umwelt an, sondern bringen diese auch hervor und bewirken institutionelle Neu- und Umbildungen.
- Die Bewegung der verschiedenen Existenzformen von Kindheit verläuft ungleichzeitig, multidimensional und zueinander auch gegenläufig. Auch unter den Bedingungen radikaler Veränderungen der gesellschaftlichen Verhältnisse ist die Bewegung jedoch in ihrer Bewegungsrichtung prinzipiell offen und lässt verschiedene Entwicklungsmöglichkeiten zu.

Stellt man diesem Verständnis eines Kindheitswandels das in der Transformationsforschung gebräuchliche Modell der Transformation gegenüber, entstehen Zweifel am Erkenntniswert von Theorien, die den ostdeutschen Wandel von Kindheit als Transformation beschreiben und erklären.

Transformationen bezeichnen danach einen Sonderfall sozialen Wandels, der sich vom Normalfall evolutionär offener Modernisierungsprozesse insofern unterscheidet, als seine Zielrichtung in den Basisinstitutionen der Vorbildgesellschaften bekannt ist (ZAPF/HABICH 1996).Transformationen und die durch sie geprägten Gesellschaften folgen „...dem Pfad der Übernahme, Errichtung und Inkorporation von modernen demokratischen, marktwirtschaftlichen und rechtsstaatlichen Institutionen, von Wohlstandsgesellschaft mit Massenkonsum und Wohlfahrtsstaat. Insofern ist Transformation nachholende Modernisierung" (ZAPF, 1994, S.138). KOLLMORGEN (1996) fasst Transformationen als mittel- bzw. längerfristige sukzessive und komplexe Form-Wandlungsprozesse von Gesellschaften oder gesellschaftlichen Teilbereichen von einem Ausgangszustand in einen angebbaren Folgezustand unter bestimmten Übergangserscheinungen, und LEPSIUS (1991) sieht in Transformationen gerichtete und zeitlich dramatisierte Übergangsprozesse gesellschaftlicher Formbestimmtheiten.

Ein solches Transformationsverständnis beschreibt also Wandel als einen gerichteten Wandlungsprozess, dessen Ausgangs- und Folgezustand definiert (und erprobt) und dessen Bewegungsrichtung strukturell verfasst ist und nur in bezug auf Tempo und Intensität Varianz zulässt.

Die Sicht auf die Veränderungsprozesse von Kindheit in Ostdeutschland vermittelt nach einem Jahrzehnt ein widersprüchliches Bild. Einerseits vollzog sich tatsächlich auch in bezug auf Kindheit eine sich selbstgewisse Transformation, in der sich die Vorbildgesellschaft nicht problematisierte und sich als Folgezustand definierte. Andererseits brachte sie in einer Eigenlogik und Eigensinnigkeit Veränderungen hervor, die nicht in dem System der Vorbildgesellschaft angelegt waren, und verlor so ihren Charakter als Transformation.

Die sich selbstgewisse Transformation

Es ist in der Zwischenzeit unbestritten, dass die deutsch-deutsche Vereinigung weitgehend einer Konzeption nachholender Modernisierung und der Inkorporation der DDR in die BRD folgte. Transformations*ziel* war die Angleichung an die westdeutsche transformationsinvariante Gesellschaft (WINGENS 1999, S.255), der Transformations*prozeß* war eine schockartig Fakten schaffende „machiavellistische Staatsübernahmestrategie" (BEYME 1996, S.308). Diese Strategie führte wiederum zu Abwehr- und Abgrenzungsreaktionen der Bevölkerung, was OFFE schon 1991 bemerken ließ, dass „das transplantierte Gewebe der westdeutschen Institutionen in der ehemaligen DDR auf soziostrukturelle Unverträglichkeitserscheinungen, ja Abstoßreaktionen stoßen könnte"(1991, S.80f).

Auch die soziale Konstruktion ostdeutscher Kindheit unterlag einer solchen Transformation der systemisch-institutionellen Verhältnisse, die in den Institutionen und den darin eingelassenen Rationalitätskriterien der westdeutschen Gesellschaft ein Transformationsziel und einen Transformationspfad als Verlaufsrichtung aufwies[1]. Mit der Übertragung des gegliederten Schul-

1 Es sei daran erinnert, dass die Transformationsforschung auch in der sozial- und erziehungswissenschaftlichen Forschung erhebliche Forschungskapazität gebunden hat. Neben den Arbeiten der Kommission für die Erforschung des politischen und sozialen Wandels o-

wesens, den Strukturen des Gymnasiums, den Bestimmungen des Kinderrechtes oder den Institutionen der Kinder- und Jugendhilfe vollzog sich eine umfassende Institutionenimplementierung. Bisher systemkonstitutive Institutionen wie z.B. Betriebe, die politische Kinderorganisation oder das System der Berufs- und Studienberatung mit der Erziehung zu „bewussten Berufswahl“ entfielen, Bildungs- und Beschäftigungssystem wurden entkoppelt. Andere Institutionen wiederum wie z.B. Vorschul-, Freizeit- oder Nachhilfeeinrichtungen änderten das Wirkprinzip durch ihre Privatisierung oder Kommerzialisierung. Es ist retrospektiv schwer einzuschätzen, ob dieser Transfer in einem geschlossenen Konzept vorgedacht war, in dem Einigungsvertrag bestimmte Systemstrukturen vorgegeben waren oder föderale Gestaltungsmöglichkeiten existierten oder einfach als Konsequenz des veränderten Wirtschafts- und Politiksystems wirkte.

Die sich selbstbegrenzende Transformation

Der Wandel ostdeutscher Kindheit lässt zugleich deutlich werden, dass die Transformation an ihre eigenen, durch sie selbst erzeugten Grenzen stieß und eine Erklärung des Wandels ostdeutscher Kindheit durch ein universalistisches Transformationsmodell – unabhängig von der Deutung als nachholende Modernisierung – hinterfragen lässt[2]:

Die sich in Ostdeutschland vollziehenden Veränderungen der Kindheit waren institutionell vielleicht vorgedacht, die Zielzustände formten sich im Prozess jedoch ständig um, hoben sich wieder auf und definierten sich neu. Sie waren insofern auch nicht in methodisch fassbaren Schritten vorgezeichnet, sondern bedienten sich eines regionalen „muddling through“ (BERTHOIN-ANTAL/DIERKES/MARZ 1998), dessen elementarste Form es war, in einem Imitationslernen sich Vorbilder, z.B. in Schulverfassungen westdeutscher Länder, zu wählen. So variierte die in den antizipierten institutionellen Strukturen eigentlich transparente Schulentwicklung in einer Vielzahl föderaler Anpassungsmodelle, erzeugte einen Trend zu nichtkonzipierten einzelschulischen Autonomie- und Profilbildungen und führt gegenwärtig zu Anpassungen an die demographischen Bedingungen in einer gespaltenen Schullandschaft, wobei der Übergang zur sog. Kleinen Grundschule als Modernisierungspfad (WEISHAUPT 1999, S.25) nur noch als sarkastische Ironie gefasst

---

der der Volkswagenstiftung hat die DFG zwei Schwerpunktprogramme in Erziehungswissenschaft und Soziologie – aufgelegt und eine Forschergruppe in Berlin finanziert (HAUß/KOLLMORGEN 1993, TROMMSDORFF 1996). Der vorliegende Beitrag ist im Rahmen des Schwerpunktprogrammes Soziologie entstanden.

2 STEPHAN HRADIL (1996) hat in der Zwischenzeit eine Transformation der Transformationsforschung vorgeschlagen. Seine Forderung nach Verstetigung der Transformationsforschung wird es allerdings erschweren, die Differenz zur Analyse des sozialen Wandels zu wahren.

werden kann. Es sei angedeutet, dass auch der Anfangszustand der DDR-Kindheit im Herbst 1989 nicht eindeutig anzugeben war, da vielfältige Wandlungsprozesse schon vor der Wende eingesetzt hatten, die durchaus mit denen der westlichen Moderne vergleichbar waren.

Die sich selbstgewisse Transformation mit der Invarianz der transferierten Institutionen und dem einzulösenden Vertrauensvorschuss (LEPSIUS 1991, S.73) erzeugte eine inhärente Widersprüchlichkeit, welche die Transformation letztlich daran hinderte, ihr Ziel zu erreichen.

Diese Widersprüchlichkeit resultierte auch aus der Differenzierung der Transformationen selbst. Die Transformationen erfassten nicht nur die Veränderung der systemisch-institutionellen Bedingungen mit Institutionenimplementierung und Organisationsübernahme, sondern auch die Transformation der lebensweltlichen Verhaltensweisen, der eingelebten kulturellen Routinen und sozialisierten Wertorientierungen[3]. Diese Differenzierung einer Transformation von Institution und Lebenswelt, Makro und Mikro, System und Akteur, Ökonomie und Kultur führt bis in die Gegenwart zu der weitverbreiteten Argumentationsfigur, dass die Systemtransformationen mit einem Institutions- und Ordnungstransfer relativ rasch abzuschließbar, in bezug auf die Kultur jedoch nahezu unmöglich seien, wenn sie von außen vorgeschrieben oder vorzuschreiben versucht würden. (MERKENS 2000b, S.66), was WIESENTHAL (1995,S.23) zu der Feststellung führte: „Gelungene Systemtransformation – Probleme der Sozialintegration.“

Selbst wenn man sich auf die durchaus berechtigte Unterscheidung von System- bzw. Akteurstransformationen einlässt, sind Zweifel anzumelden, ob damit die sich herausbildenden Interdependenzen zwischen systemischer und lebensweltlicher Umwelt und die daraus resultierende beschleunigende oder blockierende Eigendynamik oder Eigenlogiken (BENNER/MERKENS/GATZEMANN 1996) der Transformation gefasst werden. Das subjekt- oder handlungstheoretisch begründete Vorgehen sieht in dem Tätigkeitspotential der agierenden Subjekte des Wandels das bewegende, treibende Moment von Kindheit, das auch auf die Institutionen und deren Vorstrukturierungen zurückwirkt. Das schon erwähnte, auf Ostdeutschland immer wieder projizierte Schema von Institution und Lebenswelt mit der zum Teil denunziatorischen Unterstellung der „Langsamkeit der (ostdeutschen) Individuen“, deren „Passungsdefiziten“, „Trägheit“ oder „Beharrungskraft“ ignoriert die Tatsache, dass in die soziale Konstruktion von Kindheit und deren Systeme und Institutionen kulturelle und soziale Handlungen und Rationalitätsannahmen kon-

---

3 Die Forschergruppe "Bildung und Schule im Transformationsprozeß von SBZ, DDR und neuen Ländern – Untersuchungen zu Kontinuität und Wandel" formuliert in diesem Zusammenhang, dass an einem historisch interessanten Exempel historische, systematische und empirische Einsichten darüber gewonnen werden sollen, "wie Systemumbrüche auf den Ebenen des Handelns, der Theorie und der Institutionen bewältigt werden und welche Strategien sich im Umgang mit den neuen Verhältnissen herausbilden (BENNER/ MERKENS/ SCHMIDT 1996)

stitutiv eingingen. Indem Kinder die Bedingungen ihrer Kindheit aneigneten, d.h. sie für sich gebrauchen lernten, formten sie diese um, modifizierten sie und veränderten sie. Institution und Lebenswelt, Ökonomie und Kultur bildeten insofern selbst ein sich treibendes und bedingendes Verhältnis. Im Unterschied vielleicht zur Wirtschaft oder zum Rechtssystem vollzog sich in der veränderten Konstruktion von ostdeutscher Kindheit deshalb auch der Institutionentransfer nur partiell, der Prozess des Disorganisierens im Sinne des Auslöschens vorhandener Modelle (MERKENS 2000b, S.67) erfolgte gehemmt, und die Übertragungen erzeugten z.T. innovative Lösungen, wie die verschiedenen Schulmodelle in den neuen Bundesländern zeigen. Zudem brachten auch unveränderte oder nur partiell veränderte Institutionen neue Beziehungen zwischen Institutionen und Akteuren hervor wie z.B. zwischen Eltern und Lehrern, zwischen den Eltern, zwischen den Erziehern in schulischen Horten und Kindertagesstätten oder den Beziehungen zwischen Schulleitungen, Einrichtungen der Jugendhilfe und Kreisverwaltungen, die schon außerhalb der beabsichtigten Transformationswirkungen lagen (SCHUBARTH 1999). HORST WEISHAUPT (1999) hat nahezu paradigmatisch auf den Zusammenhang von systemischen und kulturellen Veränderungen am Beispiel des Wandels von Schulstruktur und Schulkultur in Thüringer Schulen aufmerksam gemacht. Die Lehrer brachten mit den angepassten Schulstrukturen einerseits neue Rationalitätsannahmen hervor und lösten sich von bisherigen Leitvorstellungen. So verlor sich eine integrierende Sinnbeziehung zwischen Eltern und Lehrern, die bisher alle Subjekte der Konstruktion von Kindheit auf eine gemeinsame Aufgaben- und Zielstellung verpflichtet und formiert hatte, und es vollzog sich eine umfassende Verrechtlichung der Beziehungen zwischen Kindern, Lehrern, Eltern, die in einem konkurrierenden Rechtsegoismus zu agieren lernten. Andererseits war nach wie vor das Interesse der Eltern und Lehrer erkennbar, Schüler umfassend in Verbindung mit hohen Leistungsforderungen zu fördern, im Kollegium sich über fachliche, organisatorische und pädagogische Fragen zu verständigen und ein identitätsstiftendes außerunterrichtliches Schulleben zu organisieren (WEISHAUPT 1999, S.39). Die Rationalitätskriterien der lebensweltlichen Entscheidungen existierten nicht nur in rechtlich sanktionierten Strukturen, sondern auch informell (z.B. hinsichtlich der hohen Akzeptanz der Zensur als Leistungsmaßstab und als Kriterium von Bildungswegentscheidungen oder in der Aktivierung des kulturellen Kapitals der Eltern bei der Gestaltung von kindlichen Bildungskarrieren (vgl. MERKENS/WESSEL 1999, MERKENS 1999a). Lehrer entwickelten mit der veränderten Schulstruktur unter Wahrung bestimmter Rationalitätsannahmen auch eine veränderte Schulkultur, die wiederum auf die Gestaltung der Struktur zurückwirkte.

Ich wende mich nicht dagegen, einzelne Veränderungsprozesse in der Kindheit als Transformationen zu beschreiben, zumal die Transformationstheorie mit dem Paradigma der zieloffenen oder reflexiven Transformation einen Theorievorrat bereitstellen würde, sondern gegen ein universalistisches

Transformationsmodell, das die Veränderungen in Ostdeutschland auf eine Transformation der Inkorporation und Implementierung reduziert und es nicht gestattet, die komplexen widersprüchlichen Veränderungen systemisch-institutioneller *und* kulturell-lebensweltlicher Verhältnisse in der Kindheit zu fassen, und deshalb auch nicht erlaubt, in fragmentierte Kontexte einzudringen und innovative Lösungsansätze aufzuspüren. die sich in der Zwischenzeit in der Kindheit der Teilgesellschaft Ostdeutschland herausgebildet haben könnten (THOMAS 1999). Indem das Problemfeld der Transformation in den Passungsdefiziten der Individuen festgemacht wird und nicht in der Korrespondenz zwischen Institutionensystem und Lebenswelt oder gar in dem Institutionensystem selbst, legt ein Transformationsverständnis dieser Art nachhaltig nicht nur die Differenz fest, sondern auch die Konflikthaftigkeit geteilter Kindheiten in Deutschland. Eine solche Argumentation reißt nicht nur das soziokulturelle Handeln der Individuen und Gruppen aus systemisch-institutionellen Zusammenhängen oder aus ökonomisch-rationalen Verursachungen heraus, sondern verzichtet auf die Analyse relativ eigenständiger Interaktionszusammenhänge, auf die Ungleichzeitigkeit verschiedener Veränderungsprozesse und damit verbundener fließender, sich gegenseitig beeinflussender Konstitutionsformen von Kindheit.

Es sei nur erwähnt, dass sich gegen die eingangs diskutierte Vorstellung der Transformation als nachholender Modernisierung auch Einwände aus einer modernisierungstheoretischen Perspektive selbst ergeben. Der Begriff nachholende Modernisierung impliziert den Zielzustand Kindheit der BRD normativ als moderne, d.h. funktional differenzierte, komplex strukturierte, offene Gesellschaft, die den Kindern und ihren Eltern biographische Gestaltung und Individualisierung ermöglichte. Ebenso normativ wird der Zustand der DDR-Kindheit defizitär bestimmt, die zentral gesteuert, sozial entdifferenziert und politisch durchherrscht (KOCKA 1994) den Individuen eine biographische Gestaltung und individuelle Autonomie verweigerte. Mit dem systemischen Modernisierungsrückstand korrespondiere danach ein biographischer Modernisierungsrückstand, der im weiteren als Transformationsblockade auftrete. Zumindest aber in bezug auf Säkularisierung, Urbanisierung, Mediatisierung oder auf die Veränderung der Geschlechterrollen sind die Kindheitsverhältnisse in der DDR durchaus als modern zu fassen, was mich häufig zu der Formulierung ermuntert, von einer anderen Form der Moderne, einer spezifischen Moderne in der DDR zu sprechen, die konstitutiv widersprüchlich war. Dem berechtigten Hinweis auf staatliche Regulierung und Kontrolle, auf kollektive Formung und politischer Überformung in dieser Moderne könnte im Anschluss an die Interdependenz von Institution und Lebenswelt wiederum entgegnet werden, dass sich lebensweltlich-kulturelle Zusammenhänge auch unter den Bedingungen einer durchherrschten institutionalisierten Gesellschaft in einer bestimmten Eigenständigkeit und einem Eigensinn entwickelten, die wiederum auf die systemischen Bedingungen zurückwirkten.

2. Die widersprüchliche Bewegung von kindlichen Lebensführungen in Ostdeutschland – die Herausbildung einer ostdeutschen Kindheit

Es spricht für die List der Geschichte, dass der Transformationsprozeß nicht nur sich selbst blockierte, sondern genau das Gegenteil des Transformationszieles hervorbrachte. Entgegen der Absicht, die Lebensverhältnisse anzugleichen, die ostdeutsche Lebensweise an die westdeutsche anzupassen und so die „innere Einheit" zu schaffen, scheint sich nach zehn Jahren Transformation eine spezifisch ostdeutsche Denk- und Lebensweise herauszubilden, die zudem auf ihrer Eigensinnigkeit besteht und in der „inneren Zweiheit" Normalität und Chance sehen will.

Die Argumentation bedient sich zur Analyse dieses Prozesses einer empirischen Untersuchung, welche die erwähnten Interdependenzen zwischen institutionell-systemischen und kulturell-lebensweltlichen Verhältnissen in alltäglichen Lebensführungen oder in der Alltagsorganisation der Kinder zu identifizieren suchte. Im Kern der Untersuchung standen alltägliche Tätigkeitsabläufe von zehnjährigen Ost-Berliner Kindern und die darin von den Kindern zu erbringenden Koordinierungs-, Entscheidungs- und Integrationsleistungen. In den Tätigkeitswechseln im Verlauf mehrerer Tage und dem Vergleich der dabei erbrachten Gestaltungsleistungen der Kinder sollten die zeitgeschichtlich bedingten Veränderungen identifiziert und zugleich Erkenntnisse über den Wandel historischer Kindheiten gewonnen werden. Die Untersuchung wurde 1990 begonnen und in einem zweijährigen Erhebungsrhythmus bis 1996 bzw. 1998 in mehreren Kohorten wiederholt. Die Untersuchung folgte dem traditionellen Design eines Kohorten-Sequenz-Programms, das gestattete, die *biographische Dimension* des Wandels mit einem querschnittlich erfaßten Jahrgangsvergleich zu verbinden (vgl. KIRCHHÖFER 1998).

Der Reiz dieses Ansatzes bestand u.a. darin, die ostdeutsche Forschungstradition der Lebensweiseuntersuchungen (LÖTSCH, MEIER, SALZWEDEL), die wie viele andere ostdeutsche Theorieansätze in Vergessenheit geraten sind und erst durch MERKENS (2000a) aufgearbeitet wurden, mit dem westdeutschen Ansatz der Lebensführungsforschung (VOß, HOLZKAMP) zu verbinden und eine eigenständige Untersuchungsmethodik zu entwickeln. Dieser Ansatz bot einen konzeptionellen Rahmen, der ähnlich wie die Lebenslaufforschung (K.U.MAYER/ MAYER/DIEWALD) Gesellschafts- und Lebensgeschichte, Sozialstruktur und Akteur, Institutionen und Individuen, historische und biographische Zeit paradigmatisch verknüpfte und insbesondere in der Statuspassage Schüler die konstitutive Widersprüchlichkeit von Institution und Lebenswelt, Institution und Individuum erschließen ließ. Schon von der Anlage her unterschied sich diese Untersuchung zu einem

Wandel von Kindheit von dem oben erwähnten linearen Transformationsverständnis der Inkorporation.

Die folgende Darstellung sucht diese Eigenbewegung der lebensweltlichen Zusammenhänge in ihrer konstitutiven Widersprüchlichkeit zu fassen, wobei sich die Darstellung auf das Verhältnis von Privatheit und Öffentlichkeit in der kindlichen Sozialisation beschränkt.

Das Verhältnis von Privatheit und Öffentlichkeit in der kindlichen Sozialisation

Das Verhältnis von Privatheit und Öffentlichkeit enthält eine spezifische Spannung, indem öffentliche Institutionen, deren Vorstrukturierungen und Rationalitätsannahmen und kindliche Lebenswelten unmittelbar aufeinandertreffen, in denen Kinder alltäglich gezwungen sind, Ort und Zeiten in ihrer Alltagsorganisation zu koordinieren, die Intentionen ihres Alltagshandelns ständig an den veränderten Umwelten zu prüfen und personelle Arrangements zu treffen. Diese Beziehung war aber auch der Bereich, der besonders intensiven Veränderungen unterworfen war. Der Staat zog sich z.T. demonstrativ aus der Öffentlichkeit (die Entstaatlichung der Öffentlichkeit) zurück, die Öffentlichkeit änderte selbst ihre Strukturen, neue Formen der Vermittlung zu den privaten Lebenssphären wurden gesucht (Kinderbüros, Kinderbeiräte), und Familien tasteten ihre neu gewonnene Privatheit aus. In diesem Spannungsfeld erprobten Kinder neue Aneignungsweisen von Wirklichkeit – einschließlich des Protestes und der Gewalt – und definierten ein neues Verhältnis zu den Erwachsenen. In der Gesellschaft der DDR hatte sich der Staat – aus einem machtpolitischen, aber auch aus einem aufklärerischen Interesse heraus – die Verantwortung für die kindliche Entwicklung zumindest teilweise angeeignet. Der Staat organisierte zudem eine Öffentlichkeit (er durchstaatlichte sie), welche die Sorge um Kosten, Schullaufbahnen und Schulerfolg, berufliche Perspektiven, gesundheitliche Entwicklung und Freizeittätigkeit mehr oder weniger übernahm. Die Öffentlichkeit war gegenüber Eltern rechenschaftspflichtig, ohne dass formale Rechtsansprüche hätten geltend gemacht werden können. Die Folge dieser Vergesellschaftung war das Zugriffsrecht der Öffentlichkeit auf die Kinder. Es ist bekannt, dass die Sozialisationswirkungen dieser paternalistischen Öffentlichkeitssorge ambivalent waren.

Gegenwärtig wird die Verantwortung für das Kindeswohl und auch das Kinderrecht zu einer privaten Angelegenheit. Nicht nur der Staat, sondern auch die Öffentlichkeit ziehen sich institutionell aus der Für- und Vorsorge für kindliche Entwicklungen zurück bzw. überlassen sie privaten Einrichtungen. Eltern übernehmen die Kosten der Berufs- und Bildungslaufbahnen; sie tragen die Belastungen bei Krankheit der Kinder und sichern finanziell Freizeitkarrieren. Das Risiko, dass kindliche Entwicklungen scheitern, wird privatisiert und lässt Kinder für Familien selbst zum Risiko werden.

Zugleich ist erkennbar, dass ostdeutsche Familien sich öffentliche Räume als Entwicklungs- und Sozialisationsräume der Kinder erhalten wollen. Eltern bejahen nach wie vor die öffentliche Erziehung im Vorschulalter und sie befürworten eine verstärkte öffentliche Kontrolle. Soziale Netze bleiben über situative Anlässe z.B. bei Elterninitiativen bestehen, die gegenseitige Unterstützung in der Kinderziehung wird außerhalb von Selbsthilfegruppen informell gestaltet und führt wiederum zu dauerhaften sozialen Beziehungen.

Die Untersuchungen zur Alltagsorganisation verwiesen im Spannungsfeld von Öffentlichkeit und Privatheit aber auch auf eine veränderte soziale Kontrolle und veränderte soziale Beziehungen. So hatten die Veränderungen nach 1989 nicht nur zu einer Reduzierung der institutionellen sozialen Kontrolle in den Wohnquartieren und der sog. Ortswächter in Gestalt von Abschnittsbevollmächtigten der Volkspolizei, Hausgemeinschaftsvorsitzenden oder Wohnbezirksausschüssen der Nationalen Front geführt, Betriebe und Betriebsangehörige als Momente einer erzieherisch wirkenden Öffentlichkeit völlig eliminiert, sondern auch ein Netz informeller Ortswächter zerrissen: Die Verkäuferin der Kaufhalle, die Erzieherinnen des Kindergartens im Wohngebiet, die Bibliothekarin – bisher Eltern informierend oder direkt auf Kinder einwirkend – zogen sich aus einem solchen Anspruch zurück. In den Wohnhäusern verzichteten ältere Mitbewohner darauf, auf die Kinder einzuwirken, was sie nicht darin hinderte, pauschalisierende Etikettierungen kindlicher Verhaltensweisen auszudrücken, was wiederum kindliche Gegenreaktionen hervorrief. Nachbarn scheuten sich davor, sich in Streitigkeiten von Kindern einzumischen, Verstöße von Kindern (und Erwachsenen) gegen die Hausordnungen blieben ungeahndet. In den Wohnquartieren setzte sich ein Prinzip der Nichteinmischung und Indolenz durch, das im Widerspruch zur bisherigen, auch in den Wohnquartieren kontrollierten Kindheit stand. Öffentlichkeit gab sich als normenlose Sphäre der Autonomie und ließ so Maßstäbe einer Zivilgesellschaft fragwürdig werden.

Eine solche Tendenz der Indolenz wurde durch das Agieren der Kinder als selbständige Rechtssubjekte gestützt, die um ihre eigenen Rechte und die Nichtrechte der anderen wussten und ihr Wissen in ihrem Alltagsverhalten einsetzten. Einmischungen von Erwachsenen wurden mit dem Hinweis zurückgewiesen, dass sie (die Fremden, Außenstehenden) ihnen gar nichts zu sagen hätten, dass nur die Eltern das Recht hätten, ihnen etwas zu verbieten, dass sie keine Antwort zu geben brauchten. Das für die kindliche Entwicklung notwendige und unverzichtbare Rechtsbewusstsein schloss auch einen bestimmten Rechtsegoismus ein, der z.B. in dem schon erwähnten konkurrierenden Rechtsverhältnis von Eltern-, Lehrer- und Kinderrecht kulminierte. Erzieherische Einwirkungen der Eltern, die dem Schutz der Kinder dienten und deren Rechtsstatus stützen sollten, führten auch zu einem neuen Misstrauen der Kinder gegenüber dem (vor allem männlichen) Erwachsenen in der Öffentlichkeit und zu einer neuen Verschwiegenheit gegenüber Freunden und Bekannten (KIRCHHÖFER 1998), wobei der Begriff neue Verschwiegenheit z.B. darauf verweist, dass es auch unter DDR-Bedingungen eine alte Verschwiegenheit gegeben hat.

Eine solche Distanz zur Öffentlichkeit bildete sich auch im Verhältnis zu den Institutionen der Öffentlichkeit heraus (den Ämtern, den Stadtbezirksparlamenten, den Ausschüssen oder Abgeordneten). Mit der Wende waren die neu entstehenden Institutionen mit Neugier und Aufgeschlossenheit betrachtet worden. Erst in den Folgejahren entwickelten sich die Bedenken der ostdeutschen Eltern gegenüber der Verrechtlichung des neu installierten Institutionssystems, gegenüber dem Selbstkostenaufwand oder gegenüber der mangelnden Transparenz und fehlenden Bürgernähe. Die beklagte Distanz ostdeutscher Familien zu den öffentlichen Institutionen drückt insofern kein Passungsdefizit, sondern einen Erfahrungsgewinn aus.

Veränderungen im Verhältnis von Privatheit und Öffentlichkeit waren auch in bezug auf die Vereinsstrukturen zu beobachten. Arbeits- und Interessengemeinschaften, Sportvereine oder Klubs wurden radikal reduziert, wobei mit kirchlichen Gemeinschaften, Sportvereinigungen oder in ländlichen Regionen z.B. in Freiwilligen Feuerwehren durchaus intakte Gemeinschaften erhalten blieben. Solche ausgedünnten sozialen Räume schränkten nicht nur die sozialen Bindungsmöglichkeiten ein, sondern hinterließen „soziale Wüsten" bindungsloser Langeweile.

Interessant ist jedoch, dass sich nicht nur die Strukturen geändert haben, sondern auch die Kultur der Vereinsarbeit. Traditionelle intergenerationale oder sogar familiäre Einbindungen, wie z.B. in Bergsteigergemeinschaften des Elbsandsteingebirges, griffen nicht mehr, die Schule verzichtete auf ihre integrierende und steuernde Funktion, Freizeiteinrichtungen präsentierten sich häufig als Einrichtungen eines bestimmten Klientels der Kinder- und Jugendhilfe und beharrten auf ihrem Betreuungsimpetus. Die Öffentlichkeit – wenn sie denn schon ein Angebot für Kinder hat – scheint nicht mehr den Weg zu den Kindern zu finden.

Auffällig war in diesem Zusammenhang, dass viele Kinder ihrer Schulklasse eine hohe Bindungsintensität zusprachen und die Klasse oft als Ausgangspunkt von schulübergreifenden Beziehungen der Clique sahen. Die Clique – in ihrer Struktur und Dynamik weit über die bisherigen Vorstellungen der Peers hinausgehend – erwies sich auch für Kinder in jüngeren Jahren als wichtiges Moment von Öffentlichkeit, von subjektiviertem öffentlichen Raum. Die Konstitutionsinhalte dieser Cliquen waren Fankulturen, zeitweilige Eventsgemeinschaften, lokale Treffs mit irgendeinem häufig nur symbolischen Gegenstand (das Billard im Jugendfreizeitheim) oder das virtuelle Shoppingerlebnis. Es war diese soziale Bindungsintensität in Cliquen, die auf das Misstrauen der institutionalisierten Öffentlichkeit stieß, deren Bedrohungsängste auslöste und zu Kontroll- und Betreuungsvorstellungen führte, welche wiederum die Differenz zwischen Öffentlichkeit und Kindern vergrößerten. Es tritt die eigenartige Situation ein, dass in einer an sich offenen Gesellschaft sich die Öffentlichkeit gegenüber kindlichen Ansprüchen verschließt und die Kinder diese Öffentlichkeit als Fremdheit wahrnehmen, zu der sie keinen Zugang mehr finden.

Es sei wieder – im Sinne der Widersprüchlichkeit der Bewegung – nur angedeutet, dass einer zunehmenden Schließung des privaten Raumes auch eine Tendenz der Öffnung gegenübersteht. Kinder eröffneten sich auch in Ostdeutschland in ihrem Medienverhalten nicht nur neue Räume der Öffentlichkeit und gestalteten mit den neuen IuK-Technologien soziale Beziehungen, sondern stellten sich bewußt auch in die Öffentlichkeit, indem sie Dialoge suchten, sich anboten und als Intermediäre fungierten. Kinder entwickelten offensichtlich Formen einer neuen Kinderkultur, die Öffentlichkeit als expressiven Diskussionsraum beanspruchte und so vielleicht eine neue Form der Straßenkindheit sucht.

Die empirische Analyse der Beziehungen von institutionell-systemischen und kulturell-lebensweltlichen Verhältnissen in dem exemplarischen Bereich von Privatheit und Öffentlichkeit ermöglicht, einige Grundaussagen zu den Veränderungen ostdeutscher Kindheit zu formulieren:

3. Die Spezifik ostdeutscher Kindheit in der Spannung von Gegenwart, Vergangenheit und Zukunft

Die Spezifik ostdeutscher Kindheit als Resultat sozialökonomischer und sozialstruktureller Verschiedenheit

Die Argumentation setzt sich vielleicht dem Vorwurf aus, einem platten Ökonomismus zu unterliegen, wenn sie – ausgehend von der skizzierten Auffassung von Kindheit als sozialer Konstruktion – darauf besteht, spezifische Entwicklungsbedingungen in den neuen Bundesländern vorerst in den sozialökonomischen und –strukturellen Bedingungen zu orten. Aber es sicher unbestritten, dass der Anteil von Kindern am Bruttosozialprodukt, die Streuung der Eigentumsverhältnisse unter dem Einfluss von Erb- und Kindschaftsverhältnissen, die differenzierte Einkommensverteilung oder die Struktur des Arbeitsmarktes Einfluss auf das Heranwachsen der jungen Generation haben:

Es ist z.B. für das Kindheitsverständnis in Ostdeutschland nicht unerheblich, dass sich über einen längeren historischen Zeitraum hinweg, der weit vor den Zweiten Weltkrieg zurückreicht, ein kleinbürgerlich-proletarisches Milieu – ein breites soziales Mittelsegment – herausbildete, was durch die DDR-Gesellschaft als „arbeiterliche" (ENGLER 1999) Gesellschaft verstärkt und mit den gegenwärtigen Veränderungen befestigt wurde. Eine sozial wenig differenzierte Gesellschaft hält für den einzelnen natürlich auch geringere Aufstiegsoptionen bereit, so dass aus dieser Mitte heraus viel stärker eine Sicherungshaltung entsteht, die einen Abstieg (für sich und die eigenen Kinder) vermeiden will. In einer solcherart strukturierten Gesellschaft hält sich auch eine Sensibilität gegenüber sozialer Ungleichheit. Es ist weiterhin nicht zu übersehen, dass die Deindustrialisierung vieler ostdeutscher Regionen mit einem Verlust an beruflichen Optionen einhergeht und territoriale Mobilität regelrecht erzwingt. Auffällige Unterschiede zeigen sich hinsichtlich der ökonomischen Ressourcen. Während sich in den westlichen Bundesländern in den kommenden Jahren auch in den sog. Mittelschichten ein Vermögenstransfer in die jüngere Generation vollziehen wird, weisen ostdeutsche Haushalte schon heute eine hohe Ver- und Überschuldung auf. Die bisherige Darstellung könnte den nicht unberechtigten Eindruck erwecken, dass die ostdeutsche Spezifik vor allem in ihren sozioökonomischen Nachteilen und durch die Transformation erzeugten Deprivationen bestehen würde. In diese Spezifik gehen auch sozialstrukturelle Ressourcen ein. Dazu zählen z.B. das höhere formale Bildungsniveau der Mütter, die generationale Differenz des formalen Qualifikationsniveaus zugunsten der Elterngeneration oder die rasche Entwicklung des dritten Sektors und neuer Beschäftigungsformen in der Triade von Erwerbs-, Bürger- und Eigenarbeit oder die sich herausbildenden regionalen Lernkulturen. Möglicherweise bringen die häufig als Kompensation für Arbeitsplatzabbau entstandenen Beschäftigungen zukünftige Arbeitsformen hervor, die sich verändernden Arbeitswelten entsprechen. Vielleicht geht Ostdeutschland mit der Neustrukturierung seiner Arbeitsgesellschaft anderen deutschen Regionen voraus.

Ostdeutsche Kindheit als Kindheit der jetzigen Gesellschaft

Es ist trivial, dass Kinder in Ostdeutschland diese regional differenzierten soziostrukturellen und sozioökonomischen Bedingungen auf unterschiedliche Weise verarbeiten; von Erkenntnisinteresse ist jedoch vor allem, dass sie ihre lebensweltlich-kulturellen Verhältnisse in Interdependenz zu ihrer *jetzigen* systemisch-institutionellen Umwelt gestalten. Die ostdeutsche Kindheit – vielleicht sollte man im Plural formulieren: ostdeutsche Kindheiten – ist eine Kindheit der jetzigen Gesellschaft, in der Kinder weniger die ursprüngliche Ausgangsgesellschaft oder die Übergangsgesellschaft zur Wirkung bringen, sondern die Veränderungen in der jetzigen ostdeutschen Gesellschaft *und* im jetzigen Verhältnis zu den alten Bundesländern. Insofern scheint für die neuen Kindergenerationen auch nicht mehr die Diskrepanz oder die Differenz zwischen dem transformierten Institutionensystem und den darin eingelassenen Rationalitätskriterien einerseits und den eingelebten Verhaltensroutinen der Individuen, ihren sedimentierten Erfahrungen und sozialisierten Wertbeziehungen andererseits bestimmend zu sein. Sie reflektieren in ihren Lebensführungen die gegenwärtige Veränderung und Reduzierung der Schullandschaft und Schulstandorte, die neu entstehenden Differenzierungen des Bildungsangebotes, die Reduzierung der ursprünglich sich erweiternden Optionsvielfalt der Berufswahl, die plötzlichen Ansprüche an die Altersvorsorge, Gewalt- und Kriminalitätserfahrungen oder Finanzierungsprobleme der Freizeit und sie gewinnen daraus ein institutions- und möglicherweise auch ein systemkritisches Verhältnis. Wie schon erwähnt, reflektieren sie auch die Unterschiedlichkeit der Berufsperspektiven zwischen den Bundesländern, die notwendig werdende territioriale Mobilität, die geringeren materiellen Ressourcen und reproduzieren so das in den älteren Generationen über Jahrzehnte gewachsene Gefühl der Unterprivilegierung oder der Minderwertigkeit, was wiederum Anerkennungsbedürfnisse und Abgrenzungsstreben gleichermaßen hervorrufen kann. Ein Befund zumindest der Berliner Untersuchungen (MERKENS 1999b) bedarf in diesem Zusammenhang gesonderter Deutung, dass Kinder und Jugendliche zwar die gesellschaftliche Entwicklungsperspektive pessimistisch, ihre eigene persönliche Perspektive direkt proportional positiv einschätzen, was möglicherweise auf eine Universalie des Jugendalters schließen läßt.

Die nachhaltigen Wirkungen der DDR-Sozialisation

Der Versuch, die Spezifik ostdeutscher Entwicklungen aus den gegenwärtigen Sozialisationserfahrungen zu erklären, ignoriert nicht die nachhaltigen Wirkungen der DDR-Gesellschaft. Familiale Lebensführungen und darin eingebettet kindliche Alltagsorganisation verweisen auf eine bemerkenswerte Stabilität mit konsistenten Mustern und Rationalitätsannahmen aus der DDR-Sozialisation, und es war möglicherweise diese Konsistenz, die in den Jahren der Verunsicherung als soziale Ressource wirkte (POLLACK/PICKEL 1998). Zehn Jahre nach dem Beitritt kann man immer noch feststellen, dass Herkunft DDR bzw. BRD in bezug auf Werte oder Befindlichkeiten eine ähnlich relevante Variable darstellen, wie es Sozialstatus oder Bildungsniveau sind. Es sei nur einschränkend eingefügt, dass es erstens nicht um ein DDR-Verhalten oder um einen differenzbegründenden DDR-Typus geht, sondern um ein Verhalten *in* der DDR. Es könnte eine der Zumutungen der Vereinigungsdiskussion sein, dass sie ostdeutsche Individuen auf einen Typus festlegen und auf die Herkunft reduzieren will. Zweitens muss darauf verwiesen werden, dass dieses Erbe selbst einem vielfachen Umwertungsprozeß unterliegt und sich ständig neu konstituieren muss. Der Verweis auf den intergenerativen Wertetransfer übersieht, dass die ältere Generation ständig gezwungen war und ist, ihre eigenen Werte einem Korrekturprozess zu unterwerfen, der sie scheinbar zu etatistischen oder egalitären Wertebeständen zurückführt, aber in Wirklichkeit sich als Erfahrung gegenwärtiger Ungleichheit neu herausgebildet hat. Als konsistente Wertebestände wären z.B. in bezug auf die nachwachsenden Generationen der rationelle Umgang mit bildungsorientierter Lebenszeit zu nennen. So ist es auffällig, dass z.B. Jugendliche in berufsvorbereitenden Ausbildungsgängen oder in Warteschleifen eine ausgesprochene Aversion gegen diese Bildungsmoratorien entwickelten. Dieses Beispiel lässt die Vielschichtigkeit der Entstehungszusammenhänge erkennen: Einerseits wirkte mehrfach die DDR-Sozialisation nach, in der Bildungsbiographien normativ festgelegt waren, Abweichungen von einem „normalen" Bildungsgang als Nachteil galten und die Brauchbarkeit einer Bildungsmaßnahme erkennbar sein musste. Andererseits könnte unter den gegenwärtigen eingeschränkten ökonomischen Ressourcen in Ostdeutschland ein sozialer Druck spürbar werden, Bildung als einzige Aufstiegschance nicht in einem zeitlichen Vakuum zu vergeuden. Damit ist z.B. auch die ungebrochene Wertschätzung beruflicher Kompetenz und ein entsprechendes Zertifizierungsstreben verbunden. In Bildungszusammenhängen ist auch die hohe Akzeptanz der Zensur als Leistungsausweis und Indikator für Bildungswegentscheidungen auffällig, was wieder die Vielschichtigkeit der Erklärung sichtbar werden lässt: So könnte sich in diesem Streben nach Bewertung eine in Ostdeutschland stärker ausgeprägte externe Kontrollversicherung verbergen, und diese Externität würde wiederum auf eine nachwirkende Gesellschaftsorganisation verweisen, die dem einzelnen seinen Platz zuwies, ihn ständig danach beurteilte, wie er diesen Platz ausfüllte und dafür externe Normative vorgab, die zu erfüllen waren. Zugleich erlebt derselbe Ostdeutsche, dass in der jetzigen Gesellschaft eine neue Form von Externität wirkt, die auf eine außenorientierte Selbstdarstellung und Selbstinszenierung zielt.

In diesem Zusammenhang ließen die eigene, aber auch begleitende quantitativ-statistische Untersuchungen für Ostberliner Kinder 1990 eine deutliche Bejahung leistungsbetonter Unterschiede erkennen (MERKENS 1999b). Allerdings verbarg sich hinter dieser Präferenz eine unterschiedliche begriffliche Fassung, indem ostdeutsche Kinder mit Leistung vor allem das Bemühen, den Aufwand, die Anstrengung in bezug auf einen einheitlichen Leistungsmaßstab verbanden, westdeutsche Kinder das mit einem optimalen Aufwand erreichte Ergebnis. Mitte der 90er Jahre kippte die Zustimmung; ostdeutsche Kinder lehnten in stärkerem Maße Leistungsorientierung und Leistungsstreben als Voraussetzung gesellschaftlicher Positionierung ab. Die Realitätswahrnehmung einer veränderten Gesellschaft hatte ihnen gezeigt, dass die herrschenden sozialen Ungleichheiten nicht oder nur selten aus den Leistungen heraus erwachsen und die Gleichheit des Leistungsmaßstabs nicht mehr gegeben war. Bestehende Einkommensunterschiede im Fußball oder Showgeschäft, die durch Werbung verbreitete Vorstellung, dass man z.B. durch Börsengewinne Einkommen aus Nichtleistung haben kann, hatten den Zusammenhang von Leistung, Einkommen und sozialer Stellung erschüttert.

Gemeinsame Problemlagen eines künftigen Wandels

Kindheiten stehen in den nächsten Jahrzehnten in Ost- und Westdeutschland vor gleichen oder ähnlichen Problemlagen eines gesellschaftlichen Wandels, dessen Komplexität und Intensität bisherige Dimensionen eines Modernisierungsprozesses des 20. Jahrhunderts überschreiten werden. Diese Veränderungen erscheinen vorerst für gegenwärtige Kindheitsentwicklungen peripher, werden aber die Erfahrungskontexte der heranwachsenden Generationen nachhaltig beeinflussen. Dazu zählen u.a.

- der demographische Wandel, die Störung des Generationsgleichgewichtes und eine notwendig werdende Neuformulierung des Generationsvertrages;
- die in Umfang und Dichte nicht vorhersagbaren Migrationsprozesse und deren regionale Verteilungen;
- der Wandel der Arbeitsgesellschaft mit einer Neustrukturierung, -bewertung und -verteilung von Arbeit;
- die damit verbundene Umverteilung von Vermögens- und Einkommensanteilen und eine wachsende soziale Differenzierung in der Gesellschaft;
- die sich aus einer solchen sozialen Differenzierung ergebende und sie zugleich verstärkende strukturelle Rücksichtslosigkeit der Gesellschaft gegenüber der Familie und eine zu erwartende Infantilisierung der Armut;
- die Neustrukturierung des Lernens, die häufig mit der Metapher des lebenslangen Lernens gefasst wird.

Diese gemeinsamen Problemlagen könnten bisherige Angleichungs- und/oder Ausdifferenzierungsprozesse der Kindheiten in Deutschland überlagern. Die Erkenntnisperspektive der Kindheitsforschung wäre insofern weniger darauf zu richten, wie sich eine östliche Kindheit an eine westliche angleicht, anpasst oder sich gegenläufig ausdifferenziert, sondern mit welchen Verhaltensweisen, Strategien die heutigen Kindheitsgenerationen in den unterschiedlichen Regionen auf diesen Wandel reagieren. Ost-West-Differenzen werden sich deswegen nicht angleichen oder verschwinden, sondern sich mit regionalen, sozialen oder ökonomischen Differenzierungen verflechten, diese abschwächen oder auch verstärken. Insofern wäre es für die weitere Diskussion produktiv, die kulturelle Differenzierung von Kindheiten in Deutschland nicht als geschichtlich bedingte Anomalie und Abweichung von einer Norm der Moderne zu deuten, sondern als Bereicherung und produktive Herausforderung gegenüber künftigen Anforderungen.

Literatur

BENNER, D./MERKENS, H./GATZEMANN, Th. (Hrsg.) (1996): Pädagogische Eigenlogiken im Transformationsprozeß von SBZ, DDR und neuen Ländern. FU/HUBerlin

BENNER, D./MERKENS, H./SCHMIDT, F. (Hrsg.) (1996): Bildung und Schule im Transformationsprozeß von SBZ,DDR und neuen Ländern – Untersuchungen zu Kontinuität und Wandel FU/HU Berlin

BERTHOIN-ANTAL/DIERKES/MARZ (1998): Implizite Theorien des Organisationslernens. In: Albach/Dierkes/Berthoin-Antal/Vailannt (Hrsg.) Organisationslernen – institutionelle und kulturelle Dimensionen. WZB-Jahrbuch Berlin sigma, S. 497-522

BEYME, Kl. v. (1996): Der kurze Sonderweg Ostdeutschlands zur Vermeidung eines erneuten deutschen Sonderweges. In: Berliner Journal für Soziologie. 6 (1996) Heft 3, S.306-317

ENGELER, W.: Die Ostdeutschen. Aufbau Berlin 1999

HAUß, Fr./KOLLMORGEN, R. (1993): Die KSPW im Transformationsprozeß. In: Berliner Debatte-Initial Heft 4, S. 35-54

HRADIL, St. (1996):Die Transformation der Transformationsforschung. In: Berliner Journal für Soziologie. 6 (1996) Heft 3 S.299-305

KIRCHHÖFER, D. (1998): Aufwachsen in Ostdeutschland. Weinheim

KIRCHHÖFER, D. (1999): Kindheit als soziale Bewegungsform – Widersprüche in der sozialen Konstruktion von Kindheit in der DDR. In: Jahrbuch für Pädagogik 1999. Peter Lang Frankfurt/Wien, S. 247-263

KOCKA, J. (1994): Eine durchherrschte Gesellschaft. In: KAELBLE/KOCKA/ZWAHR (Hrsg.): Sozialgeschichte der DDR. Klett-Cotta Stuttgart, S.547-553

KOLLMORGEN, R. (1996): Schöne Aussichten? Eine Kritik integrativer Transformationstheorien. In: Kollmorgen/Reissig/Weiss (Hrsg.) Sozialer Wandel und Akteure in Ostdeutschland Opladen, S. 281-331

LEPSIUS, M. (1991): Ein unbekanntes Land. In: Giesen/Leggewie (Hrsg.) Experiment Vereinigung Rotbuch Berlin, S. 71-76

MERKENS/WESSEL (Hrsg.) (1999): Schulentwicklung in den neuen Bundesländern. Ergebnisse der DFG-Forschergruppe FU-HUBerlin. Universitätsdruck, S. 29-42

MERKENS, H. (1999a): Reaktivierung von kulturellem und sozialem Kapital in den neuen Bundesländern. In: MERKENS/WESSEL (Hrsg.) Schulentwicklung in den neuen Bundesländern. Ergebnisse der DFG-Forschergruppe FU-HUBerlin. Universitätsdruck, S. 119-139

MERKENS, H. (1999b): Schuljugendliche in beiden Teilen Berlins seit der Wende. Reaktionen auf den sozialen Wandel. Schneider Hohengehren

MERKENS, H. (2000a) (Hrsg.): Übereinstimmung und Differenz – Jugend in der DDR. Schneider Hohengehren

MERKENS, H. (2000b): Der Transformationsprozeß vom volkseigenen Betrieb zum marktwirtschaftlichen Unternehmen. Hampp Verlag München und Mering

OFFE, Cl. (1991): Die deutsche Vereinigung als „natürliches Experiment". In: GIESEN/LEGGEWIE (Hrsg.): Experiment Vereinigung. Rotbuch Berlin, S.77-86

POLLACK, D./PICKEL, G. (1998): Die ostdeutsche Identität – Erbe des DDR-Sozialismus oder Produkt der Wiedervereingung? In: Aus Politik und Zeitgeschichte B 41-42, S. 9-23

SCHUBARTH, W. (1999): „Kulturschock“ und Schulentwicklung. Perspektiven der Schulreform in den neuen Bundesländern. In: Die Deutsche Schule. 91 (1999) Heft 1, S. 52-68

TROMMSDORFF, G. (Hrsg.) (1996): Transformationsforschung als Herausforderung für die Psychologie. In: Berliner Journal für Soziologie. 6 (1996) Heft 3, S. 317-325

THOMAS, M.: Marktimplementierung und Transformationsprozeß. Skizze thematischer Schwerpunkte. In: BISS public Berlin 1999

WEISHAUPT, H. (1999): Schulstruktur – Schulkulturwandel? Ergebnisse von Befragungen an Thüringer Regelschulen und Gymnasien. In: WIESENTHAL, H. (1995): Die Transformation Ostdeutschlands. Ein(nicht ausschließlich) privilegierter Sonderfall der Bewältigung von Transformationsproblemen. In: Leviathan, Sonderheft 15, S. 134-159

WIESENTHAL, H.(1995): Die Transformation Ostdeutschlands. Ein (nicht ausschließlich) privilegierter Sonderfall der Bewältigung von Transformationsproblemen. In: Leviathan, Sonderheft 15, S. 134-159

WINGENS, M. (1999): Der „gelernte DDR-Bürger“. Biographischer Modernisierungsrückstand als Transformationsblockade. In: Soziale Welt 50 (1999) 3, S. 255-281

ZAPF, W. (1994): Die Transformation in der ehemaligen DDR und die soziologische Theorie der Modernisierung. In: ZAPF, W.: Modernisierung, Wohlfahrtsentwicklung und Transformation. sigma berlin, S. 128-144

ZAPF, W./HABICH, R. (Hrsg.) (1996): Wohlfahrtsentwicklung im vereinten Deutschland. sigma Berlin

Marianne Krüger-Potratz

Tradition und Transformation – ein historischer Blick auf den Umgang mit Pluralität

Wendungen wie ‚rasanter Wandel' und ‚neue Herausforderungen' finden sich in zahlreichen Texten zur Charakterisierung der aktuellen Transformationsperiode und der in verschiedenen gesellschaftlichen Bereichen anstehenden Reformen. Ein Moment dieses ‚rasanten Wandels' sind die transnationalen Migrationen, durch die die sozialen, sprachlichen und kulturellen Differenzierungs- und Pluralisierungsprozesse verstärkt worden sind und eine neue Qualität gewonnen haben, die einen neuen Umgang erforderlich macht. „Das ausgehende 20. Jahrhundert ist von einer zunehmenden Internationalisierung geprägt; ökonomische und ökologische, politische und soziale Entwicklungen vollziehen sich in hohem Maße in weltweiten Bezügen. Lösungen für Schlüsselprobleme erscheinen nur noch im Bewusstsein Einer Welt tragfähig", heißt es einleitend in dem Beschluss der KMK „Interkulturelle Bildung und Erziehung in der Schule" von 1996. Für die Lösung von Schlüsselproblemen – so die KMK weiter – bedürfe es der Vermittlung von Schlüsselkompetenzen durch die Schule, die einen veränderten Umgang mit sprachlicher, nationaler, ethnischer und kultureller Heterogenität befördern. Kinder müssen von früh auf lernen, ein Pluralitätsbewusstsein zu entwickeln, um sich in einer von vielfältigen Unterschieden bestimmten Gesellschaft zu bewegen. Dies – so die KMK 1996, einen in der Literatur vielfach zu findenden Gedankengang aufgreifend – stelle die Schule und die Pädagogik vor eine „neue Aufgabe", da sie „auf den Zuzug von Menschen unterschiedlicher Herkunft nach Deutschland [...] nicht vorbereitet" gewesen seien und „nur allmählich [hätten] reagieren" können (KMK 1996).

Dass die „neuen Herausforderungen" und „neuen Aufgaben" in einer Tradition stehen, weil das Phänomen, auf die sich die Herausforderungen bzw. Aufgaben beziehen – in unserem Fall also sprachliche, ethnische und nationale Pluralität –, nicht neu ist, wird in der Diskussion über interkulturelle Bildung als Schlüsselkompetenz viel zu leicht übersehen. Zweifellos trägt dazu auch die Tatsache bei, dass in den gängigen Darstellungen zur Geschichte der Schule und der Pädagogik der Umgang mit sprachlicher, ethnischer und nationaler Differenz in der Vergangenheit nicht thematisiert wird. Andere Differenzlinien, wie z.B. Sozialstatus, Stadt/Land, Geschlecht oder Religion/Konfession haben inzwischen Eingang in die Narrative über Vergangenheit und Zukunft des Bildungswesens gefunden, nicht aber Sprache, Ethnizität und Staatsangehörigkeit. Abgesehen von einzelnen, knappen Hinweisen, z.B. auf die Verknüpfung von Kulturkampf, hohen Analphabetenraten in den östlichen Provinzen Preußens und der sogenannten Polenfrage, spielen diese Differenzlinien in den einschlägigen Überblickdarstellungen, Quellensammlungen und Datenhandbüchern fast keine Rolle (vgl. KRÜGER-POTRATZ u.a. 1998, S. 8-10).

Die Konsequenz ist, dass in dieser Frage die pädagogische Historiographie in ihren dominanten Diskursen den ideologischen, nationalzentrierten Denk-, Argumentations- und Entscheidungsmustern, die eigentlich Gegenstand ihrer Analyse sein müssten, noch immer verhaftet ist. Dies hat sich auch auf die im Rahmen der Interkulturellen Pädagogik herausgebildete Erzählung ihrer eigenen Genese ausgewirkt; auch hier dominiert letztlich eine ahistorische Sicht, die von Autor zu Autorin tradiert wird und der zufolge „die Zuwanderung von ausländischen Arbeitskräften mitsamt ihren Familien, die steigende Zahl von Menschen, die in der Bundesrepublik Asyl suchen und finden, [...] die Pädagogik [...] unvorbereitet getroffen“ hat (BLOCK 1994, S. 569). Richtig wäre die Feststellung, dass die Pädagogik sich ihrer Art des Vorbereitetseins auf diese Situation nicht bewusst ist, weil sie den Strang ihrer Geschichte, in dem es um den Umgang mit sprachlicher, ethnischer, nationaler und kultureller Differenz geht, verdrängt hat.

Eine Möglichkeit, sich aus dieser Blindheit und Befangenheit zu befreien, ist die forschende Rückkehr in die Geschichte und die Rekonstruktion der Tradition, der *pluralen Vergangenheiten* der nationalen Schule und Pädagogik. Diese Rekonstruktion darf sich jedoch nicht in der Geschichte einzelner „Gruppenvergangenheiten“ erschöpfen[1], sondern die Geschichte der Diskriminierung, Assimilierung und Ausgrenzung von Kindern und Jugendlichen aufgrund ihrer Familiensprache, ihrer ethnischen oder nationalen Zugehörigkeit muss ein Beitrag zur Rekonstruktion und Analyse des Normalitätsverständnisses sein, das sprachliche, ethnische, nationale und kulturelle Homogenität als geboten, legitim und – in diesem Sinne – als natürlich erscheinen ließ und noch lässt. Gleichzeitig muss dieser Strang der Geschichte wieder in die allgemeine Geschichte der Schule und Pädagogik eingefügt und es muss die Verschränkung dieser Differenzlinien mit den anderen, d.h. mit Sozialstatus, Geschlecht, Gesundheit usw., sichtbar gemacht werden (LUTZ/WENNING [Hrsg.] 2001; KRÜGER-POTRATZ/LUTZ 2001).

1 Gemeint sind die verschiedenen, vor allem geschichtswissenschaftlichen, rechtshistorischen, aber auch erziehungswissenschaftlichen Arbeiten über einzelne Minderheitsgruppen oder -regionen bzw. Städte. Stets steht die Gruppe im Vordergrund, auch wenn es um Schulfragen geht. Die Schule als Institution der Mehrheitsgesellschaft wird hingegen nicht untersucht.

Im Folgenden soll ein Ausschnitt aus dieser Geschichte unter der Frage nach dem jeweiligen Verhältnis von Tradition und Transformation vorgestellt werden, um zu verdeutlichen, dass der Umgang mit sprachlicher, ethnischer, nationaler und kultureller Heterogenität für die Pädagogik und die Schule nicht Neues darstellt, wie die in dieser Tradition herausgebildeten Deutungs- und Handlungsmuster bis heute wirken und wo Ansatzpunkte für Veränderungen sich zeigen.

Sprachliche, ethnische und nationale Pluralität in der preußischen Schule nach dem Ersten Weltkrieg

Der aus der Geschichte der Pädagogik und Schule gewählte Ausschnitt umfasst zeitlich die Weimarer Republik, politisch-geographisch Preußen und thematisch die Bildungspolitik für die reichsinländischen Kinder der sogenannten ‚fremdsprachigen Volksteile' einerseits und die Regelungen zur Beschulung der in Preußen ansässigen reichsausländischen Kinder im schulpflichtigen Alter andererseits. Erstere galten als sprachlich und ethnisch ‚fremd', letztere als national fremd. Dieser Ausschnitt ist mit Bedacht gewählt; folgende Gründe waren ausschlaggebend:

- Preußen war – trotz der Gebietsverluste infolge des Ersten Weltkriegs – immer noch der deutsche Bundesstaat, auf dessen Territorium alle innerstaatlichen Minderheitsgruppen und zwei Drittel der sich im Deutschen Reich aufhaltenden Ausländer lebten.
- Minderheitsschutz war und blieb Landessache, so dass Preußen in der Minderheitenschulpolitik den deutschen Kurs weitgehend bestimmte.
- Aber gleichzeitig veränderte sich nach dem Ersten Weltkrieg die Situation der Minderheitsgruppen europaweit: Minderheitenschutz war nicht mehr nur ein innerstaatlicher, sondern auch ein internationaler politischer Faktor.
- Minderheitenschutz war in vielerlei Varianten Gegenstand zahlreicher Abkommen und Verträge und fand Eingang in die neuen Verfassungen, – so auch in die Verfassung des Deutschen Reiches von 1919 und in die Preußische Landesverfassung von 1920. Außerdem hatten die Minderheitsgruppen erstmals die Möglichkeit, sich auf nationaler und internationaler Ebene zusammenzuschließen und organisiert ihre Interessen zu vertreten.
- Besonders interessant ist dieser Ausschnitt nicht zuletzt deshalb, weil Preußen resp. das Deutsche Reich in der Frage der Minderheitenpolitik in einem Dilemma steckte: Um zu vermeiden, dass die Siegermächte Deutschland besondere Minderheitsschutzvorschriften auferlegten, hatte

die deutsche Regierung zugesichert, selbst entsprechende Regelungen zu treffen. Diese Zusage geschah nicht aus Interesse an einer liberalen innerstaatlichen Lösung oder gar in Anerkennung sprachlicher und ethnischer Pluralität. Sondern entscheidend war, dass *nur unter dieser Voraussetzung* das Deutsche Reich Einfluss auf die Situation der deutschen Minderheiten nehmen konnte, die durch die neuen politischen Grenzen in Ost- resp. Mitteleuropa entstanden waren. Es musste also gewisse Zugeständnisse im Innern machen, um außenpolitisch – nicht zuletzt mit dem Ziel der Grenzrevision – handlungsfähig zu werden.

Den Rahmen für die sich bis Ende der 1920er Jahre erstreckenden Auseinandersetzungen über den „richtigen" Umgang mit sprachlicher, ethnischer und nationaler Pluralität bildeten vier Rechtsdokumente

- das Reichs- und Staatsbürgergesetz von 1913,
- die Reichsverfassung von 1919
- das Reichsgrundschulgesetz von 1920 und schließlich
- das Preußische Schulpflichtgesetz von 1927.

Das Reichs- und Staatsbürgergesetz bestimmte, wer Deutscher und wer Ausländer war, und über die Reichsbürgerschaft war der „innerdeutsche Ausländerstatus" aufgehoben, auch wenn eine einheitliche deutsche Staatsbürgerschaft erst 1934 geschaffen wurde. Gleichzeitig ermöglichte das neue Gesetz den Deutschen im Ausland und den „deutschstämmigen Auswanderern" die deutsche Staatsangehörigkeit zu erhalten, zu vererben und auch wiederzugewinnen.

Die in Preußen lebenden innerstaatlichen Minderheiten – in der Reichsverfassung von 1919 als „fremdsprachige Volksteile" bezeichnet – waren nach dem Reichs- und Staatsbürgergesetz von 1913 als preußische Staatsbürger zugleich deutsche Reichsbürger. Für sie galten also auch die im zweiten Hauptteil der Reichsverfassung niedergelegten „Grundrechte und Grundpflichten der Deutschen". Die Folge war eine widersprüchliche Rechtslage: In Artikel 113 der Reichsverfassung – im Abschnitt „Die Einzelperson" – wurde ihnen zugesichert, dass sie „nicht in ihrer freien, volkstümlichen Entwicklung, besonders nicht im Gebrauch ihrer Muttersprache beim Unterrichte [...] beeinträchtigt werden" dürften. In den Schulartikeln (Artikel 142 – 149) spielte diese Zusicherung keine Rolle mehr. Sondern hier heißt es nur, dass *alle reichsangehörigen* Kinder ihre Schulpflicht in der achtjährigen deutschen Schule zu absolvieren hätten und „im Geiste des deutschen Volkstums" zu erziehen wären (Art. 144, 145, 148) – also auch die Kinder der „fremdsprachigen Volksteile", denen zuvor noch die „freie volkstümliche Entwicklung" und „der Gebrauch ihrer Muttersprache beim Unterrichte" zugesagt worden war. Von der deutschen Schule bzw. von der allgemeinen Schulpflicht ausgeschlossen waren hingegen nicht-reichsangehörige Kinder; auf einzelne Regelungen wird noch zurückzukommen sein.

Der die Situation der Kinder der „fremdsprachigen Volksteile" bestimmende Widerspruch war aus deutscher resp. preußischer Sicht nur ein scheinbarer. In ihrem Verständnis löste er sich auf, wenn man die beiden Regelungen als nachgeordnet, als Verhältnis von Regel und Ausnahme interpretierte, wie es der preußischen Tradition entsprach. Der Staat war zu allererst verpflichtet, den *Normalfall*, die Erfüllung der Schulpflicht für *alle* reichsinländischen Kinder, also auch für die aus den autochthonen Minderheitsgruppen, in einer *deutschen* Schule zu sichern. Erst darüber hinaus konnte er den Besonderheiten einzelner Gruppen bzw. Personen Rechnung tragen.

Auf dieser Linie lag auch das preußische Schulpflichtgesetz: Schulpflichtig waren alle preußischen sowie nicht-preußischen, aber reichsangehörigen Kinder mit Wohnsitz in Preußen. Die Minderheitsschulfrage wird mit keinem Wort erwähnt, wohl aber, dass nicht reichsangehörige Kinder – mit Ausnahme der österreichischen[2] – von der Schulpflicht ausgeschlossen sind.

Innerhalb dieses rechtlichen Rahmens und stets mit Bedacht, unter der Gesetzesebene zu bleiben, sind unzählige Erlasse zur Beschulung der Kinder aus den innerstaatlichen Minderheiten wie auch der reichsausländischen Kinder ergangen, in denen gruppen- und situationsspezifisch unterschiedliche, jederzeit widerrufbare Ausnahmen zum Regelfall festgelegt worden sind. Entscheidend dafür, welche Regelungsvariante für welche Gruppe gewählt wurde, und in welchen Punkten welche Zugeständnisse gemacht werden konnten, waren allein politisch-gesellschaftliche Gründe. Dies soll an zwei Beispielen erläutert werden.

Zwei Beispiele zum Umgang mit sprachlicher, ethnischer, nationaler und kultureller Differenz

Beispiel 1: Unterricht und Schule für die Kinder der „fremdsprachigen Volksteile"

Wie Preußen es erreicht hat, die Tradition sprachlicher und ethnischer Homogenisierung in der Transformation fortzuführen, kann man anhand von drei Erlassen aus den Jahren 1918 und 1928[3] nachzeichnen. Vorab ist zu

2 Siehe weiter unten.

3 In den Akten des Preußischen Kultusministeriums sind mehr als 50 Erlasse, Verfügungen usw. erhalten; vielfach handelt es sich um Erlasse zu Einzelfällen, um Bestätigung von oder Anpassungen an schon gegebene Vorschriften. Weitere (aber in der Substanz gleiche) Ver-

sagen: Trotz aller Zugeständnisse, die Preußen angesichts der veränderten politischen Situation gemacht hat, hat es mit der aus dem 19. Jahrhundert überkommenen Tradition der Marginalisierung und/oder Assimilierung der Minderheiten nicht gebrochen. Dies gilt auch für die beiden 1928 ergangenen Ordnungen (für die polnische resp. für die dänische Minderheit), bei deren Abfassung die vom Oberschlesienabkommen gesetzten Standards durchaus beachtet worden waren, und mit denen Preußen sich rühmte, „führend in der Welt [...] für die Minderheiten auftreten" zu können (Rathenau, zit. n. KRÜGER-POTRATZ u.a. 1998, S. 373)

Der 1918er Erlass mit dem „unscheinbaren" Titel: „Über den Gebrauch der polnischen Sprache im Unterricht"[4] ist ein Meisterstück in der Bestimmung des Verhältnisses von Tradition und Transformation *zugunsten der Tradition*. Dieser nach langen Verhandlungen ergangene Erlass sollte mehrere Funktionen erfüllen: Er sollte international ein Zeichen dafür sein, dass Preußen resp. das Deutsche Reich es mit dem Versprechen einer neuen Minderheitenpolitik ernst meinte. Da zum Zeitpunkt seiner Verabschiedung in einigen umstrittenen Gebieten im Norden und Osten Preußens noch Volksabstimmungen ausstanden, sollte er den in diesen Gebieten lebenden Minderheitsangehörigen signalisieren, dass sie – im Falle des Verbleibs beim Deutschen Reich – mit dem Schutz ihrer sprachlichen und kulturellen Rechte rechnen konnten. Gleichzeitig sollte er die sich als deutsch definierende Bevölkerung in diesen Gebieten nicht unnötig beunruhigen oder gar provozieren. Die Lösung dieser widersprüchlichen Zielsetzungen gelang durch eine Kombination neuer bzw. wieder erneuerter Regelungen mit alten Strategien. *Neu* war, dass der Erlass der polnischen Minderheit die Einrichtung von Lese-, Schreib- und Religionsunterricht in polnischer Sprache wieder gestattete[5]. *Alt* hingegen war die Strategie, dieses Zugeständnis sofort wieder zu unterlaufen und zu verhindern, dass aus ihm die generelle Anerkennung sprachlicher und ethnischer Pluralität abgeleitet werden konnte. Zu dieser Strategie gehörten acht einschränkende Regelungen:

- Der Erlass wurde zunächst nur für die polnische Minderheit in einem eng begrenzten Gebiet beschlossen.
- Es war ausdrücklich bestimmt, ihn zunächst nicht zu veröffentlichen.
- Zur Einrichtung des polnischen Unterrichts bedurfte es eines Antrags der betroffenen Minderheitseltern.
- Zugleich war jedoch unklar, wer aufgrund welcher Merkmale überhaupt zur Minderheit gehörte; im Erlass wird dies nicht geklärt.

---

fügungen usw. dürften in den Akten, die in den Regional- und Lokalarchiven aufbewahrt werden, zu finden sein.

4 Als Dokument 28 abgedruckt in: Krüger-Potratz u.a. 1998.

5 Im Zuge der restriktiven Minderheitspolitik im letzten Viertel des 19. Jahrhunderts – also nach der Reichsgründung – war der zuvor mögliche, wenn auch wenig geschätzte Unterricht in der Minderheitssprache verboten worden. Vgl. Knabe 2000.

- Der Unterricht durfte nur auf der Mittel- und Oberstufe der Volksschule erteilt werden, also im Anschluss an eine weiterhin ausschließlich deutschsprachige Volksschulunterstufe für *alle* Kinder.
- Er durfte nur anstelle anderer Unterrichtsstunden erteilt werden, so dass die polnischen Kinder andere Stunden versäumen mussten. Im Erlass heißt es schlicht: „Der Unterricht der deutschen Kinder ist in der bisherigen Weise fortzuführen" (Dokument 28 in: KRÜGER-POTRATZ u.a. 1998).
- Voraussetzung für die Genehmigung des Minderheitsunterrichts war der Nachweis, dass geeignete Lehrer vorhanden waren, ohne dass eine entsprechende Lehrerbildung vorgesehen (geschweige denn gegeben) war,
- und es musste nachgewiesen werden, dass die Schulunterhaltungspflichtigen bereit waren, die Kosten zu tragen.

Der Erlass wurde aufgrund der ethnopolitisch prekären Lage im Verlauf der Jahre 1919/1920 für weitere Regierungsbezirke in Kraft gesetzt und auf die dänische sowie die sorbische Minderheit ausgeweitet und schließlich – 1921 – auch veröffentlicht. Die entscheidenden Hürden blieben jedoch – ungeachtet der seitens der Minderheitenvertreter erhobenen Proteste – bestehen.

Die 1928 nach vielen Konflikten beschlossenen Ordnungen für die dänische und polnische Minderheit waren deutlich liberaler gestaltet. Die regionalen Beschränkungen waren aufgehoben und neben Lese-, Schreib- und Religionsunterricht konnten nun auch polnische und dänische (private) Minderheitsvolksschulen eingerichtet werden. Die Frage, wer zur Minderheit gehörte, war nach dem Vorbild des 1922 abgeschlossenen Oberschlesienabkommens entschieden worden, d.h. es galt das subjektive, von den Behörden nicht nachzuprüfende Bekenntnis[6].

Einige der schon bekannten Probleme waren zwar auch in diesen Ordnungen nicht hinreichend gelöst, so zum Beispiel die Frage der Lehrerbildung, der Lehr-Lernmittel oder genereller der Finanzierung, aber insgesamt schien Preußen die Tradition der minderheitsrepressiven Linie verlassen zu haben und – wenn auch nur auf zwei Minderheitsgruppen beschränkt – sprachliche und ethnische Pluralität als Teil der Normalität zu akzeptieren. Doch auch hier zeigt ein genauer Blick, dass die Minderheitsschulordnungen von 1928 keinen Bruch mit der Tradition darstellten, sondern dass es sich lediglich um eine Modernisierung der alten Kampfpositionen und -mittel handelte, um eine moderne, international nicht anstößige Politik zur Beförderung sprachlicher und ethnischer Homogenität als Anpassung an die neuen politischen Bedingungen.

6 Das Oberschlesienabkommen war ein international initiiertes und kontrolliertes Abkommen, das ausschließlich für den Teil Oberschlesiens, der zwischen Polen und Deutschland aufgeteilt worden war, galt. Die in ihm getroffenen Regelungen galten als vorbildlich und standardsetzend für die internationale Minderheitenschutz- und -schulddiskussion.

Dies geht u.a. eindeutig aus dem Artikel hervor, mit dem die preußische Seite die beiden Ordnungen von 1928 im „Berliner Tageblatt" der Öffentlichkeit vorstellte, und zwar schon einen Monat, bevor diese vom Preußischen Staatsministerium verabschiedet wurden. Als Autor zeichnet Fritz Rathenau, damals Ministerialrat im preußischen Innenministerium. Der Titel lautet: „In bewusstem Gegensatz zur alten Ostmarkenpolitik – die neue Polenpolitik Preußens" (Dokument 52 in: KRÜGER-POTRATZ u.a. 1998). Dass die neue Polenpolitik nicht als Bruch mit der Tradition misszuverstehen sei, macht Rathenau nur allzu deutlich. *Er zeigt, warum, wie und mit welchem Ziel* der alte Kampf fortgeführt wird. Die „alte Ostmarkenpolitik [...] die früheren deutschen Methoden des kulturellen Wettbewerbs", so Rathenau, „haben kläglich Schiffbruch erlitten". Außerdem hätten sich die Zeiten geändert, denn heute müsse man, um „für unsere, von uns durch Gewalt getrennte[n] Volksgenossen Anerkennung ihres Volkstums und die Freiheit, es zu hegen und zu pflegen, [fordern zu können, die], gleiche[n] Rechte fremdem Volkstum" zugestehen. Der „Wettbewerb der Kulturen" gehe jedoch weiter, und dass die Deutschen hier die kulturell Schwächeren seien und unterliegen könnten, würde „niemand in der Welt glauben oder gar fürchten [...]".„Wir Deutsche [...]", so Rathenau weiter, „vertrauen auf unsere Widerstands- und Anziehungskraft. Wir haben daher keinen Anlass, dem Wettbewerb der Kulturen auszuweichen. [...] Dem Ausgang dieses Wettstreits um die höchsten Güter des Volkstums, um Sprache und Rasse, können wir mit einiger Ruhe entgegensehen, [...]." Und er schließt seinen Artikel, indem er die Dialektik von Tradition durch Transformation im preußischen Verständnis und das Ziel der neuen Minderheitsschulpolitik noch einmal herausstreicht: „Die größte Liberalität [gegenüber den innerstaatlichen Minderheiten] wird zum größten Schutz des Deutschtums. Preußen [...] hat den Mut aufgebracht, den Kampfplatz für polnisches Volkstum zu öffnen, statt es unzufrieden unterirdisch wühlen zu lassen. Preußen hat aus der Geschichte gelernt! Möge der Sieg der deutschen Seite im Fair Play beschieden sein!" (Dokument 52, S. 373f.; Hervorh. im Orig.).

Beispiel 2: die Beschulung reichsausländischer Kinder in der deutschen Pflichtschule

Im Umgang mit nationaler Pluralität war 1918/19 keine neue Politik gefragt. Darüber, dass die nationale Schule ausschließlich den „eigenen Kindern" vorzubehalten sei, bestand weitgehend Konsens. Angesichts der neuen politischen Lage nach dem Ersten Weltkrieg war allerdings die Gruppe der „eigenen Kinder" neu zu definieren. Artikel 145 der RV (Es herrscht allgemeine Schulpflicht) bedeutete, dass nicht nur staatsangehörige, sondern alle in Preußen ansässigen reichsangehörigen Kinder schulpflichtig waren. Die dafür zuvor benötigen Verträge zwischen den deutschen Staaten entfielen. Auf dieser Linie der nationalen und ethnischen Homogenisierung wurden zwei weitere Gruppen „deutschstämmiger" reichsausländischer Kinder im schulpflichtigen Alter den reichsinländischen gleichgestellt: österreichische Schülerinnen und Schüler und Kinder im schulpflichtigen Alter und (andere) „deutschstämmige Reichsausländer".

- Die österreichischen Kinder wurden per Staatsvertrag und Schulpflichtgesetz ausnahmslos in die preußische Schulpflicht einbezogen. Dies erklärt, warum in den Ausführungsvorschriften zum preußischen Schulpflichtgesetz die Formulierung steht: „*Andere* nicht reichsangehörige Kinder sind in Preußen nicht schulpflichtig".
- In mehreren Erlassen wurde die bevorzugte Aufnahme von „Deutsch-Balten, Reichsausländern deutscher Abstammung und Muttersprache, die in abgetretenen Gebieten oder in der Diaspora beheimatet sind", angeordnet sowie von „Schüler[n] (Schülerinnen), deren Eltern die deutsche Staatsangehörigkeit zwar nicht haben, aber bereits längere Zeit [d.h. schon vor Juli 1914] im Inlande ansässig sind und ihr Einkommen wesentlich aus dem Inlande beziehen"[7]. Auch deutschstämmige Wanderarbeiterkinder sollten bevorzugt berücksichtigt werden. In den ersten Nachkriegsjahren galt dies auch für optionsberechtigte polnische Staatsbürger, d.h. für ehemalige deutsche Reichsbürger.

Diese Regelungen folgten der Logik der Gleichsetzung von Ethnizität und Staatsbürgerschaft, wobei zugleich sprachliche Homogenität unterstellt wurde. Eine Anerkennung nationaler Pluralität war damit nicht intendiert. Das Motiv für diese Regelungen war wiederum eindeutig politisch, nicht zuletzt – wie auch bei den Minderheiten – mit Blick auf mögliche Grenzrevisionen.

Für *alle weiteren reichsausländischen Schülerinnen und Schüler* galt weiterhin die – schon in Kammergerichtsurteilen des 19. Jahrhunderts zu findende – Ausschlussklausel, der zufolge „kein Staat ein Interesse daran haben könne, Ausländer zu verpflichten, ihr Wissen im Inlande zu vervollkommnen"[8]. Schließlich – so die weitere Begründung – könne niemand daran interessiert sein, die Ausbildung ausländischer Konkurrenten für den inländischen Arbeitsmarkt zu finanzieren. Legitimiert wurde der Ausschluss nicht reichsangehöriger Kinder

7 "Schulgeld für ausländische Schüler und Schülerinnen". Ministerialerlass vom 9. Sept. 1922. In: Zentralblatt für die gesamte Unterrichtsverwaltung in Preußen 1923, S. 78; "Schulgeld für ausländische Schüler und Schülerinnen". Ministerialerlass vom 27.Nov. 1922. In: ebd. 1923, S. 78; "Schulgeld der in Danzig beheimateten Schüler". Erlass vom 6. Mai 1927. In: ebd., 1927, S. 169.

8 "Schulpflicht der Kinder von Reichsausländern in Preußen". Ministerialerlass vom 1. Dez. 1924. In: ebd. 1924, S. 323.

- *juristisch* durch den Verweis auf die Platzierung der Schulartikel in der Reichsverfassung im Kapitel über „Die Grundrechte und Grundpflichten der Deutschen" und
- *pädagogisch* mit dem Argument, dass es reichsausländischen Kindern nicht zuzumuten sei, „im Geiste des deutschen Volkstums" erzogen und damit ihrem eigenen Volkstum entfremdet zu werden.

Der Kreis derer, die eine andere Position vertraten, war nicht nur sehr klein, sondern auch ihr Plädoyer galt nicht der Anerkennung nationaler und sprachlicher Pluralität. Das Motiv der KPD war ein klassen- resp. sozialpolitisches: Sie kritisierte, dass „der Staat und die Unternehmer vor allem in den agrarischen Gebieten [...] die polnischen Schnitterfamilien [nur zu gerne ausbeuten], ihren Kindern [aber] die Schulen nicht öffnen"[9]. Von juristischer Seite wurde das Argument vorgetragen, dass in Preußen ansässige reichsausländische Kinder ebenfalls schulpflichtig seien, weil die Grundrechte und Grundpflichten der Deutschen nicht für deutsche Reichsbürger, sondern für das *deutsche Territorium* Geltung hätten. Von daher sei es nicht nur geboten, reichsausländische Kinder in die Schulpflicht einzubeziehen, sondern auch im wohl verstandenen eigenen Interesse, da es um die Hebung des gesamten Kulturniveaus im deutschen Reichsgebiete gehe. Schließlich würde – so Max Fraustädter – „eine kulturell tiefer stehende Einwandererschicht die Gefahr der Unterbietung und der unerwünschten Schmutzkonkurrenz heraufbeschwören." Fraustädters Plädoyer kann man in der kurzen Formel zusammenfassen: Keine Ausgrenzung entlang der Linie ‚nationale Differenz', unter der Voranstellung des Ziels kultureller und sprachlicher Homogenisierung. Eine Anerkennung nationaler Pluralität war aus seiner Argumentation ebenfalls nicht abzuleiten.

Per Erlass und Gesetz waren reichsausländische Kinder (mit Ausnahme der österreichischen) vom Besuch der öffentlichen, staatlichen Schule ausgeschlossen; faktisch jedoch dürften sie in der Mehrzahl die öffentlichen Schulen besucht haben. Die entsprechende rechtliche Grundlage boten Verträge mit Gegenseitigkeitsverbürgung, die Preußen im Verlauf der 1920er Jahre mit allen europäischen Ländern, außer Albanien, und einer beachtlichen Zahl außereuropäischer Länder abgeschlossen hat. Darüber hinaus konnten reichsausländische Schülerinnen und Schüler ohne Genehmigung private Schulen besuchen, auch von der ersten Klasse an bzw. ausländische Schulen auf preußischem Boden, wie z.B. die russischen Schulen in Berlin. Reichsinländische Kinder hingegen mussten für den Besuch ausländischer Schulen in Preußen oder im Ausland die Genehmigung des Kultusministeriums einholen.

---

9 Stenographische Sitzungsberichte des Preußischen Landtags, 308. Sitzung, 11. Oktober 1927, S. 21598.

Derartige Verträge mit Gegenseitigkeitsverbürgung gehörten zum Repertoire nationalstaatlicher Maßnahmen. Sie waren ein Mittel, um einerseits die schulische Versorgung der jeweils eigenen Staatsbürger im Ausland sicherzustellen und andererseits soziale Konflikte im Inland zu vermeiden, da – wie es in einem Erlass heißt – „die eine Schule nicht besuchenden Kinder schlechtes Beispiel für die einheimischen Kinder geben“[10]. Somit war auch mit diesen Verträgen keine Anerkennung nationaler und sprachlicher Pluralität verbunden. Dies zeigt schon allein die Tatsache, dass die Verträge den preußischen Staat zu nicht mehr verpflichtete, als die ausländischen Kinder in die Schulen aufzunehmen und sie in der Frage der Unentgeltlichkeit des Schulbesuchs bzw. bezüglich der Höhe des zu zahlenden Schulgelds nicht schlechter zu behandeln als die reichsangehörigen Schülerinnen und Schüler. Auf keinen Fall aber verpflichteten diese Verträge den Staat, auf die besondere Situation der nicht reichsangehörigen Kinder Rücksicht zu nehmen und Maßnahmen zur Sicherung ihres Schulerfolgs bereitzustellen. Die deutsche Schule ging grundsätzlich von einer sprachlich, ethnisch, national homogenen deutschen Schülerschaft aus; strukturell und curricular schloss sie sprachliche, ethnische und nationale Pluralität aus.

In der zeitgenössischen pädagogischen Fachdiskussion spielte die Frage des Umgangs mit sprachlicher, ethnischer, nationaler und kultureller Differenz ebenfalls keine Rolle. Die wenigen Artikel, die in den Jahren zwischen 1918 und 1932 in der pädagogischen Fachpresse zum Thema Minderheitsschulpolitik und Umgang mit sprachlicher und ethnischer Differenz veröffentlicht worden sind, dürften nicht einmal ein Dutzend ergeben. Selbst als das Internationale Erziehungsbüro in Genf 1928 einen internationalen Kongress zum Thema Zweisprachigkeit und Erziehung ausrichtete[11], beteiligte sich lediglich ein kleiner Kreis deutscher Auslandschullehrer und punktuell der eine oder andere deutsche Psychologe an dieser Diskussion. Schließlich galt die These, dass eine zweisprachige Erziehung zu starken Störungen der geistigen, seelischen und körperlichen Entwicklung führe, als nicht mehr belegbedürftig, zumal wenn es sich – wie nach zeitgenössischer Auffassung bei den Minderheitssprachen vorausgesetzt – bei der Familiensprache nicht um eine bildungsrelevante Kultursprache, sondern um eine Kleinstsprache oder einen Bauerndialekt handelte.

Aber auch wenn die Frage des Umgangs mit sprachlicher, ethnischer und nationaler Pluralität nicht explizit in der pädagogischen Fachdiskussion verhandelt wurde, so war sie *implizit* dennoch durchgehend präsent, insbesondere in der breiten Diskussion über die Deutschkunde als Kern der neuen deut-

---

10 "Schulpflicht der Kinder von Ausländern". Ministerialerlass vom 17. Dez. 1929. In: Geheimes Staatsarchiv, Preußischer Kulturbesitz (Berlin) HA, Rep. 76, Nr. 1413, Bl. 9.

11 Die Vorträge dieses Kongresses sind abgedruckt in: Bureau international d'Education – BIE (Hg.) [1929]: Le Bilinguisme et l'Education. Travaux de la Conférence internationale, tenue à Luxembourg du 2 au 5 avril 1928. Genève : BIE, Luxembourg : Maison du Livre.

schen Schule. Deutschkunde – in der Weimarer Republik als allgemeines Unterrichtsprinzip in allen Fächern *und* als eigenständiges Unterrichtsfach gefordert – war eine eindeutige Absage an die Anerkennung sprachlicher und ethnischer Pluralität. Ziel war eine – wenn man es so ausdrücken kann – „durch und durch deutsche" Schule oder in den Worten eines Erlasses von 1923 die „Vertiefung der Deutschbildung". Denn „die Jugend für die deutsche Sprache, deutsches Volkstum und deutsche Geistesgröße zu erwärmen, ist ernstere Aufgabe als jemals zuvor"[12].

Nachwirkungen der Tradition und Transformation

Wenn heute von sprachlicher, ethnischer, nationaler und kultureller Pluralität als „neue Herausforderung" für die Schule und die Pädagogik die Rede ist, so spielen – im Unterschied zur Weimarer Republik – die autochthonen Minderheiten nur noch eine unbedeutende Rolle. Ihre Rechte gelten als gesichert[13]. Dass sprachliche und kulturelle Differenz sich in ihrem Fall nachteilig auswirken können, wird nicht mehr unterstellt. Im Mittelpunkt der aktuellen Auseinandersetzungen stehen die aus den transnationalen Migrationen hervorgegangenen neuen Minderheiten: Kinder und Jugendliche, deren Familien über die Arbeitsmigration durch Anwerbung, über Aussiedlung, über Flucht oder über die grenzüberschreitende Migration innerhalb der EU in die Bundesrepublik gekommen sind und sich hier auf Zeit oder Dauer niedergelassen haben. Seit Ende der 1960er Jahre sind sie – abgesehen von einigen Regelungen hinsichtlich der Flüchtlingskinder – grundsätzlich schulpflichtig und gemeinsam mit deutschen Schülerinnen und Schülern zu unterrichten. Diese Entscheidung ist einerseits als Bruch mit der Tradition der Exklusion aufgrund fremder Staatsangehörigkeit zu lesen, doch andererseits ist die ‚historische Logik', der zufolge sprachliche, ethnische und nationale *Heterogenität* als Ausnahme- bzw. passagere Phänomene angesehen und „deutschstämmig" mit „deutsch-muttersprachlich" gleichgesetzt werden, in Kraft geblieben. Ein Beleg dafür sind die für ausländische und ausgesiedelte Schülerinnen und Schüler etablierten Eingliederungshilfen (Vorbereitungsklassen, Förderunterricht usw.) einschließlich des offiziell fast immer noch ausschließlich für „ausländische Kinder" etablierten Muttersprachlichen

---

12 "Erziehung zum deutschen Volksbewusstsein". Verfügung des Provinzialschulkollegiums Münster vom 6. April 1923. In: Zentralblatt, a.a.O. 1923, S. 199.

13 In einem Aufsatz "Sprache und Recht: Minderheitenschutzrecht in Deutschland von 1997 schreibt Werner Mäder, dass nach offiziellem Recht für den Schutz von Sprache und Kultur das Territorialprinzip gelte. Demnach sei Deutsch Staatssprache und darüber hinaus ständen ausschließlich die Sprachen der innerstaatlichen (autochthonen) Minderheiten unter staatlichen Schutz, der ihnen durch die Landesverfassungen von Schleswig-Holstein für Dänisch und von Brandenburg und Sachsen für Sorbisch garantiert sei. Die Sprachen der Zuwanderer hingegen seien Privatsache; für sie gelte allein das in den allgemeinen Menschenrechten und im Grundgesetz verankerte Diskriminierungsverbot.

Ergänzungsunterricht[14] als jederzeit widerrufbare, zusätzliche, gruppenspezifische Angebote. Erste Veränderungen sind allerdings erkennbar.

Ein zweiter Beleg ist, dass entscheidende Innovationen im Sinne einer Anerkennung sprachlicher und kultureller Pluralität sich nicht durchsetzen können. Exemplarisch dafür steht der Umgang mit dem nordrhein-westfälischen Konzept „Begegnung mit Sprachen in der Grundschule“. Es bietet die Möglichkeit, auch mit den in der jeweiligen Klasse tatsächlich vorhanden Sprachen zu arbeiten und den Akzent auf Sprachreflexion und Erziehung zur Mehrsprachigkeit zu legen. Dass das Konzept noch nicht ausgereift ist und auch eine Reihe von Folgeproblemen (so z.B. eine adäquate Lehrerbildung) noch nicht gelöst sind, ist richtig. Aber es ist, besser: es war, ein erster wichtiger Schritt zur Überwindung der monolingualen und monokulturellen Tradition der nationalen Schule und ein spannender Versuch, Kinder auf einen neuen Umgang mit sprachlicher Pluralität vorzubereiten. Die nordrhein-westfälische Bildungsministerin hat diesen Versuch kürzlich mit einem Federstrich beendet und für 2003 auch den nordrhein-westfälischen Grundschulen Englisch verordnet. Hier schlägt meines Erachtens erneut – wenn auch in veränderter Form – die Tradition der Einsprachigkeit durch, nun als transnationale, aterritoriale Einsprachigkeit neben der jeweiligen Landessprache (vgl. HÜLLEN 1998). Dies soll nicht als ein grundsätzliches Plädoyer gegen Englisch als Schulfremdsprache missverstanden werden. Aber wir benötigen heute mehr als Unterricht in einer oder mehreren Fremdsprachen; wir benötigen ein Bildungsangebot für den Umgang mit sprachlicher und kultureller Vielfalt als neue Normalität, ein Unterrichtsangebot, das die Basis für das Erlernen von Sprachen in und nach der Schule legt und mit einem Angebot zur Sensibilisierung für kulturelle Pluralität verbunden ist.

Soweit die auf einen kleinen historischen Ausschnitt bezogene Skizze zu Tradition und Transformation im Umgang mit sprachlicher, ethnischer und nationaler Pluralität. Gezeigt werden konnte, dass die historisch herausgebildeten Strategien, Denk- und Argumentationsmuster, die die Vorstellung von sprachlicher, ethnischer und nationaler Homogenität als „natürlich“ und „normal“ erzeugt und legitimiert haben, auch in Transformationsperioden Bestand hatten und haben, sofern nicht ein bewusster Bruch mit der Tradition vollzogen wird. Ein Beitrag zur Lösung aus der Verstrickung in die Deutungs- und Handlungsmuster dieser Art der Kombination von Tradition und Transformation kann nur gelingen, wenn die pluralen Vergangenheiten der nationalen Schule offengelegt werden mit dem Ziel einer „Pluralisierung der Geschichte“, um eine Formulierung von RAINER BAUBÖCK aufzugreifen. In seinem Artikel über „Nation, Migration und Staatsbürgerschaft“ fragt er,

14 Siehe hierzu die verschiedenen schulrechtlichen Vorschriften, dargestellt für alle 16 Bundesländer und den Zeitraum von 1989 – 1999 in: Gogolin/Neumann/Reuter (Hrsg.) 2001; für die KMK und NRW ist die Beschluss- und Erlasslage dargestellt und dokumentiert in Puskeppeleit/Krüger-Potratz 1999.

ob die Pluralisierung der politischen Geschichte einen Weg darstellen könnte, um in der Einwanderungsgesellschaft ein adäquates Selbstverständnis historischer Kontinuität für *alle* Bürgerinnen und Bürger zu begründen und alle in ihrer Differenz „in die Narrative über die Vergangenheit und die Zukunft der politischen Gemeinschaft" einzubeziehen (BAUBÖCK 1996, S. 346).

Es dringend an der Zeit, diese Frage auch in Bezug auf die Geschichte der Schule und der Pädagogik zu stellen: Kann die Pluralisierung der Geschichte der Schule und der Pädagogik einen Beitrag zur Herausbildung „eines adäquaten Selbstverständnisses historischer Kontinuität" für eine gemeinsame Zukunft aller Bürgerinnen und Bürger in der Einwanderungsgesellschaft leisten? Die Frage ist zu bejahen, sofern die Pluralisierung über die Rekonstruktion von „Gruppengeschichten" *hinaus*geht und – unter Einschluss weiterer Differenzlinien und ihrer Verschränkung mit- und untereinander[15] – die Strukturen offenlegt, die historisch die Anerkennung von Differenz und Pluralität als Normalfall verhindert haben und die bis heute einer Transformation der institutionellen Strukturen der Schule entgegenstehen.

Literatur

BAUBÖCK, RAINER (1996): Nation, Migration und Staatsbürgerschaft. In: BEYME, K. VON/OFFE, C. (Hrsg.): Politische Theorien in der Ära der Transformation. Politische Vierteljahresschrift, Opladen, Sonderheft 26. Jg., S. 325-348.

BOCK, I. (1994): Interkulturelle Erziehung als Aufgabe von Gegenwart und Zukunft. In: SEIBERT, N./SERVE, H.J. (Hrsg.): Bildung und Erziehung an der Schwelle zum dritten Jahrtausend. – München, S. 569-589.

FRAUSTÄDTER, W. (1927/28): Besteht Schulpflicht für Ausländer? In: Zentralblatt für Jugendrecht und Jugendwohlfahrt, S. 213f.

GOGOLIN, I./NEUMANN, U./REUTER, L.-R. (Hrsg.) (2001): Schulpolitik für Kinder aus Minderheiten in Deutschland. – Münster u.a.

HÜLLEN, WERNER (1998): ghoti – das Leittier der internationalen Kommunikation, oder: das Englische als National- und als Weltsprache. In: GOGOLIN, I./ GRAAP, S./LIST, G. (Hrsg.): Über Mehrsprachigkeit. – Tübingen, 275-292.

KMK 1996: Interkulturelle Bildung und Erziehung in der Schule. Beschluss der Ständigen Konferenz der Kultusminister der Länder vom 25. Oktober 1996. In: KMK, Nr. 671.1; in: PUSKEPPELEIT, J./KRÜGER-POTRATZ, M. 1999, S. 59-70.

KNABE, FERDINANDE (2000): Sprachliche Minderheiten und nationale Schule. – Münster

KRÜGER-POTRATZ, M./JASPER, D./KNABE, F. (1998): „Fremdsprachige Volksteile" und deutsche Schule. Schulpolitik für die Kinder der autochthonen Minderheiten in der Weimarer Republik – ein Quellen- und Arbeitsbuch. (= Interkulturelle Bildungsforschung, 3). – Münster

15 Vgl. Krüger-Potratz/Lutz 2001.

KRÜGER-POTRATZ, M. (2001): „... die fremde Sprache nutzen, ja – in ihr leben, nein ...“ – Deutungsmuster und pädagogisch-anthropologische Legitimationsfiguren für ‘Einsprachigkeit als Normalfall‘. In: LIST, G./ LIST, G. (Hrsg.): Über Mehrsprachigkeit. – Tübingen.

KRÜGER-POTRATZ, M./ LUTZ, H. (2001): Sitting on a crossroad – wie werden kulturelle, nationale, ethnische und Geschlechterdifferenzen theoriegeleitet erfasst und mit welchen Instrumenten werden sie erhoben? Vortrag auf der Jahrestagung der Sektion International und Interkulturell Vergleichende Erziehungswissenschaft, Münster, 16-18. Februar 2001. Typoskript.

LUTZ, H./WENNING, N. (Hrsg.; 2001): Unterschiedlich verschieden. Differenz in der Erziehungswissenschaft. – Opladen

MÄDER, W. (1997): Sprache und Recht: Minderheitsschutzrecht in Deutschland. In: MOELLEKEN, W./WEBER, P. J. (Hrsg.) (1997): Neue Forschungsarbeiten zur Kontaktlinguistik. – Bonn, 348-356.

PUSKEPPELEIT, J./KRÜGER-POTRATZ, M. (1999): Bildungspolitik und Migration. Texte und Dokumente zur Beschulung ausländischer und ausgesiedelter Kinder und Jugendlicher 1950 bis 1999. (= interkulturelle Studien, 31; 32). – Münster 2 Bde.

Meredith W. Watts

Jugendkulturelle Eigenwelten in der postindustriellen Gesellschaft

This essay attempts to bring together two notions at the intersection of pedagogy, youth theory and socio-political engagement. While the classical Enlightenment based tolerance and social commitment on universal values, the modern political enlightenment of the 19th and 20th centuries added an empirical/psychological dimension of subjective social engagement. Both forms of the Enlightenment posit that individuals become truly citizens through community-oriented action and through identities that combine the „self" with the community. Fractionation in the postindustrial society produces deep challenges to the formation of common identities. Personal freedom from traditionally-prescribed identities and career paths is a potential gain, but youth can be deeply hindered by a lack of resources (material, cultural, social) to exploit that freedom. They can also be blocked by an opportunity structure that limits their access through barriers such as social class, gender, and ethnicity. The effects on „postindustrial" identity formation create serious challenges for both youth and the social-political systems of which they are part. Examples from Japan, Israel, Great Britain and the United States describe variations on this theme that reach across cultures. A potential, but still largely undeveloped countertrend among youth is described as a positive development in community social capital.

Einleitung und Überblick

Mein Beitrag dreht sich um die Hauptbegriffe Jugendkultur, Eigenwelten und postindustrielle Gesellschaft. Aber ich nehme besonders Bezug auf zwei Begriffe, die sich aus diesem Komplex ergeben. Der erste Begriff ist „Aufklärung," und dieser historische Bezug kam aus Gesprächen mit deutschen Kollegen über die historische Debatte um Aufklärung und Pädagogik zustande. Die Frage stellt sich, ob Aufklärung noch ein wichtiger Orientierungspunkt in der modernen Pädagogik ist. Mir scheint dies fraglich. Wie steht es mit jugendlichen Identitäten in der postindustriellen Gesellschaft? Ist die postmoderne Identitätssuche überhaupt mit dem universalistischen Anspruch des Projektes Aufklärung vereinbar? Können sinnvolle „aufgeklärte" Identitäten noch entwickelt werden, und sollte die Pädagogik darauf abzielen?

Um den Kern meines Arguments vorwegzunehmen:

1. Die moderne Variante der Aufklärung besteht aus einer normativen Grundlage (was ist Gerechtigkeit und wie soll man moralische Entscheidungen treffen?); aus einer positiven Einstellung zur Teilnahme an der zivilen Gesellschaft (der aufgeklärte Bürger); aus dem Glauben, daß Rationalität nicht vollkommen ist, aber entwickelt und näherungsweise erreicht werden kann; dass durch Teilnahme an Politik die zivilen Fähigkeiten des Bürgers sich entwickeln; und dass eine aufgeklärte Identität durch die Eigenschaften der Toleranz und des liberalen Pluralismus geprägt ist.
2. Die postindustrielle Gesellschaft erschwert die Identitätsbildung durch Freisetzung und Zersplitterung der Identitäten. Der Wegfall oder die Verminderung traditioneller Identitätsfindung fördert die Autonomie der Subjekte, schafft aber auch partielle, apolitische und weniger gemeinschaftszentrierte Identitäten.
3. Die moderne Aufklärung sieht die Bürger als eine Bildungs- und Partizipationsbourgeoisie, aber der Generationswandel der letzten dreißig Jahre führt dazu, dass Partizipation ständig abnimmt. Der Trend wird weitergehen, wenn nur aufgrund der Ablösung der älteren durch jüngere Generationen.
4. Im Zuge der Globalisierung des Kapitalismus werden einerseits grenzübergreifende „Weltidentitäten" begünstigt. Aber diese aufgeklärte (Wirtschafts-)Bourgeoisie ist mit ihrem extremen Individualismus nicht gerade die Verkörperung der Ideale der Aufklärung. Auf der anderen Seite sind diejenigen, die man Verlierer der Modernisierung nennt, häufig der Gefahr einer angstbesetzten, defensiven und atavistischen Identitätsbildung ausgesetzt.
5. Es stellt sich die Frage, welche Hilfestellung jugendkulturelle Eigenwelten bei der Bewältigung postindustrieller Identitätssuche bieten. Viele dieser Eigenwelten und jugendkulturellen Stilrichtungen, wie früher Punk oder heute HipHop, verleihen ihren Mitgliedern das, was die Birminghamer Schule der Cultural Studies (CCCS) als „transitorische Identitäten im Widerstand" beschrieben hat.

   Diese transitorischen, widerständigen Identitäten, ebenso wie auch die defensiven, atavistischen Identitäten, sind „normale" Folgen der Modernisierung. Aber wo Pädagogik und Sozialisation den Jugendlichen nicht zu dauerhaften und sinnvollen Identitäten verhelfen können, ist zunehmender Rückzug der jüngeren Generation aus dem Gemeinwesen zu erwarten.

6. Letztlich werden Identitäten nicht rein zufällig oder rein autonom geschaffen und gebastelt. Obwohl die traditionellen Kontrollinstanzen an Kraft verlieren, kommen neue Instanzen und bleiben alte Einflüsse in Kraft. Vor allem wird die Identitätslaufbahn von den verfügbaren Ressourcen der Jugendlichen beeinflusst. Verfügt man über eine (im Sinne von James Coleman und Pierre Bourdieu) reiche Ausstattung an materiellen, kulturellen und sozialen Ressourcen, hat man Chancen für eine Wahl offener und aufgeklärter Identitäten; ist man jedoch ressourcenarm, läuft man Gefahr, auf defensive und atavistische Identitäten zurückzugreifen.

Die „moderne" (nicht die postmoderne) Aufklärung

Die Aufklärung ist von Anfang an und besonders seit Kant der Kern in der intellektuellen Geschichte der Modernität. Deutsche Pädagogen sind sicherlich Experten dieser Tradition, sofern sie geisteswissenschaftliche Pädagogik betreiben, und es wäre verfehlt zu meinen, ich könnte ihnen etwas Neues erzählen. Statt dessen möchte ich einige explizite und implizite Thesen der Aufklärung herauslesen, die für die moderne und postmoderne sozialpolitische Identität bedeutend sind.

Besonders hervorzuheben sind solche Begriffe wie Weltbürger: Menschen, die provinzieller Hemmungen, Engstirnigkeit und Abneigung gegenüber neuen Ideen entkommen. Durch Offenheit und Toleranz machen sie sich bereit und den Weg frei für freie Meinungsäußerungen. Sie befreien sich von den Ketten der Tradition, von der engstirnigen Tradierung unüberlegter alter Werte, und öffnen den Weg für andere für dieselbe persönliche Entfaltung.

Lokale und provinzielle Werte sollten auf den Prüfstein der Toleranz gelegt werden. Es gab einen Glauben an universelle Werte, die für alle Menschen gültig waren. Das Kantsche Gebot war, so zu handeln, wie alle Menschen in dem Fall handeln sollten. Motivation sollte einem universellen moralischen Prinzip folgen, nicht dem bloßen Eigennutz oder der ängstlichen Reaktion. Menschen sollten handeln, als wären sie moralische Vertreter der Gesamtheit, und nicht als Vertreter spezieller Wertgemeinschaften oder gar als hedonistische eigensüchtige Einzelkämpfer.

Es ist niemals leicht, ein solches Gebot mit der Toleranz anderer Menschen in Einklang zu bringen, besonders wenn andere Menschen sich nicht nach diesem Gebot richten. Aber in diesem moralischen Kern liegt des ungeachtet die Annahme, daß universale Werte existierten und, dass eine offene, rationale Suche die Wahrheit zutage fördern könnte.

Wie ich diesen Strang der Aufklärung gelesen habe, sind Universalismus, Toleranz, Wahrheit, Rationalität und Moral zentral in der Partitur. Aber ich frage: wer in der heutigen Pädagogik glaubt noch an diese Werte? Wer macht sie zum zentralen Anliegen eines Lehrplans? Und weiter: wer glaubt noch an universelle Toleranz und Rationalität? Diese Begriffe leiden unter ständigem Missbrauch. Sie leiden auch unter einem Angriff der modernen Kulturkritik. Sie wurden in der intellektuellen Tradition der Postmoderne explizit verworfen von Foucault; die Inkarnation dieser Kritik nach Foucault warnt vor den institutionellen Monstren (wie dem Leviathan von Hobbes,) aber auch vor „großen sozialen Erzählungen" und Glaubenstraditionen. Diese durchgehende Kritik gilt nicht nur dem Kapitalismus, dem Sozialismus, dem Positivismus, sondern auch den universellen Werten der klassischen Aufklärung.

Diese Monstren, die unsere authentische soziale Wahrnehmung und soziale Klarsicht angeblich verzerren, sind die „großen Erzählungen" und Mythen des 18. und 19. Jahrhunderts – die sogenannten „master narratives" oder „großen historischen Erklärungsmuster". Diese sind ein Gemisch aus Legenden, moralischen Geboten und einer kosmologischen Beschreibung der Ursprünge. Nach Foucault sind diese Ursprungsgeschichten gefährlich, weil sie historische und politische Traditionen rechtfertigen (zum Beispiel: Nach Hobbes hatte der Staat seinen kosmologischen Moment, als Menschen ihre Wolfnaturen zügelten, um Freiheit gegen Sicherheit umzutauschen; nach Locke wurde der Staat geschaffen, um Menschenrechte – inklusiv des Rechts auf privaten Besitz – zu sichern; nach den Legenden der ethnischen Staatsgründungen wurde ein Territorium von Gott oder Göttern der Geborgenheit einer bestimmten Rasse oder Ethnie zugeeignet).

Dazu kommen die großen Erzählungen des 19. Jahrhunderts – die von dem Sozialismus, dem Kapitalismus, dem Nationalismus. Foucault hat sie alle verworfen, aber ebenso die „master narratives" der Aufklärung, der Rationalität und der bürgerlichen Demokratie. Die kaum verborgene Enttäuschung über den Marxismus und den Existentialismus in Frankreich hat ihn dazu gebracht, allen Ansprüchen auf universelle Werte zu misstrauen. Es ist vielleicht nicht hinreichend erkannt, dass er in diesem Programm viel mit dem empirischen Rationalismus Karl Poppers gemeinsam hat – besonders in Poppers Kritik an der geschlossen Gesellschaft. Aber wo Popper für eine begrenzte Rationalität plädiert hat, griff Foucault zu einer radikalen Ablehnung aller gemeinsamen Werte und Handlungsmuster.

Politologen haben sich über diese Herausforderung der Aufklärung geärgert. Manche haben die Foucaultsche Doktrin gegen Kontrolle, für Widerstand aus den kleinen Venen und Adern des sozialen Gefüges zu eigen gemacht, aber die Aufklärung so gänzlich in Frage zu stellen war weniger populär. Es folgte eine interessante Debatte, an deren Ende Foucault als „der große Nebel" aus Frankreich abgetan war. Mir scheint, dass das voreilig war. Zwar ist Foucault selbst nicht mein Thema, aber sein Hauptanliegen ist es durchaus – die bewusste Abkehr von den Aufklärungswerten. Hier bleibt die intellektuelle Diskussion unverändert wichtig, aber was mich an diesen Debatten interessiert, sind die tatsächlichen *sozialen* Folgen der allgemeinen

Abkehr von der Aufklärung, die sich mehr oder weniger unreflektiert in die politische Kultur eingebürgert hat und die mit dem Generationswechsel zunimmt. Nach meiner Auffassung war die postmoderne Kritik an der Aufklärung als intellektueller Beitrag zweitrangig im Vergleich zu den faktischen Veränderungen in der sozialen Realität. Die Anti-Leviathan-Stellungnahme der Kritik steht immer noch zur Debatte. Foucault hat meines Erachtens eben da recht, wo er es nicht haben wollte – als Empiriker.

Empirisch gesehen ist, so glaube ich, das Anti-Leviathan-Programm mindestens seit einer Generation im Gange. Der Motor ist nicht irgendeine intellektuelle Kritik aus den Universitäten, sondern der Wandel der Generationen in der postindustriellen Gesellschaft. Die postmoderne Befürwortung des „Widerstands in den Kapillaren" der Gesellschaft taugt schon etwas als Diskurs, wesentlich mehr aber als eine Beschreibung dessen, was längst geschieht. Die Weiterentwicklung dieses Trends wird weniger von intellektuellem Diskurs als von unaufhaltbaren demografischen Entwicklungen getragen.

Die Politikwissenschaft geht mit Fragen der universellen Werte seit Jahren viel vorsichtiger um; zugleich ist sie zunehmend beunruhigt wegen des immer geringer gewordenen Interesses an diesem Diskurs unter den Studierenden. Die „master narratives" und die großen Erzählungen gehören immer weniger zum Alltag, immer mehr nur noch zur intellektuellen Geschichte. Man sollte nicht vermeintlich besseren Zeiten nachtrauern, aber wir müssen einsehen, dass die Postmoderne nicht nur eine intellektuelle Konstruktion ist, sondern materiell durch den Generationswandel zur Reife gebracht wird.

Vor einer Generation waren wir am Anfang der Postmoderne, erkannten aber den Umfang dieser Wandlung sehr ungenau. Vielleicht haben wir ihn nicht erkannt, weil der Vietnam-Krieg und die letzten Tage der Bürgerrechtsbewegung noch höchst akut waren. Wir wussten nicht, dass das Fieber vorübergehen würde, oder dass der aus ihm entstehende Freiheitsgewinn sich als eine Freiheit entwickeln würde, sich nicht um die Politik oder die Ideologie kümmern zu müssen. Die letzten großen ideologischen Diskurse der 60er/70er Jahre waren eine Camouflage für die Rückwärtsentwicklung des politischen Engagements.

Aber ich möchte mit diesem Strang meines Arguments, zumindest an dieser Stelle, nicht fortfahren. Man verfällt leicht in eine allgemeine, unfokussierte Kritik an allem, was man an der modernen Kultur missbilligt. Das passt eher zum intellektuellen Stammtisch älterer Professoren. Viel wichtiger ist die theoretische Frage der Identität. Was hat die geschilderte Entwicklung mit den Eigenwelten Jugendlicher zu tun, und gibt es wirklich einen Konflikt zwischen der modernen politischen Aufklärung und der postindustriellen Gesellschaft?

Zersplitterte Identitäten sind kein ernstzunehmendes intellektuelles Programm, sie sind eher die herrschende Realität der postindustriellen Gesellschaft. Wo traditionelle, in die Gemeinschaft integrierende Identitäten verhindert oder gar nicht gewählt worden sind, entstehen Identitäten im Vakuum. Aber welche? Welche Integrationskraft haben sie? Und wenn sie zersplittert sind, wo bleiben die integrierenden Werte, die universellen Meistererzählungen des breiteren sozialen Gefüges?

Das sind rhetorische Fragen, auf die es keine leichte Antwort gibt. Die Fragen zu stellen aber rückt das Thema der Aufklärungswerte wieder in die Mitte des Feldes. Wie sieht es mit der modernen Aufklärungstradition aus, wenn man überhaupt davon reden kann? Meine Argumentation konzentriert sich bewusst auf Begriffe, die mit der Frage der Identität zu tun haben – wie die Theoretiker der modernen politischen Aufklärung. In einer ausführlichen Diskussion wären viele zu nennen, aber sicherlich zählen die folgenden dazu:

- John Stuart Mill. Sein Entwurf einer praktischen Grundlage für demokratische Partizipation sieht die Teilnahme nicht als Resultat der Entwicklung als demokratische Bürger, sondern als Bestandteil des Prozesses des Bürger-Werdens. Man wird demokratischer Bürger durch die Praxis, durch Teilnahme an der Politik. Man muß nicht vorher rational und tolerant sein, man eignet sich diese Eigenschaften durch demokratische Praxis an. Bürger sind nicht, und werden nicht, vollkommen – aber die Praxis bildet bessere Bürger.
- In der zweiten Hälfte des zwanzigsten Jahrhundert kam der Begriff „politische Kultur“ in das Vokabular der Politikwissenschaft. Obwohl der Begriff – und auch die ihm zugewandte empirische Arbeit der 60er Jahre – sehr umstritten waren, bleibt eine zentrale Idee: daß ein liberaldemokratisches System am besten funktioniert, wenn (1) eine passende, auf das System abgestimmte Kultur von angemessenen Einstellungen existiert, und (2) die Bürger sich als berechtigte und engagierte Teilnehmer betrachten. So gesehen, setzten die Politologen Gabriel Almond und Sidney Verba (und ihre Kritiker) die klassische Idee der Demokratie von John Stuart Mills empirisch fort, diesmal als quasi empirisch definierte Veranlagung der Bürger, die man *Civic Culture* nennt. Die Studie war nicht unangreifbar – theoretisch und empirisch – und war auch in Deutschland sehr umstritten, aber diese empirische Definition der politischen Kultur trat bewusst als Bestandteil der modernen politischen Aufklärung auf.
- Hinzu kommt eine Psychologisierung der Aufklärung: durch Piaget und, angelehnt an ihn, Lawrence Kohlberg. Ferner ist Abraham Maslow zu nennen, dessen Überlegungen eine große Rolle in Ronald Ingleharts Theorie der „stillen Revolution“ der Werte spielten. Diese Autoren beschrieben (als Idealtypen) bestimmte Stufen der moralischen Entwicklung, die sich wie konzentrische Kreise um das Ego – das Selbst – herum nach außen entwickelten. Die Theorie besagt: je weiter das Bewußtsein und die Eigenidentität sich nach außen dehnen, desto sozialbewusster und moralischer ist die Entwicklung des Individuums. Am wenigsten

entwickelt ist der innere Kreis der exklusiven Selbstbezogenheit; am weitesten entwickelt ist der Kreis der reinen Prinzipien, in dem man nach „höheren" geistigen oder ideologischen Regeln handelt. Inglehart als Politologe hatte dieses Prinzip aus der Individualpsychologie genommen und hat es zur empirischen Beschreibung des Wertewandels ganzer Generationen avanciert.

Diese unterschiedlichen aber verwandten theoretischen Überlegungen haben einen Glauben an universelle Werte gemeinsam und eine Hoffnung auf die progressive Entwicklung von einem selbstsüchtigen und selbstbezogenen Niveau zu „höheren" Ebenen. Von Mills bis zu den empirischen Theoretikern der modernen Demokratie glauben sie an Selbstentwicklung durch Partizipation und durch eine Identität, die das Selbst und das soziale Umfeld verbindet.

Identität und Kapital

Die Individualisierungsthese setzt implizit voraus, dass der Wegfall von traditionellen Verkettungen und alten Werten und Engstirnigkeiten einen Zuwachs an Eigenkontrolle und Autonomie bedeutet. Es ist aber eine begrenzte Autonomie, und manchmal ist sie nur illusorisch, weil von einer verschlossenen Gelegenheitsstruktur oder durch Mangel an Ressourcen eingeschränkt. Alle Menschen, alle Jugendlichen sind in ihrer Entwicklung von ihrer Ressourcenausstattung abhängig, gefördert oder auch behindert. Die Ressourcenfrage ist nicht auf die materielle Ausstattung beschränkt, sondern umfasst eine breitere Palette, wie kulturelle und soziale (COLEMAN, 1988, 1990; BOURDIEU, 1983; 1988, WATTS, 2000). Dazu zählen auch körperliches Kapital und physische Eigenschaften, die einen Eigenwert für soziales Handeln besitzen, aber auch anstelle der anderen Ressourcen kompensatorisch eingesetzt werden können.

Ich gehe davon aus, dass ein Identitätsvakuum bei Jugendlichen nur selten existiert, weil kein Vakuum auf Dauer existieren kann. Es entfalten sich Identitäten irgendeiner Art, aber was entsteht, sind manchmal unreflektierte, partielle Identitäten. Das ist an sich nicht schlimm; es ist gerade das, was die Postmoderne als Programm bevorzugt. Aber was für Folgen hat diese Entfaltung von jugendlichen Eigenwelten und partiellen Identitäten?

Identitäten haben noch quasi-klassen- oder schichtspezifische Züge, aber mit der Demokratisierung des Erziehungs- und Bildungswesens sind soziale Trennlinien nicht mehr von der entscheidenden Bedeutung, wie sie es noch am Anfang des Jahrhunderts oder sogar vor dem Zweiten Weltkrieg waren. Es gibt andere Trennlinien, die Schicht und Klasse deutlich überlappen. Eine etwas abstrakte Beschreibung sieht sie als eine Akkumulation von Vor- und Nachteilen in zwei Bereichen – (1) in den Startbedingungen und in der Sozialisation der Jugendlichen, und (2) in der Aneignung der notwendigen Ressourcen durch Bildung und Ausbildung, um Lebensaufgaben zu bewältigen. Diese Coping-Ressourcen sind, nach JAMES S. COLEMAN, Ressourcen des *human capital*. In einer differenzierteren Auslegung nach BOURDIEU sind sie *materielle*, *kulturelle* und *soziale* Arten des menschlichen Kapitals. In bestimmten Zusammenhängen kann man vielleicht auch *körperliches Kapital* hinzufügen, und im weiteren Sinne vom *physischen* Kapital sprechen. Das gilt besonders für Jugendliche, die physisches Kapital anstelle anderer (fehlender) Kapitalarten einsetzen (WATTS, 2001).

Die Demokratisierung des Bildungswesens kann Unterschiede im Bereich der Startbedingungen teilweise ausgleichen. Jugendliche mit besonders guter Ressourcenausstattung in der Herkunftsfamilie haben immer noch Vorteile, aber kulturelle und soziale Ressourcen lassen sich durch Bildung aneignen. Weil diese Kapitalarten einen Tauschwert gegeneinander haben, können bescheidene Ausgangsbedingungen durch Bildung ausgeglichen werden. Man spricht von einer positiven Kompensation.

Betrachten wir körperliches Kapital, so sehen wir, daß mangelnde Ressourcen in den anderen Bereichen zum Teil durch körperliche Eigenschaften ausgeglichen werden können. Sport ist eine positive Anwendung, aber körperliches Kapital ist auch nützlich für risikohaftes Verhalten: Gewalt, Status und Kämpfe um die Ehre, aggressive Cliquenbildung, ausbeuterisches oder risikohaftes sexuelles Verhalten, bis hin zur kleineren und größeren Kriminalität (WATTS, 1998). Der kompensatorische Einsatz von körperlichem Kapital zielt auf eine sofortige Befriedigung, kann statuserhöhend wirken, erzeugt vielleicht auch ein Gefühl der Attraktivität oder Macht und kompensiert für kurze Zeit den Mangel an anderen Ressourcen – Ressourcen, die eine langfristige und dauerhafte Entwicklung begünstigen könnten.

Die Annahme, die ich hier skizziere, ist, daß der beschränkte Tauschwert unterschiedlicher Kapitalarten zu einem Prozess der Kompensation führt. Fehlt den Jugendlichen die eine oder andere Kapitalart, kann sie durch eine andere kompensiert werden. Mangelt es an vielen Kapitalsorten, greift man auf das, was man hat, zurück – egal, ob es risikohaft für sich selbst oder für andere ist; egal, ob die Befriedigung von kurzer Dauer ist, und manchmal sogar ungeachtet dessen, dass die Anwendung dieser Ressourcen in eine abwärtsdrehende Spirale führt (siehe WATTS, 2001).

Etwas verallgemeinert: Ich sehe diesen kompensatorischen Prozess als ein Hauptmuster der jugendlichen Eigenwelten in der postindustriellen Gesellschaft. Wo ein Identitätsvakuum droht, wo angemessene Ressourcen fehlen oder Zugang zur Gelegenheitsstruktur erschwert ist, werden kompensatorische Prozesse der Ressourcenanwendung und Identitätsbildung in Gang gesetzt. Ein Identitätsvakuum kann nicht auf Dauer bestehen, aber man muss sich fragen, welche Identitäten entstehen und auf welche Eigenwelten sie Bezug nehmen.

In der postindustriellen Gesellschaft sind Identitäten nach wie vor wichtige Coping-Ressourcen. Sie sind im Prozeß der Sozialisation durch primäre Agenten (wie Familie) angeeignet, sie entfalten sich durch Gruppenbindungen in der sozialen Umwelt, sie werden weiterentwickelt und geschliffen durch Kontakt mit dem Bildungswesen und sie werden als Coping-Ressourcen eingesetzt. Identitätsbildung setzt sich zwangsläufig fort, die Frage ist: wie? Auf welche sozialen Räume und Bereiche gerichtet? Mit welchen ideologischen und sozialen Folgen?[1]

Beispiele

Diese Fragen könnten wir weiter fortsetzen, aber nun möchte ich einige konkrete Beispiele darstellen. Sie sind aus unterschiedlichen Ländern – Japan, Israel und Großbritannien – Länder, die fast „visuelle“ Beispiele der Problematik liefern. Vorgestellt werden:

Aus Israel das Beispiel der Herausforderung integrativer nationaler Trauerrituale, die durch Massenmedien vermittelt wird.

Aus Japan das Beispiel zunehmend intensiver Konflikte zwischen Generationen, mit besonderer Betonung auf dem Abbröckeln des traditionellen Autoritätsdenkens und der Auflösung der individualistischen und kollektivistischen Werte.

Aus Großbritannien das Beispiel des Verlusts an politischer Teilnahme, der zunehmenden Fremdenfeindlichkeit und der damit einhergehenden Simplifizierung der politischen Diskussion auf Formeln. Das hat eine besonders negative Wirkung auf Jugendliche, die in dieser Zeit Identität aufbauen.

Aus den Vereinigten Staaten das Beispiel eines historischen Verlusts an sozialem Kapital – eines Verlusts, der seit mindestens einer Generation anhält. Dieser Trend – wie manche andere in den Beispielen – ist keine vorübergehende Erscheinung, sondern wird von langfristigen demografischen Entwicklungen getragen.

---

1 Zum Beispiel: eignet man sich eine grenzübergreifende Identität als Weltbürger oder als Mitglied der internationalen Bourgeoisie an, oder als defensives, xenophobisches Mitglied einer vermeintlichen völkischen Gemeinschaft? Oder bleibt man lieber bei "kleineren" Identitäten in der Familie, oder in einem subkulturellen Kreis, oder in einer Kameradschaft ideologischer Couleur? Diese Entscheidungen – vielleicht sollte man sie eher "Entwicklungen" nennen, weil sie manchmal unreflektiert vor sich hin gehen – sind von großer Bedeutung in der postindustriellen Gesellschaft.

Jedes Beispiel handelt von einem anderen Fall der Postindustrialisierung und hat spezielle kulturelle Züge, aber zusammen zeigen sie, wie weit verbreitet und vergleichbar globale Tendenzen sind.

Japan

Für Japan stütze ich mich auf die Arbeiten meiner Kollegen Ofer Feldman und Shinkichi Sugimori. Zusammen haben wir ein Forschungsprojekt über demokratische Werte und Abneigung gegen Außenseiter durchgeführt (WATTS/FELDMAN, 1998; WATTS/FELDMAN, 2001). Kürzlich haben wir uns auch mit japanischer Autorität befaßt (FELDMAN/WATTS, 2000).

Es ist durchaus bekannt, dass die japanische Jugend unter neuen postindustriellen Belastungen leidet – verursacht durch Spannungen des Wohlstandes, des heftigen Wettbewerbes in den Sekundarschulen, also im Kampf um Studienplätze in den Elite-Hochschulen, durch intergenerationelle Probleme bei Familienwerten und innerfamiliärer Kommunikation, durch schwelende Konflikte zwischen individualistischen und kollektivistischen Werten. Symptome davon, die westliche Beobachter oft überraschen, sind die zunehmende Anzahl von Gewaltereignissen innerhalb der Familie und Bullying-Fällen innerhalb der Schulen.

Leistung in den Sekundarschulen ist wichtig, und vor allem sind die jährlichen nationalen Examina von zentraler Bedeutung, weil diese fast allein entscheiden, ob man in eine bevorzugte Universität kommt oder ob man überhaupt studiert. Man kennt die „Paukschulen", in denen viele Schüler ihre Freizeit am Nachmittag oder am Wochenende verbringen. Und wenn nach all diesen Bestrebungen Schüler die Latte nicht überspringen, kommen sie in eine Zwischenwelt, in der sie weder avancieren noch in die Arbeiterwelt fallen. Sie werden „ronin" genannt – ein alter Begriff für herrenlose Samurai-Krieger –: Ritter, die nach der Budo-Tradition entwurzelt und ziellos durch die Landschaft ziehen. Der Begriff selbst zeigt nicht nur die gravitas des akademischen Versagens, sondern auch die enge Verbindung zwischen akademischer Leistung und persönlicher Identität.

Die wohlbekannte Folge dessen ist ein Gemisch von unglaublichem Leistungsdruck, Kommunikationsstörungen in manchen Familien, einer durch Mode getriebenen Konsumorientierung, die entweder durch individuelle Leistung oder in Abhängigkeit von den Eltern finanziert werden muss, und ein ständiger Konflikt zwischen individueller Leistung und Gruppensolidarität.

Diese Brüche in dem japanischen System sind der Pädagogik wohl bekannt, seit man weltweit nach guten und weniger günstigen Bildungssystemen schaut. Die Kritik an diesem Leistungsdruck ist ebenso bekannt. Wichtiger ist im Moment aber nicht die Eigenart des japanischen Systems, sondern die verblüffende Ähnlichkeit der Belastungen und der Konflikte selber und die zunehmende Gewalt innerhalb der Familie – überraschenderweise zu etwa 2/3 gegen Mütter gerichtet; vermutlich weil der Vater gar nicht anwesend ist. Hinzu kommt die Überforderung der Lehrer sowie intensiver Wettbewerb unter Schülern und zunehmende Konflikte auf der Schnittstelle zwischen Individuum und Gruppe. Streit zwischen Schülern nimmt zu und tritt jetzt so häufig auf, dass solche Zwischenfälle ihren eigenen Namen erhielten – in Japanisch: *ijime*. Schulphobie und Schulschwänzen sind auch zu offiziellen Begriffen avanciert: *toko kyohisho* und *futoukou* (FELDMAN, 1998). Am schwersten wiegt der Konflikt zwischen individueller Leistung und kollektiver Solidarität. Individualisierung nimmt zu und Identitäten werden immer noch geschaffen, aber der Prozess vollzieht sich innerhalb und zwischen jugendlichen Eigenwelten, die schwer an dieser postindustriellen Zersplitterung leiden.

Großbritannien

In Großbritannien nimmt die Teilnahme an der Politik ab, die Wähler werden zynischer, und je jünger sie sind, desto geringer ist ihre Bindung an das herkömmliche politische System. Jugendliche Eigenwelten und Identifikation drohen, eine positive Bindung an das Gemeinwesen zu verlieren.

Die Stadt London wählte im Jahr 2000 zum ersten mal ihren Bürgermeister, und ganze 30 % gingen zu den Wahlurnen. Die Boulevardzeitungen gehören zu Europas primitivsten, und sie haben in diesem Jahr Geschichten über Asylsuchende verbreitet, die nicht viel mehr sind als Schauergeschichten. Populär sind Geschichten über Roma aus Rumänien, die angeblich von ihrem Dorf beauftragt worden sind, sich in London niederzulassen. Dort sollen sie Geld erbetteln und erpressen, das sie wieder in das Heimatdorf schicken.

Überall in Europa sind Roma besonders exponiert, aber der öffentliche Ton dieses Diskurses ähnelt dem in Deutschland in den Nachwende-Jahren 1991/1992, als die Gewalt gegen Ausländer vor ihrem Höhepunkt stand. Pessimisten fürchten, dass Großbritannien zu wenig von Europa gelernt hat.

Dass dieses Problem weit verbreitet ist, wissen wir alle. Aber die Xenophobie, die Verbreitung von Schauergeschichten über Außenseiter und „Barbaren vor dem Tor" haben nicht nur Bezug zur Asyl- und Migrationsproblematik. Sicherlich sind die Konflikte in der Wirtschaft und auf den Arbeits- und Wohnungsmärkten beachtlich. Aber neben diesen Ängsten und Antipathien sind erhebliche Identitätskonflikte wirksam. Wo bleibt das Weltbürgertum? Wo bleibt der Aufklärungswert Toleranz? Wo ist die Werteintegration des „globalen Dorfes" (global village)?

Sie halten kaum durch, wenn die Atmosphäre durch Angst vergiftet ist. Weltoffene und tolerante Identitäten sind schwer zu entwickeln; defensive und regressive partielle Identitäten lassen sich leichter herstellen. Man muss überlegen, wie diese Identitäten geformt werden und wie das Erziehungs- und Bildungswesen den Weg für offene und positive Identitäten frei macht.

Israel

Israel bietet zahlreiche Beispiele von Wertekonflikten innerhalb der Gesellschaft und von politischen Konflikten nach außen. Von diesen aufregenden Dimensionen des Wandels in diesem Lande werde ich nur eine darstellen – den Verlust an nationalen Identitätsritualen durch ein relativ breitgefächertes Kabelfernsehenangebot.

Bei meinen ersten Besuchen in Israel gab es unter meinen Kollegen etliche Radioapparate, mit denen man stündlich die neuesten Entwicklungen hören konnte – und ein Fernsehprogramm. Später gab es zwei Nationalsender, etwa wie in Deutschland in den 60er Jahren oder in Großbritannien zur gleichen Zeit. Am Shabbat – am Freitagnachmittag – verschwanden die Sendungen aus nationalreligiösen Gründen bis zum Segen des Tages am Ende des Shabbat.

In jenen Tagen waren die Fernsehsender Mittel der direkten Übertragung nationaler Themen. Vor allem wenn es gewalttätige Zwischenfälle gab, hatten die Übertragungen ein vertrautes Muster – ein mediales Ritual der nationalen Trauer und der nationalen Solidarität. Ein typisches Beispiel ist ein Raketenangriff auf einen Kibbutz im Norden, bei dem Einwohner des Kibbutz getötet wurden. Fernsehjournalisten mit mobilen Fernsehkameras besuchten den Ort. Kameras blieben auf die Gesichter der Kibbutznikim gerichtet, manchmal bis sie aus Trauer und Leid zusammenbrachen. Dann wurden gewöhnlich Gruppendiskussionen geführt. Anschließend wurden nationale Politiker und Militärs eingeblendet mit Aufrufen zur Solidarität und dem Versprechen, daß Gerechtigkeit und Rache folgen werde. Danach wurde patriotische Musik gespielt.

Als es nur zwei Sender gab, waren die nationalen Solidaritätsrituale normativ. Aber mit rascher Geschwindigkeit hat sich Kabelfernsehen verbreitet: mit etwa 30 Sendern, davon die Hälfte aus Europa oder den USA. Sie achten nicht auf Shabbat und sie übertragen die Trauerrituale nicht. Ein nationale Tragödie wird praktisch herabgestuft zum lokalen Ereignis. Internationale Nachrichten und Unterhaltungssendungen sind nicht mehr zwangsläufig auf die israelische Politik bezogen. Interesse richtet sich zunehmend nach außen. Die mediale Welt wird langsam genau so vielfältig wie in anderen Ländern. Die Geschwindigkeit der Kabelankunft verdeutlicht für Israel, was wir schon lange in anderen Ländern erkannt haben: Das „globale Dorf" von Marshall McLuhan hat eine Kehrseite – Verkabelung kreiert Medienwelten und Möglichkeiten, die eine Zersplitterung von Identitäten mit sich bringen. Das ist an sich nicht unbedingt schlecht, jedoch schafft die Entwicklung eine neue Herausforderung für die Identitätsbildung Jugendlicher. Die neue Palette von

Identitäten erzeugt eine expandierte Welt der Freiheit, unterminiert zugleich herkömmliche Formen und Quellen der Solidarität und des Gemeindenkens. Die Massenmedien halten die positiven Möglichkeiten des „globalen Dorfes" bereit, aber negative sind genauso – oder vielleicht mehr – möglich.

USA

Die Jugendphase hat sich zunehmend zu einem eigenständigen und relativ offenen Lebensabschnitt gewandelt, dessen Ziele weniger in einer Orientierung zum Erwachsenenalter liegen – aber diese Offenheit besteht aus einer brisanten Mischung: die Freiheit, die Entwicklung des eigenen Lebens und die Möglichkeit, seine soziale Umwelt selbst zu gestalten, bestehen neben der Last, ohne zuverlässige traditionelle Rollenmodelle und vorgegebene Laufbahnen heranwachsen zu müssen. Wenn das so ist, dann wird ein Vakuum geschaffen, das nicht ein Vakuum bleiben will oder kann. Mentoren, Vorbilder, und Einflüsse werden von den Jugendlichen Akteuren aus der Umwelt geholt, geschaffen, oder auch manchmal sich illusorisch vorgestellt. Hier heißt „Individualisierung" nicht nur neue Freiheit (historisch gesehen), sondern auch neue Dimensionen des alltäglichen Chaos, das manchmal Bestandteil der Adoleszenz ist. Wenigstens war es so in meiner eigenen Adoleszenz, die hin und her schwankte zwischen Eltern, Polizei, Schule und Peer-Clique, mit Ausbrüchen und Experimenten mit Alkohol, Partnerbeziehungen – Ausbrüche großer und kleiner Natur – und einer verzögerten Entscheidung für die Universität statt für Militär oder „anständige" Arbeit. Auch wenn diese Entwicklungsprozesse ein paar Jahrzehnte zurück liegen, sind sie doch einigermaßen charakteristisch für die ständige Suche nach Bindung, Bedeutung, sinnvoller Beschäftigung und vor allem eine Identität, die das Selbst mit einem breiteren Kreis von Gruppen und Institutionen verbindet.

Das Vakuum ist nie wirklich eins, sondern ähnelt eher einem Buffett, auf dem alle Gerichte durcheinander und ohne Logik zusammengeworfen herumliegen. Wo fängt man an, adäquate Nährstoffe zusammenzustellen? Welcher Appetit ist zu stillen? Man kann sich mit dem einen oder anderen Häppchen beschäftigen, ohne den Hunger zu stillen – es entsteht nichts gesamtes. Dies ist ein Bild für die Entwicklung von Identität. Ihr Hauptproblem besteht in der Schaffung einer eigenständigen und zugleich sozialen Identität, die andere einschließt und die Verbindung zur sozialen Umwelt sichert.

Das ist die eigentliche Herausforderung. Hauptbegriffe mögen solche wie Individualisierung, Modernisierung und Entstrukturierung sein, aber ein etwas anderer und älterer Begriffskomplex enthält einen zentralen Aspekt dieser theoretischen Begriffe.

Will man sich mit den positiven Entwicklungsaufgaben Jugendlicher beschäftigen, scheinen mir – zumindest rhetorisch – die Begriffe Identität und

„Community“ (oder vielleicht Gemeinde, Gemeinschaft, Bezugsgruppe) wichtig. Altmodisch vielleicht, aber dafür nicht weniger wichtig.

Obwohl man durch Individualisierung vielleicht Freiheit von traditionellen Normen und Laufbahnen gewinnt, bedeutet das keine vollkommene Autonomie. Es gibt noch Kontrolle von außen im breiteren Sinne, exogene Einflüsse bleiben weiterhin wichtig. Ein semantisches Problem der Individualisierungsthese ist der Glaube, dass die Verminderung oder das Nachlassen der Bedeutung eines Sets exogener Faktoren (z.B. vorgegebenen Laufbahnen, klassische Transitionen in den Erwachsenenstatus) ein Mehr an endogenen Entscheidungsmöglichkeiten bedeutet. Die eigentliche Auswirkung auf Jugendliche kann hingegen sehr unterschiedlich sein. Auflockerung und Wandel bestimmter exogener Zwänge sind gewiss vorhanden; heißt das aber, daß endogene Faktoren jetzt wichtiger sind? Dies ist zwar prinzipiell der Fall; aber diese Art Freiheit ist kein romantisches Geschenk der Postmoderne an die Jugend. Größer geworden ist die Macht des Individuums, unter exogenen und endogenen Kontrollen zu wählen und ihre Einflüsse zu ordnen. Aber die endogene Freiheit zu wählen ist immer begrenzt durch die Gelegenheitsstruktur und die Ressourcen, die man einsetzen kann. Die romantische bürgerliche Freiheit der Aufklärung ist, historisch gesehen, demokratischer geworden. Aber mangelnde Ressourcen setzen nach wie vor Grenzen, ob wegen Arbeitslosigkeit, Bildungslücken, ob in einer verschlossen Gelegenheitsstruktur einer amerikanischen Großstadt, ob durch Xenophobie, durch Diskriminierung oder durch noch andere Grenzen, die Jugendlichen gesetzt werden (WATTS, 1998a; 1998b; 2001).

Neuere Forschung von PUTNAM (PUTNAM, 2000) belegen eine ständige Abnahme des sozialen Kapitals in den Vereinigten Staaten, von einem Höhepunkt des sozialen und politischen Engagements in der Nachkriegszeit bis zu einem Tiefpunkt in der „politischen Postmoderne,“ – also der Gegenwart. Nach PUTNAM gab es auch eine andere „stille Revolution“, nicht die Revolution des bürgerlichen Progressivismus INGLEHARTS (1990), sondern eine des sozialpolitischen Desengagements:

> „For the first two-thirds of the twentieth century a powerful tide bore Americans into ever deeper engagement in the life of their communities, but a few decades ago – silently, without warning – that tide reversed and we were overtaken by a treacherous rip current. Without at first noticing, we have been pulled apart from one another and from our communities over the last third of a century“ (PUTNAM, 2000, S.27).

Er behauptet: Seit den 60er Jahren sind US-Bürger zu 15 bis 20% weniger an Politik interessiert, 25% weniger bereit zu wählen, 35% weniger für öffentliche Versammlungen zu gewinnen und 40% weniger engagiert in hauptamtlichen und sonstigen gemeinwesenorientierten Organisationen tätig (PUTNAM, 2000, S. 46-47). Obwohl kausale Mechanismen in solchen komplexen sozialen Gleichungen nicht leicht zu entziffern sind, misst PUTNAM der Hälfte dieses Trends dem Generationswandel bei (weitere 25% den elektronischen

Medien, 10% dem Leistungs- und Zeitdruck modernen Lebens, und etwa 10% den logistischen Problemen des Pendlerlebens (vgl. ebd., 277-284). Seine These ist brisant, wenn auch methodisch nicht unanfechtbar, aber eine Schlussfolgerung ist sehr ernstzunehmen: Soziales schwindet und wird neu definiert, und der Generationswandel ist eine Hauptursache. Das heisst, der Trend wird von der Jugend getragen; sie ist vor allem betroffen, in der gegenwärtigen Identitätssuche und in ihrem zukünftigen sozialen Leben. Damit kommen wir wieder über die „moderne politische Aufklärung" zum Identitätsthema zurück.

Abschließende Bemerkungen

Wenn eher traditionelle, positive Identitäten zunehmend an Anziehungs- und Bindungskraft verlieren, was kommt danach? Meine einfache These lautet, daß die Entwicklung der sogenannten postmodernen Welt kein Identitätsvakuum verkraften kann. Ersatzidentitäten werden geschaffen – und die Auswahl ist nicht klein. Gewöhnlich sehen wir die Umwelt der Gleichaltrigen – die Peer-Gruppen – als den Ersatz schlechthin an. Diese Gemeinschaft der Gleichaltrigen ist schon kompliziert, doch die Wirklichkeit ist noch komplizierter, noch unberechenbarer. Identitäten sind in den Medien präsent, fast wie in einem Supermarkt. Die Palette ist groß, und man kann sich virtuelle Identitäten komplett aus den Medien aneignen, oder man kann Stücke zusammen basteln. Es handelt sich auch um positive Identitäten – und positiv heißt hier nicht unbedingt systembejahend. Aus der Sicht der jugendlichen Akteure stellt sich die Frage: Bringt diese Identität Vertrautheit, ein bißchen soziale Geborgenheit und eine Vorbereitung für das Leben, das ich will?

Unangenehm ist, dass Identitätszersplitterung mehr Probleme als Lösungen schafft, vor allem, weil ausschließende, negative Identitäten leichter anzueignen sind als positive, liberale. Aufklärung ist viel Arbeit, schwer zu erzeugen und zu erhalten, weil andere, defensive menschliche Eigenschaften und Fähigkeiten leichter mobilisierbar sind.

Wir haben uns geirrt – damit meine ich die Politikwissenschaft (besonders in den Vereinigten Staaten). Wir dachten an eine partizipatorische Revolution, an eine stille Revolution der politischen Taktiken, an eine Intensivierung und Verallgemeinerung der Teilhabe. Das sichtbar wachsende Misstrauen gegenüber dem politischen System deuteten wir als Vorboten dieser partizipatorischen Revolution.

Jetzt, eine ganze politische Generation später, ist klar, daß das Mißtrauen ein Vorbote der Politikverdrossenheit war, daß sich die zunehmende Abneigung gegenüber dem öffentlichen politischen Leben durch ältere Generationen verbreitete, und daß der Generationswandel von Baby-Boom bis Generation-X eine ständige Abnahme der öffentlichen Beteiligung, sogar der gemeindeorientierten Identitäten mit sich bringt (WATTS, 1998; PUTNAM, 2000). Was wir damals als vorübergehende Konflikte ansahen, verbarg einen demographischen Wandel. Dieser Wandel ist Teil der postindustriellen Gesellschaft und ein Verursacher der postmodernen Identität. Der Begriff „Politikverdrossenheit“ unterstellt, dass soziale Identitäten und Einstellungen in Opposition zum politischen Bereich entwickelt werden. Eher richtig ist, dass Identitäten und Einstellungen sich ohne Politik entfalten (das 90er Modell) – nicht in Opposition dazu (das Modell der 70er Jahre). Dies ist keine vorübergehende Erscheinung der aktuellen Politik, sondern eine Auswirkung des demographischen und politischen Generationswechsels.

Bestandteil der historischen Aufklärung waren universelle Werte, Toleranz, moralische Entwicklung und umfassende Identitäten bis hin zum Weltbürgertum. Die moderne Variante fügt demokratische Elemente hinzu: Partizipation, Erneuerung und Entwicklung der eigenen Rationalität und moralischen Natur durch das Verhältnis zur breiteren politischen Umgebung.

Jetzt aber leiden die alten und die neuen Aufklärungsziele gleichermaßen unter der postindustriellen und postmodernen Gesellschaft. Identität und Gesellschaft, Identität und Gemeinschaft – Schnittstellen, an denen die moderne Aufklärung viel Hoffnung setzte, aber die Verhältnisse immer diffuser werden. Wo ist man beheimatet, wenn Heimat, Community und öffentliches Leben immer weniger bedeuten? Und welche Identitäten sind Nutznießer dieser Wandlung – Identitäten, die keine nationalen Grenzen kennen und nur von Zwängen der globalisierenden Wirtschaft getrieben werden? Oder vielleicht defensive, ressourcenarme Identitäten, die keinen günstigen Zugang zur postindustriellen Gelegenheitsstruktur finden? Oder entwickeln sich neue Arten der Identität, die universelle Werte und Partizipation nicht ausschließen und zu einer positiven Heterodoxie führen?

Ich habe kein ausgearbeitetes Programm anzubieten, aber eine positive Richtung scheint sich abzuzeichnen, wenn man einige disparate Befunde zusammen in den Blick nimmt. Ich deute das an:

Neuere Forschungen von BOBO (1999) und von SIDANIUS (1999) zeigen, daß rassistisches Denken und Xenophobie zum großen Teil aus Angst vor dem Fremden und dem Eindruck einer gefährlichen Konkurrenz erklärbar sind. Stereotype, Vorurteile und tendenziöse Einstellungen sind nach wie vor wichtige Bestandteile der Diskriminierung, aber der eigentliche Motor des fremdenfeindlichen Handelns ist eher die wahrgenommene (oder eingebildete) Bedrohung. Wichtig in dieser Sichtweise ist die Gruppenzugehörigkeit. Man fühlt sich nicht nur als Individuum, sondern auch als Mitglied einer sozialen Gruppe bedroht (ob durch Schicht, Hautfarbe, Religion, Geschlecht oder andere Merkmale definiert).

MARILYN BREWER führte, zum Teil in der Tradition der Ethnozentrismusforschung, diese Einsicht der sozialen Identitätstheorie fort und fand, dass eine zentrale These SUMNERS nicht stimmt. In der ursprünglichen Auslegung der Theorie des Ethnozentrismus (von 1906) behauptet SUMNER, Ethnozentrismus bestehe aus zwei miteinander verbundenen Prozessen: Aufwertung der Eigengruppe und Abwertung der Fremdgruppe. Sozialpsychologische Forschung belegt aber die wesentliche Unabhängigkeit dieser zwei Prozesse. Das eine ist nicht die unabdingbare Kehrseite des anderen. Man schließt daraus, daß positive, integrierende Identitätsbildungsprozesse ohne die Abwertung des Anderen – das heißt ohne Xenophobie – verlaufen können. Aufgabe einer Pädagogik im Sinne der Aufklärung könnte es sein, diese beiden Seiten des Prozesses noch stärker zu entkoppeln. Die bewusste, vielleicht pädagogische, Reflexion dieser Prozesse kann wesentlich zur Schaffung jugendlicher Eigenwelten beitragen. Der Punkt der optimalen Differenzierung und der optimalen Bindung lässt sich allerdings nicht so ohne weiteres angeben.

Diese bewusste Optimierung verläuft auch unter den Bedingungen der Gelegenheitsstruktur und der Ressourcenausstattung. Dazu könnte viel mehr gesagt werden (dazu auch WATTS, 2000), hier möchte ich nur anführen, daß Ressourcen als analog zu der materiellen Basis der Gesellschaft gesehen werden können. Die erweiterte soziologische Theorie des Kapitals setzt materielle Ressourcen voraus, aber impliziert auch kulturelles, soziales und körperlich/physisches Kapital. Diese psychologisch/materielle Basis der Identitätsprozesse muss explizit in unsere Theorie und unser Handeln eingearbeitet werden; eine rein idealistische Theorie der Identität greift ohnehin zu kurz.

Zum Abschluss zitiere ich einen Befund aus der Studie von ROBERT PUTNAM *Bowling Alone* (zu deutsch: *Allein kegeln gehen*), der eindeutig positiv und ist. Obwohl wir Politikverdrossenheit und Apathie zur Genüge belegt haben, ist auch ein Gegentrend zu verzeichnen, und zwar unter Jugendlichen. Wir haben diesen Trend in deutschen Umfragen gesehen und auch unter amerikanischen Jugendlichen gefunden: Der Punkt besteht einfach darin, daß der einzige Gegentrend zum öffentlichen Verfall ein zunehmender Enthusiasmus Jugendlicher für die Politik im Kleinen ist. Das sage ich nicht abschätzig, wie man Kleinkram als „Kirchturmpolitik" bezeichnet. Ganz positiv gewertet, zeigen sich Jugendliche einsatzbereit für bedeutungsvolle und sinnhafte Arbeit auf Gemeinde- und Gruppenebene. Das belegt zusätzlich meinen Punkt, daß ein Vakuum in Prozessen der Identitätsfindung kaum möglich ist, und daß ein nationaler Pessimismus durch einen lokalen Optimismus ersetzt werden kann. In diesem Zusammenhang finden wir in den Vereinigten Staaten die Entwicklung von „Service learning"-Kursen, die theoretische Lehrveranstaltungen mit kommunaler Arbeit verbinden. Das ist selbstverständlich keine neue Idee – man kennt schon lange das Praktikum und die ehrenamtliche soziale Arbeit. Aber „service learning" führt die Integration von Theorie und Praxis weiter – alte Ideen mit neuer Betonung und mit neuer Legitimität.

Uns bleibt aber noch, das Paradox der postindustriellen Gesellschaft und die Prozesse der Identitätsentwicklung zu begreifen: Bürgerliche Identitäten, zumindest eine mobile internationale Elite des Mittelstandes, werden durch universelle Werte geprägt – aber diese Art „Aufklärung" gründet auf der Freizügigkeit des Kapitals. Das ist zu viel und zu wenig zugleich – solche Identitäten schweben frei im Bereich der multinationalen Unternehmen, tendenziell entkoppelt von Gemeinden. Auf der anderen Seite sind diejenigen, deren Identitäten lokal geprägt sind, durch Misserfolg und Wandel in der postindustriellen Gesellschaft anfällig für Ängste und defensive Reaktionen. Das Paradox besteht darin, daß beide Identitäten zur Normalität der jugendlichen Eigenwelten in postindustriellen Gesellschaft gehören. Nur durch eine moderne Aufklärung können sie vielleicht wieder zusammengebracht werden.

Danksagung

Ich möchte mich vor allem bei Hans Merkens und Jürgen Zinnecker bedanken. Beide haben mir sehr viel Anregung und konstruktiven Rat gegeben. Imbke Behnken und Michael Schumann sind auch Freunde und Kollegen, die mit viel Geduld über etliche Jahre meine Kenntnisse über die deutsche Erziehungswissenschaft erweitert haben.

Literatur

BOBO, LAWRENCE D. 1999: „Prejudice as Group Position: Microfoundations of a Sociological Approach to Racism and Race Relations." *Journal of Social Issues*, 55, S. 445-472

BOEHNKE, KLAUS, JOHN HAGAN, und HANS MERKENS. 1995. „Right-wing Extremism Among German Adolescents: Risk Factors and Protective Factors." *Applied Psychology*, (01), 1998, S. 109-126

BOURDIEU, PIERRE. 1984. *Distinction: A Social Critique of the Judgement of Taste*. Cambridge, MA: Harvard University Press. (deutsch: *Die feinen Unterschiede – Kritik der gesellschaftlichen Urteilskraft*. Frankfurt/M.)

BOURDIEU, PIERRE. 1986. „The Forms of Capital." S. 241-258 in John G. Richardson, Hrsg., *Handbook of Theory and Research for the Sociology of Education*. New York: Greenwood Press.[deutsch: „Ökonomisches Kapital, kulturelles Kapital, soziales Kapital, " S. 183-198 in REINHARD KRECKEL (Hrsg.).: *Soziale Ungleichheiten*: Goettingen, 1983]

BREWER, MARILYN B., und R. KRAMER. 1985. „The Psychology of Intergroup Attiudes and Behavior." *Annual Review of Psychology*, 36, S. 219-243

COLEMAN, JAMES S. 1988. „Social Capital in the Creation of Human Capital. " *American Journal of Sociology* 94: S. 95-120

ERIKSON, ERIK H. 1959/1980. *Identity and the Life Cycle*. New York: W. W. Norton

FELDMAN, O., 1998. Materialism and Individualism: Social Attitudes of Youth in Japan. In M. W. WATTS (Hrsg.), *Cross Cultural Perspectives on Youth and Violence* (S. 9-25). Greenwich, CONN.: JAI Press

HAGAN, JOHN, HANS MERKENS und KLAUS BOEHNKE. 1995. „Delinquency and Disdain: Social Capital and the Control of Right-Wing Extremism Among East and West Berlin Youth." *American Sociological Review* 4: S. 1028-1052

HEITMEYER, W., CONRADS, J., KRAUL, D., ULBRICH-HERMANN, M. 1995. „Gewalt in sozialen Milieus," in: *ZSE*, (2) 1995, S. 145-167

MARCUS, G. E., SULLIVAN, J. E., THEISS-MORSE, E., & WOOD, S. L. (1995). *With Malice Toward Some: How People Make Civil Liberties Judgments*. Cambridge: Cambridge University Press

PUTNAM, ROBERT D. 2000. *Bowling Alone: The Collapse and Revival of American Community*. New York: Simon & Schuster

SIDANIUS, J., & PRATTO, F. (1999). *Social Dominance: An Intergroup Theory of Social Hierarchy and Oppression*. New York: Cambridge University Press

SUGIMORI, S. (1998). Bullying in Japanese schools: Cultural and Social Psychological Perspectives. In M. W. WATTS (Ed.), *Cross Cultural Perspectives on Youth and Violence* (S. 175-186). Greenwich, CONN.: JAI Press

WATTS, MEREDITH W. 2001. „Bausteine eines 'erweiterten' Kapital-Ansatzes. Zur Bedeutung von Gangs und rechten Cliquen als Artikulation jugendspezifischer Aktivitäten". In JÜRGEN ZINNECKER und HANS MERKENS (Hrsg.).: *Jahrbuch für Jugendforschung*. Opladen: Leske + Budrich

WATTS, MEREDITH W. (Hrsg.) 1998. *Cross-Cultural Perspectives on Youth and Violence*. Stamford, Connecticut/London: JAI Press

WATTS, MEREDITH W. 1998a. „The Dark Side of 'Doing Gender': Compensatory Identity and its Atavisms." Paper presented at the Annual Meeting of the International Society of Political Psychology, Montreal, July 1998

WATTS, MEREDITH W. 1998b. Review of Stephen Craig and Stephen Earl Bennett, eds.1997. *After the Boom: The Politics of Generation X*. Lanham, MD: Rowman & Littlefield. HBNet Reviews, http://www.h-net.msu.edu/reviews/showrev.cgi*?path=21912ß95003936*

WATTS, MEREDITH W., und OFER FELDMAN. 1997. „Democratic Values, Patriotism and *Outsider Threat*: First Report of a Pilot Study in Japan." Paper prepared for presentation at the 1997 Annual Scientific Meeting of the International Society for Political Psychology, Krakow Poland, July 21-24, 1997

WATTS, MEREDITH W., and OFER FELDMAN. 1999. „Authority and Political Authority in Japan: Reflections of Cultural and Role Orientations in a Non-Western Society. " In SUSANNE RIPPL, CHRISTIAN SEIPEL und ANGELA KINDERVATER (Hrsg.). Autoritarismus. Kontroversen und Ansätze der aktuellen Autoritarismusforschung. S. 147-171. Opladen: Leske + Budrich

WATTS, MEREDITH W. und OFER FELDMAN. 2001. „Are Nativists a Different Kind of Democrat? Democratic Values and Ethnocentrism among Japanese Youth." *Political Psychology*

WATTS, MEREDITH W. und JÜRGEN ZINNECKER. 1998. „Varieties of Violence-Proneness among Male Youth." In M. W. WATTS (Hrsg), *Cross-Cultural Perspectives on Youth and Violence*. New York: JAI Press, S. 117-145

Beiträge aus Symposien

Sibylle Beetz, Fritz Bohnsack, Maria Fölling-Albers, Renate Girmes, Werner Habel, Heinz-Günter Holtappels, Joachim Kahlert, Fritz-Ulrich Kolbe, Wolfgang Royl, Jochen Wissinger

Sozialer Wandel und Konsequenzen für Schule, Unterricht und Lehrberuf – Bilanz und Perspektiven

Auf dem DGfE-Kongreß in Göttingen 2000 wurde auf einem von Reinhard Kahl moderierten Symposium der Sektion Schulpädagogik über sozialen Wandel und Konsequenzen für Schule, Unterricht und Lehrberuf diskutiert. In zwei Gesprächsrunden wurden Ursachen und Bedeutung des Wandels, die sich daraus ergebenden Konsequenzen für Bildungsinstitutionen sowie schulische Zukunftsentwürfe und Lehrerbildungskonzepte diskutiert. Der folgende Beitrag leistet mit der Zusammenstellung von Statements der beteiligten ExpertInnen einen Rückblick auf die Veranstaltung.

I. Gesellschaftliche Veränderungen – neue Anforderungen an die Aufgaben der Schule?

Umbrüche in Lebenswelten – Ausweitung oder Begrenzung des pädagogischen Mandats der Schule?

Phasen tiefgreifender gesellschaftlicher Wandlungsprozesse haben immer auch zu erheblichen Veränderungen im Erziehungs- und Bildungssystem geführt. Zur Erinnerung:

- Übergang vom Mittelalter zur Neuzeit war u.a. durch die Einführung von Schulen gekennzeichnet. Die Schule sollte Inhalte vermitteln, die nicht durch Beobachtung und Mittun „nebenher“ gelernt werden konnten (vor allem Lesen, Schreiben und Rechnen, also Erwerb relativ abstrakter Inhalte und Symbole). Die Einrichtung von Schulen bedeutete die Ausgrenzung der Heranwachsenden aus der Lebens- und Arbeitswelt und die Konstituierung einer eigenständigen Lebensphase „Kindheit“.
- Der Übergang in die technologische Moderne war in den 1960er/70er Jahren durch eine allgemeine Verlängerung der Schulzeit und durch eine schulische Höherqualifizierung möglichst großer Anteile der Bevölke-

rung (gerade auch der Mädchen) gekennzeichnet. Dadurch hoffte man, den höheren Ansprüchen von Wirtschaft und Gesellschaft besser gerecht werden zu können. Die Schulzeit galt als Vorbereitungszeit für ein weitgehend konstant bleibendes Erwerbsleben. Gegebenenfalls sollte der Einzelne durch (betriebliche) Weiterbildung die veränderten beruflichen Herausforderungen besser bewältigen. Im Wesentlichen waren aber Lernzeit und Arbeitszeit, Arbeitszeit und Freizeit sowie Lernzeit und Freizeit relativ getrennte Lebensbereiche.

Kennzeichen für den Übergang zur Wissensgesellschaft ist, dass die Schule nicht mehr für ein ganzes Erwerbsleben vorbereitet. Vielmehr ist eine permanente Weiterqualifizierung und meist auch eine berufliche Umorientierung im Erwerbsleben unverzichtbar geworden. Es hat eine Entgrenzung von Arbeitszeit und Freizeit im Erwerbsleben stattgefunden; es sind Tendenzen einer Entscholarisierung schulischen Lernens (u.a. durch Öffnung von Unterricht und Schule) und gleichzeitig einer Scholarisierung der Freizeit festzustellen.

Die gesellschaftlichen Modernisierungsprozesse sind wesentlich durch ihre Vielschichtigkeit und Ungleichzeitigkeit gekennzeichnet. Das bedeutet u.a. für die Heranwachsenden, dass nicht alle von diesen Entwicklungen in gleicher Weise betroffen sind. Dies führt u.a. im Zusammenhang mit schulischem Lernen dazu, dass die Unterschiede bei den Lern- und Entwicklungsvoraussetzungen sowie den Lern- und Entwicklungschancen erheblich angestiegen sind. Deshalb sind (auch) schulisch initiierte pädagogische Maßnahmen, sollen sie wirksam und somit bedarfsgerecht sein, kaum mehr über ein bereits durch das schulische Curriculum definiertes Mindestmaß an gemeinsamen Kulturfertigkeiten hinaus einheitlich für die einzelnen Altersjahrgänge oder Schulklassen vorzusehen und zu planen. Das pädagogische Mandat der Schule muss inhaltlich und von der zeitlichen Organisation her bedarfsgerechter werden. An zwei Beispielen soll die Unterschiedlichkeit demonstriert werden:

- Ein erheblicher Teil der Heranwachsenden scheint sich aufgrund einer weitgehenden „Privatisierung des Lernens“ neben der Schule auf die veränderten Anforderungen der Gesellschaft sehr erfolgreich vorzubereiten – z.B. indem zusätzliche Förder- und Freizeitangebote der Freien Träger und Organisationen genutzt oder die Möglichkeiten der Computertechnologien in Anspruch genommen werden. Die Kinder und Jugendlichen erwerben auf diese Weise nicht nur zusätzliches Wissen und Können, sondern auch die als relevant erachteten Schlüsselqualifikationen wie: eigenständige Entscheidungen treffen, die freie Zeit planen und aktiv gestalten, Absprachen treffen, Verantwortung für das eigene Lernen übernehmen. Eine Ausweitung des pädagogischen Mandats (via Schule) wäre für diese Gruppe der Heranwachsenden vermutlich eher kontraproduktiv, da zumindest die traditionellen Formen schulischen Lernens emotional in der Regel negativ besetzt sind.

- Ein anderer Teil der Heranwachsenden (insbesondere die Verlierer des Modernisierungsprozesses) scheint durch die gesellschaftlichen Veränderungen eher überfordert zu werden – das sind oftmals Kinder unterprivilegierter sozialer Schichten, ausländische Kinder, von Armut betroffene oder bedrohte Kinder; Kinder, deren Eltern den veränderten Erziehungsansprüchen nicht gerecht werden etc. Nicht wenige Kinder und Jugendliche dieser Gruppe sind sozial und emotional gefährdet. Insbesondere die „Modernisierungsverlierer" benötigen weitergehende pädagogisch (z.T. auch sozialpsychologisch) angeleitete Förderung. Hier ist auch eine Ausweitung des pädagogischen Mandats der Schule unverzichtbar. Eine weitergehende Pädagogisierung des Alltags sollte allerdings nicht einfach für die Kinder und Jugendlichen, sondern mit ihnen geschehen.

Fazit: Die Schule muss auf die Herausforderungen der gesellschaftlichen Modernisierung flexibel reagieren. Neben einem verbindlichen Lehr- und Lernangebot für alle Heranwachsenden sollte sie auch attraktive Angebote (gegebenenfalls in enger Kooperation mit privaten „Anbietern") für solche Schülerinnen und Schüler bereitstellen, die privat geringe Entwicklungschancen und weitergehende Lernmöglichkeiten haben.

Maria Fölling-Albers

Wissenserwerb grundlegen und gestalten – Herausforderungen der (Grund)schule durch die Wissensgesellschaft

In Gegenwartsdiagnosen und Prognosen zum sozialen Wandel nimmt die Verfügbarkeit über Wissen eine herausgehobene Funktion ein. Bildungsexperten (vgl. DEUTSCHE UNESCO-KOMMISSION 1997; STOCK u.a. 1998), Wirtschaftswissenschaftler (vgl. BUNDESMINISTERIUM FÜR BILDUNG UND FORSCHUNG 1999, 93f.; NONAKA/TAKEUCHI 1997) und Soziologen (vgl. GIBBONS et. al. 1995, 34ff., 111ff.; STEHR 1991, 13ff.; ders. 1994, 520ff.) betonen, dass gesellschaftliche Innovationen und persönliche Handlungsspielräume in zunehmendem Maße von der Fähigkeit des einzelnen abhängen werden, Wissen flexibel und aufgabenangepaßt anzuwenden.

Zu einem bedeutsamen Qualitätskriterium für Wissen wird neben den traditionellen Kriterien wie Widerspruchsfreiheit, Funktionalität und Akzeptanz die Verfügbarkeit des Wissens in sozialen Kontexten. Weil das Potenzial nützlichen Wissens unüberschaubar ist, der nutzbringende Effekt des jeweils verfügbaren Wissens immer rascher in Frage steht und die Definitionsmacht für akzeptiertes und nützliches Wissen immer weniger an die Autorität eines Amtes/einer Person gebunden ist, wächst die Anforderung, Wissen in wechselnden Person-Situation-Konstellationen (vgl. RENKL 1994, 18f.) unter Berücksichtigung der jeweils spezifischen Handlungsangebote und Handlungsbeschränkungen zu aktivieren und hervorzubringen.

Der Ort, an dem Grundlagen für diese Fähigkeit gelegt, gefördert oder blockiert werden, ist die Schule, zunächst die Grundschule. Sie ist die Einrichtung, in der die nachwachsende Generation erstmals systematisch und regelmäßig mit Qualitätsansprüchen an das individuell bereits bestehende und zusammen mit anderen genutzte entwickelnde Wissen konfrontiert wird. Nicht mehr das, was man für sich alleine weiß und für richtig hält, gilt als Wissen, sondern zunehmend das, was auch andere einsehen, verstehen, nutzen können. Wissen, auf das man vertraut, wird in der Interaktion mit anderen einer Bewährung unterzogen (Universalität). Damit einher geht, dass der Gebrauch der Symbole, mit denen Wissen kommuniziert wird (spezielle Wortbedeutungen, Fachausdrücke, mathematische Symbole), spezifischer wird. Man kann sein Wissen nicht mehr „irgendwie" ausdrücken, sondern muß sich an Regelungen halten, die allgemein verstanden und akzeptiert werden. So wird in der Schule das eigene Wissen zu einem Wissen, das man mit anderen teilt und das damit nicht nur subjektiv, sondern intersubjektiv als gültig angesehen werden kann. Man erwirbt Wissen, auf das man sich verlassen kann. Es ist belastbar in dem Sinne, dass es nicht nur für die Umstände des jeweiligen Augenblicks gilt.

Die von Schülern bereits entwickelten eigenen Ideen, Intuitionen und Auffassungen stehen somit in Spannung zu dem, was bei anderen Resonanz findet. Die Schule hat daher, noch mehr als früher, die anspruchsvolle Aufgabe, Lernprozesse so zu gestalten, dass Schülern eine „Aussöhnung mit etablierten Konzepten und Propositionen" (AUSUBEL 1973, 37) gelingt.

Wie die Aussöhnung zwischen eigenen Vorstellungen und (zunächst) fremden Ansprüchen bewältigt wird, entscheidet mit darüber, welches Selbstbild Schüler langfristig von ihren Fähigkeiten gewinnen, sich Wissen gezielt zu verschaffen, es nutzbringend in den Austausch mit anderen einzubringen und zu erweitern.

Joachim Kahlert

Gesellschaftliche Veränderungen und Anforderungen an die Professionalität Unterrichtender

Ich vertrete die These, daß mit dem jetzt erkennbaren sozialen Wandel sich auch im Verhältnis von Schule und nicht-schulischen Sozialisationsstrukturen Veränderungen vollziehen, die die widersprüchlichen Anforderungen an das Handeln von Lehrerinnen und Lehrern verschärfen: Lehrerinnen-Handeln dient der institutionellen Vermittlung komplexer Lern- und Entwicklungsprozesse. Es hat gesellschaftlich betrachtet die Funktion, widersprüchlichen Anforderungen zugleich und reflektiert gerecht zu werden: Die Professionalität ihrer Unterrichtsbeeinflussung bemißt sich daran, inwieweit sie unter

Berücksichtigung zum Beispiel der Auslese-Funktion von Schule oder organisatorischer Bestandserhaltung die verselbständigten Strukturen auch dafür nützen können, erziehende und bildende Sinnzusammenhänge entstehen zu lassen und Erfahrungen, die eine entwicklungsförderliche Bedeutung besitzen.

Untersuchungen verweisen im sozialen Wandel sog. „reflexiver Modernisierung" auf folgende schulpädagogisch bedeutsamen Strukturveränderungen, welche die antinomischen Anforderungen ans Lehrerhandeln verschärfen:

Es kann zur zunehmenden Bürokratisierung der Schulorganisation kommen. Zweitens führt der Ausdifferenzierungstrend zu einer Komplexitätssteigerung der sozialen Umwelt der Aufwachsenden und der Schule. Das macht es für Pädagog(inn)en nicht nur schwieriger, die entwickelten komplexeren Wissensbestände wirksam darzustellen, obwohl sie nicht unmittelbar erfahrbar sind. Vielmehr ist in der Welt des Sozialen damit auch verbunden, daß sich die Verbindlichkeit traditioneller Orientierungen abschwächt und sozial und kulturell pluralisierte Lebensformen entstehen. Dadurch verändern sich die Strukturen des Aufwachsens: Belegt sind veränderte familiale Erziehungsstile, sogenannte „Verhandlungshaushalte" zwischen Eltern und Kindern. Belegt sind ferner Individualisierungstendenzen in den Schulbildungsprozessen und in der Freizeit. Schon die alltägliche Wahrnehmung zeigt aber auch die Kehrseite: Orientierungsdilemmata, psychosoziale Belastungen, eine schwierigere Identitätsentwicklung.

Drittens verändert sich für die Sozialisation Jugendlicher, die sich im Zusammenspiel von familialer Interaktion, schulischer Interaktion und der Gleichaltrigengruppe herstellt, damit auch das Generationenverhältnis: Familiär schwächt sich das tradierte hierarchische Verhältnis von Eltern und Kindern immer mehr ab, diese begegnen sich weniger in den altersspezifischen Rollen. Ohne diese traditionale Basis können sich aber auch Lehrer(innen) immer weniger auf die tradierte Asymmetrie Vater bzw. Mutter (einerseits) – Kind (andererseits) stützen: Zwischen Lehrer(inne)n und Schüler(inne)n tritt eine Versachlichung in den Beziehungen ein.

In dem Umfang, in dem Erziehung noch Teil der Lehrer-Schüler-Beziehung sein muß, muß der dafür erforderliche hierarchische Unterschied nun immer mehr über die Interaktion erst eigens erzeugt werden, und das heißt: unter der Verwendung von Beziehungen mit spezifischen, rollenartigen Erwartungen. Schule fordert so immer mehr Schülern das Gegenteil davon ab, worauf sie familiär vorbereitet sind. Lehrer(innen) müssen ihre Anerkennung in der Erziehungsarbeit erst immer wieder neu entstehen lassen, statt sich auf ein unhinterfragtes Vorverständnis verlassen zu können.

Lehrer(innen) müssen also mittels gesteigerter Professionalität Interaktionsstrukturen erst entstehen lassen, die jetzt professionell – nicht mehr traditional abgestützt – ein pädagogisches Verhältnis wieder herstellen: für eine Differenz Lehrer-Schüler einstehen, für Regeln einstehen und ein Arbeitsbündnis eigens durchsetzen. Und sie müssen zugleich maieutische Interaktionsangebote für Entwicklung machen, sinnvolle Eigentätigkeit der Schülerinnen zur eigenen Entwicklung möglich machen – eine schwierige Anforderung angesichts der Wissensentwicklung und des genannten erhöhten Bedarfs für Schülerinnen, sich selbst Orientierungen zu erarbeiten.

Lehrer(innen) erleben heute insgesamt verschärfte widersprüchliche Anforderungen zwischen dem Handeln in der Logik der Schul-Organisation und dem Handeln in der Logik stellvertretender Deutung und maieutischen Handelns: Das Dokumentierte läßt sich als Ausdruck von Anpassungszwängen an verstärkte Bürokratisierung und Verrechtlichung der Schule lesen. Gleichzeitig wird darin deutlich, daß Lehrer einen besonderen Bedarf an Förderung von Kooperation und Sozialverhalten erkennen und daran, individuelle Potentiale und Problembelastungen von Schüler(inne)n zu berücksichtigen. Weiter benennen Lehrer eine Spannung zwischen der Orientierung an festgelegten inhaltlichen Normen und Wissen einerseits – und andererseits einer Orientierung daran, Schüler auch dazu anzuregen, selbst darüber hinaus Neues anzudenken. Schließlich benennen sie in besonderem Maß eine Spannung zwischen der Orientierung an standardisierten Lernwegen und ihrer Kontrolle ohne Berücksichtigung der außerschulischen Lebenssituation einerseits – und andererseits der Orientierung an inhaltlichen Schülerinteressen, individueller Entwicklung, Beachtung der außerschulischen Entwicklungsbedingungen und den Anforderungen der einzelnen Kommunikationssituation – kurz: Lehrer machen einen Bedarf an entlastenden Mustern deutlich, andererseits stellen sie die besondere Notwendigkeit heraus, sich an den Lernenden stärker zu orientieren, vor allem, die Bedeutung der Unterrichtsinteraktion wirklich ernst zu nehmen. Fazit: Lehrer(innen) nehmen verstärkt widersprüchliche Anforderungen wahr, benennen verstärkten Bedarf daran, selbst Lernstrukturierungen zu entwickeln. Und sie nehmen Schülerbedürfnisse wahr, im Unterricht Kooperationsformen zu erarbeiten und individuelle Dispositionen stärker berücksichtigt zu sehen, auch durch die Aufwertung der Interaktionsbeiträge von Schülern. Diese Lehrersicht ist ein vorläufiges Indiz dafür, daß SchülerInnen vermehrt ein Bedürfnis mitbringen, sich Orientierung aufzubauen und für sich sinnstiftende Erfahrungen zu machen.

Nur ein besonderes erfahrungsgestützes Wissen und Können erlaubt es, diese Anforderungen zu bewältigen: Interpretations- und Handlungsmuster, die die Erfahrung mit dem In-Beziehung-Setzen widersprüchlicher Anforderungen in sich aufgenommen haben. Nur mit entlastenden Routinen bekommt man den Kopf frei für die besondere Situation. Dazu gehören auch zünftische Konventionen. Entscheidend aber ist die reflexive Durcharbeitung, ein „sich bewußt Machen“ der Muster, ihrer Leistungsfähigkeit und Voraussetzungen. Entscheidend für Professionalität ist Reflexivität im Umgang mit den widersprüchlichen Handlungsanforderungen.

Fritz-Ulrich Kolbe

Sollte in Schule und Lehrerbildung auf die Diskontinuität von Erwerbsverläufen vorbereitet werden?

Kontinuierliche Erwerbsverläufe gehören mehr und mehr der Vergangenheit an. Die Strategie, ein unterbrochenes Arbeitsverhältnis zu überbrücken, erhält für die davon direkt und indirekt Betroffenen einen höheren Stellenwert, als man ihn bislang gemeinhin wahrhaben will.

Es liegt eine Reihe von soziologischen Bestandsaufnahmen zur Arbeitslosigkeit und deren Auswirkungen auf Betroffene vor. Inwieweit daraus schulpädagogische Konsequenzen abzuleiten sind, wird man davon abhängig sehen müssen, ob die Rückkehr zur Vollbeschäftigung zu erwarten ist. Danach sieht es, Deutschland als Beispiel für Europa, angesichts einer Arbeitslosenquote um die 4 Millionen (2000) leider nicht aus: Die ökonomische Globalisierung zwingt in den nationalen Volkswirtschaften Wirtschaftsunternehmen dazu, sich personaleinsparender Produktionsverfahren zu bedienen. Betriebsfusionen gehen mit dem Abbau von Arbeitsplätzen einher. Fortschritte in angewandter Mikro-Elektronik machen die ökonomische Wertschöpfung vom Einsatz einfacher physischer Arbeitskraft immer unabhängiger.

Die Förderung der Schülerselbsttätigkeit ist ein seit der Reformpädagogik gefordertes didaktisches Planungsprinzip. Im Hinblick auf die zur produktiven Ausgestaltung von Erwerbsintervallen erforderliche Eigeninitiative erhält dieses Prinzip bereits prophylaktisch eine besondere soziale Relevanz. Durch die methodischen Möglichkeiten, die der Einzug der Informationstechnik in die Schulen eröffnet, lässt sich die Effizienz solcher Eigeninitiative nun vermehrt unterrichtspraktisch in Form des selbstorganisierten und selbstgesteuerten Lernens umsetzen. Internetnutzung und die Einrichtung von Datenbanken werden den Zugriff auf Wissensbestände und den Umgang mit diesen wesentlich erleichtern. Die Überlegungen zu einer „Didaktik der Überbrückung“ als Bestandteil einer Bildungsgangdidaktik (MEYER/REINARTZ 1998) bleiben mit europäischer Bildungstradition verbunden. Eine solche Didaktik hilft pädagogische Antworten auf Fragen zu strukturieren: Was mache ich, wenn ich eines Tages arbeitslos werde? Diese Frage stellt sich besonders intensiv in einer Kultur, in der Berufsarbeit den Lebenslauf prägt und den sozialen Status einer Person positioniert.

Pädagogisches Leitbild in einer solchen Situation soll weiterhin das selbstbefreite, mündige Individuum in seiner Bindung an ein Gemeinwesen bleiben, das solche Persönlichkeitsentwicklung möglichst für alle verwirklichen hilft. Informationstechnik, die den lernenden Umgang mit Wissensbeständen erleichtert, ist pädagogisch dadurch legitimiert, dass Bildungsinhalte, die geeignet sind, Humanität und die an sie gebundenen kulturellen Werte stabilisieren zu helfen, Bestandteil von Unterricht und Ausbildung bleiben.

Auf den Augenblick, in dem der durch ein geordnetes Arbeitsverhältnis geregelte Tagesablauf abbricht und ein Erwerbsintervall beginnt, sollte vorbereitet worden sein. In der Schule kann ein solches Lernziel systematisch verfolgt werden. Es gewinnt besonderes Gewicht, wenn die Anleitung zum Selbsttätig-Sein bereits im Bewusstsein der Lehrkräfte darauf abzielt, für Schülerinnen und Schüler von der Primarstufe an solche Lernsituationen weitreichend zu deuten, in denen bildungsrelevante Eigentätigkeit geplant und praktisch umgesetzt wird. Aus eigenem Antrieb handeln sei als eine Voraussetzung dafür begriffen, sich in einem Erwerbsintervall an positive Vorerfahrungen erinnern zu können, die als Folge von Eigeninitiativen entstanden sind. Wenn man dabei von der strukturellen Vergleichbarkeit zwischen Schulkarriere und Berufskarriere ausgeht, dann ist die methodische Hilfskonstruktion: Lernen macht Spaß, zu diesem Zweck gleitend durch das Realitätsprinzip zu ersetzen: Lernen ist Arbeit und Arbeitserfolg erzeugt Arbeitszufriedenheit.

Der Anleitung zum lernautonomen Verhalten in der Schule entspricht, was die didaktische Zielsetzung angeht, die Vorbereitung auf den produktiven Umgang mit Erwerbsintervallen. Sich der elektronischen Informationsmedien bedienen, wird dabei zur vierten Kulturtechnik. Die einem DV-Programm inhärente Intelligenz ergänzt dabei die individuelle Intelligenzausstattung des Nutzers. Dieser ist nicht länger auf seine eigene mehr oder weniger umfangreiche Gedächtniskapazität angewiesen. Entscheidungsfindungen werden vielmehr dadurch begünstigt, dass es genügt, handlungsrelevante, über Suchmaschinen ekphorierte Informationen wiederzuerkennen und für eine Aufgabenlösung zu verwerten. Dieser DV-technische Ausgleich von Intelligenzunterschieden eröffnet Nutzern eine Chancengleichheit neuer Art. Man wird davon ausgehen dürfen, dass auch Personen, die sich langsamer erinnern, langsamer schreiben und weniger kreativ sind als andere, von der Egalität informationstechnischer Zugangsmöglichkeiten profitieren werden. Höhere kognitive Leistungen wie Analyse, Synthese und Bewertung werden in der Weise substituierbar, dass sie in Lehrtexten zu Bestandteilen von Wissen, Verstehen und Anwenden gemacht werden können.

Der nahezu uneingeschränkte Zugang zu Wissensbeständen ist für eine Didaktik der Überbrückung von Erwerbsintervallen Planungsgrundlage. Neben der methodischen Anleitung zum Suchen und Finden von Informationen, die der Stellensuche dienen, und der darauf bezogenen Korrespondenz, steht die Strukturierung der Weiterbildungsinitiativen an. Für die Schulpädagogik und in Folge auch für die Berufspädagogik eröffnet sich ein weites Aktionsfeld dadurch, dass Wissensbestände objektiviert und digitalisiert werden. Für Zwecke der Aus- und Weiterbildung wird man deshalb an datenbankgeeignete Lehrmaterialen zu denken haben, die innerhalb der verschiedenen Ausbildungsdomänen auf Perzeptionsunterschiede differentieller Nutzergruppen eingehen. Der Fachdidaktik der Unterrichtsfächer und der Ausbildungssparten wird mit der Nutzung der Informationstechnik und der

Wissensenteignung (MALSCH/MILL 1992) ein weites Feld eröffnet. Zu seiner Ausgestaltung können die Erfahrungen herangezogen werden, die mit der Konstruktion von interaktiven Lernprogrammen vorliegen. Mit der dreidimensionalen Veranschaulichung virtueller Information entfällt der Einwand, dass für Nutzer von Lernsoftware und Ausbildungsinformation der mentale Umgang mit dem konkreten Gegenstand fehle. Abgesehen davon, dass Gegenstände in der virtuellen Realität gedreht, transparent, im Längs- und im Querschnitt in einer Weise darstellbar sind, die eine Verknüpfung des Wahrgenommenen gezielt steuert, ist Denkhandeln auch in der realen Realität Voraussetzung für einsichtgeleitetes Handeln. Der Übergang in die sogenannte Informationsgesellschaft bedeutet, dass Lehrinhalte leichter, schneller und für viel mehr Menschen als bisher verfügbar sein werden, sofern von früh an zum effizienten Umgang mit den neuen Medien und digitalisierten Wissensbeständen angeleitet wird.

Die Initialfrage, ob in der Schule auf die Überbrückung von Erwerbsintervallen altersgerecht vorzubereiten sei, und sich auch Lehramtsstudierende auf die mögliche Diskontinuität in ihrer Berufsbiographie einstellen sollten, ist zu bejahen.

Wolfgang Royl

Arbeitssituation, schulischer Wandel und Qualifikationsanforderungen

Meine Perspektive auf die Frage, in welcher Hinsicht Schule, Unterricht und Lehrberuf durch sozialen Wandel tangiert sind, oder in welcher Hinsicht gesellschaftliche Veränderungen neue Anforderungen an die Qualifikation von Lehrerinnen und Lehrern mit sich bringen, ist eine managementtheoretische, die in der Schulpädagogik erst noch Aufmerksamkeit und Akzeptanz finden muß. Nach meiner Einschätzung wird in der Schulpädagogik wie in der Schul- und Unterrichtsforschung übersehen, dass eine managementtheoretische Perspektive je nachdem, wie man sie begreift, die Arbeitsfelder der Schulpädagogik durchzieht: die Didaktik, die Schultheorie und die Sozialisationstheorie.

Managementforschung (STAEHLE 1999), auf Schule angewandt, beschäftigt sich mit der Organisation und Ausgestaltung schulischer Arbeit unter dem Gesichtspunkt zielbezogener Funktionalität, pädagogischer Effektivität und Effizienz im Umgang mit materiellen wie immateriellen Ressourcen. Sie beschäftigt sich mit einem Gegenstand, der für die Didaktik konstitutiv ist und der gegenwärtig einer Neubewertung unterworfen ist. Anders aber als Didaktik und Lehr-/Lern-Forschung, die die Analyse sozialen Wandels in dessen Bedeutung für Schule, Unterricht und Lehrberuf, insbesondere auch für die Arbeitssituation von Lehrern, vom Unterricht her und aus der Perspektive von Schülern und Lehrern aus angehen, setzt die managementtheoretische Perspektive bei der Schule als Organisation und als unterste Handlungseinheit einer bürokratisch strukturierten, staatlichen Bildungsverwaltung an. Mit HELMUT FEND (1980, S. 61) könnte man sagen, dass sich die managementtheoretische Analyse schulischen Wandels auf der Ebene der „Metaorganisation von Lernprozessen" bewegt, ihren Blick also auf die „Organisation von Voraussetzungen von Lehr- und Lernprozessen" richtet.

Managementforschung findet ihre Theorien und Methoden in Betriebswirtschaft, Psychologie und Soziologie. Eine sozialwissenschaftlich orientierte, schulbezogene Managementforschung, die nach Ansatzpunkten und Perspektiven für die Sicherung und Entwicklung von Bildungsqualität sucht und auf der Ebene der Organisation von Voraussetzungen von Lehr- und Lernprozessen operiert, wendet sich anders als die Pädagogische Psychologie nicht den subjektiven Bedingungen für berufliches Handeln zu, sondern den institutionellen und organisatorischen Bedingungen. Der subjektiven Seite der Bedingungen beruflichen Handelns trägt sie dadurch Rechnung, dass sie mit Blick auf die professionelle Wahrnehmung schulischen Wandels, veränderter Anforderungen an die Tätigkeit und Möglichkeiten ihrer Bewältigung durch die Lehrer die berufliche Sozialisation (zum Begriff beruflicher Sozialisation: HEINZ 1991 und 1995) durch Schule berücksichtigt.

Die Qualifikation von Lehrkräften, Schulleitern und Schulaufsichtspersonen ist durch sozialen Wandel tangiert. Die Schule wird gegenwärtig gefordert, sich verändernden Rahmenbedingungen und Umweltanforderungen anzupassen, sowohl hinsichtlich der Ziele, Inhalte sowie Methoden des Unterrichts und der Gestaltung der Lehrer-Schüler-Beziehung als auch hinsichtlich ihres Selbstverständnisses als Institution, hinsichtlich ihrer äußeren und inneren Organisation sowie ihrer Legitimation. Hintergrund der Reformanforderungen ist zum einen die seit Beginn der 80er Jahre geführte internationale Debatte um Schulqualität (vgl. DIPF 1991), die in Deutschland durch TIMSS nicht einfach neue Impulse erhalten hat, sondern die, denkt man an Folgestudien wie PISA, eine veränderte Richtung nimmt hin zu einer Debatte um die Qualität von Bildung. Zum anderen ist das sich verändernde Selbstverständnis des Staates zu nennen, das sich in der Umorientierung von der traditionellen Inputsteuerung hin zu verstärkter Outputsteuerung manifestiert (vgl. dazu ROLFF 1995), und zwar mit für die Arbeit der Lehrkräfte, der Schulleitungen und der Schulaufsicht weit-reichenden Folgen (vgl. dazu WISSINGER/HÖHER 1998). Trotz komplexer Reformanforderungen und erhöhten Drucks auf die Leistungs- und Belastungsfähigkeit von Lehrern (Stichworte sind z.B. pädagogische Schulentwicklung oder Erhöhung des Stundendeputats) ist die Arbeitssituation in der Schule in ihrer historisch gewachsenen, organisatorischen Grundstruktur unverändert. Noch immer findet die Arbeit von Lehrern in einem staatlich organisierten Rahmen statt, der „durch ein spezifisches Anweisungs- und Kontrollverhältnis" gekennzeichnet ist, und umfasst zwei Tätigkeitsbereiche, „die pädagogische Arbeit und die Kollegiumsarbeit". (vgl. v. ENGELHARDT 1982, S. 362; aber auch

FÜRSTENAU 1969; HURRELMANN 1975). Hieraus ergibt sich eine Arbeitssituation, die die Tätigkeit zum einen unter das Diktat von Gesetzen, Regelungen und Verordnungen stellt und zum anderen in hohem Maße in Ausgestaltung und Verantwortung individualisiert. Strukturell und funktional erweist sich die Lehrerkonferenz als ungeeignet, Aufgaben und Verantwortlichkeiten der beruflich tätigen Mitglieder der Organisation Schule auf eine gemeinsame Zielperspektive hin, wie sie unter den Bedingungen sich verändernder staatlicher Steuerung, eines verschärften Ressourcendrucks und einer durch internationale Leistungsvergleiche erhitzten Bildungsdiskussion erforderlich wird, zu koordinieren sowie materiell und immateriell zu sichern.

Eine Sicht auf veränderte schulische Anforderungen z.B. durch die Brille der Didaktik oder durch die Lehrer-Perspektive, wie sie z.B. in der Debatte um „Pädagogische Schulentwicklung" zu finden ist (vgl. hierzu BASTIAN 1998, S. 29 ff), verstellt den Blick auf die Diskrepanz zwischen anforderungsbedingten Prozessen des Wandels im Lehrberuf einerseits und der Arbeitssituation von Lehrern andererseits. Zur Diskussion steht die Praxis schulischer Binnenorganisation, die uns durch die internationale Organisationsforschung (vgl. z.B. SCOTT 1986; TÜRK 1989) in neuer Weise zugänglich und unter dem Stichwort „Loosely Coupled System" präsent geworden ist. Die Vorstellung einer losen Verkopplung von Elementen eines Systems und seine Anwendung auf die Schule (vgl. WEICK 1976) ist bislang vor allem dazu genutzt worden, die Unangemessenheit des bürokratischen Organisationsmodells für die schulische Binnenorganisation zu begründen (vgl. z.B. BURKARD/PFEIFFER 1992; ROLFF 1992) und die verdeckten Handlungsspielräume einer im Schutze des Staates agierenden Semi-Profession aufzuzeigen (vgl. OELKERS 1995). Unter der Voraussetzung, dass das Modell des „Loosely Coupled System" im Hinblick auf die Schule erklärungskräftig ist, wurde bislang gerade in der handlungsorientierten Schulentwicklungsforschung die Möglichkeit übersehen, dass sich die Struktur schulischer Binnenorganisation im Hinblick auf die Fähigkeit zu schulischer Veränderung als nicht hintergehbare wirkungsmächtige, weil in der beruflichen Sozialisation verankerte, Bedingung erweisen könnte. Gerade vor dem Hintergrund der genannten Reformanforderungen verdient der Bereich der Kollegiumsarbeit gegenüber der pädagogischen Arbeit im Berufs- und Rollenverständnis sowie in der Tätigkeit von Lehrern besondere Aufmerksamkeit, weil

- Anforderungen an einen problembezogenen Unterricht die Grenzen individualisierter Arbeitsweise überschreiten und eine inhaltliche und organisatorische Umgestaltung der Kommunikations- und Kooperationsstrukturen erforderlich machen könnten,
- die wachsende schulische Verantwortung gegenüber der Gesellschaft vor dem Hintergrund eines in Umgestaltung begriffenen Verhältnisses zwischen Staat und Schule eine Managementstruktur notwendig erscheinen

lassen könnte, die in der Substanz wie auch ideologisch als „Kontrastprogramm" zur bestehenden Organisationskultur gesehen werden müßte,
- der Aufbau einer Managementstruktur, wenn sie denn in die Zukunft weisen soll, im vorgegebenen Rahmen eine Neubestimmung der schulischen Aufgaben und eine Neugestaltung der schulischen Arbeitsteilung „im Gepäck führen" könnte.

Die Gleichzeitigkeit von auf verschiedenen Ebenen der Schule ansetzenden Reformanforderungen bringt für Lehrerinnen und Lehrer eine Veränderung ihrer Arbeitssituation mit sich, die, gemessen am Grad kognitiver und affektiver Stimulierung im Prozess der Professionalisierung des Lehrerberufs wie gemessen an unserem Wissen über Wissensverwendung, über das handlungsleitende Wissen von Lehrern (vgl. BROMME 1992), über die Organisation und Arbeitsweise der Schule, über Arbeitsbelastungen im Lehrerberuf (vgl. ULICH 1996) sowie über Erfolge von schulischen Organisationsentwicklungsprozessen (vgl. LORENZ 1998), ihresgleichen sucht. Die hier gestellte Anforderung[1] ist nicht allein eine unterrichtsbezogenen Wissens und Könnens, sondern darüber hinaus eine der auf die Arbeitssituation bezogenen Deutung (vgl. v. ENGELHARDT 1982, S. 369 f), eine des beruflichen Habitus und der beruflichen Identität. Sie beinhaltet im Kern eine Umorientierung des beruflichen Rollen- und Aufgabenverständnisses vom „Ich und meine Klasse" zum „Wir und unsere Schule", vom Einzelkämpfer zum Teamer und Gruppenarbeiter, die in ihren Konsequenzen auf Kosten der Freiheit zur individuellen Gestaltung der Berufsausübung geht und die Vorstellungen schulischer Problemlösungen weniger vom einzelnen Lehrer als vielmehr von der Organisation her bestimmt. Entsprechend ergeben sich neue Qualifikationsanforderungen nicht nur aus Fragen des Unterrichts und der Erfahrungen im Umgang mit Schülern und deren Lebenswelt, sondern gleichermaßen aus den Grenzen individueller, problembezogener Entscheidungen sowie aus dem durch Außendruck begründeten Zwang zu einer Kooperation, die über die vorhandenen Organisationsformen in Gestalt von Konferenzen hinausgeht. Lehrer müssen lernen, von sich zu abstrahieren und mit den übrigen Kollegen wie mit anderem pädagogischen und nicht-pädagogischem Personal über das Umfeld ihrer Schule, über Ziele und Werte, über die innerschulische Aufbau- und Ablauforganisation, über Beziehungen sowie Wissen/Strategien/Methoden (vgl. DALIN/ROLFF/BUCHEN 1995) zielbezogen und resultatorientiert auseinanderzusetzen, Entscheidungen zu treffen, diese zu implementieren

1 Ich folge hier einem arbeitspsychologischem Begriff der Anforderung: "Als ,Anforderung' werden die äußeren und inneren konstituiven Bedingungen für das Erreichen bestimmter beruflicher Ziele bezeichnet. Anforderungen bestimmen nicht deterministisch die Handlungen, die zu ihrer Bewältigung durchgeführt werden. Es sind vielmehr die Notwendigkeiten und zugleich die Möglichkeiten des Handelns, die sich aus der ,Natur' der jeweilig bearbeiteten Sachverhalte und (indirekt) aus dem Können und Wissen der Handelnden ergeben" (BROMME 1997, S. 180)

und auf ihren Erfolg hin zu kontrollieren. Dazu brauchen sie spezifisches Wissen und Können, sie brauchen veränderte Denk- und Arbeitsweisen sowie an gemeinsamen Zielen orientierte Haltungen.

Jochen Wissinger

II. Perspektiven zukünftiger Aufgabenbewältigung – Konzepte für Schule, Unterricht und Lehrberuf

Von der Frag-Würdigkeit des Bewährten

Seit den 1990er Jahren des 20. Jahrhunderts führen wir eine breit angelegte Schulentwicklungsdebatte, in der sich sowohl historische Desiderate als auch Anforderungen der gegenwärtigen Modernisierung niederschlagen. Unter Berücksichtigung der historischen Vorläufermodelle (BEETZ 1997) können wir insofern von der Fortführung eines reformpädagogischen Diskurses um Gute Schule (vgl. dazu VON HENTIG 1993; SCHRATZ/STEINER-LÖFFLER 1999) ausgehen. Tatsächlich wird in der deutschen Diskussion um die Verbesserung der Bildungsinstitutionen in reformpädagogischen Kategorien gedacht (BILDUNGSKOMMISSION NRW 1995; RUMPF 1987; NEGT 1997), und es wird über pädagogische Schulentwicklung, die sich deutlich von der Organisationsentwicklung in der Wirtschaft unterscheidet, verhandelt (vgl. dazu BASTIAN 1998; SCHRATZ/STEINER-LÖFFLER 1999; KEMPFERT/ROLFF 1999).

Dieses bewährte Reformsetting ist es würdig, angesichts bedeutsamen sozialen Wandels befragt zu werden. Dies in einem doppelten Sinne: einerseits als ein zukunftsorientiertes, bewährtes Modell, in dem sich pädagogische Visionen artikulieren können, andererseits als fragwürdiges Konzept, das sich mit ganzheitlichen Entwürfen gegen gesellschaftliche Kontinuitätsbrüche stemmt. Meine These lautet, daß das Bewährte in Schule, Unterricht und Lehrberuf in Zeiten bedeutsamen gesellschaftlichen Wandels dann Orientierungen bietet, wenn es sich Kategorien der Nützlichkeit beugt und damit einwilligt in die Perspektive, Ziele operativ zu entwickeln.

Reformpädagogische Zukunftsentwürfe, die sich in Häusern des Lernens denken lassen, operieren mit Bildungsentwürfen, in denen gesellschaftlicher Wandel mit Selbstbestimmung, Mitverantwortung und Solidarität zusammengedacht werden. So können Herausforderungen gesellschaftlichen Wandels, etwa Veränderungen der Welt durch neue Technologien und Medien, bewertet werden: ob sie etwa einer Förderung von Kompetenzen, Sensibilität oder Phantasie dienen oder nicht (vgl. dazu BILDUNGSKOMMISSION NRW 1995, S. 27). Dies ist Orientierung in Zeiten tiefgreifender Veränderungen. Dies ist Beschränkung, wenn damit gleichzeitig Defizitdiskurse anheben, etwa wenn es um die Mediatisierung von Erfahrungen oder die Auflösung familiärer Gewissheitsstrukturen geht (vgl. dazu HENSEL 1995).

Die Lösung liegt im mittleren Weg: Orientierungen können nützlich sein, sie können jedoch durch das Messen an der historischen Norm Chancen gegenwärtiger Konstellationen verspielen. Der ganze Mensch mag ein gegenwärtig tragfähiger Entwurf sein; er ist dann nicht mehr, wenn er als Resultat der „heilen" Kleinfamilie behauptet und gegen gesellschaftlichen Strukturwandel verteidigt werden muss (vgl. dazu NEGT 1997). Es gilt also, Klagediskurse einzustellen und das Machbare mit Blick auf bildungstheoretische Orientierungen situativ zu entwickeln.

Der gegenwärtige Schulentwicklungsdiskurs ist dafür ein Beispiel. Er setzt an bei gegenwärtigen Problemlagen der Bildungsinstitutionen und führt zu nützlichen Auseinandersetzungen um die Weiterentwicklung von Schule. Dabei bleibt er offen in der Qualitätsdebatte, propagiert die Lösung der Probleme vor Ort und ist Fortsetzung der historischen Reformdebatte, die er in bewusster Auseinandersetzung weiterbetreibt. Er stellt sich einer Zieldiskussion und bedient sich neuer Organisationsentwicklungsmethoden, ohne diese Tatsache zu dramatisieren. Dabei enthält er das Potential, über den pädagogischen Klagediskurs hinauszuwachsen und das Vorhandene zu nutzen anstatt es zu bejammern.

John Dewey schreibt über die Kennzeichen guter Ziele: „Ein Ziel darf [...] nicht starr sein, sondern muss – biegsam – den Umständen angepasst werden können. Ein dem Vorgang des Handelns von außen auferlegtes Ziel ist immer starr; es wird auch gar nicht vorausgesetzt, daß es in Wechselwirkung mit den tatsächlichen Gegebenheiten der Sachlage steht. Was sich im Laufe des Handelns ereignet, kann das Ziel weder bestätigen noch widerlegen noch abändern. Es – das Ziel – kann nur in Starrheit aufrechterhalten werden. Der Misserfolg, der aus seinem Mangel an Anpassungsfähigkeit fließt, wird einfach auf die widrigen Umstände zurückgeführt, nicht auf die Tatsache, daß es eben unter diesen Umständen unvernünftig ist. Im Gegensatz dazu liegt der Wert eines berechtigten Zieles darin, daß es nutzbar gemacht werden kann, um die Sachlage umzugestalten. Es ist eine Methode. Die Sachlage so zu behandeln, daß sie in wünschenswerter Weise abgeändert wird." (DEWEY, S. 133) Wenn wir mit DEWEY davon ausgehen, daß Ziele Tätigkeiten auslösen, so erfassen wir den dynamischen Charakter von Schulentwicklungsdiskussionen, in denen Zukunftswelten fernere Orientierungen bedeuten mögen, in denen gegenwärtige Setzungen jedoch Richtungen des Handelns bedeuten. So muss das Bewährte sich unserer Fragen vor aktuellen Szenarios als würdig erweisen.

Die pädagogische Diskussion kann sich angesichts spürbaren gesellschaftlichen Wandels mit Gelassenheit auf weitere konzeptuelle Auseinandersetzungen vor dem Hintergrund offener/nicht-offener Zukunftsmodelle einstellen: dabei werden sowohl das Bewährte am Machbaren als auch das Machbare am Bewährten wachsen können.

Sibylle Beetz

Den spezialisierten Anderen verstehen. Die Bildungsaufgabe(n) einer posttraditionalen Wissensgesellschaft

Schulen sind Einrichtungen der Gesellschaft, die verschiedenen Umständen Rechnung tragen sollen: dem Umstand der Natalität, dem Umstand der gewachsenen Komplexität unserer Welt, dem Umstand des aufgeklärten Verlassens fester Traditionen mit der Folge der Pluralität von Orientierungen, Weltsichten, Lebensweisen und Lebensgestaltungsoptionen. Angesichts dieser Umstände braucht die Schule ein Konzept, das ein Hineinwachsen in die Welt unterstützt, welches die Pluralität der ganzen Welt und des ganzen Lebens mit seinen Optionen zeigt und erschließt und dabei den Heranwachsenden doch ermöglicht, für sich eine Lebensfigur zu erfinden oder mindestens zu finden, die sich als selbstbestimmte Wahl aus der Fülle der Optionen verstehen läßt. Man könnte sagen, daß da, wo nicht mehr Geburt und Stand, Kultur und Epoche, sondern die selbst zu treffenden Entscheidungen – für (berufliche) Tätigkeiten, Lebensformen, Stil, Sinn und Ziel des jeweiligen Lebens – Partikularität bedingen, sich die Frage in aller Schärfe stellt, wie es gelingen könnte, das Ganze der Welt und des Lebens so zu zeigen und zu erschließen, damit die zu treffenden Entscheidungen wirkliche Entscheidungen sein können.

Am Anfang der Entwicklung zu diesem Zustand steht der Satz Herbarts, daß eine professionelle Erziehung sich nicht „gemein" machen sollte mit den zufälligen Umständen des Heranwachsens von Menschen oder mit ihren ebenso zufälligen Volieben und Neigungen. Statt dessen sei es ihre Aufgabe, das Zufällige in den vielseitig erschlossenen Horizont des Möglichen einzuordnen. Das erscheint mir festhaltenswert, wenn Erziehung und Bildung sich mit Selbstbestimmung verbinden sollen. Und es erscheint heute umso dringlicher, als sich andeutet, daß alle gewählten Spezialisierungen und Partikularitäten eher zeitlich begrenzte Lebensabschnitte als das ganze Leben eines Menschen prägen. Will man, daß die dadurch erforderliche Selbstentwicklung und das nötige Lernen eigenständig im erwachsenen Leben möglich sind, also daß nicht das ganze Leben von „Schule" begleitet wird, kann die Erschließung der möglichen Grundoptionen vor den vielen möglichen Spezialisierungen am ehesten eine Perspektive auf Selbständigkeit bieten.

Was ist das Curriculum einer solchen Schule, das die Welt und die Optionen in ihr erschließt, ohne durch das Zusammentragen der vielen Einzelelemente des Ganzen zu ermüden und ohne beim Zeigen und Erschließen des Ganzen die Adressaten in der Fülle zu ersticken?

Es ist ein Curriculum, das sich den Aufgaben zuwendet, die allen Spezialisierungen und Partikularitäten zugrunde liegen, weil sie aus den Bedingungen erwachsen, unter denen den Menschen das Leben auf der Erde gegeben ist, wie Hannah Arendt formuliert hat. Welche Bedingungen sind das und zu welchen Aufgaben, die ich „Bildungsaufgaben" nenne, führen sie? Es sind drei Typen von Bedingungen und Aufgaben zu unterscheiden:

- Menschen werden in eine Welt geboren, die schon besteht und der sie sich möglichst aufgeschlossen und interessiert zuwenden müssen, um deren Phänomene und Gesetzmäßigkeiten zu erkennen und die schon in ihr lebenden Menschen und ihre Beziehungen zueinander zu verstehen.
- Menschen leben auf der Erde unter den Bedingungen, daß sie für den Erhalt des Lebens „arbeiten" müssen, daß sie das, was ihre „Welt" ist, selber schaffen und erhalten müssen und daß sie ihre prinzipielle Verschiedenheit voneinander zwingend veranlaßt, sich handelnd und sprechend aufeinander einzulassen.
- Menschen sind in der Lage, ihre Wahrnehmungen der Welt und ihr vielfältiges Agieren in ihr zu erinnern und zu antizipieren. Das konfrontiert sie mit sich selbst und ihrem Tun und provoziert, daß sie denken, indem sie Perspektiven und Alternativen zueinander in Beziehung setzen, daß sie urteilen, wenn sie zu Entscheidungen kommen müssen. Entscheidungen umzusetzen bedeutet, etwas zu wollen oder nicht zu wollen.

Jede (berufliche) Spezialisierung der Menschen kann als eine spezifische Form der Konzentration auf eine der benannten Aufgaben in einem ausgewählten Lebensbereich verstanden werden. Deshalb möchte ich behaupten: Eine Schule, die exemplarische Lernangebote zu allen benannten Bildungsaufgaben macht, formuliert damit ein Kerncurriculum, das jede gesellschaftlich gegebene Spezialisierung einerseits vorbereitet, zugleich aber auch als Element eines Ganzen einzuordnen hilft. Die gemeinsame Auseinandersetzung der Schülerinnen und Schüler mit den Bildungsaufgaben und den ihnen zugeordneten lernträchtigen Tätigkeiten – nämlich: (1) zu erkennen und teilzunehmen, (2) reproduzierend zu arbeiten, herzustellen, zu handeln und zu sprechen, (3) zu denken, zu urteilen und zu wollen – verhindert das mögliche Auseinanderfallen der Gesellschaft in nur individualistische Spezialisten und gleichermaßen spezialisierte Organisationen und unterstützt das Verstehen der spezialisierten Anderen in zukünftigen Lebenssituationen. Denn die Auseinandersetzung mit den Bildungsaufgaben hilft, alle möglichen Anliegen und Aufgaben der je anderen im Grundsatz wahrnehmen und verstehen zu können. Ein an Bildungsaufgaben orientiertes Curriculum ist eine Vorbereitung auch dafür, sehen zu können, welche der Aufgaben in einer Gesellschaft vielleicht gänzlich vernachlässigt oder schlecht bearbeitet werden, was erlaubt, Gemeinsamkeit und einen Gemeinsinn für eine (posttraditionale) Gesellschaft spezialisierter Organisationen denken zu können.

Bildungsaufgaben und die sie repräsentierenden Lernaufgaben sind offene Aufgaben, für die mehr als eine Lösung denkbar ist. Das führt zu einem Konzept von Unterricht, in dem die Auseinandersetzung mit Lernaufgaben angeregt wird. Lernprozesse werden dabei als Konstruktionsprozesse zu verstehen sein, durch die Lernende Gelegenheit erhalten, sich mit ihren schon vorhandenen Potentialen auf eine in der Lernsituationen präsentierte Welt einzulassen. Es kommt darauf an, daß Lernende eine präsentierte Welt und ihre Aufgaben auf sich beziehen können und wollen. Denn dann erst entsteht eine Lernaufgabe für sie, die Interesse und Aktivität hervorruft, eine Konzentration auf die Welt, die zur Aufgabe gehört, bewirkt und die Fähigkeiten und Potentiale hervorlockt, die zur Aufgabenbearbeitung schon verfügbar sind. Gelernt wird im Vollzug der Tätigkeiten und in der Reflexion der Tätigkeitsergebnisse.

Lehrende haben mit Blick auf das vorgeschlagene Kerncurriculum und den ihm entsprechenden Unterricht neue Aufgaben: Sie repräsentieren die Aufgaben der Menschen in der Lebenswelt ihrer SchülerInnen. Sie unterstützen die eigenen Konstruktionen der Lernenden und helfen ihnen, die Lösungsmöglichkeiten, die das tradierte Wissen bereit hält, zu erschließen, aus ihnen auszuwählen oder sie ggf. nach eigenen Vorstellungen zu verknüpfen und zu ergänzen. Lehrende sind interessiert an neuen Wegen und Lösungen und wissen um die Konstruiertheit ihres eigenen Weltverstehens. Sie haben Vertrauen in die Lerntätigkeit der Schülerinnen und Schüler und können Umwege und „Fehler" als Lernchancen sehen und nutzen; mit anderen Worten: sie sind darauf spezialisiert, die Selbstentfaltung von Menschen bestmöglichst zu unterstützen.

Renate Girmes

Entwicklung der Lernkultur durch Öffnung von Unterricht und Schule

Die pädagogische Öffnung der Schule umfasst zwei Ebenen: Die „Öffnung nach innen" betrifft die Anreicherung schulischer Lernkultur durch die Hinwendung zur Lebenspraxis und zum Schulumfeld, die Öffnung nach „außen" beinhaltet zugleich die aktive Teilhabe an den Belangen des Gemeinwesens. Öffnung von Schule lässt sich auf vier Ebenen denken, die allerdings nur analytisch voneinander zu trennen sind:

Die inhaltliche Öffnung betrifft die Anreicherung und Veränderung der Unterrichtsinhalte durch Einbeziehung gesellschaftlicher Schlüsselfragen, schülerorientierter Lebensprobleme und gemeinwesenorientierter Lernanlässe. Die methodische Öffnung betrifft die Entwicklung projektartiger Lernarrangements, sowohl fachlichdidaktischer als auch sozialerzieherischer Art, die ganzheitliche und fächerübergreifende wie praktisch-eigentätige und handlungsorientierte Lernformen umfassen. Die räumliche Öffnung betrifft die Erschließung und Nutzung außerschulischer Lernorte in der ökologischen und architektonischen Umwelt, der Arbeitswelt, in politischen bzw. administrativen und soziokulturellen Institutionen und Begegnungsfeldern. Die institutionelle und personelle Öffnung führt zur Kooperation mit anderen Institutionen, Organisationen (z.B. Behörden, Initiativen und Vereinen) und Personen (Laien, Expert/innen) des Schulumfelds, womit von der Schule fachliche, pädagogische und organisatorische Ressourcen genutzt oder ihrerseits bereitgestellt werden.

Gleichzeitig verstehen viele Schulen ihre Öffnung nach außen als Beitrag zur Verbesserung der Lebensqualität des schulischen Umfelds. Defiziten in der sozio-kulturellen Infrastruktur, sozialen Problemen und Destabilisierungen in einzelnen Umfeldern begegnen sie mit eigenen Initiativen und Angeboten.

Die Begründungen für Schulöffnung rekurrieren sowohl auf den Wandel der Sozialisationsbedingungen und Bildungsanforderungen (vgl. TIPPELT 1990) als auch auf schulpädagogische Defizite der konventionellen Lernkultur (vgl. HERZ 1986; HOLTAPPELS 1994):

Die komplexer gewordenen Bildungs- und Qualifikationsanforderungen und neuen Lerninhalte fordern curricular-didaktische Konsequenzen für die Auswahl von gegenwarts- und zukuftsorientierten Schlüsselfragen und die Differenzierung der Lernformen, Lernzugänge und -gelegenheiten. Durchschaubarkeit der Lebenspraxis und Lernen in Zusammenhängen, praktische Eigentätigkeit, sinnliche und authentische Erfahrungen stellen ebenso didaktische Orientierungen dar wie soziales Lernen, Erfahrung von Solidarität, Gemeinsinn und demokratische Umgangsformen.

Wenn mit der Differenziertheit der Erziehungsbedingungen und Schülerumwelten die Lernvoraussetzungen und Entwicklungsmöglichkeiten der Schüler/innen heterogener werden, muss die Schule in Curriculum und Didaktik sozialisationsorientiert sein, den individuellen Belastungen, Problemen und Lernbedingungen der Schüler/innen in neuer Weise gerecht werden – über verstärkte Schülerorientierung des Lernens, eine Individualisierung des Lernprozesses und gezielte Lernförderung.

Über Schulöffnung kann schulisches Lernen einen stärkeren Lebens- und Praxisbezug erhalten, indem es Zusammenhänge der Lebenspraxis verdeutlichet und auf die zukünftige wie auf die aktuelle Lebensbewältigung vorbereitet und sich zugleich dem direkten Lebensumfeld und dem Lebenszusammenhang der Lernenden intensiver zuwendet. Die Öffnung des Unterrichts kann über projekt- und handlungsorientiertes Lernen Motivationen bewirken, Erfahrungen mit authentischen Begegnungen und Ernstcharakter eröffnen, praktische Handlungsmöglichkeiten erschliessen.

Aufgrund gesellschaftlicher Tendenzen der Individualisierung und Pluralisierung von Lebensformen, der wachsenden Multikulturalität des Zusammenlebens, der Verinselung von Kindheit, der Auflösung nachbarschaftlicher Bindungen und herkömmlicher Familienkonstellationen sowie der wachsenden Mediatisierung ergeben sich für die Schule gestiegene Aufgaben der sozialen Integration und des sozialen Lernens – ist die Schule doch die einzige Institution, in der Kinder und Jugendliche auf lokaler Ebene obligatorisch zusammenkommen. Schulöffnungskonzepte können altersübergreifende Kommunikations- und Begegnungsmöglichkeiten, interkulturelle Lernsituationen und geteilte soziale Erfahrungen stiften. Im Schulleben eröffnen sich zugleich erweiterte Felder für politisch-soziale Grunderfahrungen und die Partizipation der Schulmitglieder, die die Entwicklung demokratischer Gestaltungskompetenz und moralisch-kognitive Urteilsfähigkeit fördern können.

Öffnung zum Schulumfeld muss jedoch aus erziehungswissenschaftlicher Sicht ambivalent beurteilt werden. Aus schultheoretischer Perspektive werden jedenfalls einige Systematisierungen und Problematisierungen des Öffnungsansatzes erforderlich (vgl. REINHARDT 1992; HOLTAPPELS 1995).

Schulöffnung muss in dreierlei Hinsicht verstanden werden: erstens als Öffnung zum direkten Nahraum des Schulumfelds; zweitens als Öffnung zur Lebenswelt der Lernenden; drittens als Öffnung zur Lebenspraxis im Sinne einer Hinwendung der Schule zur gesellschaftlichen Realität und einer Vorbereitung der Lernenden auf gesellschaftliche Praxisfelder, unabhängig von ihren individuellen biographischen und aktuellen lokalen Bezügen. Alle drei Aspekte sind im Öffnungsbegriff angelegt, wobei sie ihn jeweils unterschiedlich akzentuieren. In der schulpädagogisch-praktischen Realisierung erfordern Öffnungsansätze vielfältige Balancen auf der didaktischen Ebene (vgl. dazu SALZMANN 1987/1987a):

So erfordern etwa Ganzheitlichkeit und Durchschaubarkeit von Zusammenhängen interdisziplinäres Vorgehen, wie es in fächerübergreifenden Projekten erfolgt. Jedoch sind dazu Fachkenntnisse ebenso Voraussetzung wie systematische Analysetechniken. Bei den Lernenden müssen die Lernvoraussetzungen und -instrumente für die reflektierte Erschließung und Aneignung von außerschulischen Lernerfahrungen für Erkenntnisprozesse durch selbständiges und eigentätiges Lernen erst geschaffen werden. Systematisches und planvolles Lernen gilt vor allem für die Bearbeitung von Wissensbeständen, die nicht aus der unmittelbaren Lebensumwelt der Lernenden, sondern etwa aus Überlieferung oder Literatur stammen, von anderen Kulturen, Weltanschauungen oder Politik handeln. Das zukünftige Wissen stammt vermutlich immer mehr aus Planungsstäben und Politikzirkeln, aus Informationssystemen, aus Wissenschaft und Forschung, weniger aber aus der direkten Erfahrungswelt der Kinder.

Öffnung in konzeptionell verengter Form im Sinne einer Beschränkung auf den schulumfeldspezifischen Nahraum birgt die Gefahr der Hinwendung zum Provinziellen und der Verkürzung von Weltsicht. Öffnung muss aber den Schüler/innen im Sinne einer „Horizonterweiterung" den Blick auch in jene gesellschaftliche Wirklichkeit, die für sie nicht alltäglich erfahrbar und erlebbar ist, also über das provinzielle Nahfeld hinaus, ermöglichen. Dies gilt in besonderem Maße in anregungs- und erfahrungsarmen Schulumfeldern. Singuläre und regionale Phänomene und Problemstellungen müssen in globale und überregionale Zusammenhänge einzuordnen sein, umgekehrt globale Probleme und Strukturen in lokalen Bezügen nachvollziehbar und erlebbbar sein.

Ein naives Eintauchen in die Lebenswelt oder das lokale Umfeld verkennt, dass Erfahrungen in der alltäglichen Lebenswelt vor dem Hintergrund von Bildungs- und Systemwissen erschlossen, aufgeklärt und verarbeitet werden müssen, um erkenntnisleitende Lernprozesse zu bewirken. Außerschulische Erfahrung und die Verarbeitung und Reflexion von Erfahrung bedingen einander. Im Sinne einer Doppelorientierung schulischen Lernens hat Schule sowohl mit Distanz als auch mit Nähe zu tun (vgl. KLEMM u.a. 1985): mit Rückzug in die pädagogische Provinz der schulischen Institution zwecks vorbereitenden Lernens, Analyse und Reflexion über Alltags- und Erfahrungswissen und mit Öffnung zur authentischen Wirklichkeit. Schulöffnung erfolgt also immer „unter pädagogischem Vorbehalt" (ROLFF 1987, S. 217; vgl. auch IPFLING 1991, 38f.).

Fazit: Pädagogische Öffnung birgt beachtliche Perspektiven für curricular-didaktische Innovationen, lebenswelt- und schülerorientierte Vermittlungsformen und Bildungsmöglichkeiten und die sozialerzieherische Gestaltung des Schullebens. Schulöffnungsansätze können also durchaus die Lernkultur voranbringen und einen gewichtigen Qualitätsfaktor der Schulentwicklung hergeben, sofern es Schulen verstehen, solche Ansätze in ihr pädagogisches Schulkonzept zu integrieren und konzeptionell reflektiert umsetzen. Würde dies gelingen, so könnte damit ein Modell einer Schule entfaltet werden, die vom Kinde ausgeht, die Bildung vermittelt und dezidiert erzieherisch handelt und die Schule als pädagogisch gestalteten Zusammenhang, als Lern-, Erfahrungs- und Lebensraum begreift.

Heinz Günter Holtappels

Lehrerbildung: Probleme und alternative Ansätze

Der Erfolg jedes Wirtschaftsunternehmens hängt ab von der Akzeptanz seiner Produkte durch die Abnehmer. Gemessen an der Akzeptanz der Lehrerbildung durch die Abnehmer müßte zumindest die Erste Ausbildungsphase längst pleite gegangen sein. Die empirisch belegte Kritik von Studierenden, Referendaren, Lehrern und Schulaufsicht ist erstaunlich übereinstimmend und betrifft u.a. den Mangel an Praxis- und Berufsorientierung und das „Sammelsurium" (Rumpf), die „willkürliche Addition disparater Gegenstände" (Borries).

Den Fachwissenschaften ist es weithin gleichgültig, daß Lehrer im Rückblick das gelernte universitäre Wissen für „überflüssig" erklären und in ihrer Praxis kaum darauf zurückgreifen. Nach Jürgen Oelkers bieten die Erste und Zweite Phase der Lehrerbildung solches Wissen und das schulische Handeln nicht nur getrennt an, sondern so, daß es nicht aufeinander bezogen werden *kann*. Die didaktische Qualifikation der Hochschul-Lehrenden wird als mangelhaft kritisiert, der „heimliche Lehrplan", d.h. die negative Wirkung der Hochschul-Lehre, die Frage: was wird hier wirklich gelernt?, wird nicht gesehen, die Ignoranz gegenüber den Ergebnissen der modernen Lernforschung ist verblüffend.

Es geht also nicht nur und isoliert um eine Reform der Lehrerbildung, sondern um eine solche der universitären Lehre bis hin zur Medizin, wie Untersuchungen in Konstanz beweisen. Doch die offensichtlichen Mängel haben zahlreiche Reformbemühungen ausgelöst. Berichtet wird von alternativen Lehr-Lern-Formen wie Workshops, Microteaching, Feedback-Übungen etc., die z.T. unter fachkundiger Anleitung, z.T. auch als Selbsthilfegruppen laufen. Die „Werkstatt Lehren und Lernen" in Tübingen führt Basis- und Aufbauseminare mit Trainingsphasen durch. Die Freiburger Arbeitsgruppe Hochschuldidaktische Weiterbildung entwickelt Modelle für aufeinander aufbauende Projektseminare. Dabei werden erfahrungs-, praxis- und handlungsorientiert die Lehr-Lern-Situationen „möglichst praxisnah simuliert" und ein Transfer zur Realität angestrebt. Ähnliche Ansätze finden sich in Heidelberg oder München. In der Berliner Charité wurde jetzt ein Reformstudiengang Medizin als Modellversuch genehmigt, der traditionelle Trennungen der vorklinischen und klinischen Ausbildung durch eine Integrierung des Fächerwissens an Kranheitsbildern aufhebt. Holger Ehlert und Ulrich Welbers haben in ihrem „Handbuch Praxisinitiativen an Hochschulen" (1999) 100 Beispiele einer solchen Berufsorientierung an deutschen Universitäten zusammengestellt.

Im Bereich der Lehrerbildung wird mit praxisorientierten Eingangssemestern experimentiert (z.B. in Bielefeld), werden Praxisemester in der Studienmitte und Zentren für Lehrerbildung gefordert. An der Gesamthochschule Kassel wird seit Jahren mit „Lehrerworkshops" und dem „Schülerhilfe-Projekt" gearbeitet, neben vielen anderen Reformansätzen. Diverse Initiativen richten sich auch auf die 2. Ausbildungsphase, mit dem Ziel, den Innovations-Spielraum der Referendare zu vergrößern, so daß sie nicht für die bestehende, in mancher Hinsicht mangelhafte, sondern die nötige zukünftige Schule ausgebildet werden.

Lehrerbildung, darin stimme ich Jürgen Oelkers zu, sollte sich nicht länger an den Vorstellungen der Ausbilder bzw. ihrer Institutionen orientieren, sondern überprüfbar an den Erfordernissen und Aufträgen der Abnehmer. Was bei alledem weithin fehlt, ist die Berücksichtigung des Zweiten Teils des Begriffs der Lehrerbildung: Bildung ist Menschenbildung und Persönlichkeitsbildung. Wenn Lehrerinnen und Lehrer unter dem Druck gewachsener Berufsschwierigkeiten nicht noch mehr im burn-out und in der Frühpensionierung enden sollen, müssen sie einen veränderten Umgang mit sich selbst lernen. Fend nennt das auch „Psychohygiene des Lehrerberufs". Verantwortliche Berufstätigkeit bedeutet Auswahl, gleichsam Management der eigenen Kräfte und die Zurückweisung etlicher letztlich umgehbarer Pflichten, also auch eine Disziplinierung des eigenen Über-Ichs. Statt von „Psychohygiene" würde ich lieber von „Selbsterziehung" sprechen. Als Lehrende haben wir stets die Veränderung der anderen im Blick. Die Einsicht, daß wir selbst uns weiterentwickeln und verändern müssen, empfinden wir als verunsichernd, wenn nicht als Zumutung, und vermeiden sie gern. Im Blick auf die zunehmenden Belastungen des Lehrerberufs ist mehr gefordert als eine Ökonomie der eigenen Kräfte, nämlich eine Art „Persönlichkeits-Fundament" als Aktionsbasis, von der aus wir halbwegs gelassen und souverän mit den täglichen Anforderungen umgehen können. Diese Basis ist weder angeboren noch Gottes-Geschenk. Jeder von uns muß sie sich erarbeiten. Das verlangt Konzentration und ein bißchen von der Selbstdisziplinierung, die von den Menschheitstraditionen in Ost und West über Jahrtausende als tragende Sinnerfahrung erarbeitet und bewahrt wurde. Es ist wohl kein Zufall, daß Verfahren wie Entspannungsübungen, Autogenes Training oder Meditation gerade auch in Lehrerkreisen als Ausweg gesucht werden. Ich belasse es bei diesen Andeutungen. Sie weisen auf weithin fehlende Perspektiven der Lehrerbildung.

Fritz Bohnsack

Eine Alternative: Die „entstaatlichte" universitäre Lehrerausbildung

Viele Analysen der Inhaltsstrukturen und Organisationsformen der herkömmlichen universitären Lehrerausbildung bis in die jüngste Zeit lassen sich auch dahingehend interpretieren, dass es nicht gelungen ist, diese Studiengänge inhaltlich, organisatorisch und institutionell so in die hocharbeitsteiligen, disziplinären Fächerstrukturen der Universitäten einzufügen, dass sie sich in Lehre und Forschung angemessen entwickeln konnten. Diese alten Kritikpunkte sowie die aus der Professionsforschung hergeleiteten neuen erweiterten Anforderungen an die Lehrerausbildung verschärfen das Problem der Strukturunverträglichkeit zwischen Ausbildungserfordernissen und institutionellen Organisationsstrukturen. Es lässt sich m.E. nicht durch die Errichtung neuer zentraler koordinativer bzw. kooperativer Strukturen zureichend lösen. Nach einer gut 25-jährigen Ausbildungspraxis, der selten überprüfte Wirkungen und insgesamt nur mäßige Erfolge zugeschrieben werden, erscheint die Einrichtung und Überprüfung eines alternativen Modells legitimationsfähig, wenn nicht überfällig.

Die alternative Struktur (vgl. HABEL 1999) bindet die Lehrerausbildung ein in das Konzept „gestufter Studienabschlüsse an Universitäten" (Bachelor- und Masterstudiengänge). Im einzelnen heißt das Konzipierung zweier Studienabschnitte:

- Bachelor-Studien in zwei (distinkten oder affinen) Fächern: drei Jahre / sechs Semester je 60 Semesterwochenstunden;
- Masters-Studien in Erziehungswissenschaft und Fachdidaktik: zwei Jahre / vier Semester 48 Semesterwochenstunden Erziehungswissenschaft, 32 Semesterwochenstunden Fachdidaktik.

In der Bachelor-Phase werden außerhalb der Studienprogramme der Fächer „Orientierungsphasen in schulischen und außerschulischen Einrichtungen“, „Arbeitsmarktkolloquien“, EDV-Kurse usw. angeboten. Die Studien in der Masters-Phase werden im Rahmen der umfangreichen Semesterwochenstundenausstattung (z.T. Verdoppelung gegenüber dem bisherigen Status) theorie-praxis-integrierend und teilweise ausbildungsphasenübergreifend ausgelegt (siehe schematische Darstellung bei HABEL 1999: 43, in den quantitativen Anteilen modifiziert).

Zunächst entspricht die Alternativstruktur damit formal dem angelsächsischen Modell „3+2+3“, drei Jahre zum ersten (Bachelor-)Abschluss plus zwei Jahre zum zweiten (Master-) Abschluss plus drei Jahre zum dritten (Doktor-)Abschluss, das z.Zt. europaweit diskutiert wird. Inhaltlich verbindet sie eine grundlegende Ausbildung in Disziplinen, die Unterrichtsfächern korrespondieren (Bachelor-Stufe) mit einer berufs-wissenschaftlichen (Erziehungswissenschaft und Fachdidaktiken) Ausbildung auf der Masters-Stufe.

In diesem Rahmen können die diskutierten erweiterten inhaltlichen und formalen Ausbildungsansprüche aus alter Kritik und neuen Anforderungen eingelöst werden. Ohne an dieser Stelle auf Detailfragen der inhaltlichen Ausgestaltung der Studiengänge einzugehen, muss aber deutlich sein, dass es sich weder in der Bachelor- noch in der Masters-Phase um ergänzte oder erweiterte herkömmliche Studiengangsstrukturen der Grundstudienphasen von Magister- und Diplomstudiengängen bzw. des Studiengangs Erziehungswissenschaft für die Lehrämter handeln kann. In beiden Fällen geht es um die Neukonzeption von Studiengängen unter jeweils neu definierten Studienzielen und Studienrandbedingungen.

Das Modell hält an der Gesamtperspektive der Lehrer/innenausbildung, der Professionalisierung fest, definiert aber den Beitrag der Universität dazu eingeschränkter und konkret als „Anbahnung“. Es belässt die erste Ausbildungsphase mit ihren herkömmlichen Elementen Fachwissenschaft, Fachdidaktik, Erziehungswissenschaft und praxisbezogene Studien in der Universität. Es bietet kürzere gestufte, unterschiedlich fortsetzbare Studienangebote mit entsprechend verwertbaren Abschlüssen; die Studiennachfrager/innen treffen begrenzte, zeitlich überschaubare Studienwahl- und Karriereentscheidungen, die der individuellen wie der empirisch fixierbaren Arbeitsmarktsituation angepasst werden können. Das Modell weist in Richtung einer „Entstaatlichung der Lehramtsausbildung“ (Hochschulrektorenkonferenz). Bachelor- und Masterstudiengänge sind akademische Studiengänge, deren inhaltliche Ausgestaltung in der Verantwortung der Universität liegt und deren Abschlüsse staatlich anzuerkennen sind.

Das Modell gestufter akademischer Studiengänge der Lehrer/innenausbildung hebt inneruniversitär deren Status und Reputation formal und inhaltlich. Es verlangt nicht die Abschaffung der staatlichen Lehrer/innenausbildung, sondern tritt neben sie und konkurriert mit ihr. Es eröffnet durch seine

Stufung und abschlussbezogenen Polyvalenzen der staatlichen Bildungsverwaltung weitergehende Steuerungsmöglichkeiten bezüglich einer integrativ planenden Bewirtschaftung von Lehrer/innenbeschäftigung und Lehrer/innenausbildung. Schließlich verlängert es unter der Voraussetzung eines zweijährigen Vorbereitungsdienstes die Gesamtausbildung, da die wissenschaftliche Ausbildungsphase um ein Jahr länger ist als herkömmlich. Eine ausbildungsphasenübergreifende Ausgestaltung der Mastersphase kann Synergieeffekte schaffen, die eine entsprechende Verkürzung des Vorbereitungsdienstes erlauben.

Werner Habel

Literaturliste

AUSUBEL, D.T.: Entdeckendes Lernen, in: NEBER, H. (Hrsg.): Entdeckendes Lernen, Weinheim 1973, S. 28-69

BASTIAN, J. (Hrg.): Pädagogische Schulentwicklung. Schulprogramm und Evaluation, Hamburg 1998

BEETZ, S.: Hoffnungsträger Autonome Schule, Frankfurt/M 1997

BILDUNGSKOMMISSION NRW: Zukunft der Bildung- Schule der Zukunft, Neuwied 1995

BROMME, R.: Der Lehrer als Experte: Zur Psychologie professionellen Wissens, Bern 1992

BROMME, R.: Kompetenzen, Funktionen und unterrichtliches Handeln des Lehrers, in: WEINERT, F.E. (Hrsg.): Psychologie des Unterrichts und der Schule. Enzyklopädie der Psychologie. Göttingen 1997, S. 177-212

BUNDESMINISTERIUM FÜR BILDUNG UND FORSCHUNG: Zur technologischen Leistungsfähigkeit Deutschlands. Zusammenfassender Endbericht, Bonn 1999

BURKARD, C./PFEIFFER, H.: Autonomie und Außenanforderungen – Schule als sichselbst-organisierendes soziales System, in: Zeitschrift für Sozialisationsforschung und Erziehungssoziologie, 12. Jg., 1992, Heft 4, S. 291-305

DALIN, P./ROLFF, H.-G./BUCHEN, H.: Institutioneller Schulentwicklungsprozess. 2., völlig neu bearbeitete Auflage, Soest 1995

DEUTSCHE UNESCO-KOMMISSION (Hrsg.): Lernfähigkeit: Unser verborgener Reichtum, Neuwied u.a. 1997

DEWEY, J.: Erziehung durch und für Erfahrung, eingel. ausgew. und kommentiert von Schreier, H., Stuttgart 1994

DIPF (Deutsches Institut für Internationale Pädagogische Forschung): Schulen und Qualität. Ein internationaler OECD-Bericht, Frankfurt 1991

ENGELHARDT, M. V.: Schule und Arbeitssituation des Lehrers, in: BAETHGE M./NEVERMANN K. (Hrsg.): Enzyklopädie Erziehungswissenschaft, Bd. 5. Stuttgart 1984, S. 355-372

FEND, H.: Theorie der Schule, München 1980

FÜRSTENAU, P.: Neuere Entwicklungen der Bürokratieforschung und das Schulwesen, in: P. FÜRSTENAU u.a.: Zur Theorie der Schule. Weinheim 1969, S. 47-66

GIBBONS, M. et. al.: The New Production of Knowledge. Dynamics of Science and Research in Contemporary Societies, London et. al. 1995
GIRMES, R.: Sich zeigen & die Welt zeigen. Bildung und Erziehung in posttraditionalen Gesellschaften, Opladen 1997
HABEL, W.: Lehrerinnenausbildung an der Jahrhundertwende. Bilanz und Perspektiven, in: KRÜGER, H.-H./RAUSCHENBACH, T.(Hrsg.): Erziehungswissenschaft. Die Disziplin am Beginn einer neuen Epoche, München 1994, S. 215 – 228
HABEL, W.: Professionalisierung der Lehrerausbildung. Strukturmodell der Sekundarstufenlehrerausbildung an Universitäten, in: Päd. Blick, 7. Jg. 1999 (Heft 1), S. 41 – 45
HABEL, W.: Ein alternatives Modell universitärer Lehrerausbildung, in: BAYER, M. u.a. (Hrsg.): Lehrerin und Lehrer werden ohne Kompetenz. Professionalisierung durch eine andere Lehrerinnenausbildung, Bad Heilbrunn 2000
HEINZ, W. R.: Berufliche und betriebliche Sozialisation, in: HURRELMANN, K./ULICH, D. (Hrsg.): Neues Handbuch der Sozialisationsforschung, Weinheim 1991, S. 397-415
HEINZ, W. R.: Arbeit, Beruf und Lebenslauf. Eine Einführung in die berufliche Sozialisation, Weinheim 1995
HENSEL, H.: Die neuen Kinder und die Erosion der alten Schule, München 1995[5]
HENTIG, H. von: Die Schule neu denken, München 1993
HERZ, O.: Thesen zur Bedeutung gemeinwesenorientierten Lernens, in: SCHWEITZER, J. (Hrsg.): Bildung für eine menschliche Zukunft, Weinheim 1986, S. 268-281
HOLTAPPELS, H.G.: Ganztagsschule und Schulöffnung. Perspektiven für die Schulentwicklung, Weinheim/München 1994
HOLTAPPELS, H.G.: Ganztagsschule und Schulöffnung als Rahmen pädagogischer Schulreform, in: Die Ganztagsschule 35, Heft 2/3-1995, S. 96-123
HURRELMANN, K.: Erziehungssystem und Gesellschaft, Reinbek 1975
IPFLING, H.-J.: Formen ganztägiger Betreuung im Schulwesen der Bundesrepublik Deutschland – Bestandsaufnahme und Perspektiven, in: KUBINA C./LAMBRICH H.J. (Hrsg.), Die Ganztagsschule, Bestandsaufnahme – Grundlegung – Perspektiven, Wiesbaden 1991, S. 31-43
KEMPFERT, G./ROLFF, H.-G.: Pädagogische Qualitätsentwicklung, Weinheim 1999
KLEMM, K./ ROLFF, H.-G./ TILLMANN, K. J.: Bildung für das Jahr 2000, Reinbek 1985
LORENZ, B.: Schulentwicklung durch Organisationsentwicklung. Kritische Auseinandersetzung mit einem Konzept. Magisterarbeit im Fach Erziehungswissenschaft, Universität Heidelberg 1998
NEGT, O.: Kindheit und Schule in einer Welt der Umbrüche, Göttingen 1997
NONAKA, I./TAKEUCHI, H.: Die Organisation des Wissens, Frankfurt a. Main 1997
OELKERS, J.: Schulreform und Schulkritik, Würzburg 1995
REINHARDT, K.: Öffnung der Schule. Community Education als Konzept für die Schule der Zukunft?, Weinheim und Basel 1992
RENKL, A.: Träges Wissen: Die „unerklärliche" Kluft zwischen Wissen und Handeln, in: Ludwig-Maximilians-Universität München, Institut für Pädagogische Psychologie und Empirische Pädagogik (Hrsg.): Forschungsbericht Nr. 91, München 1994
ROLFF, H.-G.: Schubkräfte der Schulreform. In: BRAUN K.-H./WUNDER D. (Hrsg.), Neue Bildung – Neue Schule, Weinheim u. Basel 1987, S. 203-225

ROLFF, H.-G.: Schule als besondere soziale Organisation, in: Zeitschrift für Sozialisationsforschung und Erziehungssoziologie, 12. Jg., 1992, Heft 4, S. 306-324

ROLFF, H.-G.: Steuerung, Entwicklung und Qualitätssicherung durch Evaluation., in: ROLFF, H.-G. (Hrsg.): Zukunftsfelder von Schulforschung. Weinheim 1995, S. 375-392

RUMPF, H.: Belebungsversuche. Ausgrabungen gegen die Verödung der Lernkultur, Weinheim 1987

SALZMANN, C.: Reformpädagogische Schulkonzepte – Historische und systematisch-strukturelle Probleme ihrer Reaktualisierung (1. Teil), in Grundschule 19, 1987, Heft 7/8, S. 64-68

SALZMANN, C.: Reformpädagogische Schulkonzepte – Historische und systematisch-strukturelle Probleme ihrer Reaktualisierung (2. Teil), in Grundschule 19, 1987, Heft 9, S. 14-18

SCHRATZ, M./STEINER-LÖFFLER, U.: Die Lernende Schule, Weinheim 1999[2]

SCOTT, W. R.: Grundlagen der Organisationstheorie, Frankfurt 1986 (Original: Organizations. Rational, Natural, and Open Systems. Englewood Cliffs, New Jersey 1981)

STAEHLE, W. H.: Management. 8., von P. CONRADI und J. SYDOW überarbeitete Auflage, München 1999

STEHR, N.: Praktische Erkenntnis, Frankfurt am Main 1991

STEHR, N.: Arbeit, Eigentum und Wissen, Frankfurt am Main 1994

STOCK, J. u.a.: Potentiale und Dimensionen der Wissensgesellschaft – Auswirkungen auf Bildungsprozesse und Bildungsstrukturen, München/Basel 1998

TILLMANN, K.-J.: Schultheorie zwischen pädagogischer Selbstkritik, sozialwissenschaftlichen Einwanderungen und metatheoretischen Fluchtbewegungen, in: Die Deutsche Schule, 85. Jg. 1993, H. 4, S. 404-419

TIPPELT, R.: Bildung und sozialer Wandel. Eine Untersuchung von Modernisierungsprozessen am Beispiel der Bundesrepublik Deutschland seit 1950, Weinheim 1990

TÜRK, K.: Neuere Entwicklungen in der Organisationsforschung. Ein Trend Report, Stuttgart 1989

ULICH, K.: Beruf Lehrer/in. Arbeitsbelastungen, Beziehungskonflikte, Zufriedenheit, Weinheim 1996

WEICK, K. E.: Educational Organizations as Loosely Coupled Systems, in: Administrativ Science Quarterly, 21, 1976, pp. 1-19

WISSINGER, J./HÖHER, P.: Personalführung – Von individueller Beratung und Kontrolle zum Entwicklungsmanagement, in: ACKERMANN H./WISSINGER J. (Hrsg.): Schulqualität managen. Von der Verwaltung der Schule zur Entwicklung von Schulqualität, Neuwied 1998, S. 199-210

Andreas Gruschka

Die Zukunft der Kritik als Zukunft ohne Kritik?[1]

I

Allenthalben wird mit der „Globalisierung" der Lebens- und Arbeitsverhältnisse in einer durch neoliberale Veränderungen geprägten Gesellschaft auch das Bildungssystem unter einen gewaltigen Veränderungsdruck gestellt. Zuweilen wird pathetisch von der Nötigung zu einer revolutionären Umgestaltung gesprochen: Wer nicht mit der neuen Zeit gehe, den werde das Leben bestrafen. Hochschulen z.B., die sich nicht mit differenzierten Produkten der Konkurrenz stellen, drohe der Abstieg in die Bedeutungslosigkeit, am Ende die Abwicklung durch den Finanzier. Die Rede vom Zwang zur Umgestaltung hat mit der Beschwörung einer unaufhaltsamen Entwicklung selbst etwas Zwanghaftes: Wenn es zu dem, was passieren wird, keine Alternative gibt, dann kann man nur mitmachen oder untergehen. Wer dagegen als Kritiker dieser Entwicklung eine andere Entwicklungsnotwendigkeit postuliert, der gerät als unbelehrbar Gestriger ins Abseits. Er wird après la lettre, nachdem seine Illusionen über die Gesellschaft als solche kenntlich geworden sind, zum „kritischen Kritiker", seine Einrede wird schon deswegen falsch, weil sie die beschworene Realität nicht mehr trifft. Schlechte Zeiten also für eine wissenschaftliche Kritik an den realen Verhältnissen, die nicht einhergeht mit dem unisono geforderten Therapieprogramm, und auch schwierige Zeiten für eine Kritik, die wie die alte vom Staat die weitergehende Durchsetzung und fiskalpolitische Absicherung der Bildung als öffentlicher Aufgabe vom Kindergarten bis zur Hochschule verlangt.

Mit meinen thesenartigen Überlegungen möchte ich das Elend der Modernisierung und der Kritik in ihrem Wechselverhältnis diskutieren. Hierzu erscheint es zunächst geboten, eine historische Kritik an der Kritik zu üben.

1 Es gilt das auf dem Göttinger Kongress der DGfE gesprochene Wort.

II

Die glorreichen Zeiten der Kritik waren zugleich weitgehend die einfachen: Die Kritik war leicht zu haben: Mit der Benachteiligung des „katholischen Arbeitermädchens vom Lande“ wusste jeder progressive Beobachter, worin die Ungerechtigkeiten des öffentlichen Schulsystems bestanden und entsprechend war klar, mit welchen Zielsetzungen die Bildungslandschaft verändert werden musste. Die Bildungsexpansion hatte an den vier Benachteiligungen anzusetzen.

Das zu Beginn der Reformphase erneut lautstark proklamierte „Bürgerrecht auf Bildung“ zielte auf den Ausbau der Bildungswege für jedermann. Bildungsfernen Gruppen der Gesellschaft sollte der Zugang zu weiterführenden Abschlüssen erleichtert werden. Das „Bürgerrecht auf Bildung“ bedrohte noch nicht die Bürger mit Bildungsprivileg. Mit dem Slogan wurde einige Zeit so getan, als ziele dieses Recht nicht auf den vereinzelten Einzelnen in der Konkurrenz um die besten Plätze, sondern auf die deutliche Erweiterung der Plätze: Leichtsinnig versprach oder forderte man „materiale Chancengleichheit“ (BLANKERTZ) durch die bewusste Förderung der bislang willkürlich Benachteiligten. Das Schulsystem sollte dafür so umgebaut werden, dass eine „Bildung für alle“ möglich wurde.

Die so verstandene soziale Allgemeinheit der Bildung geriet freilich schon früh in das Kreuzfeuer konservativer Kritik. Sie betreibe die Gleichmacherei von nicht Gleichen, hieß es zuweilen vorwegeilend schon mit der Gründung der ersten Gesamtschulen. KONRAD ADAM, langjähriger Bildungstheoretiker der „Frankfurter Allgemeinen Zeitung“, höhnte darüber in vielen Artikeln, zuletzt, als der Bildungsexpansion die finanziellen Mittel ausgingen, sah er vor allem ein sozialdemokratisches Downgrading, eine „negativen Umverteilung“ der Bildungschancen nach unten am Werke, gegen das er das neue Bürgerrecht auf Förderung der Begabten verlangte (ADAM 1992). Das scheint nun parteiübergreifend zur Maxime der Bildungspolitik geworden zu sein. Auch sozialdemokratische Minister setzen statt auf Integration nun auf Differenzierung und in der Konsequenz auf Strukturen, die Differenzierung begünstigen. Die Konkurrenz von autonomisierten Bildungseinrichtungen soll die nunmehr gewünschten Unterschiede hervortreiben.

Dagegen sah die alte Kritik die Verpflichtung des Staates, Chancengleichheit herzustellen. Der Staat wurde damals von der breiten Mehrheit der Bevölkerung ermutigt, gewaltige Anstrengungen zu unternehmen, um die willkürlichen Beschränkungen der Bildung zu revidieren.

Die weitgehend konsensualisierte Kritik – sagen wir ab der Mitte der 60er Jahre – stieß auf eine Gesellschaft, die die weiterreichende Integration durch allgemeine Bildung wollte. Die Kritik am überkommenden System war insofern leicht zu haben. Sie zielte auf dessen Ungerechtigkeit und Antiquiertheit. Mit der ansetzenden Reform fielen eine Reihe von Bildungsbarrieren:

- Aus der Volksschule entstanden die Grundschule und die Hauptschule. Diese erhielt ein Curriculum, mit dem auch Hauptschülern Chancen für weiterführende Bildungswege eröffnet wurden. Mit der Auftrennung der Volksschule kam es zur wohl zentralen institutionellen Voraussetzung für die Bildungsexpansion. Denn der Erfolg der Grundschullehrer bestand danach in der gesteigerten Übergangsquote in das höhere Schulwesen.
- Die Gymnasien ließen die Aufnahmeprüfung fallen. Der Bewerberstau konnte ungefiltert in die höhere Schule fließen. Der Babyboom zwang zu vielen Schulneugründungen, darunter vielen Gymnasien. Auch intern reduzierte das Gymnasium deutlich seine Selektivität.
- Das horizontal gegliederte System geriet unter den Druck integrierter Schulformen. Deren Pädagogik und Didaktik – obwohl schon bald von den Konservativen als billiger Weg zum Abitur bekämpft – führte auch im Gymnasium zu inneren Reformen. In den 90er Jahren sahen die Gymnasien sogar einen Bildungsauftrag darin, die Schüler durch Projekte und Praktika auf ihre Berufswahl vorzubereiten.
- Die berufliche Bildung wurde ausgebaut. Sie gewann wieder Anschluss an die ökonomisch-technische Entwicklung. Damit wurde es auch möglich, die Berufsbildung zum anderen Weg nach oben auszubauen, mit Berufsgymnasien, technischen Gymnasien, höheren Berufsfachschulen, Kollegschulen.
- Mit diesen Maßnahmen konnte es dazu kommen, dass die Studentenzahlen explodierten. Fachhochschulen wurden als praxisnähere Alternative zu den Universitäten gegründet und ausgebaut. Anfang der 90er Jahre gab es erstmals insgesamt mehr Studierende als Auszubildende im „dualen System". Das wurde als entscheidendes Wendedatum der Bildungsstatistik gefeiert oder als Menetekel gedeutet.
- Von den vier Benachteiligungen wurden zwei weitgehend abgeschafft, eine in ihrer Bedeutung deutlich reduziert. Das konfessionelle Defizit der katholischen Kinder verschwand. Die Mädchen holten mächtig auf, am Ende des Jahrhunderts hatten sie die Jungen hinsichtlich der Abiturientenquote überholt. Das Land bekam sein weiterführendes Schulsystem oder zumindest die Busse, die Schüler in die Stadt zu schicken. In vielen Regionen schloss das Land zur Stadt auf. Allein die Arbeiterkinder fanden keinen vergleichbaren Anschluss. Da der Anteil der klassischen Arbeiter an der Erwerbsbevölkerung rasant schrumpfte, ließ sich verdrängen, dass es diese Benachteiligung weiter gab. Der Schauplatz des Benachteiligungsdiskurses wechselte. Es wurden andere Problembereiche entdeckt und in den Vordergrund gestellt, etwa spezielle wie die Benachteiligung von Mädchen im naturwissenschaftlichen Unterricht, oder

neue wie die der Chancenungleichheit der Kinder türkischer Eltern oder die Chancenlosigkeit von berechtigungslosen Abbrechern der Sekundarstufe (vgl. zusammenfassend BÖTTCHER/KLEMM 1995).

Die damalige Kritik entzündete sich sowohl an den äußeren wie den inneren Bedingungen der überkommenen Schulformen. Sie wurde oft als strukturelle Bedingung der Schule im „Spätkapitalismus" beschrieben, aber deswegen nicht auch als enge Limitierung der Reformmöglichkeiten praktisch ausgelegt. Vielmehr wurde oft so getan, als ob die Umkehrung der Negativliste in eine Positivliste praktisch möglich wäre. Entsprechend kritisch-konstruktiv wurde die Bildungsreform betrieben.

(1) Die Selektion erschien den Reformern in dieser Zeit nicht mehr als die vom System erwartete und deswegen nicht zur Disposition stehende Leistung, sondern als dessen Versagen vor dem „Bürgerrecht". Das „Sextanerabitur" wie die interne Selektivität des Gymnasiums wurden – und damit schien es eine reale Chance für das Recht zu geben – in aus heutiger Sicht überraschend starkem Maße delegitimiert. Integrierte Stufenschulen wurden als Mittel empfohlen, zu frühe und zu harte Selektion auszuschließen. Die Reformrhetorik suggerierte dabei eine vorwegeilende Zielerfüllung. Die Verurteilung des Bestehenden schien im indikativen Lob der Leistung des Neuen bereits aufgehoben zu sein: Die Gesamtschule *war* eine Schule für alle Schüler und eine der Chancengleichheit, obwohl sie es nur sein sollte und sie es bis heute nicht wirklich wurde. Das Gymnasium dagegen wurde als die Form attackiert, die systematisch die Bildungschancen begrenzen musste. Schon zu Beginn der 80er Jahre musste dagegen festgestellt werden, dass die Bildungsexpansion just mit der Schulform betrieben worden war, die vordem für die Selektion verantwortlich gewesen war (vgl. FRIEDEBURG 1982).
(2) Die „autoritäre Paukschule" wurde zunächst von der linken Bildungskritik, später dann von der neueinsetzenden Reformpädagogik angegriffen. Die Bereitschaft, der damaligen Schulkritik zu folgen, bedeutete faktisch, dass ein ganzer Berufsstand als unqualifiziert herausgestellt wurde. Die Kritik postulierte, dass mit der aufgeklärten Pädagogik und Gesellschaftstheorie im Kopf der neue Lehrer dafür sorgen würde, aus der alten Schule eine pädagogische und demokratische Einrichtung zu machen. Das Fortleben des Unbehagens an der Schule, ja seine Steigerung zur Schelte an den „faulen" Lehrern, sowie die Klage über den Modernitätsrückstand in Schulorganisation und Unterricht zeigen: Sie ist es bis heute nicht (vgl. BILDUNGSKOMMISSION 1995).
(3) Die in „Erziehungswissenschaft" umgetaufte Pädagogik sah in den Schulen einen nach alter Schulmännerart zusammengestellten Lehrplan am Werke, der der affirmativen Reproduktion der hierarchischen Kultur zur Durchsetzung verhalf. Nicht wenige setzten dagegen auf die emanzi-

pative, wissenschaftsorientierte und –propädeutische Bildung unter Einschluss der „Kritik an Wissenschaften und Technologien als Instrumenten gesellschaftlicher Herrschaft“ (BLANKERTZ). Das Instrument hierfür sollte Curriculumforschung sein. Heute beraten wieder verdiente Schulmänner und –frauen in den Landesinstituten über eine modeste Modernisierung der alten Lehrpläne. Die Rolle der Wissenschaft und ihrer Methoden bei der Bestimmung der Bildungsinhalte ist wieder marginal geworden. Statt dessen suchen die Schulministerien scheinbar wahllos nach didaktischen Zaubermitteln zur Verbesserung des Unterrichts (vgl. etwa den Siegeszug des Methodentrainings nach KLIPPERT; vgl. STÖVESAND 2001).

(4) Die Kritik war vom Willen getragen, gegen den Traditionalismus in den Schulen unbedingt modern zu sein: Progressive Pädagogen propagierten zuweilen bereits eine „demokratische Leistungsschule“ (ROLFF), sie agierten als Avantgarde für den „Manpower-Ansatz“ und legitimierten ihre Reformvorstellungen mit den zum Nutzen der Volkswirtschaft „auszuschöpfenden Begabungsreserven“. Damit wurde schnell aus einem Projekt der Reformlinken eines der Modernisierung. Dazu passte die Gläubigkeit gegenüber der damals avancierten Unterrichtstechnologie: Sprachlabore wurden eingerichtet, programmierter Unterricht erlebte eine kurze Blüte. Gegen die Verbindung von Bildungskritik und Bildungstechnologie erhob sich die die Reformer irritierende Gegenkritik allein von Außenseitern wie HEINZ-JOACHIM HEYDORN. Der attackierte bereits 1969 die technokratische Blindheit dieser Umsetzung der Kritik in Reform (HEYDORN 1969).

(5) Alles, was in dieser Phase an Veränderung ins Werk gesetzt werden sollte, wurde wie selbstverständlich durch die Staatstätigkeit gestützt und gesichert. Es waren dynamische Zeiten der Bildungsexpansion. Die mit ihr einhergehende ausgebaute Verstaatlichung der Erziehung galt nicht als eine Bedrohung, sondern als eine zu erringende Sache des Fortschritts. Die meisten Reformer waren damals Etatisten. Sie hatten auch einen Grund dafür, denn der Staat gab den Kritikern mit den wachsenden Bildungsetats wenn auch nicht, was sie im Überschwang haben wollten, aber doch immer mehr (vgl. zur Kritik am blinden Etatismus ST. BLANKERTZ 1988).

Wer würde in der Sache heute noch so argumentieren wollen? Wo ist die Gemeinde der Gesamtschulbefürworter, die einer emanzipativen Pädagogik? Und warum hat sich ihre Anhängerschaft zerstreut? Wer setzt heute noch auf die Verwissenschaftlichung der Didaktik, wo Moderatorenmethode, handlungsorientierter Unterricht, Neurolinguistische Programmierung, Methodentraining Zulauf haben (vgl. zur Kritik an der gegenwärtigen didaktischen Reform GRUSCHKA 2001)? Welche Pädagogen wollen heute noch Begabungsreserven ausschöpfen, wo die bereits geschöpften umhervagabundieren? Und vor allem: Wer vertraut heute noch auf den Staat?

Dass der alten Kritik an der Schule niemand mehr so recht etwas zutraut, hängt nicht zuletzt damit zusammen, dass ihr der Adressat abhanden gekommen zu sein scheint. Die meisten Eltern wollen vor allem eine Schule, die auf die Kämpfe des Lebens vorbereitet, nicht aber eine, die die „Befreiung von überflüssiger Herrschaft" betreibt. So manche Lehrer fühlen sich entlastet, wenn sie mit ihrer Didaktik statt auf Wissenschaft auf Kommunikationsspiele bezogen werden. Der Staat zeigt keine Neigung mehr, die Expansion mit den alten Mitteln zu finanzieren. Der Trend ist schon einige Zeit vom Immer-Mehr zum mit Immer-Weniger für Immer-Mehr umgedreht worden. Und viele reagieren auf diese Änderung der politischen Rahmendaten, als handele es sich um ein fiskalpolitisches Naturgesetz.

Das Misstrauen zwischen pädagogischer Praxis und Verwaltung ist enorm gewachsen. Die Schule wird erneut, nun mit sog. harten Daten (TIMSS), als unfähig erklärt, die Schüler zur Schulleistung zu führen, ohne dass freilich Hilfe von oben zu erwarten wäre. Die „Verwahrlosung der Bildungsanstalten" wird wechselweise ihren Verwaltern oder ihren Insassen zugeschrieben. Die Gesellschaft erkennt sich immer weniger in ihrem Bildungswesen wieder, ohne dass es zu seiner Rekonstruktion käme. Allenthalben wird eine große neue Bildungsreform angemahnt, aber ihr Medium bleibt unklar: Soll es um die Betonung der herkömmlichen Bildungsinhalte gehen, um informationelle Selbstbestimmung im Netz, um Kommunikationsfähigkeit oder Sachkompetenz? Sollen die Schulen in die Unabhängigkeit entlassen werden oder mit neuen, strengeren Evaluationskriterien kontrolliert werden oder mit einer Mischung aus beidem kontrolliert selbstständig? Der wesentliche Grund für diese unbestimmte Bestimmtheit für eine Reform an Haupt und Gliedern liegt wohl darin, dass der Staat als langfristiger Gestalter mit den dafür vorzuhaltenden Ressourcen ausfällt. Paradox: er gibt er zwar weiterhin immer mehr für den Erhalt des Systems aus, aber in der öffentlichen Wahrnehmung und der der pädagogischen Institutionen spart er diese zu Tode (vgl. BÖTTCHER/KLEMM 1995). Die Politikverläufe sichern solche Urteile. Wer hat heute nicht eine begründete Angst davor, dass der Staat jeden abgeschlossenen „Qualitätspakt" reformiert, sobald die Tinte trocken ist, um noch mehr Qualität mit noch weniger Mitteln durchzusetzen? Das Verhältnis zwischen Wissenschaft, um nicht zu sagen wissenschaftlicher Kritik und Politik ist tief zerrüttet. Beiräte finden nur noch dann Gehör, wenn sie unterstützen, was zur Rationalisierung der Auf- und Ausgaben beitragen könnte. Wer dagegen kostenträchtige Reformen anmahnt oder solche auch nur als Pilotprojekte zu retten sucht, muss wie im Falle der Bielefelder Schulprojekte damit rechnen, dass er aus dem Konsultationsprozess mit der Verwaltung schlicht herausfällt. Der Gegensatz zur Gefragtheit der Erziehungswissenschaft in der Reformphase kann schwerlich größer werden.

Der Staat will sich – grosso modo – so weit wie möglich aus der Verantwortung für den schlechten Zustand der Bildungsinstitutionen befreien, den er nicht mit traditionellen Mitteln der Politik bekämpfen kann. Die Kritik an der Schule soll diese zukünftig unmittelbar selbst treffen, nicht aber die Administration und Politik. Mehrheitlich lautet die Antwort der Politik: einerseits Autonomie, andererseits neue Steuerung. Die zu begründen und durchzusetzen wird zum bevorzugten Schauplatz der Kritik heute. Der vielleicht prominenteste Vertreter dieser neuen Form der Kritik von oben, der Hamburger Staatsrat LANGE, düpiert ein um das andere Mal die Erziehungswissenschaft mit seinen Rechtfertigungen für Qualitätskontrollen: Während diese mit der Abwehr von Leistungsstudien den Schlendrian in den Schulen rechtfertige, suche die Verwaltung nach rationalen Formen der Optimierung der Schularbeit (vgl. LANGE 1999).

Beide Maßnahmen, die Aufforderung zur Profilierung der Einzelschulen und die Kontrolle ihrer Ergebnisse, werden vom Publikum (Eltern, Presse, Wirtschaft) eher als Rettungsversuche denn als ambitionierte Bildungsreform begrüßt. Man erscheint in der Erziehungswissenschaft fast als Ironiker oder Satiriker, sofern man den ersten Teil des Programms als verspätete Chance zur Verwirklichung jener Bildungsratsempfehlung lobt, derentwegen die damaligen Kultusminister das Beratungsgremium abgeschafft hatten. Auf die neue Steuerung und Kontrolle reagieren die Pädagogen vor Ort und in den Interessenverbänden menschlich, deswegen aber nicht professionell: Sie fühlen sich eher ungerecht bewertet, zuweilen auch ertappt und reagieren erst einmal mit Abwehr. Die neue Politik im Geist des Controllings wird ohnmächtig (als verzerrende Beschreibung schulischer Wirklichkeit) und, wie ich denke, weitgehend falsch (allein mit Bezug auf die methodische Beschränktheit der Verfahren, die als solche das Ziel der Ergebniskontrolle delegitimieren soll) kritisiert – um sie dann doch als Schicksal hinzunehmen.

Meine These lautet: Die Umstellung des Systems auf Outputkontrolle und Selbstevaluierung sowie eine schleichende Privatisierung wird in dem Maße als Steuerungsmaßnahme Erfolg haben, wie die Grundlagen der alten Kritik als veraltet angesehen werden und die Kritik an den neuen Entwicklungen stigmatisiert werden kann als verzweifelter Versuch des Systems, sich gegen die Kritik von außen abzudichten. In der weitverbreiteten Abwehr der Maßnahmen zeigt sich in der Tat auch die Unfähigkeit der im System Tätigen, den in den Maßnahmen eingebauten Einspruch gegen den schlechten Wirkungsgrad von Schule in Selbstkritik zu überführen. Diese Selbstkritik hätte am „missratenen Fortschritt“ (A. FLITNER) anzusetzen.

Wer mag angesichts der Probleme der pädagogischen Institutionen weiterhin Integration fordern? Als Antwort auf die der Integration (die im Sinne der Versprechungen nicht stattfand) geschuldeten Probleme ist heute nicht die Einlösung des Versprechens, sondern mehr als Ausflucht auch in den Schulen Differenzierung angesagt: die zwischen Mädchen und Jungen, die zwischen den praktisch Begabten und den theoretisch Begabten, die zwischen den hoch und den weniger Begabten, die zwischen den Inländern und den Ausländern im Sinne der Bewahrung, Stützung der kulturellen Eigenständigkeit durch Eindeutschung. Immer seltener zielt die Differenzierung als Mittel auf das Ziel der Integration als Bildung für alle. Statt dessen sollen die Unterschiede gefördert werden.

Die erfolgreiche Integration frisst ihre Kinder: Was ist aus den Hunderttausenden zusätzlichen Studierenden geworden? Sie kommen – wie KLEMM und WEEGEN im 2001 Jahrbuch für Schulentwicklungsforschung belegen – oben nicht an. Sie wurden reingelassen, dann aber nicht integriert, sondern verschwinden massenhaft auf dem Weg zum Examen. Also war die bloß formale Integration die falsche Lösung des Problems der Chancengleichheit. Deswegen wird heute Chancengleichheit neu definiert, etwa sozialdemokratisch als „Chancengerechtigkeit" (so W. CLEMENT in seiner letzten Regierungserklärung) mit Differenzierungs- oder Auswahlrecht und erhöhter Bringepflicht der Lernenden.

Ist das noch ein Gymnasium, das mit der veränderten Schülerschaft das institutionell vorgegebene Niveau nicht halten kann? Es ist für diejenigen keines mehr, die sich eine privilegierende Bildung für ihre naturgemäß besonders begabten Kinder wünschen. Also machen sich viele Eltern auf die Suche nach dem eigentlichen Gymnasium. Die Antwort auf die vermiedene frühe Selektion ist ihre Verlagerung und Verschiebung an Stellen, an denen sie nicht mehr so hart zu spüren ist. Aber das rächt sich mit der öffentlichen Kritik an der fehlenden Leistungsfähigkeit etwa des Hochschulsystems.

Die Pädagogisierung als Humanisierung der Schule wird allein von denen weiterverfolgt, die auf dem einmal beschrittenen Weg mit der Konsequenzlogik von Leuten voranschreiten wollen, die die Nebenwirkungen eines Medikaments durch seine höhere Dosierung beheben wollen: Der Fortschritt des zeugnislosen ersten Jahres wird verlängert durch das zeugnislose zweite Jahr... In dem Maße aber, wie die Schule sozialpädagogisch wird (polemisch ist von der „Kuscheleckenpädagogik" die Rede) und dafür die Orientierung an traditioneller Schulleistung zurückstellt, vermisst die auf Statuszuweisung durch Schulbildung ausgerichtete Kundschaft die gar nicht so feinen Unterschiede. Leistungsorientierung soll den eigenen Kindern im Gegensatz zu denen der anderen, umfangreich förderungsbedürftigen nutzen. Schulprofile der autonomisierten Anstalten werden dafür sorgen, dass die artikulationsstarke Klientel ihre Zukunftserwartungen leistungsorientiert durchsetzen wird. Wie hat man das zu kritisieren und wer soll Adressat der Kritik sein?

Emanzipation war gedacht als die kompetent eingreifende Veränderung der Verhältnisse zur Überwindung der als überflüssig gedachten Herrschaft. Wo sollen aber heute die Herrscher ausgemacht werden, wenn vor allem Teamfähigkeit *und* Führung verlangt werden? Aus der gesellschaftlichen Emanzipation ist die private der vereinzelten Einzelnen geworden. Wie sollte es auch anders sein! So wie der individuelle Ellenbogen, soll auch der nationale helfen. Weil es darum geht, den Glauben an die Fleischtöpfe dadurch zu stärken, dass man bereit ist zum „beggar the neighbor“, scheint es nur noch das Ziel zu geben, in der globalisierten Welt zu herrschen. Wer das nicht schafft, droht ausgeschlossen zu werden. Der Nachwuchs hat sich persönlich um die Ausbildung der dazu passenden Cleverness zu bemühen, um funktionale Mündigkeit also, mit der jedem versprochen wird, Hightech-Schmied seines Glücks sein zu können.

Mit der alten Vorstellung von Mündigkeit lässt sich das weiterhin kritisieren. Cleverness vermag Emanzipation schlicht nicht zu substituieren. Aber zugleich zeigt das Altwerden der Emanzipation, dass sie damals weder substanziell verfolgt noch normativ geteilt wurde. Sie hatte mehr einen Kampfwert als einen Erkenntniswert. Die Schlacht schien gewonnen zu sein, deswegen benötigte man die Erkenntnis nicht mehr: Die Gewinner der alten Bildungsreform sehen sich heute vielfach um die Früchte ihrer Anstrengungen betrogen. Ihre Kinder sind als (angehende) Akademiker von Arbeitslosigkeit bedroht. So nimmt es nicht wunder, wenn man sich auf die Privilegiensicherung statt auf die Kritik an der Privilegierung konzentriert.

Fragen wir weiter und genauer, warum das so ist.

(1) Vor allem hat es der Kritik nicht gut getan, dass mit ihr immer unmittelbar an ihre praktische Aufhebung gedacht wurde: So erschien es, als ob die Legitimation der Kritik allein in der Glaubwürdigkeit des besseren, durch Reform herbeizuführenden Zustandes ausgewiesen werden könne. Da der nicht festgestellt wird, richtet sich der Enttäuschte gegen die Kritik und nicht nur gegen die erlebte Praxis. Manche suchen in der Kontinuität dieses Kritik-Praxis-Modells ihr Heil im Propagieren dessen, was einmal der Kritik verfiel. Sie treiben das zuweilen mit dem Engagement des Renegaten. Schwer vorstellbar ist so etwa, dass reformorientierte Erziehungswissenschaftler vor 25 Jahren Monographien zum eigenständigen Bildungssinn des Gymnasiums geschrieben hätten. Genau das ist heute der Fall. Diesen neoliberalen Traditionalisten stehen in Treue fest die Reformer gegenüber, die weiterhin so tun, als ob sich ihre Form der Kritik am gegliederten System vor der Wirklichkeit der Reform der Stufenschulen keinesfalls blamiert hätte. Wenn man mit der Kritik nicht Recht bekommt, um so schlimmer für die Wirklichkeit.

(2) Zum zweiten schadete der Kritik die simple Eindeutigkeit, mit der durch sie die hoffnungslos Gestrigen von den hoffnungsvoll Zukünftigen, das Gute und das Schlechte, das Vorteilhafte und das Schädliche geschieden wurden. Politisch fand das seinen Ausdruck etwa in der einfachen Unterscheidung in eine Reformfraktion und die der Bewahrer: A-Länder nannte man die einen, B-Länder die anderen in der KMK. Das sei Schnee von gestern, teilt man nun mit. Es ginge längst nicht mehr um Gesamtschule *oder* dreigliedriges Schulsystem, Mut zur Erziehung oder solchen zur Demokratie, sondern frei von solchen Parolen um die Qualität des Mitteleinsatzes für das vorhandene System.

Was ist heute progressiv, was konservativ? Manches von dem, was KONRAD ADAM in der FAZ aufspießte, musste bloß im Vokabular verändert und ein anderes Klientel eingesetzt werden, und man hatte es mit der alten linken Kritik zu tun. ADAM wurde nicht müde, HEYDORN für sich zu beanspruchen. Wer schafft heute Humboldt ab? Nicht mehr die Linken, sondern Jürgen Rüttgers und Herr Mohn von Bertelsmann. Wer gegen das Allotria des „Hauses des Lernens" (mit jenen zitierten didaktischen Reformmaßnahmen) die Arbeit an der Erkenntnis der Welt setzt, ist der deswegen schon reaktionär? Wer in handfester Weise Arbeitstugenden für eine arbeitsteilige und weiterhin anpassungsorientierte Teamgesellschaft in handlungsorientierten Projekten fördert, ist der deswegen schon progressiv (vgl. MEYER/JANK 1991)?

(3) Die alte Kritik erscheint heute vielen als falsch, weil sie uneinholbare bzw. nicht mehr zustimmungsfähige Ziele verfolgte. Es sollte Chancen*gleichheit* her, aber nun haben schon zu viele bloß noch Chancen, da sollen nicht noch mehr dazu kommen. Chancen hat man nur, wenn sie nicht alle haben. Der Slogan „Emanzipation von Herrschaft" war letztlich nicht wörtlich verstanden worden, sondern folgte dem Motiv, selbst zur Herrschaft zugelassen zu werden. Nicht umsonst flackert der Kampf heute genau an dieser Stelle auf. In der Pädagogik lässt sich nichts gewinnen außer einen Startvorteil. Wer freilich das als Kapitulation vor der Ellenbogengesellschaft ablehnt, darf sich nicht wundern, dass ihm massenhaft entgegentönt: Welchen Sinn macht es, in einer Welt der Konkurrenz auf deren Abschaffung zu setzen? Das will letztlich keiner, die Vertreibung aus dem Paradies hat längst unwiderruflich stattgefunden!
Der schiedsrichtende Beobachter der Zunft der Erziehungswissenschaftler, H.E. TENORTH, verkündet, die bürgerliche Gesellschaft verdiene mehr Anerkennung, als Pädagogen gemeinhin bereit seien, ihr zu geben (TENORTH 1992). Aversionen löst hier ein Modus der Kritik aus, der aufs Ganze geht. Aber das kommt ohnehin nur noch selten vor. Für die verwirklichte Gleichheit der Chancen und die Überwindung des Modells, das zur Beschneidung der Chancen führt, rühren sich nicht einmal mehr die fünf Finger einer Faust.

(4) Umso freigebiger wird unterhalb dieses Niveaus der Negation ausgeteilt. Das Altern der alten Kritik bedeutet ja keineswegs schon das Ableben der Kritik selbst. Das Gegenteil dürfte zutreffen. Nie war so viel Kritik, ja so viel Schärfe der Kritik. Hunderttausende müssen Gefallen an den Tiraden eines Herrn SCHWANITZ finden, der in seinem Bestseller „Bildung – Alles, was man wissen muss" von Schülern bevorzugt als von den „kleinen Bestien" schreibt. Sonst wäre nicht zu erklären, warum dieses Buch über den Verfall der Bildung, der Erziehung und der Schule so viel Anklang findet (SCHWANITZ 1999, S. 27). Das, was dort wie allerorten gegen die Schule vorgetragen wird, ist zunehmend beliebig geworden.

Mit der Inflation des Klagens einher also geht der Substanzverlust der Kritik: Es handelt sich vielfach um ein waberndes, ressentimentgeladenes öffentliches Meinen, unbekümmert um innere Stimmigkeit, akzeptable Herleitung, rechte Proportionierung, Richtigkeit der Beschreibung. Polemik ersetzt Kritik als Modus differenzieller Urteilsfähigkeit. Nach den Schuldzuschreibungen sorgt man sich nicht mehr um Schuldige und verliert die Ursachen aus dem Blick.

III

Jenseits des Dargestellten entsteht aus der Unzufriedenheit mit dem System der strategische Zugriff auf die Modernisierung.

Diese wird weitgehend von außen auferlegt, sie ist nicht ein Akt der Selbstbesinnung und –heilung von innen. Damit sind grobe Reibungsflächen vorprogrammiert, die die Kritik am Alten wie am Neuen auf einige Dauer stellen dürften, ohne dass sie damit aufklärend wirken muss. Auf diese Weise wird sich das System in den nächsten Jahren vor allem mit den Zumutungen beschäftigen:

- Schulen ans Netz
- Autonomie
- Neue Steuerung

(1) Schulen ans Netz
Es handelt sich um einen Zwang zur Modernisierung, der unbefragt hingenommen wird. Niemand kann es sich leisten – wenn er nicht HARTMUT VON HENTIG heißt –, gegen die Nutzung der modernen Informationstechnologie in der Schule zu sein. *Man* muss *es* tun, auch wenn nur die wenigsten sagen können, was man pädagogisch etwa mit dem Internet anfangen soll. Gegenwärtiger Missbrauch wird mit den Kinderkrankheiten des Mediums und seiner didaktischen Nutzung abgewehrt, als Kritik also nicht gelten gelassen. Eine grundsätzliche Kritik an dem Medium wird angesichts der gegenwärtigen Modernisierungsgläubigkeit gleichgesetzt mit technikfeindlicher Ignoranz und Gestrigkeit. Vom Installationswahn weitgehend unabhängig wird die Schule sich schon zu wehren wissen. Erste Zeichen der Entwarnung gibt es bereits: Von der euphorisch propagierten Multimedia-Schule on-line geht man in im NRW-Landesinstitut in Soest bereits vorsichtig zur Lern-Schule off-line zurück. In dieser kann wieder der Informations-Input didaktisch gesteuert werden und lassen sich die Ergebnisse des Lernprozesses mit allgemeinen Maßstäben bewerten. In der On-line-Schule wäre das nicht mehr so

ohne weiteres möglich. Eine zu große Veränderung des überkommenen, die Schule bislang prägenden Unterrichtskonzeptes wäre die Folge.

(2) Teilautonomie

Wie sollte diese kritisiert werden? Schwerlich kann offensiv gegen die verwaltete, rechtlich strangulierte Schule vorgegangen und zugleich die gewährte Teilautonomie abgelehnt werden. Auch die erweiterte Autonomie – so mein Eindruck – enthält nicht das Zündpulver der Kritik, denn in der Normalschule besteht eher die Tendenz zur Normalisierung als die zur Ausdifferenzierung. Es gibt in den Schulen manche, die wollen nutzen, was ihnen angeboten wird, viele aber wollen das wie das Alte nicht. Wir wissen aus der akademischen Selbstverwaltung alten Stils, was aus Entscheidungsfreiheit werden kann, wenn es als Basis für sie keinen kollektiven Willen gibt. Wir erleben heute, was es bedeuten kann, sofern Teilautonomie als Strategie genutzt wird, eine nicht nur effektivere sondern auch strengere Führung im System durchzusetzen: Der neue Wohlfahrtsausschuss mit einem starken Dekan bestimmt und veranlasst, was der alte Gremienzirkus bloß kreisen ließ. Kritik wird auf diese Weise domestiziert und personalisiert, sie erreicht oft nicht das Problem, das mit der Autonomie bearbeitet werden müsste: Wie kann man selbstverantwortlich im Kollektiv eine pädagogische Aufgabe realisieren, die wesentlich differenziell stattfinden und doch allgemeinen Standards folgen muss? Für diese sorgen unabhängig von der Autonomie zukünftig die neuen Steuerungsmethoden.

(3) Neue Steuerung

Man kann und muss an den Methoden der gegenwärtigen Wirkungsforschung scharfe Kritik üben, aber kann man damit diese auch selbst als überflüssig abtun? Kann man wegen der unangenehmen Nebenwirkungen der Out-Put-Kontrolle, also etwa dem Standardisierungsdruck, der Abwertung des evaluativ nicht Gemessenen etc. die Information über die Unterrichtseffekte als pädagogisches Teufelszeug bezeichnen? Wer so kritisch grundsätzlich gegen TIMSS argumentiert, kann als jemand gebrandmarkt werden, der sich mit seinen Vorbehalten lediglich davor schützen will, dass man ihm professionelle Verantwortung abverlangt.

Sofern die Schulen, aber auch die Universitäten, anhaltenden Widerstand zeigen, steht zu befürchten, dass noch stärker, als es bis heute geschieht, über das Bildungssystem von außen verfügt wird; eine merkwürdige Dialektik zwischen Autonomie und neuer Steuerung würde so entstehen. Wer aber auf der gegenwärtigen Welle mitschwimmt, ist keineswegs schon deswegen in der Lage, den Prozess so zu beeinflussen, dass seine eigenen Ziele in ihm aufgenommen werden.

Rückenwind erfahren die Evaluateure durch das allgemeine Bewusstwerden einer unter Effizienzkriterien unhaltbaren Wirklichkeit. Damit werden sie zur Avantgarde der immanenten Kritik: Kenntlich wird, dass die öffentliche Schule und auch die sie betreuende Wissenschaft Illusionen und Selbstimmunisierungen aufgesessen sind,

- indem sie Postulatepädagogik betreiben, die Nennung von Aufgaben schon als Aufgabenbearbeitung oder gar -bewältigung betrachten (Schlüsselprobleme, Schlüsselqualifikationen, Lehrplan als Ausdruck der Qualifikation der Schüler),
- indem Diagnosen gestellt werden, die sich nicht empirisch erhärten lassen, sondern sich als Ausdruck des Lobbyismus entpuppen (etwa die Forderung kleinerer Klasse mit Blick auf deren Wirkung),
- indem Prognosen mit Forderungen formuliert werden, die sich dann nicht bewahrheiten und lediglich in neue Forderungen und Versprechungen einmünden
- und indem schließlich der professionelle Umgang mit den Zielen und Mitteln postuliert wird, ohne dass die Schüler von ihm entsprechend profitieren würden.

Out-put-Daten belegen, was jeder aufmerksame Beobachter längst weiß: den ungeheuren Verschleiß von Energie und Mitteln in einer Institution, die Bildung für alle zu bewirken behauptet. TIMSS ist ein später Sieg des Positivismus über die zutiefst normative Domäne Pädagogik. Das bequeme an dieser Systemkritik besteht freilich darin, dass sie mit der Evidenz von Wirkungen argumentieren kann, ohne dass sie diese analysieren muss (vgl. HEINRICH 1999). Es reicht die Botschaft: Sorgt als Professionelle für bessere Ergebnisse! Schüler sollen üben, üben, üben!

IV

Auf die Verwandlung der Kritik in neotechnokratische Systemsteuerung gibt es jenseits der geschilderten Abwehr mehrere Reaktionsmöglichkeiten.

(1) Eine der heute propagierten Lösungen besteht in der theoretischen Entsorgung sowohl der alten Kritik als auch der überkommenen Verbindung von Kritik und Therapie. Es ist die Stunde der Beobachter des *Systems*. Deren Strategie besteht darin, sich zum Beobachter noch der Beobachter und Kommentatoren der pädagogischen Praxis zu machen. Sie schauen sich also auch das Treiben der praktisch involvierten Erziehungswissenschaft an. In luhmannscher Nachfolge sollen Ideologeme nicht etwa (nur) als wissenschaftlich unpassend abgelehnt werden. Es gilt vielmehr, sie als Ansprüche an die Sache nicht mehr weiter ernst zu nehmen und sie statt dessen allein in ihrer Funktionsweise zu beschreiben. Sodann interessiert es diese Beobachter, wie

es das System schafft, sich Aufgaben zuzuweisen, die es dann souverän missachtet, wie Entscheidungen getroffen werden, die wenig zu tun haben müssen mit einem rationalen Ziel-Mittelzusammenhang, wie Unterscheidungen vorgenommen werden, um alles im offenen des Dazwischen zu belassen. LUHMANN hat mit gütiger Ironie in seinem letzten Buch über „Organisation und Entscheidung" (2000) Spott über diejenigen ausgeschüttet, die glauben, mit Evaluation Systeme wie das der Wissenschaft oder der Ausbildung zur Mittelrationalität zwingen zu können.

Die Kritik versachlicht sich hier zu einer Aufklärung ohne Versöhnung. Sie betreibt ein suffisantes Beschreiben des pädagogischen Wuselns und legt dieses als Leistungen des autopoietischen Systems Schule aus.

Wir haben es also mit viererlei Veränderungen der Lage zu tun:

- mit dem Altern der alten Kritik,
- mit dem Stellvertreter bestimmter Negation der Verhältnisse: der inflationären Kritik an allem und jedem, was Unzufriedenheit auszudrücken vermag,
- mit der positivistischen Vermessung von Defiziten
- und mit der Umdeutung des Defizits in die Selbstregulation und Reproduktion des Systems und seine darin sich zeigende begrenzte Lernfähigkeit.

(2) Es bliebe freilich noch eine Alternative. Es ginge mit ihr um bestimmte Negation, die Aufklärung darüber, warum nicht verwirklicht wird, was Pädagogik sein sollte.

Sie könnte vielfach an die Verfallsformen der Kritik anschließen und führte doch zu gänzlich anderen Einsichten. Anzuschließen wäre an die von fast allen Kritikern geteilten Erwartungen an die Leistungen öffentlicher Erziehung: Allgemeinbildung als soziale Allgemeinheit der Bildung, Mündigkeit als Freisetzung von Urteilsfähigkeit, Gerechtigkeit als Fähigkeit der Schule, Schüler gleich zu behandeln, indem ihrer Besonderheit gefolgt wird, Solidarität als die Fähigkeit der öffentlichen Schule, ein starkes Motiv für praktische Sittlichkeit zu stiften. Wo, wenn nicht auf diesem normativen Überzeugungsboden soll das *pädagogische* Unbehagen an der Schule gründen? Willkürlich werden bis heute viele jungen Menschen von ihrer möglichen Bildung abgesperrt, die Cleverness der Vorankommenden befriedigt nicht einmal die, die sich mit solchem Personal auseinandersetzen müssen. Die Resignation der anderen enthält ungeheuer hohe bedrohliche gesellschaftliche Gestehungskosten. Die Willkür in der Behandlung unterschiedlicher Fähigkeiten wie die vorwaltende Indifferenz gegenüber den Unterschieden der Adressaten der Bildung wird längst nicht mehr so fraglos hingenommen. Man muss nicht erst auf die inhumanen Widerstand produzierenden Glatzköpfe blicken, um darüber zu klagen, dass das Bildungssystem nicht die Humanität sichernden Dispositionen hervorbringt, die wir alle wünschen müssen. Aus der Klage darüber wird aber erst Kritik durch die möglichst genaue Analyse der systematischen Produktion des nicht Gewollten.

Dass Kritiker der Erziehungswissenschaft in der veröffentlichten Meinung und der Politik sowie Verwaltung mit dieser so leicht fertig werden, sie die Erziehungswissenschaftler als die pädagogischen „Entschulder" und nicht als Aufklärer beargwöhnen, hängt damit zusammen, dass eine solche Kritik bei uns nicht gepflegt wird. Warum das so ist, habe ich andeutungsweise geschildert, aber es müsste nicht so sein. Denkbar wäre die Konzentration auf die möglichst genauen Analysen konkreter Sachverhalte anstelle der großen Hypothesen, zu denen sich immer Gegenhypothesen bilden lassen. Die Erziehungswissenschaft müsste sich um den analytischen Tatsachenblick bemühen, um von ihm aus zu erklären, woran es liegt, dass innerhalb der Pädagogik die gute Absicht nicht die entsprechende Wirkung entfaltet. Aber eine solche Form der Kritik hätte als Selbstkritik zu erfolgen, sie müsste auf die vorschnelle Exterriorisierung der Ursachen verzichten. Selbst wo sie ferngeleitet und abhängig agiert, ist nachzuweisen, wie die Pädagogik dies intern bewerkstelligt.

Damit stünde auch jenes Kontinuum zwischen Kritik und Therapie zur theoretischen Disposition. Die Analyse hätte Partei zu ergreifen für das, was Pädagogik in der europäischen Bildungstradition sich zur Aufgabe gemacht hat. Aber sie wäre glaubwürdig in ihrer normativen Entscheidung erst mit der radikalen Bereitschaft, zu erklären, wie die Pädagogik in sich das Negative aushält und befördert, wie sie nicht erreicht, was sie erreichen sollte.

Es ginge schließlich nicht einfach darum, Defizitfeststellungen zu betreiben, also mitzuteilen, dass es eine mehr oder weniger große Differenz gibt zwischen Sein und Sollen. Hinzukommen muss die Analyse, wie sich die Differenz herstellt und – prekärer noch – wie sie hergestellt wird, so dass sie nicht dort zu Protest geht, wo sie entsteht. Es gilt nicht allein zu erklären, wie sich etwas von der Norm aus betrachtet Falsches einstellt, sondern wie es so hergestellt wird, dass es scheint, als wäre daran nichts Entscheidendes mehr zu ändern.

In dieser Haltung wäre die Teilautonomie zu analysieren, so die Evaluation auszuschärfen. Die Autonomie wäre auch als begrenzte ernst zu nehmen. Das Controlling wäre besser zu organisieren, die Zielerreichung genauer zu untersuchen, als dies TIMSS leisten kann. Es wären Erklärungen dafür zu liefern, warum Mathematik-Kenntnisse unzureichend entwickelt werden und warum das entgegen der öffentlichen Klage nicht zum Problem für Pädagogik und Gesellschaft wird.

Literatur

ADAM, K. (1992): Verweigerte Bildung. In: Pädagogische Korrespondenz 11/1992, S. 21-24

BILDUNGSKOMMISSION NRW (1995): Die Zukunft der Bildung, Schule der Zukunft, Neuwied

BLANKERTZ, H. (1982): Geschichte der Pädagogik von der Aufklärung bis zur Gegenwart, Wetzlar

BLANKERTZ, ST. (1988): Legitimität und Praxis, Wetzlar

BÖTTCHER, W. / KLEMM, K. (Hrsg.) (1995): Bildung in Zahlen, München

FRIEDEBURG, L.V. (1978): Bilanz der Bildungspolitik. In: ZfPäd 2/1978, S. 178-194

GRUSCHKA, A. (2001): Didaktik – das Kreuz mit der Vermittlung – Elf Einsprüche gegen den didaktischen Betrieb, Wetzlar

HEINRICH, M. (1999): Vom Überlebenskampf des Homo Faber – Zum technokratischen Mythos der ‚zukunftssichernden Bildung' in der öffentlichen Diskussion um TIMSS. In: Pädagogische Korrespondenz 23/1999, S. 37-52

KLEMM, K./WEEGEN, M. (2001): Wie gewonnen so zerronnen. In: Jahrbuch für Schulentwicklungsforschung, Weinheim

LANGE, H. (1999): Qualitätssicherung in Schulen. In: Die Deutsche Schule 2/1999, S. 144-159

LUHMANN. N. (200): Organisation und Entscheidung, Opladen

MEYER, H.L./JANK, W. (1991): Didaktische Modelle, Frankfurt

SCHWANITZ, D. (1999): Bildung – alles was man wissen muss, Frankfurt

STÖVESAND, H. (2001): Schulentwicklung nach Klippert – Über den Anspruch, mittels Dressur Selbständigkeit zu fördern. In: Pädagogische Korrespondenz 26/2001, S. 80-94

TENORTH, H.E. (1992): Paradoxa, Widersprüche und die Aufklärungspädagogik. In: ZfPäd Beiheft 28/1992, S.117-134

Margret Kraul / Winfried Marotzki

Biographische Zugänge zu Wandlungsprozessen in Übergangsgesellschaften

Transformationsforschung favorisiert in der Regel aus guten Gründen makro- und meso-soziale Perspektiven (vgl. DITTRICH [Hrsg.] [2001]; MAYNTZ/ SCHIMANK/WEINGART [Hrsg.] [1995]; MERKEL [Hrsg.] [1996]). Das Symposium stellte dagegen biographieanalytische Zugänge zu Wandlungsprozessen in den Mittelpunkt seiner Arbeit und favorisierte insofern eine mikrosoziale Perspektive. Es hat dabei vor allem zwei Perspektiven bearbeitet: Zum einen ging es um das Verhältnis von Biographie und Transformation. An den Beispielen Ostdeutschland und Masuren wurden Vignetten biographischer Transformationen rekonstruiert und diskutiert. Die zweite Perspektive widmete sich dem Verhältnis von Biographie und Migration am Beispiel polnischer Jugendlicher und spanischer Einwanderer. Im folgenden stellen wir die dargelegten Positionen und die wesentlichen Resultate der daran anknüpfenden Diskussionen dar.

Mit seinem Beitrag „Die mikrotheoretische Dimension der Transformationsforschung" verfolgte FRITZ SCHÜTZE zwei Absichten: Zum einen wollte er – wie der Titel ankündigt – die biographieanalytische Dimension gleichsam als Zentralperspektive einer mikrosozialen Blickrichtung etablieren. Zum anderen entwickelte er seine Überlegungen anhand der ehemaligen DDR-Gesellschaft, so dass er gleichzeitig einen Beitrag zur Erforschung der Transformationsprozesse in Ostdeutschland leistete. Grundlegend unterschied er drei „Realitätsebenen", anhand derer er seine Überlegungen entwickelte:

Zunächst ist es die Dimension der symbolischen Universa und verbunden damit die Ebene der symbolischen Schematisierungen. Das bedeutet, dass Menschen kulturvariante Bedeutungen, Wertorientierungen und soziale Normen verwenden, um ihr Selbst- und Weltbild zu entwickeln und auf diese Weise ihre Identität auszuprägen. Unabhängig davon, ob die Bürger das symbolische Universum der DDR verinnerlicht hatten, sahen sie sich nach der Wende – so argumentierte SCHÜTZE – mit einer Delegitimierung konfrontiert. Das hatte u.U. schwere biographische Verlaufskurvenprobleme zur Folge, die teilweise in Orientierungszusammenbrüchen, Ablehnung des neuen Systems u.ä. gipfelten. Eine plötzliche Entwertung ist aber – biographieanalytisch gesehen - in der Regel grundsätzlich problematisch. Natürlich gab es auch andere Formen der Wirkung auf die eigene Biographie, etwa solche, die sich in der Tradition der Kirche eine relative Kontinuität ihrer Biographie bewahren konnten. Neben diesen Extremen, desaströse Verlaufskurvenerfahrung auf der einen und relative biographische Kontinuität auf der anderen Seite, gibt es natürlich alle möglichen Morphologien biographischer Entwicklung, die SCHÜTZE im einzelnen nicht exponierte.

Symbolische Schematisierungen liefern alltägliche Anschauungsweisen der sozialen Welt und lassen deren elementare Ordnungen erkennen. SCHÜTZE identifizierte sechs solcher Schematisierungen: Erstens habe eine familialistische Sichtweise der sozialen Beziehungen (symbolischer Familialismus) im Vordergrund gestanden. Zweitens sei die Arbeit als Mitte der alltäglichen Existenzwelt angesehen worden, die die Lebensbezüge außerhalb der Arbeit organisierte. Drittens habe es eine gewisse Vordringlichkeit des Nahen und Vertrauten gegeben und damit auch des Geschützten. Viertens sei die Annahme einer rationalen, verwaltungsmäßigen Planbarkeit und Steuerbarkeit gesellschaftlicher Prozesse allgegenwärtig gewesen. Fünftens würden Karrierewege zentral gesteuert, ein Sachverhalt, den ULRIKE NAGEL in ihrem Beitrag minutiös herausgearbeitete. Sechstens sei ein gewisser distanzierter, ironischer Blick kennzeichnend gewesen, d.h. es sei in der Regel davon ausgegangen worden, dass es zur offiziellen öffentlichen Vorderbühne auch noch eine, in den meisten Fällen private, Hinterbühne gab, die spezifische Funktionen zu erfüllen hatte.

Die *zweite* „Realitätsebene", die SCHÜTZE davon unterschied, ist die gesellschaftliche und soziale Diskursarena. Die Transformationen hierfür einschlägiger Institutionen (Regierungssystem, freie Presse etc.) und Delegitimierungsprozesse seien diskursanalytisch in ihren Veränderungsgestalten analysierbar. Dazu gehören für SCHÜTZE auch Analysen des öffentlichen Diskurses nach der Wende, der sich oftmals durch nicht fruchtbare Dichotomien (Ost-West) auszeichnete.

Die *dritte* Realitätsebene ist die Biographie. Angesichts des Wechsels des gesellschaftlichen Symbolsystems erfahren auch Biographien eine Uminterpretation und eine neue Bewertung. Das Individuum muss sowohl individuelle als auch kollektive Identitätsarbeit leisten. Das verinnerlichte symbolische Universum wird transformiert. SCHÜTZE verwendete in diesem Argumentationsschritt die vier von ihm entwickelten Prozessstrukturen des Lebensablaufs (Handlungsschema, institutionelles Ablaufmuster, Verlaufskurve und Wandlung), um zu zeigen, wie die biographischen Transformationen in nicht wenigen Extremfällen aussahen. Handlungsschematische Kontrollen seien oft gescheitert, da die institutionellen Rahmenbedingungen sich zu schnell geändert hätten. Stabile biographische Karriereverläufe seien nicht mehr regelhaft möglich gewesen. Nur noch in Einzelfällen, wenn die Menschen in den Institutionen blieben und die Institutionen ungefährdet weiterbestanden hätten, seien solche gesicherten Verläufe nachweisbar. Verlaufskurvenerfahrungen seien eher der Regelfall gewesen, nicht nur wegen des Verlustes des verinnerlichten symbolischen Universums, sondern auch beispielsweise dadurch, dass das westliche System übergestülpt wurde und dieses u.U. zum Verlust des Arbeitsplatzes führte bzw. zu veränderten Arbeitsplatzanforderungen. Natürlich habe es auch kreative Wandlungsbiographien gegeben, die überwiegend bei Selbständigen nachzuweisen seien.

Zusammenfassend kann man sagen, dass SCHÜTZE mit dem Dreiebenenmodell eine Programmatik entwickelte, die sicherlich in den nächsten Jahren von einer Transformationsforschung, die eine mikro-soziale Perspektive favorisiert, empirisch weiter ausgearbeitet werden wird. Er zeigte jedoch jetzt schon überzeugend, dass die Kategorie der Biographie dafür ein geeigneter analytischer Fokus ist.

Interessant an dem Beitrag von ULRIKE NAGEL ist, dass sie anhand ihrer Analyse der DDR-Gesellschaft zu den gleichen strukturellen Kernpunkten gelangte wie FRITZ SCHÜTZE. Ihre Ausführungen basierten auf den Ergebnissen des DFG-Projektes "Berufsbiographien und berufliche Handlungspotentiale ostdeutscher Manager". Im ersten Schritt arbeitete sie die zentralen institutionellen Ordnungsprinzipien heraus, die die „Normalbiographien“ in der ehemaligen DDR prägten. Die Grundprinzipien der Gleichheit der Bürger, der Vorrang des Kollektivs vor dem Individuum und die Zentralplanung des Gesellschaftsinteresses wurde gleichsam vereint und zugespitzt im Prinzip der Delegation („institutionelles Chaneling“), das sich in einem biographischen Erfahrungszusammenhang der „Begünstigung“ niedergeschlagen hätte. Begünstigt werde eine Loyalität gegenüber dem Klassenstandpunkt und fachlich-beruflicher Leistung. "Das schafft eine zwar nicht nach außen konfliktträchtige, wohl aber eine innerlich spannungsreiche Selbsterfahrung, eine eigentümliche Spannung von Individuum und Gesellschaft, von Konformität und Eigensinn in der Biographiesteuerung." (NAGEL 2000, S. 3) Unter Eigensinn versteht NAGEL den Anspruch des Ich auf moralische Kohärenz und eigenbiographische Kontinuität unter kontrafaktischen Geltungsbedingungen. Interessant an NAGELS Ergebnissen ist ihr Resultat, dass die DDR eher ein politisches System der Begünstigung war und nicht in erster Linie ein repressives. Es habe den Menschen Machtkonformität abverlangt und eine individuelle Routine der Loyalitätsdarstellung. Im Anschluss an diese grundsätzlichen Überlegungen arbeitete sie drei Muster der Verarbeitung dieser Spannung von Konformität und Eigensinn heraus:

Erstens: "Kreative" Identitätsarbeit und der Mechanismus der Entzauberung. Bei diesem Verarbeitungsmuster könnten die Spannungen in der Regel aufgrund einer intakten Hinterbühne, die durch die jeweiligen Familien gebildet werde, ertragen und verarbeitet werden. „Eine solche Hinterbühnenkonstellation korreliert keineswegs zwangsläufig mit einer Soziallage der Nicht-Begünstigung oder mit einer staatsfernen Positionierung der Eltern, sondern z.B. durchaus auch mit einer hohen Position des Vaters in einer politischen Kaderhierarchie" (NAGEL 2000, S. 8). Lange vor der Wende sei es bei diesem Typ zu einer Loyalitätskrise gekommen, die in ein „langgestrecktes cooling out“ gemündet habe. Dabei habe gleichsam schon eine Transformation im Kopf stattgefunden. Diese Typik des betrieblichen Transformationsmanagements bezeichnete NAGEL als „Merging“ im Sinne der Synthetisierung von Struktureigenschaften beider ökonomischer Systeme. „Die Manager diesen Typs werden zu Grenzgängern zwischen den Welten, zu Mittlern zwischen den Systemlogiken" (NAGEL 2000, S. 8). Die zweite Verarbeitungsform stellte NAGEL unter die Überschrift „Zirkuläre Identitätsarbeit und der Mechanismus der Einkapselung“. Hier werde die Loyalitätskrise nicht bearbeitet, der Konflikt eingekapselt; eine familiale Hinterbühne sei nicht in Sicht. Die beruflich-betriebliche Transformationsstrategie folge dem Muster eines „Campaign Managers“. Schließlich sei ein letzter Typ nachweisbar, von ihr als „Eingefrorene Identitätsarbeit und der Mechanismus der Ausblendung“ bezeichnet. Ein biographischer Wandlungsprozess werde nicht eingeleitet, sondern man kehre zur Routine, wenn auch mit geändertem Vorzeichen, zurück. Es gebe keine Anhaltspunkte für eine familiale Hinterbühne oder nachbarschaftlich-freundschaftliche Diskursarenen, in denen die Deutungshoheit des herrschenden Sinnuniversums aufgebrochen und die Bedeutung der Dinge erst ausgehandelt werden könnten.

NAGEL zeigt insgesamt am Beispiel der Managerbiographien anschaulich, wie gesamtgesellschaftliche Strukturmerkmale der DDR-Gesellschaft bis in die Arbeitsvollzüge des täglichen Handelns und bis in private biographische Planungen und Biographisierungsprozessen hinein wirksam werden. Ihr Beitrag ist deshalb ein gutes Beispiel für den Ansatz einer biographieanalytisch inspirierten Transformationsforschung, die gleichsam in mikrologischen Analysebewegungen die grundlegende Vermitteltheit von Makro-, Meso- und Mikroebene rekonstruiert.

In dem Beitrag von ULRICH MAI „Anpassen, Arbeit, Lernen: Krisenbewältigungsstrategien von Deutschen in Masuren nach 1945“ ging es um jene Deutschen, die nach dem Ende des Zweiten Weltkrieges in ihrer Heimat Ostpreußen blieben und sich in dieser Situation mit dem 1945 neu gegründeten polnischen Staat auseinandersetzen mussten, der sich zudem zu Teilen in Übereinstimmung mit der Siegermacht UdSSR glaubte. Damals wurden die Deutschen in Polen gezwungen, sich unter neuen politischen Bedingungen zu arrangieren; rund fünfzig Jahre später kommen deutschstämmige Aussiedlerinnen und Aussiedler nach Deutschland und unterziehen sich – zuweilen schmerzhaften – Integrations- und Assimilationsprozessen. Die sozialen und psychischen Leistungen, die in der jeweiligen Situation erbracht werden müssen und die Biographien beeinflussen, waren Gegenstand der Diskussion.

ULRICH MAI setzte sich mit der Frage auseinander, „wie die Angehörigen der deutschen Minderheit in Masuren nach dem Zweiten Weltkrieg Fremdheitserfahrungen verarbeitet haben, mit welchen Krisenbewältigungsstrategien sie darauf reagiert haben, schließlich wie heute individuelle Lebensläufe aus der Retrospektive beurteilt werden, abschließend aber auch, welche Perspektiven für die Zukunft vorherrschen“ (MAI 2000, S. 1). Seiner Arbeit lagen biographische Leitfadeninterviews zugrunde, die er mit deutschstämmigen Polen in Masuren geführt hat, die die Zeit des Zweiten Weltkrieges und den Übergang von einer deutschen zu einer mehr oder weniger zwangsweise verordneten polnischen Staatsangehörigkeit erlebt haben. ULRICH MAI identifizierte - chronologisch betrachtet - verschiedene Entwicklungsstufen in diesem Prozess, zugleich aber auch unterschiedliche Modi des Umgangs mit der politischen Transformation.

In der unmittelbaren Nachkriegszeit überwog bei den von ihm Befragten die Angst vor den Fremden. Sie wurde aus mehreren Wurzeln gespeist. Da war einmal die für eine ländliche Bevölkerung in der damaligen Zeit durchaus typische Angst vor Ungewohntem und Neuem; andere Faktoren kamen jedoch, wie ULRICH MAI verdeutlichte, erschwerend hinzu: So hatte die Politik der Nazizeit nicht nur die generelle Abneigung gegen alles Fremde geschürt, sondern Polen und Russen zugleich als „slawische Untermenschen" etikettiert. Und die nahe Grenze hatte schon während des Ersten Weltkrieges Sorge und Furcht heraufbeschworen. Handlungsmuster, wie man mit „Fremdem" verfahren könne, gab es hingegen in der ländlich strukturierten traditionalen Gesellschaft kaum. Die Realität der ausgehenden Kriegszeit und der frühen Nachkriegszeit schien die zuvor geschürten kollektiven Ängste durch Einzelerfahrungen zu bestätigen und führte zu großen emotionalen Belastungen. Insofern waren mit diesem „Übergang" gewalthafte, zwangvolle Prozesse verbunden, die die Betroffenen zunächst nahezu traumatisierten und erst in einem zweiten Schritt bestimmte Strategien der Verarbeitung freisetzten.

ULRICH MAI hob in seinem Beitrag darauf ab, wie die zurückgebliebenen Deutschen in Masuren in der ersten Zeit nach dem Zusammenbruch den Verlust aller bisherigen Ordnungen erlebten: Es gab keinen gesicherten Raum mehr, keinen Schutz innerhalb tradierter Familienstrukturen. Verstecke, Nischen wurden gesucht. Befragte berichten, dass sie sich als Kinder häufig den ganzen Tag im Wald versteckt hätten. Andererseits wurden sie schon als Kinder in den Kampf um das Überleben einbezogen und mit Arbeiten der Erwachsenen betraut; statt auf Schon- und Schutzräume zurückgreifen zu können, waren sie hilflos einer Schonungs- und Schutzlosigkeit ausgesetzt. Jungen wurde die Rolle des oft – durch Kriegsgefangenschaft oder Tod – abwesenden Vaters auferlegt, verbunden mit Erwartungen an physische Arbeit und psychische Unterstützung ihrer Familien. Sie mussten Aufgaben übernehmen, die traditionellerweise älteren Generationen zugedacht waren; ihr individueller Entwicklungsverlauf wurde den Erfordernissen des Überlebens untergeordnet; gewohnte innerfamiliale Ordnungen waren hinfällig geworden. MAI zeigte, wie „die im bisherigen Prozess der Sozialisation erworbene Welt normativer Orientierungen, von Urvertrauen in die alte Kontinuität ländlicher sozialer Beziehungen, in die Plausibilität von Lebensentwürfen und die Adäquatheit von des entwickelten Selbstbildes weitgehend" (MAI 2000, S. 5) zusammenbrach.

Aber diese Chaos-Situation dauerte nicht ewig. Zwar blieb das Gefühl der Fremdheit bestehen: Die Verbindung von polnischer Sprache, die von den meisten Deutschen nicht verstanden wurde, und katholischer Religion - im evangelischen Masuren - tat ein übriges. Dennoch konnte MAI Faktoren benennen, die der Verarbeitung des Traumas dienlich waren: eine Art schweigender Anpassung, Lernen, verstanden als ein aktives Aufnehmen des Neuen wie auch der Sprache, harte Arbeit und schließlich die "Nutzung sozialer Beziehungen als Ressource" (MAI 2000, S. 7).

Zunächst zu Anpassung und Lernen. ULRICH MAI bezeichnete die Anpassung als eine „Form eher passiven Sich-Einlassens auf Fremdheit", durchaus schon mit strategischen und taktischen Intentionen. Verzicht auf Widerspruch, Schweigen, um zu überleben, das zeichne diese Stufe aus, die trotz des passiven Elements durchaus mit Anstrengung verbunden gewesen sei. Lernen hingegen weise darüber hinaus; hier werde bereits die aktive und bewusste Aneignung fremder Kultur praktiziert, vor allem natürlich der Spracherwerb. Normative Orientierungen hätten ebenso eine Rolle gespielt wie Gewohnheiten und Bräuche, z.B. Essens- und Trinkkulturen.

Als weitere Verarbeitungsstrategie stellte MAI die Arbeit heraus. Natürlich hatte sie ökonomische Bedeutung; sie gab aber darüber hinaus - vor allem in einer ländlichen Lebenswelt - dem Leben Struktur und sozialen Halt. Mit Arbeit wurden auch jene Tugenden verbunden, die in der Lebenswelt des heutigen Masuren noch immer als typisch deutsche bezeichnet werden: Fleiß, Leistung, Sparsamkeit. Während traditionelle Rollenanforderungen im Familienverband in der Zeit des Neubeginns ins Wanken gerieten, blieben diese normativen Orientierungen bestehen und bildeten gleichsam das Gerüst des weiteren Lebens. Arbeit wurde zu einem Identifikationsmoment für die Deutschen in Masuren, das zugleich den anderen dort ansässigen Volksgruppen, den Polen und Ukrainern, Achtung abverlangte.

Die dritte Strategie ist im Vergleich zu den beiden ersten Verarbeitungsmustern weniger reaktiv als vielmehr kreativ: die Nutzung sozialer Beziehungen. Zwar ist dieses Verhalten gerade in Zeiten der Not, in denen etwa die Arbeit auf den kärglichen masurischen Böden gegenseitige, auch über Ethnien hinausgehende, Hilfeleistungen erforderte, in gewisser Weise selbstverständlich, aber der Einsatz sozialer Beziehungen benötigte eben auch, wie MAI verdeutlicht, Vertrauen und interkulturelle Kompetenz. Die aber mussten in der belasteten politischen Situation erst einmal erworben werden. Was den Zurückgebliebenen in diesem Szenario abgefordert wurde, war damit nicht wenig: ULRICH MAI resümierte, dass sie nur dann hoffen konnten, die Situation zu bewältigen, wenn sie in sozialer wie kultureller Hinsicht lernwillig waren, Brüche in ihrer Sozialisation überwanden, sich neuen Anforderungen stellten und sie kreativ nutzten (vgl. MAI 2000, S. 14).

Soziales und kulturelles Lernen und die Überwindung von Sozialisationsbrüchen werden auch von Migrantinnen und Migranten erwartet. So beschäftigte sich DOROTHEE MEISTER in ihrem Beitrag „Biographische Übergänge bei jugendlichen Aussiedlern aus Polen" mit spezifischen Verarbeitungsmustern. Sie befragte 16 jugendliche Aussiedler in einem Alter zwischen 14 und 20 Jahren mit Hilfe jeweils zweier zeitlich unterschiedlich angesetzter leitfadengestützter Interviews daraufhin, wie sie „ihre Migration bewältigen und (...) den damit verbundenen Wechsel ihrer Lebenskontexte in ihre biographischen Selbstkonstruktionen einbauen." Die von MEISTER untersuchte Gruppe stellte sich – im Unterschied zu den in Masuren zurückgebliebenen Deutschen – zwar freiwillig der neuen Umgebung, hatte aber zumindest in bezug auf die Sprache die gleichen Schwierigkeiten wie die Deutschen in Masuren. Einige der Erstinterviews mussten daher auf polnisch geführt werden. In den Interviews wurden in einem Dreischritt Vergangenheit, Gegenwart und Zukunft behandelt und frühere Lebenszusammenhänge in Polen wie die Motive der Aussiedlung ebenso thematisiert wie gegenwärtige Lebensverhältnisse und Zukunftsvorstellungen.

Auf der Basis ihrer Interviews konstatierte DOROTHEE MEISTER bei ihrer Klientel – trotz deren selbstgewählter Migration – einen radikalen Bruch mit ihrem bisherigem Leben. Soziale Beziehungen mussten aufgegeben, die deutsche Sprache musste erlernt werden, eine neue Lebensplanung stand an. Hilfreich erwies es sich da, wenn möglichst bald nach der Migration ein strukturiertes Alltagsleben gewonnen werden konnte. Im allgemeinen gelang es den Jugendlichen zwar, vor allem über „die rasche mediale und konsumptive Eingewöhnung" (MEISTER 2000, S. 4), relativ rasch, dem Leben in Deutschland etwas Positives abzugewinnen. Dennoch verlief die „Akkulturierungskarriere" unterschiedlich, abhängig von verschiedenen Faktoren, die MEISTER anhand zweier Fallbeispiele, Renata und Jolanta, herausarbeitete.

Beiden Mädchen war während ihres Lebens in Polen bewusst, dass sie deutscher Abstammung waren. Ihre Alltagspraxis in Polen wurde jedoch wenig davon berührt; sie fühlten sich als Polinnen und waren in Polen in die Gesellschaft integriert. Über die bevorstehende Migrationsentscheidung ihrer Familien waren sie informiert; sie setzten sich jedoch erst dann intensiv damit auseinander, als die Migration alltagsweltlich für sie relevant geworden war. Zuvor zeigten sie eine eher abwartende Haltung, die ihnen den unmittelbaren Verantwortungs- und Entscheidungsdruck nahm und ihnen die Möglichkeit der Prüfung der Migrationsentscheidung eröffnete. Beiden gelang aufgrund ihrer je spezifischen Verarbeitung der neuen Situation bald eine gewisse Normalisierung ihres neuen Lebens in Deutschland: Für Renata waren diskriminierende ethnische Erfahrungen als Polin im Ostblock der Anstoß für eine aktiv betriebene Integration, von der sie sich einen besseren sozialen Status versprach; bei Jolanta erleichterte der entwicklungspsychologisch bedingte Übergang zwischen Kindheit und Jugend, der mit dem Zeitpunkt der Migration zusammenfiel, eine Neuorientierung. Diese Aspekte, der Aufstiegswillen sowie der Übergang in das Jugendalter, waren der Öffnung einer neuen Kultur gegenüber äußerst günstig.

Allerdings gab es, wie MEISTER verdeutlichte, auch Unterschiede zwischen den beiden Mädchen: In Jolantas Familie findet sich eine eher abwartende Haltung der Aussiedlung gegenüber; ihre Eltern waren beruflich kaum integriert; zudem hatte die Mutter die Migration nicht unterstützt. Jolanta selbst besucht eine Realschule mit spezieller Aussiedlerförderug und hat sich dort einer Gruppe polnischer Mädchen angeschlossen. Damit nutzt sie den besonderen Schonraum dieser Schule gleichsam zu einer „Re-Ethnisierung" (MEISTER, S. 15). DOROTHEE MEISTER verwies in diesem Kontext auf die Ambivalenz spezieller Fördermaßnahmen, die zu institutionell bedingten Diskriminierungen und „Selbstethnisierungen" führen können. Renata hingegen, deren Eltern in einer besseren beruflichen Position als Jolantas Eltern sind, besucht das Gymnasium und erlebt inzwischen eine vor allem über den jugendkulturellen Lebensstil vermittelte Distanz zu ihren früheren polnischen Freundinnen.

Zusammenfassend konnte MEISTER feststellen, dass „bei jugendlichen Aussiedlern aus Polen nicht mehr von einem Automatismus der Assimilierung ausgegangen werden kann", wie das bei früheren Aussiedlergenerationen der Fall war. Vielmehr müsse man annehmen, „dass Akkulturation bzw. Assimilierung bei Aussiedlern nur so weit möglich ist, wie die Aufnahmegesellschaft und die individuelle Bereitschaft dies zulassen" (S. 17). Insgesamt verfügten die Jugendlichen jedoch schon aufgrund ihrer Entwicklungsstufe über die prinzipielle Fähigkeit zur Akkulturation, die allerdings aufgrund äußerer gesellschaftlicher Bedingungen verstärkt oder gehemmt werden könne.

Freiwilligkeit, jugendliches Alter, aber auch Bildungsaspirationen und Aufstiegswillen waren der Akkulturation günstig, jugendkultureller Lebensstil, Medien- und Konsumverhalten in unserer gegenwärtigen Zeit die Faktoren, die sie vorantreiben. Wo in Masuren die gemeinsame harte ländliche Arbeit die Integration der Deutschen in den neuen Staat förderte, scheint hier - zugegebenermaßen unter völlig anderen Bedingungen - die Freizeitkultur an die Stelle der Arbeit getreten zu sein. Darüber hinaus aber zeigen beide Übergangsprozesse, welche Bedeutung einer bestimmten mit Distanz zur eigenen Person verbundenen Flexibilität und Kreativität zukommt: ob in der Nutzung sozialer Beziehungen innerhalb einer ethnisch fremden Gruppe oder in der Fähigkeit, sich angstfrei und ohne Rückzug auf die eigene Ethnie fremden Wertorientierungen und Normen anzunähern.

Ganz anders stellt es sich bei spanischen Migrantnnen und Migranten dar, wie WOLFGANG SEITTER in seinem Beitrag „'Steigerung unter Vorbehalt'. Deutungs- und Konstruktionsmuster von Biographien spanischer MigrantInnen" darlegte. Es geht ihm um die Triade Biographie, Migration und Transformation. „Bei einer solchen tripolaren Schneidung geht es dann nicht nur darum zu fragen, wie Migrantinnen und Migranten den Verlaufsprozess ihrer Migration, ihrer Auswanderung, ihre Integration in die Aufnahmegesellschaft und ihre möglicherweise geplante oder gar bereits realisierte Rückkehr in ihre Herkunftsgesellschaft biographisch verarbeiten und deuten. Vielmehr und vor allem geht es dann auch um die Frage, wie Migrantinnen und Migranten ihre Biographien vor dem Hintergrund gesellschaftlicher Transformationsprozesse entwerfen" (SEITTER 2000, S. 1). Gerade organisations- und vereinsaktive MigrantInnen würden ihre Biographie so entwerfen, dass sie als TrägerInnen gesellschaftlicher Transformationsprozesse erscheinen. Sie präsentierten sich in ihren Biographisierungsprozessen als aktive Promotoren gesellschaftlicher Transformationsprozesse, die als Steigerungsprozesse gedeutet würden. ‚Steigerung unter Vorbehalt' bezeichnet den Sachverhalt, dass es durchaus auch Risiken und Rückschläge gibt, dass die Umsetzung jedenfalls im Augenblick noch nicht ganz gegeben ist, aber grundsätzlich angenommen wird. Anhand dreier Fallbeispiele spanischer Migrantinnen und Migranten rekonstruierte und diskutierte SEITTER drei elementare Steigerungsmuster. Entscheidend sei dabei, dass sich bei spanischen Migrantinnen und Migranten ein Spannungsverhältnis von Rückkehrorientierung und Integrationsorientierung nachweisen lasse.

Für SEITTER ist das Muster „Steigerung unter Vorbehalt" ein allgemeines Muster biographischer Selbstpräsentation, das häufig bei Migrantinnen und Migranten zu finden ist. Steigerung sei ein pädagogischer Modus, „der die eigene Biographie als fortschrittlich, entwicklungsfähig und lernwillig ausweist und dabei durchaus auch Fehler, Verluste und unerreichte Ziele integrieren kann" (SEITTER 2000, S. 8). Steigerungsleistungen sind dann auch Lernleistungen. Insofern sieht SEITTER diesen Typus als einen generellen Modus der Biographisierung an, als einen Fall von biographischer Selbstpädagogisierung.

Zusammenfassend kann gesagt werden, dass die Absicht des Symposiums, programmatische Aspekte einer biographieanalytisch inspirierten Transformationsforschung sowohl auf grundlagentheoretischer Ebene als auch am Fall zu diskutieren, realisiert werden konnte. Es bleibt nachfolgenden theoretischen und empirischen Arbeiten vorbehalten, diese Impulse weiterzuentwickeln.

Literatur

DITTRICH, E. (Hrsg.) (2001): Wende, Wende, Wiederkehr. Transformation as Epochal Change in Central and Eastern Europe: Theoretical Concepts and their Empirical Applicability. Würzburg (Ergon).

MAI, U. (2000): Anpassen, Arbeit, Lernen: Krisenbewältigungsstrategien von Deutschen in Masuren nach 1945. Bielefeld (Manuskript). Erscheint unter dem Titel „'Es ging schwer, aber es musste sein': Krisenbewältigung von Angehörigen der deutschen Minderheit in Masuren nach 1945." In: Nordost-Archiv Band 1, 1999 (sic! – W.M.). Lüneburg 2001.

MAYNTZ, R.; SCHIMANK, U.; WEINGART, P. (Hrsg.) (1995): Transformation mittel- und osteuropäischer Wissenschaftssysteme. Länderberichte zu den institutionellen, personellen und finanziellen Veränderungen der Forschung. Opladen (Leske+Budrich).

MEISTER, D. M. (2000): Biographische Übergänge bei jugendlichen Aussiedlern aus Polen. Halle (Manuskript).

MERKEL, W. (Hrsg.) (1996): Systemwechsel. Band 1: Theorien, Ansätze und Konzepte der Transitionsforschung. 2. rev. Aufl. Opladen (Leske+Budrich).

NAGEL, U. (2000): Konformität und Eigensinn. Identitätsarbeit in ostdeutschen Managerbiographien. Magdeburg (Manuskript).

SCHÜTZE, F. (2000): Die mikrotheoretische Dimension der Transformationsforschung. Magdeburg (Manuskript).

SEITTER, W. (2000): "Steigerung unter Vorbehalt". Deutungs- und Konstruktionsmuster von Biographien spanischer MigrantInnen. Frankfurt (Manuskript).

Edna Lomsky-Feder

"*Homebred Masculinity*" resists the Local Model of Manhood: Russian-Jewisch Immigrants Confront Israeli Masculinity" Tamar Rapoport[1]

The paper examines the formative force of early socialization experiences in internalizing the model of masculinity by exploring how immigrants encounter the models of manhood of the host society. We assume that an analysis of situations in which the homebred/original model of masculinity is placed in contact with new models of masculinity may provide important insights into the question of 'being a man' as well as illuminate issues concerning the force of the homebred model of masculinity in surviving cultural passage.

The study explores how Russian-Jewish immigrants make sense of the "Israeli fighter model" of masculinity. This case is particularly interesting as the Russian immigrants were socialized in accordance to a contrasting model of masculinity – the "exilic Jewish model". Our findings show that the homebred model surpasses spatial boundaries and continues to dominate the immigrants' masculine identity in the new society. Struggling to assert their manhood and to situate themselves in the male hierarchy of the new society, the immigrants shift discursively between two different models of masculinity (the "Israeli fighter", and the "Russian soldier") while trying to preserve their homebred model of manhood (the "exilic Jew"), and to fulfill the Russian Jewish script of becoming a man (hurried transition to career and establishing secured household).

1 This paper is the result of a joint research project entitled "From 'Being a Stranger' to 'Being a Local': Personal Stories of Russian-Jewish Immigrants to Germany and Israel". The research is supported by grants from the "Israeli Science Foundation founded by the Academy of Sciences and Humanities" and "The Memorial Foundation for Jewish Culture". It is also funded by the "The NCJW Research Institute for Innovation in Education", and "The Levi Eshkol Institute for the Study of Israel's Economy, Politics and Society", both at the Hebrew University. Our heartfelt gratitude to Ms. Julia Lerner for her devoted assistance in all stages of this research and to Carole Kidron for her editorial assistance. Our deep appreciation is extended to the Russian students who shared their thoughts with us and taught us a great lesson about immigration.

Yuval and Dina – Two Examples

In the mid 70s two boys were born to educated Jewish families – Yuval to an Israeli family in Tel-Aviv and Dima to a Russian-Jewish[2] family in Leningrad, who later immigrated to Israel. Twenty years later Yuval and Dima met during their army service in Israel. Both of them had been – as per Israeli law – drafted into the army.

For Yuval, the native Israeli who joined the army at age 18 directly after graduating from high school, military service is a natural, expected, and even desirable chapter in his life. Like his male peers, he was socialized since childhood to become a soldier in the Israeli army. In his family, where Yuval watched his father going off to the reserves, he received the message that the army is waiting for him (SWIRSKI, 1995). Moreover, he was socialized to believe that in the army he would be able to demonstrate his patriotism and be transformed into a proper, real Israeli man.

For an Israeli man, like Yuval, the army is the major arena where he can practice and demonstrate his masculinity (LIEBLICH, 1989; LOMSKY-FEDER 1996; BEN-ARI, 1998). This is not the case for Dima. For him the indigenous model of national-military masculinity is not the taken for granted. In his case army service disturbs and disrupts the Russian Jewish model of masculinity that he acquired in his socialization as a Jew in the *Gola* [Diaspora in Hebrew]. He carries this model with him to the "promised land" and into the army.

The immigrants' Diasporic model and the manner in which it overcomes cultural passage is the crux of our study. It starts probing these issues by revealing the nature of the "homebred masculinity" model that is inculcated in the Russian-Jewish family. We than elucidate how the Russian-Jewish immigrants rely on this model in imparting meanings to the army-national model of masculinity.

In exploring masculinity we largely agree with CONNELL's (1987, 1995) and especially his proposition that the notion of masculinity can be best understood through juxtaposing empirically different models of masculinity. Following this argument, we contend that an analysis of situations in which the original/homebred model of masculinity is uprooted from its indigenous cultural context and placed in contact with other models of masculinity provide important insights into the question of 'being a man' and the construction of manhood: Socialization to manhood and masculinity in transition.

2 The immigrants and the Israeli public alike use the terms "Russia" and "the USSR" interchangeably; this usage will appear throughout the paper.

Immigration and Masculinity

Cross cultural movement demands that the immigrant re-evaluates the model of masculinity he carries over in his spatial transition, and at the same time gain an understanding of the indigenous models that define normative manhood in the new society (CHAMBERS, 1994; BHABHA - interviewed by P. THOMPSON, 1994; ZINN, 1994).

The experience of any male-immigrant is disruptive and anxiety-laden as he must cope with his ambiguous position and lack of control qua stranger, and the threat to his identity and status. This anxiety is coupled with his anxiety as a man, a feeling that typifies the masculine position (BERGER, WALLIS and WATSON, 1995; BHABHA, 1995). The multiple disruptions and anxieties engender among immigrants intense "interpretative work" that may re-produce or undermine the original model of masculinity while ultimately resisting or confronting the local model.

The immigrant encounters models of "local masculinity" – some more familiar, some less – and struggles to find his own place within the new male hierarchy. In situating himself in the new environment, he must decipher the social and cultural models that define normative masculinity. Situated between two worlds, he is in a culturally liminal position, confronted as he is by a multiplicity of possible new and old identities (BENMAYOR and SKOTNES, 1994; SARUP, 1996). This allows him to develop a critical stance toward, and acute observation of, the new society.

Although in each society various models of masculinity are produced and performed (MORGAN, 1992; SEGAL, 1993), the hegemonic model dictates the relations between them (CONNELL, 1995). It categorizes groups of men in relation to one another by "normalizing" a definition of masculinity and defining its standards and proper manifestations (FOUCAULT, 1979).

The male hierarchy bears important implications on the experience, self-definition and behavioral patterns of indigenous men as well as on the newcomers who do not accept the above as self-evident. It defines the social position of male immigrants who struggle to pave their way in the new society, be it through adoption of, or opposition to, hegemonic masculinity. Immigrants, similarly to other marginal groups, can then reproduce, subvert, or even alter the existing order of masculinity and challenge the regnant model-hierarchy (ELDLEY, 1997; GLENN, 1999). Their struggle over the definition of masculinity may incite negotiation or confrontation between "imported" original/ homebred (carried over by the immigrant from his native land) and indigenous models of masculinity, mainly the hegemonic model. This is particularly true of societies, like Israel, in which hegemonic masculinity is firmly established and thoroughly institutionalized.

The Israeli Case: Military Masculinity

Soldiering and masculinity are fused in constituting an ideal of manhood (ARKIN and DOBROFSKY, 1978; MORGAN, 1994; MOSSE, 1996). In Israeli society the convergence between soldiering and masculinity is particularly strong, and shapes the hegemonic model of the "The Israeli Fighter." The ideal of the fighter is deeply rooted in the Zionist revolution (ALMOG, 1997). Zionist ideology that negates the Diaspora and the "exilic Jew" (diasporic jew) aim to create, instead, a "New Jew[3]" (the *"Zabar"* in Hebrew) in the Land of Israel that is distinct from the old in both body and spirit. In contrast to the "exilic Jew" characterized as spiritual, effeminate, weak and rootless (GILMAN, 1991; EILBERG-SCHWARTZ, 1992; CANTOR, 1995; BOYARIN, 1996; GLUZEMAN, 1997), the image of the fighter is of a strong, assertive man who is bound to the soil, tough, devoted to his nation and commited to defend the land. Such a man ideally possesses a disciplined body, emotional control, and a willingness to forsake personal fulfillment and to take risks (GAL, 1986; BEN-ARI, 1998).

The fighter is both the symbol of the new nation and the means of fulfilling the Zionist revolution (BIALE, 1992). The image of the fighter normalizes the meaning of Israeli masculinity and defines its standards and proper manifestations for the entire society. Ranking groups of men in accordance to its precepts, it establishes the male hierarchy.

In recent years, there is much more willingness in Israeli society to question the "givens" of many of Zionism's sacred cows, among them the centrality of the military and its model of military masculinity. This discursive shift is visible first and foremost in the heated debates surrounding issues such as motivation to serve in the army, evasion of military service, and the importance of combat service. Nonetheless being a fighter is still viewed as a sine qua non of Israeliness, and combat service is still considered superior to any other (LOMSKY-FEDER and BEN-ARI, 1999).

In this context, it is not surprising that Israeli society expects every new Jewish immigrant to adjust to and adopt the hegemonic model. The Russian Jewish immigrants, similarly to other immigrants that enter the Israeli army, encounter a strong model of masculinity which they are supposed to endorse (YABLONKA, 1994; SHABTAY, 1999). Compliance to this demand is, in turn, seen as a sign of Israeliness; that is, the adoption of the Israeli ethos and the break with the diasporic ethos of masculinity. It is in this context that one should understand the army service of Russian-Jewsish immigrants.

3 Zionism did strive for gender equality based on the male model, but ultimately this did not occur and the traditional women's model – wife and mother – was reproduced. In fact no new model of womanhood was constructed.

The Case in Study

Russian-Jewish students

In the last decade, Israel has been intensely involved in the absorption of Jewish immigrants from the former Soviet Union, who increased the Israeli population by approximately a million people (some 20% of the total population). Accepted in Israel as homecomers, the "Russian Jews" - who made up a minor ethnic group in their native land – join the Jewish majority and are considered a part of the Jewish national collective. Already upon their arrival, they become Israeli citizens and as such are expected to take upon themselves obligations while enjoying the rights of every Jewish citizen and privileges extended to homecomers. The large number of Russian immigrants, characterized by a high level of educational training and professional skills, have secured a notable presence in the Israeli public sphere (LISSAK and LESHEM, 1995; NUDELMAN, 1998).[4] These same qualities account for their intense politics of identity and involvement in different social and cultural arenas.

The study is based on life histories narrated to us by 43 Russian Jewish university students who arrived to Israel in the above wave. The students narrated their immigration stories three to four years after their arrival. The interviewees, half men, came to Israel from various republics of the former Soviet Union (some 50% from Moscow and St. Petersburg). At the time of the interviews all had spent at least two years at an Israeli university, all spoke Hebrew fluently, two were married, and most (85%) have parents who themselves had academic training. As a whole, the immigrants perceive of themselves as belonging to the Jewish-Russian *intelligensia* (RAPOPORT and LOMSKY-FEDER, 2000).

The immigrants came to Israel after completing secondary education in their native land. The students' trans-cultural journey converges with their passage from "being a boy/girl" to "being a man/woman." This convergence is particularly interesting to our study, as it stresses the interplay between immigration and masculinity, between movement and male identity.

All the men interviewed had been drafted into the army. With one exception, all of them were drafted at a relatively late age, either during or after their university studies. This is in contrast to Israeli youth who are enlisted immediately after high school. At the time of the interview, the

4 Indeed, in the most recent elections held in Israel (May 1999), the candidates competed over the "Russian vote" and two "Russian parties" gained 11 out of the 120 seats in the Parliament.

students were at different stages of their military service, served in various capacities and held different ranks.[5]

The immigrants' women peers were exempt from military service because they arrived in Israel after the age of eighteen. Nonetheless, we also listened to the women's representations that address the issues of militarism and masculinity, particularly when they speak of the men in their lives (boyfriend, husband, brother) and their experiences with Israeli men.

Narrating life histories in immigration

The life histories depict the students' childhood and adolescence in Russia, represent the collective life of Jews in Russia (before and after Perestroika), and the immigrants' experiences later in Israel. They convey the immigrants' daily routines, interpersonal relations, as well as outstanding or unusual events they experienced here and there. In telling their life histories, the students rely on cultural models – images, cultural scripts, social expectations and conventions – that are familiar to them. During their narration they decode local models, juxtaposing new models with the old, and tend to favor certain cultural models over others. Thus, the life history, brings together here and there, the personal and the cultural, the "model of the world" and lived-experience.

The life histories contain elaborate descriptions of family socialization in the native home (RAPOPORT and LOMSKY-FEDER, 2000), as well as rich accounts of experiences in the Israeli army (LOMSKY-FEDER and RAPOPORT, forthcoming). In exploring how "homebred masculinity" travels from Russia to Israel we connect analytically and empirically between the two subjects that we had explored independently.

The life histories were produced during in-depth interviews in Hebrew, conducted by three researchers working separately – two Israeli-born women and a female student who came to Israel from the former Soviet Union. Involving a student-immigrant in the research aimed to reduce the social and cultural distance between the researchers and the students (BOURDIEU, 1996). The interviews lasted an average of 3½ hours and usually spanned more than one meeting. The students were encouraged to speak freely about their lives, with the researchers, interrupting only to clarify a point or to elicit additional information.

---

5 Some subjects had completed the three-year obligatory service, others were in an academic program (atudah B) and others had already completed the shorter service (the five who have served in the Russian army). They served in various capacities (infantry, artillery, rear command, quartermaster, military police etc.) and held different ranks (both NCOs and officers) and responsibilities (computer operator, organizational consultant, investigator in the military police, infantry and artillery soldiers etc.).

The three researchers read the interviews jointly.[6] Our interpretation of the immigrants' voices should not be read as a compromise, but as the product of an ongoing hermeneutic negotiation among different viewpoints: between the Russian Jewish immigrant and the Israeli-born researchers and between the native researchers from different social backgrounds.

Socialization to Manhood in the Russian Jewish Family

As any man, the Russian Jew acquires his sense of masculinity and learns what it is to be a man through the process of socialization. In this process, the script of how to achieve manhood and the model of desired masculinity are inculcated and acquired (GILMOR, 1991). Socialization to masculinity always involves comparison to and distinction from other such models (CONNELL, 1995).

Socialization processes in the Jewish Russian family should be understood within the historical context that shaped the individual and collective experiences of Jews as a persecuted ethnic minority: The anti-Jewish state policy and climate of 70-odd years of Soviet rule affected the experiences of Jews, shaping their day-to-day lives and identities, both in the family and the public spheres. This policy resulted in a nearly complete destruction of the Jewish religion, communal life, and cultural and linguistic identity that had survived the Shoa (LEVIN, 1988; PINKUS, 1988; KRUPNIK, 1994).

Facing threats and prejudices while experiencing otherness, the Jewish family was the primary setting for endowing a sense of uniqueness and belonging. Fortifying its boundaries against the foreboding outside world, the family invested all means at its disposal to provide its sons with resources that will enable them to maneuver, succeed, and survive in the hostile society (ISAKOVA, 1998).

In the Russian-Jewish context, the major directive communicated by the family to its son was, "you are unique-different-other". Boris articulates this message: "I was like every [Russian] child. Yet at home they used to tell me 'you are not a regular child, you are a Jew, remember it, you are special, you are not the same.'" Often the message that the Jew is different and that this difference entails a permanent risk was clear-cut and direct, and supported by messages about discrimination and prejudices against Jews in the educational system and the labor market. Ilya spoke explicitly of this message: "Some-

6 The analyses of the interviews was carried out in numerous group sessions on three levels: (1) the individual story – ascertaining the central themes in each narrative and analyzing the rhetoric of these themes in the context of the entire narrative; (2) the corpus of narratives as a whole – identification and interpretation of the central themes and different voices that appear throughout the narratives; and (3) the general context – an analysis of the narratives as a whole in the context of immigration processes, Jewish life in Russia, and Israeli society.

how the family always communicated to me not to forget it, not to forget, not to get into fights at school because people will look at you as a Jew and treat you differently, and this somehow shaped my personality and my way of thinking." Ilya is instructed to adopt a behavioral code that is predicated on avoiding power relations, not conquering them. The Jewish man survives by overcoming his hostility and specializes in maneuvering powerful figures in sly, often underhanded ways (BOYARIN, 1997).

The notion of Jewish masculinity was imparted in the family via four socialization messages that each boy-man was exposed to: a Jewish man must be responsible towards the close family network; be successful in studies and acquire a respectable and secure profession; retreat from aggression and fights with the Gentiles; avoid service in the Russian military. The composite of these messages frames the script for achieving manhood and prescribes the proper model of desired masculinity.

Being a Family Man

The close-knit character of the Jewish family, its warmth and devotion to its children, and its sense of collective responsibility (ZBOROWSKI and HERZOG, 1952; SKLARE, 1983; SILBERMAN, 1985) are an established folkloric motif. The students' life histories echoed this "ideal type" of Jewish family (see GOLD 1995, for Russian Jewish families in the USA). Alexander, for example, epitomized this view in one pithy sentence: "There was an atmosphere of *mischpuche* [the Yiddish term for a warm, close-knit family] in the family." In the narratives, the students emphasized that children should be grateful to their parents for the sacrifices made on their behalf and spoke in terms of trust, loyalty, and love. The "we" rhetoric they very often used indicates a sense of a shared destiny, mutual responsibility, and strong identification with their parents.

The emphasis on solidarity and on guarding and fortifying the family's boundaries is necessary in the reality of a threatening public sphere that demands constant alert. Eyzik defines the schism between the two spheres: "It had been always for me like two worlds, in the family one world and in school an entirely different world." Alex who was attracted to the world outside his home conveys the nature of these two worlds: "I always felt this exaggerated nurturing [at home], I was really missing out on going wild and letting loose [outside home]. And I thought to myself, either you go out to the street and live in the society, or you sit home, either this or that. I did not want to sit at home, and could you believe it, me, a good Jewish boy behaved in a certain way that today I define as delinquent."

The protective family serves as a shelter, as a place to relax and of cultural intellectual enrichment: "A Jewish child studies and does not run in the street, he is familiar with the world of books, does not play football, but plays an instrument" (Boris). Boris dichotomizes between the domestic, male arena and the public sphere. According to him the Jewish home provides alternative activities to those of the typical men: running in the street and playing football. Not only cultural resources are inculcated at home, but also resources needed to cope with and survive in the public sphere.

In comparison to the Russian man, the Jewish man is supposed to behave responsibly and to guard the family's cohesiveness. In this context the interviewees often remarked on the loyalty and strong familial orientation of the Jewish husband and father: care for his wife and children and abstention from drinking and other "manly" typical behaviors, especially wife and child abuse. Non-Jewish women, the interviewees explained to us, look for a Jewish husband because of these qualities.

Sergey contrasts between the situation in his family and a typical non-Jewish family: "Relationships in the Jewish family were very unique in Ukraine and in Russia in general. A woman in Ukraine knew about anti-Semitism and was even influenced by it to some extent, nevertheless she could see in front of her eyes that a Jewish husband is a very special husband. He is loyal to his family, does not waste money on drinking and women and he does not cheat on his wife, at least not in a way that will hurt his family and children." The Jewish husband was not only loyal but also educated.

Acquiring Higher Education

The Jewish cultural script expecting every Jew to be educated and to excel in studies directed the socialization of every Jewish child. The family's concern and effort to make sure that its children would get a "good education" is a cultural convention. Indeed all the families of our interviewees were concerned and devoted to this task, investing their resources to ensure that their children would pursue higher education. The acceptance procedure was as much a test of the parents' social connections and their role as "good parents" as of the qualifications of the child (LERNER, 1999). Moshe: "In fact, the direction of my development was already determined in Russia because I knew that I was supposed to study like every Jew, so I did everything I could to reach this aim, this is taken for granted. My belonging to the community [Russian/Jewish] starts from culture, music, literature, and norms such as one should be an engineer and needs to study in the university. And even someone who does not study knows very well that it is wrong."

Higher education for boys and girls alike was the ultimate objective of every Jewish family, so much so that academic excellence served as proof of Jewishness. When asked to describe a Jewish child, Ilya replied ironically: "Look, how can a Jewish child not receive a higher education? It's bad enough I'm not a doctor or a lawyer; a more radical break with tradition is out of the question." Attending an institution of higher education endowed the students (and their families) with symbolic capital and was considered necessary for gaining social prestige among the Gentiles.

The expectation from the Jewish boy to study is deeply rooted in the Jewish heritage of the "learned man." A Jewish man achieves manhood by spiritual and intellectual engagement, while at the same time he neglects his body. Indeed, the perception of the Jewish body as weak and non-masculine reappears in the immigrants' stories.

Internalizing a body image of a vulnerable man

The image of a vulnerable, effeminate, weak, and non-aggressive body reappears in different representations of Jews. Academic writing of Jewish masculinity, and the portrayal of the exilic Jewish man in the media and literature, as well as in Zionist ideology, depict him as such. This image has been internalized as part of the Jewish male self-image (for instance in the movies of Woody Allen and the books of Philip Roth) (GILMAN, 1991; BIALE, 1992; BOYARIN, 1996; GLUZEMAN, 1997).

Russian Jewish boys were exposed to messages drawing the limits of their Jewish body, which created a shared experience of physical Jewish otherness. Y'acov describes it very straightforwardly and explicitly:"I was a very typical Jewish boy, and I had a very typical Jewish education. It means I should be careful of dogs and other animals and I should not go to the woods or go fishing [.]. A Jewish boy was jealous of *Goyim* [non-Jews] who could walk in the woods, play with dogs and other animals, swim and do all kinds of things that Jewish boys can not".

The interviewees describe Jewish behavior and body language in the public sphere as attempting to be as quiet and inconspicuous as possible. Boris describes public Jewish behavior as quiet, non-violent or passively obedient, avoiding any trouble. A controlled, quiet, non-aggressive body is less conspicuous to its surrounding. Yoel recalls that he experienced being different already at an early age: "I felt from a very early age, from kindergarten, that I am different. I was reminded [by other children] that 'you are Jewish, you should shut up and you are fat, and this and that, and I came home and asked my mother why, and she explained to me very gently that I should be twice as good in my studies because I am different." Yoel's mother clarifies to him, the fat child, that excelling in studies is the only way he can fight the children's aggression. The mother's typical response becomes apparent against the different, non-typical response of the father: "Education in the case of my father", says Yoel, "means being more manly, a machoist man, he kept telling me 'you should be stronger.'" According to Yoel, his father, who demanded he be more aggressive and use physical strength, is an assimilated Jew who represents the non-Jewish way of coping and surviving. Yoel, who identifies with his mother, does not hit back; his father had no choice but to come to school and defend him.

Concern about, protecting, and nurturing the vulnerable body is manifested also in feeding and tending the sick Jewish child. This pre-occupation is typically depicted in folktales about Jews and in our subjects' descriptions of their childhood. We heard stories of frequent illness in early childhood that excluded the Jewish child from activities such as participating in sports and summer camps. Early experiences of being sick, unathletic, different, and left out triggered a series of alternative preferences and a lifestyle accustomed to staying indoors and avoiding outdoor activities.

The perception of the Jewish body as weak and physically unfit is epitomized in relating the dangers and risks that the Jew has to endure in the Russian military service. Avoiding service will save the Russian Jewish man from these dangers and risks.

Avoiding Military Service

Avoiding army service has deep historical roots among the Jews of Eastern Europe, in fact it has been a customary practice among Russian Jews (MARKOWITZ, 1997, 2000:184)[7]. The family not only communicated that "a Jewish boy does not go to the army," but also actively employed a series of practices to ensure that the child would not be drafted: it used ties with Jewish doctors and purchasing medical certificates to prove their boy's physical and psychological unfitness. Immigration was another practice of avoiding the draft.

The Jewish norm of evasiveness is what BOYARIN (1997) calls "Trickster Masculinity." This masculinity, that distinguishes the man of an ethnic minority, characterizes him, according to BOYARIN, as weak and feminine. Trickery was necessary in the context in which the Russian army was perceived as a

7 In contrast to the Jewish tradition of avoiding military service, it should be noted that a relatively large number of Jews joined the army during the Russian Revolution and the first and second world wars (Encyclopedia Judaica 1971). Since the collapse of the Soviet empire, the attempt to avoid service is not unique to the Jews. Different social groups harshly criticize the army and the obligatory service (Markowitz 2000: 181-186).

cruel institution that breaks one's spirit. A Jewish man cannot cope with this difficult environment: "It's incredible torture in there, it's torture, I don't think I'd make it through" says Eduard, who dodged the draft by being declared psychologically unfit. Pavel, who could not get out of military service, dramatically recounts his mother's response: "When my mother walked me to the army it was like she was walking me to my grave – and that's no metaphor. She cried so much that it was as though, for her, I'm leaving and never coming back. That's it. Dead. Even though I wasn't in Afghanistan or anywhere with real battles. It's just that people knew the Russian army breaks people [.].of course people were afraid to go to the army. I was afraid, I just didn't have any way to get out of it." Likewise, Lyuda, one of the female students, explains that one of the reasons for her family's *aliya* [the Hebrew word for immigration which literally means ascending] was concern over her brother's impending enlistment in the Russian army. She depicts her brother as sensitive, sickly, and physically and emotionally vulnerable to his surroundings: "He [my brother] said that if they take him to Afghanistan, where it is very dangerous, he will shoot himself on the same day, and won't think twice. He did not want to kill anyone. Children like that can't stay in the army there. Either they hang themselves on their belts or they are raped or killed, so he apparently realized the danger."

The four socialization practices employed by the Russian Jewish family produce the model of the Jewish man – educated, spiritual, refined, responsible, loyal, and providing. At the same time, these practices constitute the script of entering adulthood for the young Jewish male, prescribing a direct, coherent transition from high school to university. This transition culminates in finding a job, making a respectable living, establishing a cohesive, economically and emotionally secure household – Moshe describes it: " There [in Russia] the script has already been written. I would have entered the university to study medicine where my father taught, because my mother wanted me to be a doctor. I would have been learning six years and then become a doctor, afterwards I was supposed to get married, and find an apartment. And that's it."

In their passage to the new land, the Russian Jews carry with them this model of masculinity and its implicated script of transition to manhood. With this script, Dima and his peers enter the army and encounter the Israeli military model of masculinity.

Encountering the Israeli Military Model of Masculinity

Questioning the Linkage between Army and Masculinity

The dominance of the military in Israeli society spontaneously surfaces when the interviewees relate to Israeli society and describe "Israeliness": According to Daniel "It's a kind of state whose main story is army, war, and military reserves". Anatoly explains that those that do no serve in the army remain outsiders: "We [Russian men] are different – I wasn't in the army so I don't know all that slang, all that language". The overlap between militarism and masculinity is also apparent to the students soon after their arrival. Misha, for example, clearly conveys this linkage: "A real Israeli was born here, served in the army here, was in Lebanon and almost all his friends are Israeli." Unlike their Israeli counterparts, the newcomers do not regard the army as an arena for achieving masculinity and, in fact, tend to reject army service all together. When they relate to being drafted they typically use phrases such as: "I don't really want to serve in the army" (Grisha); "I'm not thrilled about going into the army" (Ilya); "I'm not real happy about it" (Misha).

Their unwillingness is rooted in the Russian Jewish conception of achieving masculinity, and the Russian ideal of a "real" man. Eizik emphasizes the rift between military service and Jewish masculinity as he describes his first encounter with Israeli society: "I found myself in the central bus station in Jerusalem, and I was, like, 'Wow, these are Jews?'" He then goes on to explain his surprise: "They were all..either they were soldiers with rifles or bald [youngsters] with a menacing look [.].for me a Jew is someone who studies in the university, an engineer type. Here I saw all kinds." The soldiers with rifles, then, are a different kind of Jews.

Sveta draws a dichotomy between the "learned Jew" and the Israeli "native": "[In Israel] I saw a different quality man, very different from Russia. A Jewish man with broad shoulders – like a yard wide – tall, and with a face, not like some professor at the university [as in Russia], but of a man of the soil." For the "university professor" military service is first and foremost a "waste of time," an obstacle to achieving maturity and becoming an adult man. Thus, the immigrants expect the military to use their intellectual abilities so that their service will act as a building block toward developing professional careers. These expectations are often shattered against the reality of tedious and mindless military service.

Some immigrants "imported" the practice of draft dodging to their new society. They describe their avoidance of military service as an active, conscious decision and a rational act, although they are fully aware of the social and economic sanctions against such behavior. Similar to practices of avoidance in Russia, they seek exemption through the official channels, citing psychological hardship, physical problems, or financial difficulties at home.

Once they have no option but to serve in the army, the students prefer to be "white collar soldiers" – in research, military intelligence, or computers (see, also, CARMELL, FADLON et al., 1997). The Russian soldiers have no desire to "realize" their masculinity through combat service, even though they are well aware of the social prestige it carries in Israeli society. Sergey expresses his alienation from fighter masculinity by describing his clumsy appearance: "Everyone who saw me in uniform said they'd never seen anyone so unsuited to the uniform, to the army, to rifles and to a routine." In describing himself Edward goes further by using the Yiddish metaphor for a *klutz* – the antithesis of the fighter: "I was A *schlemiel* of a soldier, a bit of a mess, not really on the ball." The students not only reject the prestigious role of the combat soldier, they also ridicule and mock him while dwelling paradoxically upon the model of the Russian soldier.

Confronting the Model of the Israeli Man-Soldier

The Russian immigrants describe Israeli soldiers as children, not "real" men. They see the Israeli soldier as spoiled: he goes home a lot and calls Mommy every day, while the Russian soldier must leave his home and family for extended periods of time. The Israeli soldier's penchant for pampering is apparent from the way he treats his body, argues Dimitry: "He [a friend from Russia] told me that he was an officer in the navy and bathed once every two weeks, while here we bathed twice a day. He couldn't comprehend how that was possible [.].if a soldier isn't dirty he's no longer a soldier." Dimitry is expressing the tight link between manhood, toughness, and dirt that typifies a "true" fighter culture. His ridiculing description deprecates what WEISS (1999) conceptualizes as the "chosen body" – the strong, vibrant, beautiful body of the New Jew.

The Russians also mock the informal, non-hierarchical nature of the Israeli army that is part of the broader ethos of the "People's Army." They have a hard time accepting the idea that soft discipline is an organizing principle of the army and is not an indicator of a lack of control. They think the Israeli army lacks discipline: there are no barriers between soldiers and their CO's, and soldiers are able to haggle and sometimes undermine their authority.

At the same time, they ridicule what they see as the faux-aggressiveness of Israeli soldiers: "I didn't see any real aggression [.].I've seen some fights between Israeli soldiers, but the whole thing's a bit of a joke". Dimitry is very disparaging of the Israeli man's "rooster masculinity," his tendency to demonstrate strength by verbal or ceremonial means and not by physical power.

The presence of women in the army is a major impetus to poke fun at Israeli military-masculinity. By the Russian students' standards, an army made up of women, and not just "children," as we saw above, cannot be serious, tough, or manly. Asya describes her husband's gender experiences in the Israeli army with a knowing wink: "This eighteen year old girl starts to tell twenty-six year old men who have been through the army and been officers in Afghanistan [.].that the Israeli army is the best and strongest army in the world [laughing], well of course they'll stand up and say to her 'look, we've heard all this once before' [laughs]." The person transmitting the heritage of the Israeli army to the immigrants is not just a woman, but a girl who does not have a chance against the "real" men-war veterans.

The perception of the Israeli soldier as childlike and as not a "real man" is also implied in the images that the interviewees employed to describe their military experiences. All of them used images of play and leisure usually associated with childhood and never those connected with the tough world of man: "It was fun. It was kind of a rest. Let's say it was like a vacation in Eilat [a resort town in Israel]" (Dimitri). "I treated it [army service] like a vacation [.].like a game. Sometimes it's a bad game, sometimes it is bad theatre with a really bad show, but it's also a lot of fun" (Dan). "It was fun, really fun. [.]. It was one big theatre, theatre of the absurd" (Ilya).

In contrast to native men who depict their military service as a maturing experience and even as a rite of passage into manhood (LIEBLICH 1989; LOMSKY-FEDER, 1996), the immigrants describe it as not serious and unchallenging. For them, immigration rather then service is the maturing experience. In fact there is a similarity between the way in which they describe their immigration experience and the manner in which the indigenous men depict military service (see also ZINN, 1994:59).

The Assault on Hegemonic Masculinity: Competing Models

Severing the linkage between army and masculinity and deconstructing the masculinity of the Israeli soldier, are two major practices of resistance that the Russians use in maintaining their own model of masculinity (for an extensive discussion, see LOMSKY-FEDER and RAPOPORT forthcoming). These practices are by no means exclusive to the Russian immigrants; rather they are part of a broader social phenomenon[8]. What is unique about their

8 Among indigenous Israelis, there were in the past and are today groups and individuals who utilize these practices. Lack of motivation was already apparent in the fifties (Ostfeld 1994; Yablonka 1994). More recently there has developed a discourse surrounding the "motivati-

resistance practices is that they are anchored in the cultural models they carry from their native home.

The immigrants mount a two-pronged attack against the Israeli soldier. Compared to the Jewish man he is lacking in spirituality – too brutish and mundane. But the Israeli soldier also appears rather powerless and puny when compared to the Russian "Goliath", the epitome of "real" masculinity and soldierness. Compared to the Goliath, the Israeli soldier is described as unmanly, spoiled and childish.

In deconstructing Israeli hegemonic manhood, the immigrants are juggling two distinct models of masculinity: the Russian soldier, and the Israeli fighter. In essence, they alter the axiology of these models to advance their argument. When mocking the Israelis, the Russian soldier is the "real" man, but when emphasizing the intellectual superiority of the Jewish man, the same Russian soldier is described as a cruel, threatening ignoramus. A similar pattern can be discerned with the meaning attributed to the Israeli soldier: contrasted with the Jewish man, he is strong, brutish and base, but relative to the Russian soldier he is a spoiled child. While the Russian and the Israeli soldiers can take on variable meanings, the Jewish man remains constant: He is the counterpoint to the two types of soldiers, both of which serve as "other" to the non-physical Jewish intellectual whose strength lies in his head.

As we can see, the immigrants are engaged in juxtaposing models of masculinity. They interpret the Israeli-military model in light of the models they have "imported" from their native land, thus, in effect, examining their own masculinity. This interpretive exercise is undertaken from the perspective of an outsider for whom the indigenous model of masculinity is not, and never was, self-evident.

It should be noted that while the interpretive power struggle of the immigrants constitutes a challenge to the hegemonic model of masculinity, it does not call into question the broader concepts of gender and sexuality. The immigrants demand a different distribution of power within the male hierarchy, while taking for granted the superiority of men over women in the broader social regime. Their masculine self-representation is littered with

---

on crisis" namely that the avoidance of military service is becoming more prevalent among the upper percentiles of secular society, while the exemption of Ultra-Orthodox students has also increased in number (Lomsky-Feder and Ben-Ari 1999). There are also indications among reserve soldiers from all social strata of increased disinclination to serve. Furthermore, challenges to the military from soldiers of North African origin or of lower class are reported from time to time. Such challenges can take the form of a direct (Sasson Levi 1999) or indirect confrontation, as when soldiers exhibit male behavior, such as playing cards, as an alternative to fighting (e.g. Feige and Ben-Ari 1991), or promote the more sensual masculinity of the singing and dancing man (Shaked 1999: 289-298).

statements that seek to preserve the patriarchal structure, such as their disparagement of women soldiers and explicit rejection of gender equality.[9]

In cleaving to patriarchal structure and to heterosexual masculinity, the young Russian men ultimately accept the binary givens of Israeli gender order. Their resistance rather concentrates on rejecting the hegemonic model of masculinity in favor of other competing models. Ultimately this amounts to a rejection of the notion that they must enter Israeli society through the route of hegemonic masculinity.[10] Their resistance is part of their struggle to situate themselves in the new male hierarchy and in Israeli society in general.

The Durability of Homebred Masculinity

The power of the hombred model of masculinity to survive transition is not self-explanatory and calls for an clarification. In an attempt to account for the durability of the model we look at the life experiences of our immigrants both before and after they immigrated.

The immigrants carry with them to the new place models and scripts that had already survived the major social and cultural transformation caused by the "Perestroika". As observed by MARKOWITZ (2000), young Russians (Jews and non-Jews) who had experienced social upheavals and instability during Perestroika retain the models of transition to adulthood and being an adult they acquired during their socialization.

The durability of masculine identity is bolstered in Israel by the immigrants' belonging to the large wave of Russian newcomers who entered Israel since the 1990s. This critical mass of immigrants, generally characterized by a high educational level and an elitist cultural self-regard (Lissak and Leshem, 1995, 2000; NUDELMAN, 1998; RAPOPORT and LOMSKY-FEDER, 2000), has gained a notable presence in Israel and established various autonomous "Russian" arenas (political, cultural, educational). These arenas nourish the preservation of indigenous Russian Jewish culture and the original scripts (including the male script) imported from the native home (LESHEM and LISSAK, 2000), and have often become

---

9 The Russian immigrants also accept that there is one proper and correct sexuality, namely heterosexuality. The rejection of homosexuality has deep roots in Russian culture and has been transplanted in the new land (Shapiro 1999). In their attack on the Israeli soldier they avoid the use of sexual epithets. The Israeli soldier is presented as childish – an unripe man – but not as an unmanly man, that is, effeminate or gay.

10 This position is far from obvious in the Israeli society where from the outset esteemed military-masculinity has been the measure of social integration, indeed as the measure of Israeliness itself (Mor and Bar-On 1996). Ethiopian immigrants, for example, who came to Israel in recent waves of immigration, tend to accept the military-masculinity model and use it to further their integration into Israeli society (Shabtai 1999).

the site in which intense critique of Israeli society (including the army) is voiced (ZILBERG, 1995; RAPOPORT, 1996).

Alongside these ethnic-cultural conditions which encourage the maintenance of the original model, the belated conscription of the Russian students and their older age (relative to the regular, native soldier) discourages adaptation to and adoption of the Israeli military model of masculinity. The students' sense of wasting their time in the army is intensified by the fact that most of them did not enter the army at the normative age of eighteen. They perceive themselves as too old and not mentally and emotionally equipped to "play" soldier – a game fit for younger and more enthusiastic people: "Twenty four year olds are too old to run through the fields at night or to go on marches and other such nonsense," says Ilya. Belated military service also disrupts the native Israeli social script of passage into adulthood, yet it holds broader, more serious implications in the case of the immigrants who are in an ambiguous marginal position.

Our findings corroborate the formative force of early socialization experiences in internalizing the model of masculinity inculcated in the Russian Jewish family. It shows that this model surpasses spatial boundaries and continues to dominate the immigrants' masculine identity.

Being well aware that in the new society their masculine identity is debased, degraded, or pushed into the margins, the immigrants hold fast to their original script of becoming a man. Thus they resist the Zionist dictate to adopt the Isaraeli cultural models and discard their sense of masculinity. Shifting discursively between models of masculinity, they seek to assert their distinctiveness and otherness while struggling to situate themsleves in the new place.

References

ALMOG, O. (1997): The Sabra: A Profile (Tel-Aviv, Am-Oved) (Hebrew).

ARKIN, W. & DOBROFSKY, L.R. (1978) Military socialization and masculinity, Journal of Social Issues, 34, S. 151-168.

BENMAYOR R.. und SKOTNE, A. (1994): Some reflections on migration and identity, Migration and Identity - International Yearbook of Oral History and Life Stories, 3, S. 1-18.

BEN-ARI, E. (1998): Mastering Soldiers: Conflict, Emotions and the Enemy (Oxford, Berghahm).

BERGER, M., WALLIS, B. and WATSON, S. (1995): Constructing Masculinity (New York, Routledge).

BHABHA, H. K. (1995): Are you a man or a mouse?, in: M. BERGER, B. WALLIS and S. WATSON (Eds): Constructing Masculinity (New York, Routledge).

BHABHA, HOMI K (1994): Between identities (interview by P. Thompson), Migration and Identity - International Yearbook of Oral History and Life Stories ,3, S. 183-199.
BIALE, D. (1992): Eros and the Jews (New York, Basic Books).
BOURDIEU, P. (1996): Understanding, Theory, Culture and Society, 13, S. 17-37.
BOYARIN, D. (1996): Unheroic Conduct: The Rise and Fall of Heterosexuality and the Invention of the Jewish Man (Berkeley and Los Angeles, University of California Press).
BOYARIN, D. (1997): Tricksters, martyrs, and appeasers: 'hidden transcripts' and Diaspora art of resistance, Theory and Criticism 10, S. 145-162 (Hebrew).
CANTOR, A. (1995): Jewish Woman/Jewish Man: The Legacy of Jewish Patriarchy (San Francisco, Harper Collins).
CARMELL, A. & FADLON J. ET AL. (1997): Motivation to serve in the Israeli army: The gap between cultural involvement and cultural performance, in: Noach Lewin-Epstein & Ro'i Ritterband (Eds): Russian Jews on Three Continents: Migration and Resettlement (London, Frank Cass).
CHAMBERS, I. (1994): Migracy, Culture, Identity (London, Routledge).
CONNELL, R.W. (1987): Gender and Power (Stanford, Stanford University Press).
CONNELL, R.W. (1995): Masculinities (Cambridge, UK, Polity Press).
ELDLEY, N. (1997) Jockeying for position: The construction of masculine identities, Discourse & Society 8, S. 208-217.
EILBERG-SCHWARTZ, H. (1992): People of the body – Jews and Judaism from an Embodied Perspective (NY, State University of New York Press).
ENCYCLOPEDIA JUDAICA (1971): Vol.11, S. 1550-1574 (Jerusalem, Encyclopedia Judaica).
FEIGE, M. & BEN-ARI, E. (1991): Card games and the Israeli army unit: an interpretive case study, Armed Forces And Society, 17, pp. 439-48.
FOUCAULT, M. (1979): History of Sexuality (part one) (Harmondsworth, Penguin).
GAL, R. (1986): The Portrait of the Israeli Soldier (New York, Greenwood Press).
GILMAN, S. (1991): The Jew's Body (New York, Routledge).
GILMORE, D. (1990): Manhood in the Making (New Haven & London, Yale University Press).
GLENN, E.N. (1999): The Social construction and institutionalization of gender and race – an integrative framework, in: M.M. FERREE , J. LORBER and HESS (Eds): Revisioning Gender (London, Sage Publication).
GOLD, ST. (1995): From the Worker's State to the Golden State: Jews from the former Soviet Union in California (Boston:Allyn and Bacon).
GLUZMAN, M. (1997): Long for heterosexuality: Zionism and sexuality in Herzl's Altneuland, Theory and Criticism, 11, S. 145-162. (Hebrew).
ISAKOVA, A. (1998): The goldfish and the Jewish state, A'lpaim, 16,
S. 192-213 (Hebrew).
KRUPNIK, I. (1994): Constructing new identities in the former Soviet Union, in: J. WEBBER (Ed): Jewish Identities in the New Europe (London, Littman Library of Jewish Civilization).
LERNER, J. (1999): Via Knowledge: Russian-Jewish Immigrants in the University MA Thesis, (Department of Sociology and Cultural Anthropology, Hebrew University of Jerusalem) (Hebrew).

LESHEM, E. und LISSAK, M. (2000): The formation of the "Russian" community in Israel, in: L. DYMERSKAYA-TSIGELMAN (Ed): The Jews of the Soviet Union in Transition (4:19). (Jerusalem: Publications on Soviet Jewry in Cooperation with the Scientists' Committee of the Israel Council for the Soviet Jewry) (Hebrew).

LEVIN, N. (1988): The Jews in the Soviet Union: Paradox of Survival (New York, New York University Press).

LIEBLICH, A. (1989): Transition to Adulthood During Military Service: The Israeli Case (Albany, State University Of New York Press).

LISSAK, M. und LESHEM, E. (1995): The Russian intelligentsia in Israel between ghettoization and integration, Israeli Affairs, 2, S. 20-36.

LOMSKY-FEDER, E. (1996): Youth in the shadow of war, war in the light of youth: life-stories of Israeli veterans, in: K. HURRELMANN and S.F.HAMILTON (Eds): Social Problems and Social Contexts (Berlin and New York, Walter de Gruyter).

LOMSKY-FEDER, E. und BEN ARI, E. (1999): From a people in uniform to different uniforms for the people: Diversity and professionalism in the IDF, in: J. SOETRES und J. VAN DER MEULEN (Ed): Managing Diversity in the Armed Forces (Tilburg, Tilburg University Press).

LOMSKY-FEDER, E. und RAPOPORT, T. (Forthcoming): Juggling Models of Masculinity: Russian-Jewish Immigrants in the Israeli Army, Israeli Sociology (Hebrew).

MARKOWITZ, F. (1997): Diasporas with a difference: Jewish and Georgian teenagers' ethnic identity in Russian Federation, Diaspora, 3, S. 331-353.

MARKOWITZ, F. (2000): Coming of age in Post-Soviet Russia (University of Illinois Press, Urbana and Chicago).

MORE, Y.. und BAR-ON D. (1996): On the apparent "Sabra-ism" of Children of Holocaust Survivors: A biographical narrative analysis of One Interview, Sihot, 11, S. 36-48 (Hebrew).

MORGAN, D.H.J. (1994): Theatre of war: combat, the military and masculinities, in: H. BROD & M. KAUFMAN (Eds): Theorizing Masculinities (London, Sage)

MOSSE, G., L. (1996): The Image of Man: The Creation of Modern Masculinity (New York, Oxford, Oxford University Press).

NUDELMAN, R. (1998): Between the empire and the ghetto, Panim, 4, S. 10-16 (Hebrew).

OSTFELD, Z. (1994): The Army is Born (Jerusalem, Ministry of Defense), S. 52-66 (Hebrew).

PINKUS, B. (1988): The Jews of the Soviet Union: The History of the National Minority (Cambridge, England, Cambridge University Press).

RAPOPORT, T. (2000): Many Voices of Israeli Youth: Multiple Interpretations of the Assassination of Israeli Prime Minister Yitzhak Rabin, in: YORAM, P. (Ed): The Assassination of Yitzhak Rabin (Stanford, California University Press).

RAPOPORT, T. und LOMSKY-FEDER, E. (2000): The Habitus of "Intelligenzia" in Movement: Jewish-Russian Socialization in the Transition from Childhood to Adolescence (Unpublished Manuscript).

SARUP, M. (1996): Identity, Culture and the Postmodern World (Edinburgh, Edinburgh University Press).

SASSON-LEVI, O. (1999): The Men the Nation Need: The Construction of Gender in the Israeli Army (Unpublished Manuscript) (Hebrew).

SHABTAY, M. (1999): Best Brothers: The Identity Journey of Ethiopian Immigrant Soldiers (Tel-Aviv, Cherikover) (Hebrew).

SHAKED, G. (1998): Hebrew Narrative Fiction 1880-1980 (part five) (Tel Aviv, Jerusalem, Ha'kibbutz Ha'meuchad and Keter) (Hebrew).
SHAPIRO, A. (1999): A Jew among Russians, a gay among straights, Ha'Aretz 10/8/99
(Hebrew).
SILBERMAN, CH. E. (1985): A Certain People: American Jews and Their Lives Today (New York: Summit Books).
SKLARE, M. (1983): American Jews: A Reader (New York, Behrman House)
SWIRSKI, SH. (1995): Seeds of Inequality (Tel-Aviv, Breirot) (Hebrew).
WEISS, M. (1999): The Chosen Body: Stations in the Israeli Life Cycle (Unpublished Manuscript) (Hebrew).
YABLONKA, H. (1994): Strange Brothers: Holocaust Survivors in the State of Israel 1948-1952 (Jerusalem & Beer-Sheva: Yad Yitzhak Ben-Tzvi and Ben-Gurion University of the Negev) (Hebrew).
ZBOROWSKY, M. und HERZOG, E. (1952): Life is with People (New York, International Universities Press).
ZILBERG, N. (1995): In-group humor of immigrants from the former Soviet Union to Israel. Israel Social Science Research, 10, S. 1-22.
ZINN, D. L. (1994): The Senegalese Immigrants in Bari – what happens when Africans peer back, Migration and Identity - International Yearbook of Oral History and Life Stories, 3, S. 53-68.

Gisela Miller-Kipp

„Fortschritt und Rückschritt, Irrwege und Hoffnungen – Erziehung und Bildung im historischen Umbruch"

Dies ist ein resümierender Bericht zum Symposion der Sektion Historische Bildungsforschung. Unter dem oben zitierten Titel präsentierte es beispielhaft fünf Forschungsstudien, mit denen das Kongressthema erziehungshistorisch aufgeschlossen wurde. Die ausgewählte Präsentation verdankt sich der besonderen Arbeitslage der historischen Bildungsforschung gegenüber dem Kongressthema: Der mit „Bildung und Erziehung in Übergangsgesellschaften" nachgefragte – problematische – Zusammenhang zwischen Bildungsprozess und Gesellschaftsprozess lässt sich in historischer Perspektive besonders gut beobachten und ist in der historischen Bildungsforschung in Fülle rekonstruiert, beschrieben und analysiert worden. Dabei sind die Forschungsansätze ideengeschichtlich wie sozial- und strukturgeschichtlich ausgerichtet, liegen im ideellen wie im realen Horizont von Erziehung und Bildung. Angesichts dieser vielfältigen und ertragreichen Arbeitslage empfahl sich die Beschränkung auf neue Forschungsbeiträge mit der Konzentration auf das 20. Jahrhundert. Da die genau hierzu gehörenden Vorträge andernorts veröffentlicht werden[1], sind zur Kongressdokumentation an dieser Stelle alle Vorträge des Symposion systematisch vorzustellen. Das soll in einem kurzen Referat geschehen; es hält sich an die im Symposion vorgegebenen und erziehungs- und bildungshistorisch eingeübten deskriptiven Kategorien wie System und Prozess, Kontinuität, Tradition und Wandel, Traditionsbruch und Irrweg.

Prof. Dr. Johanna FORSTER (Erlangen-Nürnberg) pflegte die längste zeitliche Perspektive, um die Funktion von Erziehung in Übergangsprozessen darzustellen, nämlich die gattungsgeschichtliche („Übergänge als Systemgröße in der Evolution von Erziehung und Bildung").

In einer längsschnittlichen und in einer querschnittlichen evolutionstheoretisch basierten Studie zeigte sie auf, wann und wie „Erziehung" in der Phylogenese des Menschen und in der Kulturevolution auftrat und dort funktionierte. – In der menschlichen Gattungsgeschichte, verfolgbar über 4,5 Millionen Jahre, liegen die beiden bekannten Bedingungen für „Erziehung": die cortikale Sonderstellung des Menschen (d.h. die Entwicklung seines Ge-

1 Im Jahrbuch für Historische Bildungsforschung 7 (2001) und 8 (2002).

hirns) als biologische Basis des Lernens und die lange Kindheit als dessen soziale Chance. Mit diesen beiden Bedingungen ist zugleich die Möglichkeit von „Erziehung“ gegeben: Sie lasse sich, so FORSTER, in der Entwicklung des homo sapiens seit ca. 300 000 Jahren mit reichen paläoanthropologischen und paläoarchäologischen Funden belegen, und zwar: 1. als Tradierung von Kenntnissen und Fertigkeiten im Subsistenzbereich, besonders im Werkzeuggebrauch, 2. als soziales Lernen sowie als Vermittlung von Wissen im sozialen Bereich und 3. als Tradierung von Wissen und Normen im religiösen Bereich.

In den beschriebenen Formen und Funktionen wird „Erziehung“ zwar auch erziehungs- und sozialwissenschaftlich begriffen, doch erscheint sie erst in der langen evolutionsgeschichtlichen Perspektive unauflösbar mit dem menschlichen Kultur- und Gesellschaftsprozess verbunden. Von daher wächst „Erziehung“ eine einzigartige historisch-anthropologische Bedeutung zu (oder wird ihr zugeschrieben), die angemessen nur als historischer Systemprozess zu fassen ist. Für die Forschung rückt damit die Kopplung der Prozesse von Erziehung und Gesellschaft ins Zentrum der Aufmerksamkeit, wobei vom Erziehungsprozess her gesehen besonders seine Abhängigkeit vom Kultur- und Gesellschaftsprozess und seine Systemvariablen interessieren.

Das eine wie die anderen klärte FORSTER wiederum auf der evolutionstheoretisch montierten Forschungsbasis von Anthropologie und Archäologie sowie mit ethnologischer Forschung in einer querschnittlichen Betrachtung kultureller Diversifikation: Für diesen Prozess und damit für die gesellschaftliche Form von Erziehung seien die Parameter „Subsistenzform“, „Populationsgröße“ und „Komplexitätsgrad der Gesellschaft“ entscheidend. So trete institutionalisierte Erziehung mit zunehmender gesellschaftlicher Komplexität auf, gleichzeitig segmentiere sich aber die vordem tribal durchgängige Allgemeinbildung, forme privilegierte und exklusive Zugänge und Bereiche aus, mit weitreichenden sozialen und politischen Folgen.

Diese aus der Kulturevolution zu erkennende Entwicklungsrichtung von Erziehung und Bildung im Gesellschaftsprozess lässt deren gegenwärtige Systemlage schärfer erkennen – die referierte Aussage ist bildungspolitisch aktuell. Stellt man Erziehung und Bildung in den Horizont von Gattungsgeschichte und Kulturrevolution, so zeigt sich ein evolutionäres Kontinuum fließender geschichtlicher Übergänge. In diesem Kontinuum lässt sich eine – oder die? – geschichtliche Entwicklungs- und Funktionslogik von Erziehung und Bildung rekonstruieren.

Als gesellschaftlicher Prozess zwischen Vergangenheit und Zukunft kann Erziehung auch *gedacht* werden. Das ist im europäischen Abendland oft und klug geschehen. Prof. Dr. Johanna HOPFNER (Würzburg) suchte solches Denken als pädagogisches Denken bei SCHLEIERMACHER auf, dort insbesondere in der Vorlesung über Pädagogik aus dem Jahre 1826 („Erhalten oder verbessern? Systematische Überlegungen zur gesellschaftlich ambivalenten Situation von Erziehung").

Verglichen mit der von FORSTER vorgelegten Perspektive rangiert dieser Beitrag sozusagen am entgegengesetzten Ende der Zeitskala, da er ein bestimmtes Denken über Erziehung punktuell fixierte. HOPFNER zeigte in einer historisch-systematischen Interpretation, dass SCHLEIERMACHER in seinen bekannten dialektischen Wendungen und Dichotomien zur Erziehung eben als „soziales Übergangsphänomen" begreife. Die ambivalente Verortung von Erziehung zwischen den Zeiten sowie zwischen Individuum und Gesellschaft sei *pädagogisch* gesehen einzig angemessen[2]. Sie bewahre Erziehung vor überzogenen gesellschaftlichen Ansprüchen wie vor eigenem gesellschaftlichen Ehrgeiz.

Von solchem Ehrgeiz aber, und damit vom Hoffen und Irren der Pädagogik, handelten die im folgenden skizzierten drei Beiträge. Sie fassten Pädagogik jeweils im historischen Moment eines politischen Systemwechsels und des Bruchs von pädagogischer Tradition – und stellten dabei ihr politisches Scheitern fest.

Prof. Dr. Christine LOST (Berlin) beschrieb Gestalt, Absicht und Tradition der pädagogischen Vorstellungen, die NADESHA ULIANOV (geb. KRUPSKAJA), die Frau LENINs, zwischen 1914 und 1917 im Schweizer Exil entwickelte („Reformpädagogik als Staatspädagogik. Zum Konstruktionsprozess von ‚Sowjetpädagogik'").

Diese pädagogischen Vorstellungen wurden im Verlaufe des politischen Prozesses in Russland als „Staatspädagogik" beansprucht und im Zuge sozialistischer Staatsbildung nach 1945 rückblickend zur „neuen" oder „fortgeschrittensten" Pädagogik mythisiert. Sowohl im direkten politischen Zugriff wie auch in der pädagogischen Mythisierung sei die kritische Potenz des ursprünglichen Konzepts verloren gegangen, seien aber auch seine prinzipiellen Irrtümer und faktischen Irrwege überdeckt worden. Dazu gehörten die Unvereinbarkeit von Reform- und Staatspädagogik, die Unvereinbarkeit von politischer Unterordnung und politischer Beauftragung sowie die angenommene Wirksamkeit der konstruierten „neuen" Pädagogik außerhalb staatsozialistisch geschlossener Gesellschaften.

Die ursprüngliche Absicht und den ursprünglichen Gehalt dieser Pädagogik bei KRUPSKAJA rekonstruierte LOST aus bisher nicht veröffentlichten und erziehungshistorisch noch nicht ausgewerteten Quellen (Diarien der Bibliotheksarbeit in Bern und Zürich; dazu Briefe und Artikel aus der Exilzeit). Erkennbar wurde das Konzept einer „dritten" Pädagogik zwischen Reformpädagogik (amerikanischer und preußisch-deutscher Art) und Staatspädagogik (leninistischer Observanz). Sie versuchte eine Verbindung von neuer Arbeits- und alter Lernschule, von hohem Bildungseffekt und sozialem

2 Hopfner, J. (1999): Das Subjekt im neuzeitlichen Erziehungsdenken. Ansätze zur Überwindung grundlegender Dichtomien bei Herbart und Schleiermacher. Weinheim.

Ausgleich und also von Pädagogik und Politik. Am politischen Anspruch und an der politischen Beanspruchung, genauer an den ihr zugemuteten gesellschafts- bzw. staatsentwickelnden oder –gestaltenden oder –erhaltenden Aufgabe sei diese „dritte“ Pädagogik gescheitert.

Zur – systemtheoretisch gefassten – Frage nach dem kritischen Punkt der Kopplung von Pädagogik und Gesellschaftsprozess gibt dieses Beispiel folgende Auskunft: Ist oder erfolgt die Zuordnung und die Verbindung von Erziehung und Bildung zum Gesellschaftsprozess *politisch*, ist die Kopplung krisenhaft und zeichnet das Scheitern von Pädagogik vor.

Wie sich solches Scheitern lebensgeschichtlich abzeichnet, ließ der Vortrag von Prof. Dr. Johannes BILSTEIN (Düsseldorf) erkennen („Jugendstil, Kommunismus, Reformpädagogik. Zur Analogie künstlerischer und pädagogischer Motive bei HEINRICH VOGELER“).

BILSTEIN machte am Leben und Werk einer erziehungs- und gesellschaftsgeschichtlich eher randständigen Figur die argumentative Grundstruktur und den praktischen Spielraum von Reformpädagogik exemplarisch deutlich. HEINRICH VOGELER (1872-1942), Lebensreformer, Künstler vom Jugendstil bis zum Kubismus, christlicher Kommunist und kommunistischer Volkserzieher mit keinem geringeren Anspruch als dem der Welterneuerung und der Geburt des „neuen Menschen“, nahm die Kunst, hier das Bild, zum pädagogischen und zum politischen Instrument. VOGELERs Bildwerk können mithin seine politisch-pädagogische Absicht und ihr Schicksal abgelesen werden. BILSTEIN tat dies und spiegelte am Leben und Werk des Künstlers zugleich den reformpädagogischen Komplex in seinen Brüchen, Widersprüchen und auch in seinen Kontinuitäten:

Aus politischer – demokratischer wie kommunistischer – Perspektive sei VOGELERs Lebensweg eine lange Folge von Irrtümern; in pädagogischer Hinsicht sei er eine Illusion, gescheitert an der politischen Absicht und Anbindung. In normativer und in ideologischer Hinsicht zeige sich freilich Kontinuität: Durchgehend begleite VOGELERs Lebensweg der Topos von der Natur als Lehrmeisterin, „Natur“ bleibe eine konstant sich durchziehende Legitimationsformel und Berufungsinstanz. Durchgehend sei auch die weltanschauliche Fundierung und Bindung von Kunst und Pädagogik. Beiden fehle die Denkfigur „Autonomie“.

Bezieht man diesen Befund auf das auch von LOST nachgezeichnete politische Scheitern von Pädagogik, in Sonderheit von Reformpädagogik, und sucht man dafür eine Bedingungsgröße, so könnte dies der Mangel an „Autonomie“ sein. „Autonomie“ wäre für Erziehung und Bildung im *politischen* Prozess korrektiv hinzuzudenken bzw. „Autonomie“ wäre von Erziehung und Bildung zugleich mit politischer Einlassung zu reklamieren. Solche gesellschaftliche Selbstbehauptung setzt seitens der Pädagogik freilich Substanz voraus, Forschung im gesellschaftlichen Raum und einen pragmatisch fruchtbaren Wissensbestand. Nur damit wahrt sie die Chance erfolgreichen Handelns außerhalb der traditionell markierten und gefestigten pädagogischen

Provinz, die Chance erfolgreicher politischer Intervention im eigenem, im pädagogischen Interesse.

Von einer mangels wissenschaftlicher Substanz verpassten historischen Handlungschance handelte der Vortrag von Hans MALMEDE (Düsseldorf). Er zeigte am Beispiel des jugendstrafrechtlichen Erziehungsgedankens, dass es der Erziehungswissenschaft nicht gelungen ist, ein sich ihr neu öffnendes Handlungsfeld zu besetzen, da sie die dazu erforderliche Pädagogik, im vorliegenden Falle eine Kriminalpädagogik, nicht zu entwickeln vermochte („Erziehung statt Strafe? Irrwege im Umgang mit jugendlichen Straftätern in der ersten Hälfte des 20. Jahrhunderts").

Der jugendstrafrechtliche Erziehungsgedanke wie die Kriminalpädagogik seien Merkmale des Modernisierungsprozesses in Deutschland, der in kriminalpolitischer und strafrechtlicher Hinsicht auf möglichst effiziente „Verbrechensbekämpfung" zielte. Besonders problematisch geworden und besonderes problematisiert worden sei dabei die Jugendkriminalität. Für sie sei am Beginn des 20. Jahrhunderts die Devise „Erziehung statt Strafe" formuliert worden, die sich im ersten Jugendgerichtsgesetz (JGG) von 1923 durchgesetzt habe, weswegen es auch als „kopernikanische Wendung auf dem Gebiet der deutschen Rechtsentwicklung" gefeiert worden sei. Heute dagegen stehe der Erziehungsgedanke im Jugendstrafrecht in massiver Kritik, und der 1923 eingeschlagene Weg stehe zur Revision an. Nicht nur der innenpolitische Stammtisch, auch Juristen und Kriminologen forderten, jugendliche Straftäter wieder allein der Justiz zu überlassen; sie plädierten für weniger Pädagogik im Jugendstrafrechtsverfahren, ja, sie wiesen die „Einmischung von Pädagogik in das (Jugend-)Kriminalrecht" laut zurück.

Dies sei vor allem auch ein Versagen von Pädagogik. Ihr sei es nicht gelungen, sich als Grundwissenschaft der Jugendstrafrechtspflege zu etablieren, d.h. eine Kriminalpädagogik zu entwickeln, ein empirisch fundiertes, pädagogisch stimmiges und gesellschaftlich überzeugendes Konzept zur Erziehung jugendlicher Straftäter oder, im Vorfeld dessen, zur Verhütung von Jugendkriminalität. Die von den Jugendjuristen und der Jugendgerichtsbarkeit in den 20er Jahren hinzugezogenen Pädagogen (Foerster, Nohl, Fischer) hätten sich auf einen Erziehungsgedanken als funktionalen Bestandteil eines kriminalpolitischen Zukunftsversprechens im sozialdarwinistischen Geiste eingelassen. Pädagogisch eingekleideter Sozialdarwinismus kontinuiere im deutschen JGG (von 1923 über 1943 bis zum 3. und derzeit letzten JGG von 1953). Dies sei aber die Denkungsart, die Jugendstrafrechtler und Kriminologen unter sich pflegten, weswegen sie sich die allgemein- und die kriminalpädagogischen Fragen des JGG gleich selbst beantworten könnten und das aus naheliegenden Gründen gesellschaftlicher Konkurrenz auch lieber täten bzw. getan hätten.

Dieser Befund lässt sich unschwer auf eine aktuelle gesellschaftliche Lage von Erziehung, Bildung und Erziehungswissenschaft beziehen. Sie werden für den sozialpolitischen Reparaturbetrieb beansprucht und zugleich bildungspolitisch als Abbruchunternehmen behandelt. Daher erlaubt sich die Referentin, die Vorträge des Symposions pragmatisch zu resümieren: scientia paedagogica, si rem politicam agis, age tua potestate.

Horst W. Opaschowski

Übergang – wohin? Zukunftsforschung zwischen Vorsorge und Vorausschau

Vor mehr als einem Vierteljahrhundert hat der CLUB OF ROME in seinem Bericht über „die Grenzen des Wachstums" (1972) den westlichen Industrieländern eine ebenso folgenreiche wie krisenhafte *Übergangsphase* vorausgesagt: Zum ersten Mal sei es lebensnotwendig, nach dem Preis unbeschränkten materiellen Wachstums zu fragen. Die Übergangsphase werde in jedem Fall schmerzhaft sein. Um den *Zustand eines stabilisierten Gleichgewichts* nicht zu gefährden, müssten sich Politik, Wirtschaft und Gesellschaft mit fünf globalen Trends und ihren Wechselwirkungen ernsthaft auseinandersetzen. Gemeint waren

- die beschleunigte Industrialisierung,
- das rapide Bevölkerungswachstum,
- die weltweite Unterernährung,
- die Ausbeutung der Rohstoffreserven und
- die Zerstörung des Lebensraums.

Nur eine weltweite Partnerschaft könnte diese Probleme im letzten Viertel des 20. Jahrhunderts lösen helfen. Den Autoren des CLUB-OF-ROME-Berichts (MEADOWS u.a. 1972/1973) schwebte als wünschenswertes Ziel ein *dynamischer Gleichgewichtszustand* vor. Jetzt nach einem Vierteljahrhundert müssen erneut die Weichen zur Stabilisierung des Gleichgewichts gestellt werden, zumal die neuen Informations- und Kommunikationstechnologien den tiefgreifendsten Wandel seit der Industrialisierung vor über hundert Jahren in der Wirtschafts- und Arbeitswelt verursachen.

Nach dem amerikanischen Wirtschaftswissenschaftler LESTER C. THUROW leben wir derzeit in einer Periode des Übergangs. Dabei machen wir die aus der Evolutionsbiologie bekannte *Erfahrung eines gestörten Gleichgewichts* durch – vergleichbar der Periode zu Zeiten der Dinosaurier. Über 130 Millionen Jahre lang beherrschten die Dinosaurier das Gesicht der Erde. Jede neue Dinosauriergeneration war noch größer, noch kräftiger und noch dominanter als die vorhergehende. Und in einer Übergangsperiode, „die nicht länger als zehntausend Jahre währte, stirbt auf einmal jeder Dinosaurier aus"

(THUROW 2000, S. 161). Am Ende dieser Entwicklungsphase entsteht dann etwas ganz anderes – das Säugetier. In der Evolution vollzieht sich ein Quantensprung.

Zu Beginn des 21. Jahrhunderts befinden wir uns – historisch gesehen – erneut in einer Phase des gestörten Gleichgewichts, die durch *fünf globale Strukturveränderungen* gekennzeichnet ist:

- Die erste globale Strukturveränderung ergibt sich durch das *Ende des Kommunismus*. Fast zwei Milliarden Menschen, ein Drittel der Menschheit, schließen sich der westlichen kapitalistischen Welt an.
- Die zweite globale Strukturveränderung betrifft den *Übergang von natürlichen Industrien zu intelligenten Industrien*. Nicht mehr Naturschätze und natürliche Rohstoffe sind jetzt gefragt, sondern künstliche, auf menschlicher Intelligenz basierende Industrien, die keinen festen Standort mehr haben, sondern überall in der Welt angesiedelt sein können.
- Der dritte globale Strukturwandel entsteht durch die *demographische Revolution*: Die Weltbevölkerung wächst, wandert und altert. In den ärmsten Ländern der Welt kommt es zu einer Bevölkerungsexplosion und gleichzeitig zu riesigen Migrationen aus armen in reiche Länder wie nie zuvor in der Menschheitsgeschichte. Daran wird sich nichts ändern, so lange der Lebensstandard in kalifornischen Gefängnissen (z.B. im Hinblick auf Wohnraum, Ernährung, Fernsehen, Sport) höher ist als in mexikanischen Dörfern. Gleichzeitig werden die Älteren in der westlichen Welt dominieren: Es kommt zur Verlagerung der Kaufkraft von den Jungen auf die Alten.
- Der vierte globale Strukturwandel wird durch den *Übergang von Nationalökonomien zur Globalökonomie* ausgelöst und dabei durch neue Kommunikationstechnologien beschleunigt und gefestigt.
- Schließlich kommt es zu einem fünften globalen Strukturwandel: Mit der Globalisierung lösen sich auch dominierende Wirtschaftsmächte auf. Aus festen Regelwerken im Umgang miteinander werden jetzt *frei flottierende Spielregeln ohne Schiedsrichter*, weshalb es ständig zu Konflikten, Auseinandersetzungen oder Handelsstreitigkeiten kommen kann. Aus westlicher Sicht sind z.B. von der in China verwendeten Software „96 Prozent durch Piraterie erworben“ (THUROW 2000, S. 169) – und das ohne juristische Folgen.
- Zu Beginn des 21. Jahrhunderts müssen wir diese Periode gestörten Gleichgewichts durchleben, in der alles in Fluss zu sein scheint. Neues und Altes passen kaum mehr zueinander. Das Ungleichgewicht wird geradezu zur Normalität. Es regieren weitgehend Ungewissheit, Unübersichtlichkeit und Unsicherheit. Technologien und Ideologien wandeln und wechseln sich ab – so lange, bis eine neue *Generation von Gründern* bereit ist, trotz der krisenhaften Veränderungen Neues auszuprobieren

und Verantwortung zu übernehmen. Mit ihrem Handeln beginnt dann ein neues Spiel mit neuen Regeln.

Die Pädagogische Freizeitforschung, deren Hauptgegenstand die Erforschung des gesellschaftlichen *Struktur- und Wertewandels* von Arbeit und Freizeit ist, setzt sich seit einem Vierteljahrhundert mit dem Zeitphänomen Wandel/Veränderung/Übergang kritisch auseinander:

- Bereits 1974 wurden „langwierige *Umwandlungs- und Umwertungsprozesse*" bis zum Ende des 20. Jahrhunderts vorausgesagt – von der Erschütterung des Fortschrittsglaubens bis zur sich wandelnden Berufsethik (OPASCHOWSKI 1974, S. 29 ff.).
- 1980 wurden die „gesellschaftliche *Umbruchsituation*" und die sich abzeichnende „Arbeitsmangelgesellschaft" mit ihren sozialen Folgen kritisch reflektiert (OPASCHOWSKI 1980, S. 6 ff.).
- 1994 wurde schließlich dazu aufgefordert, Übergangssituationen nicht immer gleich als Krisensituationen zu brandmarken. Vielmehr sei anzunehmen, dass jede Gesellschaft und Kultur wie ein organischer Körper einem natürlichen Alterungsprozess unterliege: „*Demnach ist jeder Untergang zugleich ein Übergang*. Der Untergang des Sozialismus könnte so z.B. als ein Übergang in eine neue postsozialistische Phase angesehen werden" – so die damalige Sichtweise (OPASCHOWSKI 1994, S. 57).

Schon vor fast einem Jahrhundert hat der Nürnberger Theologe FRIEDRICH RITTELMEYER im Jahre 1908 jedes Untergangsszenario zugleich als ein Übergangsszenario beschrieben, das hoffnungsvoll stimmt: „Wir glauben jetzt mit unserer Arbeit der Welt und dem Vaterland ein wenig nützlich zu sein, und gewiss wird unser Vaterland in der Weltgeschichte noch eine Zeitlang seine Rolle spielen, *aber dann?*

- Dann kommen andere Völker an die Reihe, Amerikaner, Russen. *Und dann?*
- Dann, wenn wieder Jahrhunderte oder Jahrtausende vergangen sind, wachen vielleicht die schwarzen Völker Afrikas auf und lenken eine Weile die Weltgeschichte. *Und dann?*
- Dann mögen wieder Jahrtausende vergehen, wo die Menschen sich's durch immer neue Entdeckungen und Erfindungen auf der Erde recht bequem gemacht haben. *Und dann?*
- Dann fängt die Erde allmählich an zu erkalten, die Menschheit wird müder und müder, schwächer und schwächer, und allmählich stirbt alles Leben auf der Erde. *Und dann?*
- Dann ist von allen Herrlichkeiten der Erde nichts übrig geblieben als eine große Wüste, ein großes Grab. Die Erde stürzt wieder in die Sonne – und

auf einem andern Gestirn mag der Tanz aufs Neue beginnen" (RITTELMEYER 1908, S. 562).

Auch im neuen Millennium mag und wird der Tanz aufs Neue beginnen. Im *Übergang zum 21. Jahrhundert* macht der Begriff Zukunft Angst, aber auch neugierig. Im alltäglichen Leben haben die Menschen die Erfahrung gemacht: *Zu wenig Innovation ist langweilig – ein Zuviel an neuen Entwicklungen aber ängstigt.* Auch ein Grund dafür, warum Zukunftsdenken Jahrhunderte lang aus dem Leben ausgeblendet, ja systematisch verdrängt wurde. Vor 2500 Jahren beschrieb der Philosoph Platon dieses Phänomen im Dialog Phaidros: Danach präsentierte der Erfindergott Theuth dem ägyptischen Pharao Thamus eine Reihe von Erfindungen, die sich im ganzen Land ausbreiten sollten. Dazu gehörte auch die *Erfindung der Schrift*. Der ägyptische Herrscher lehnte dies jedoch kategorisch ab. Denn: „Mit Einführung der Schrift verändern sich auch die gesellschaftlichen Begriffe von Erinnerung und Weisheit" (WARNECKE 1999, S. 11). Der Pharao befürchtete eine Schwächung des Gedächtnisses und eine Vernachlässigung der mündlichen Überlieferungstradition.

Die Geschichte beweist: Neue Medien wie z.B. der *Buchdruck*, das *Fernsehen* oder das *Internet* verändern die Lebensgewohnheiten von Menschen. Ähnliches gilt im Bereich von zukunftsweisenden Entwicklungen im Bereich der Mobilität: Auto, Eisenbahn, Flugzeug. Doch der technologische Fortschritt ist kaum aufzuhalten, die Zukunft und die Zukunftsforschung auch nicht – frei nach den Zukunftsstudien von ROBERT JUNGK *„Die Zukunft hat schon begonnen"* (1952) sowie von HERMAN KAHN und ANTHONY WIENER *„Ihr werdet es erleben"* (1967).

In der Zukunftsforschung geht es um Vorausschauen, nicht um Wahrsagen, Prophetie, Astrologie oder Magie. Die Zukunftsforschung weist eher Gemeinsamkeiten mit der Geschichtsforschung auf, in der von der ewigen Wiederkehr des Gleichen die Rede ist und *Vergangenheit als Präfiguration der Zukunft* erscheint (vgl. ELIADE 1984, S. 101): Alles wiederholt sich endlos – seit Jahrhunderten.

In Griechenland wimmelte es seinerzeit geradezu von *Orakeln* (Delphi, Delos, Olympia, Epidaurus, Theben u.a.), die miteinander um Treffsicherheit wetteiferten. Hinzu kamen sogenannte *Seher*, die Politikern und Militärstrategen nicht selten das verkündeten, was sie hören wollten. So vermittelten beispielsweise die Feldzüge Alexander des Großen den Eindruck einer fast konspirativen Kooperation zwischen dem König und den Sehern, bei der man nicht wusste, „wer wen manipulierte" (MINOIS 198, S. 108). König und Seher steckten sozusagen ‚unter einer Decke'. Dafür sprach auch, dass jede militärische Expedition ihre eigenen Seher hatte, so wie es heute für jeden Wahlkampf parteienspezifische Meinungsumfragen oder bezahlte Werbeagenturen gibt. Die griechische Kultur gilt als die erste, die ernsthaft über den Begriff der Zukunft nachgedacht hat. Die inflationäre Verbreitung von Orakeln und

Sehern war ein Ausdruck dafür. Dazu gehörte auch die *Offenheit für Utopien*, die als *Wahrheiten von morgen* verstanden wurden.

Die Römer hingegen hatten mehr die Gegenwart im Blick und rückten die Weissagungen in die Nähe von Betrug, Verschwörung oder gar Landesverrat. Zukunft wurde zur *Chefsache* erklärt. Nur der Kaiser sollte die Zukunft kennen. Kaiser Tiberius versuchte, Orakel in der Nähe Roms zu beseitigen. Und Kaiser Claudius fasste im Jahre 47 alle Weissager zu einem Staatskollegium zusammen – zu einer Art *„Zukunftsministerium"* (MINOIS 1998, S. 125). Die Zukunftsdeuter wurden zu Beamten und die Voraussagen eine Sache des Staatsmonopols.

Die Politik hatte ein ernsthaftes Interesse daran, Voraussagen oder gar Gerüchte über die Zukunft der kaiserlichen Macht zu verhindern. So ließ z.B. Kaiser Augustus alles, was an griechischen und lateinischen Orakelbüchern kursierte, verbrennen. Stattdessen wurde in Rom der Mythos der Ewigen Stadt verbreitet. Und der Dichter Horaz verkündete die *„Carpe diem"*-Devise: „Nutze den Tag und verlass dich so wenig wie möglich auf den, der noch kommt." Jeder sollte im Hier und Jetzt leben und nicht etwa im Vertrauen auf die Zukunft. Denn: „Es hat ein weiser Gott den Weg der Zukunft mit dunkler Nacht verhüllt und lächelt nur, wenn ein Sterblicher über das erlaubte Maß sich ängstigt ... Nur der wird als sein eigener Herr und heiter leben, der nach jedem Tag zu sprechen weiß: *‚Ich habe gelebt'"* (HORAZ „Oden" I und III). Das ist fast *Zeitgeist 2000 pur.*

Cicero hatte sich schon vor Horaz ähnlich geäußert: Das Wissen um die Zukunft sei weder nützlich noch hilfreich: „Was für ein Leben hätte doch Priamos gehabt, wenn er von Jugend an gewusst hätte, welche Schläge ihn im Alter treffen würden? ... Es ist demnach die *Unkenntnis* künftigen Unheils gewiss von *größerem Nutzen als ein entsprechendes Wissen*" (CICERO „Über die Wahrsagung" II).

Mit dem Übergang von der Antike zum Mittelalter verändert sich die Einstellung zur Zukunft nicht grundlegend: *Gott allein kennt die Zukunft,* heißt es jetzt, zumal die Welt nicht mehr lange bestehen sollte. Die Ankündigungen von Antichrist/Wiederkehr Christi/Ende der Welt/ Jüngstes Gericht bestimmten die mittelalterlichen Zukunftsvorstellungen. Der Zyklus der ewigen Wiederkehr geriet ins Wanken. Das römische „Carpe diem" von Horaz wurde einfach umgeschrieben. An die Stelle von Daseinsfreude und Lebensgenuss trat nun die Flucht nach vorn: *Wir leben nicht mehr – wir erwarten das Leben* (MINOIS 1998, S. 211).

Die Griechen sprachen von *to mellon* und die Römer von *futurum*. Ansonsten waren die Menschen in Antike und Mittelalter weit von unserem heutigen Zukunftsdenken entfernt. Das neuzeitliche Zukunftsverständnis gibt es im Deutschen erst seit der zweiten Hälfte des 18. Jahrhunderts. Im Deutschen Wörterbuch von JACOB und WILHELM GRIMM heißt es dazu: „Erst das ‚philosophische Jahrhundert', als der Mensch aufhörte, die Zeitlichter der Ewigkeit entgegenzustellen, und anfing, sich selbst im Ablauf des allgemeinen Geschehens zu sehen ... hat sich die für uns so geläufige Abstraktion des *Begriffs der zukünftigen Zeit* allgemein vollzogen" (GRIMM 1954, Sp. 479).

Bis dahin gab es Zukunft eigentlich nur in der räumlichen und nicht in der zeitlichen Bedeutung von „Ankunft" bzw. „adventus" – ganz im Sinne von Kap. 24/Vers 3 des Matthäus-Evangeliums „quod signum adventus tui, et consummatione saeculi?" Gemeint war die Ankunft Christi auf Erden, die Martin Luther 1545 ganz modern ins Deutsche übersetzte: „Welches wird das Zeichen sein deiner Zukunft und der Welt Ende?" Die Zukunftsvorstellung glich damals mehr einer *Adventsstimmung*. Dies spiegelt sich noch heute in verschiedenen Sprachen wider, bei denen als Zukunftsbegriff das lateinische *adventus* zugrundegelegt wurde wie z.B. *avenir* (französisch), *avenire* (italienisch) und *provenir* (spanisch).

Im Unterschied zu heute war man früher sehr viel mehr von der ewigen Wiederholung des Gleichen überzeugt. Maßstab hierfür waren die *Kreisläufe der Natur:* Vogelflug und Witterung, Aussaat und Ernte, jahreszeitliche Rituale und Kirchenfeste, die Folge und das Zusammenleben der Generationen von der Geburt über die Eheschließung und Vererbung bis hin zur Blutrache. Alles, was sich diesem Kreislauf des Lebens entzog, wurde als Schicksalsschlag bzw. Ratschluss Gottes hingenommen. Völlig neuartige, ja revolutionäre gesellschaftliche und technologische Entwicklungen wie in der heutigen Zeit waren den Menschen in Antike und Mittelalter weitgehend fremd. Geschichtlich gesehen wiederholte sich alles: „Der Sohn folgte dem Vater auf den Thron, der neue dem alten Rat in der Herrschaft über Republiken und Städte. Kriege folgten auf Friedenszeiten, Frieden auf Krieg, Reichtum auf Armut, Glück auf Unglück" (HÖLSCHER 1999, S. 28).

In römischer Zeit hatte der Kaiser die Zukunft definiert und reglementiert – im Mittelalter war es die Kirche. Zukunftsdenken wurde jetzt als *Aberglaube und Teufelswerk* gebrandmarkt. Das traf insbesondere für die Astrologie, die Wissenschaft von den Sternen, zu. Die Aufstellung von Horoskopen wurde verurteilt. Einen zeitgeschichtlichen Einschnitt gab es 1516 mit der Veröffentlichung des Werkes *Utopia* von Thomas Morus. Der Kanzler Heinrichs III. beschrieb darin die glückliche Gesellschaft der Gleichen auf einer imaginären Insel im „Nirgendwo". Die Entdeckung Amerikas durch Morus' Zeitgenossen Christoph Kolumbus hatte neue Horizonte eröffnet – räumlich und geistig. Gleichzeitig machte Nostradamus („Michel de Nostre-Dame") durch seine Sammlung astrologischer Weissagungen ab 1550 auf sich aufmerksam. Und Tommaso Campanella (1568-1639) schrieb seinen *Sonnenstaat*.

Die Menschen glaubten fortan an eine *bessere Zukunft*. Die Angst vor der Zukunft schwand. Zukunft erschien plötzlich planbar und beherrschbar. Die Welt war nicht mehr dem Schicksal oder Zufall ausgeliefert. Astrologen, Propheten und Utopisten wurden zunehmend von Mathematikern, Historikern und Philosophen abgelöst. Der französische Sozialhistoriker GEORGES MINOIS beschreibt daher das 19. Jahrhundert als das *Jahrhundert der Zukunft*, als ein prophetisches Jahrhundert und Jahrhundert wissenschaftlicher Utopien. Die neuen Propheten verließen den Boden der Kirche. 1830 erschien in Frankreich die erste Zukunftszeitschrift *L'Avenir*. Optimismus breitete sich aus. Alle Welt sprach von der Zukunft, von Freiheit, von Fortschritt und von Entwicklung (vgl. OPASCHOWSKI 1970, S. 314).

Die Zukunftsdenker verstanden sich als neue Propheten des Glücks. Nur KARL MARX distanzierte sich deutlich: Die phantastischen Antizipationen sollten nicht „vom gegenwärtigen Kampf" ablenken (KARL MARX' Brief an Nieuvenhuis am 21. Februar 1881). Hier deutete sich schon das Ende der Utopien, der Träume, der Hoffnungen und des Optimismus an. Der *Aufstieg des Pessimismus* begann: ALDOUS HUXLEY veröffentlichte 1932 die „Schöne neue Welt" als Synonym für Glück ohne Freiheit in einer Welt der Diktatur. 1949 folgte GEORGE ORWELLs Zukunftsroman „1984". In dieser Welt des Big Brother regierten Furcht, Verrat und Folter, Angst, Hass und Wut. Als Grundsatz galt: *Wer die Gegenwart kontrolliert, kontrolliert die Zukunft.*

Halten wir noch einmal wichtige historische Erkenntnisse fest: Das Interesse an Zukunftswissen war zu allen Zeiten groß. Zur *göttlichen Vorsehung* (französisch prévision) gesellte sich die *menschliche Voraussage* (französisch *prévoyance).* Der religiöse Hoffnungsbegriff wurde erweitert – vor allem zur Zeit der Aufklärung. Der französische Mathematiker Marquis de Condorcet hat 1793 in seiner berühmten Schrift über die Fortschritte des menschlichen Geistes („de progrès d l'esprit humain") die unbegrenzte Vervollkommnungsfähigkeit des Menschen (*perfectibilité*) verkündet und das Fortschritts- und Zukunftsdenken gesellschaftsfähig gemacht.

So wurde der Weg bereitet für einen ganz *neuen Wissenschaftstypus*, der die systematische Erforschung künftiger gesellschaftlicher Entwicklungen zum Gegenstand hatte: „Von der Statistik über die Nationalökonomie bis hin zur Soziologie richteten sich alle Anstrengungen der neuen Gesellschaftswissenschaften darauf, diese neue Zukunft zu erkunden" (HÖLSCHER 1999, S. 103). Seit Anfang des 19. Jahrhunderts wird die Zukunft geradezu als offene Forschungslandschaft gesehen. Die empirischen Sozialwissenschaften betrieben systematische Zukunftsforschung. So forderte beispielsweise der deutsche Nationalökonom FRIEDRICH LIST (1789 bis 1846) im Jahre 1846 eine *„Politik der Zukunft"* (LIST 1931, S. 842 ff.). Utopien, Science Fiction und Zukunftsromane waren jetzt gefragt, aber auch Weltuntergangsgemälde, die das Ende der gottlosen Zeiten verkündeten.

Eine eigene Wissenschaft von der Zukunft gibt es eigentlich erst seit den sechziger Jahren dieses Jahrhunderts, als z.B. OSSIP K. FLECHTHEIM 1968 den Begriff *„Futurologie"* prägte und auch Wirtschaft und Industrie die Bedeutung von Zukunftskonzepten entdeckten. Was folgt daraus für eine systematische Zukunftsforschung von heute? Zukunftsforschung muss *Vorausschauen als Vorsorgen begreifen.* Vorausschauen heißt, Ereignisse planen und gestalten, bevor sie eintreten. Vorausschauen regt zum Handeln an. Die *„Tu was"*-Forschung und ihre Folgen können dabei wichtiger als die Treffsicherheit mancher Prognosen sein. Politik, Wirtschaft und Gesellschaft werden zum Agieren und Reagieren geradezu gezwungen. Beim Club of Rome-Bericht „Die Grenzen des Wachstums" im Jahre 1972 war es doch nicht wichtig, ob alle Prognosen und Szenarien im Jahr 2000 und darüber hinaus auch Wirklichkeit würden. Es sollten vielmehr Gefährdungen und Möglichkeiten, ihnen zu begegnen, aufgezeigt werden. Das ist z.B. mit der Ausbreitung weltweiten Umweltbewusstseins auch gelungen.

Vorausschauen bedeutet Bewusstmachen, zu Fragen anregen, zu Antworten herausfordern, zum Handeln, zum Entwickeln von Lösungsansätzen und Strategien sowie zum Ergreifen von Maßnahmen ermutigen. Aus der Sicht der Politik soll Zukunftsforschung aber nicht nur zum Handeln auffordern, sondern auch die öffentliche und veröffentlichte Meinung beeinflussen, um politische Entscheidungen zu erleichtern oder Reformen durchzusetzen. So ist auch die amerikanische Zukunftsforschung in den zwanziger bis vierziger Jahren unter den Präsidenten Hoover und Roosevelt entstanden, die 1948 in der Gründung der *Rand* („*R*esearch *and D*evelopment") Corporation ihre Institutionalisierung fand und eine Vielzahl möglicher Zukunftsszenarien entwickelte (z.B. 1965: „Agenda für das Jahr 2000").

Darüber hinaus ist vor allem eine westeuropäisch geprägte Zukunftsforschung in Frankreich (z.B. BERTRAND DE JOUVENEL), England (z.B. DENIS GABOR) und Österreich (z.B. ROBERT JUNGK) richtungweisend geworden, die auch *sozialkritische, humanistische und ökologisch orientierte Aspekte* in ihre Zukunftskonzepte einbezieht. Solche Zukunftsforscher agieren mitunter als unbequeme Zivilisationskritiker, weshalb sie auch bei den Machern in Wirtschaft und Politik deutlich weniger Gehör und Resonanz finden. Sie gelten dennoch als „die" *Kronzeugen einer qualitativen Zukunftsforschung*, in der lebensproblematische Aspekte genauso zur Sprache kommen wie lebenwerte Zukunftsperspektiven.

1973 machte sich der Amerikaner DANIEL BELL Geanken über die *Zukunft einer nachindustriellen Gesellschaft* (BELL 1973/1996), die „in den nächsten dreißig bis fünfzig Jahren" entstehen sollte, was also dem Zeitraum von 2003 bis 2023 entspricht. Sein Konzept einer nachindustriellen Gesellschaft wollte er nicht als Projektion der Gegenwart in die Zukunft verstanden wissen. Es sollte auch keine Vorhersage, ja nicht einmal eine Beschreibung der Zukunft sein. Er lieferte vielmehr eine *„Als-ob"-Fiktion*, eine logische Konstruktion dessen, *was sein könnte*. Seine Art von Zukunftsforschung glich mehr einer „social science fiction." Dabei wagte er Prognosen, die etwas anders sein sollten als bloße Vorhersagen:

- *Vorhersagen* beziehen sich in der Regel auf einzelne Ereignisse (z.B. Krisen, Kriege, Katastrophen).
- *Prognosen* hingegen sind möglich bei Phänomenen, die sich in einer bestimmten Regelmäßigkeit wiederholen, oder bei anhaltenden Entwicklungen, deren Richtung sich „mittels statistischer Zeitreihen erfassen

lassen“ (BELL 1973/1996, S. 20). Und je weiter die Prognosen reichen, desto unsicherer werden sie natürlich.

Drei Jahre später hat BELL in seinem Buch über „Die Zukunft der westlichen Welt“ die sozialen Folgen dieser Entwicklung zu Ende gedacht: In der westlichen Kultur werde der *Einfluss des Hedonismus* zum maßgeblichen Wert. Im Mittelpunkt würde die *Idee der Selbstverwirklichung* stehen. Nichts sei dann mehr verboten. Die kleinste soziale Einheit der Gesellschaft werde nicht mehr der Stamm, die Zunft oder die Gruppe sein, sondern der autonome Mensch, der Institutionen weitgehend ablehne. Im Extremfall werde das Laisser-faire-Prinzip zum *„zügellosen Individualismus“* in einer neuen Kultur der *„Modernität“*. Auf die klassische Frage „Wer bist Du?“ hätte der Mensch früher geantwortet: „Ich bin der Sohn meines Vaters“, in der modernen Gesellschaft laute hingegen die Antwort *„Ich bin ich“* (S. 114).

Es fällt auf: Viele Schlag- und Schlüsselwörter, die ULRICH BECK ein Jahrzehnt später in seinem Buch „Risikogesellschaft“ zum Thema machte, sind bei BELL bereits genannt (BECK 1986: „Auf dem Weg in einer andere Moderne“ – „Individualisierung“ – „Ich bin ich“ u.a.). Für BELL war jedenfalls vor über einem Vierteljahrhundert schon klar: Der beschleunigte soziale Wandel werde zur Quelle einer *Identitätskrise*. In der *post-modernen Kultur* dominiere das Gefühl von Orientierungslosigkeit. Kontinuität werde durch Vielfalt ersetzt. Ein *Legitimationsverlust des politischen Systems* sei die Folge. Und mit dem „Auseinanderbrechen der Kommunistischen Welt“ (1976! – S. 218) werde es für nachwachsende Generationen immer schwieriger, noch ideologische Begründungen für eine neue Zukunft zu finden.

Als „der“ Zukunftsdenker gilt ROBERT JUNGK. JUNGK hat sich frühzeitig Gedanken um überlebensrelevante Zukunftsprobleme der Menschheit gemacht und auch Wege zur Problembewältigung aufgezeigt. Sein Hauptanliegen war eine *menschliche Zukunft*, seine besondere Stärke die soziale und politische Phantasie. Schon vor dreißig Jahren forderte er von der Zukunftsforschung „mehr Phantasie für das Morgen“ (1969). Zukunftsforschung soll nicht unumstößlich verkünden: Ihr werdet es erleben! oder: So wird es sein! Sie soll vielmehr „mögliche“ Zukünfte aufzeigen und sagen: Es könnte so sein – wenn wir nicht Einfluss nehmen auf den vermutlichen Lauf der Entwicklung. JUNGK gab die Hoffnung nicht auf, Prognosen könnten zugleich auch Warnungen sein, so dass manche problematischen Prognosen nicht Wirklichkeit werden müssten.

Halten wir fest: Auch und gerade aus pädagogischer Sicht sollte Zukunftsforschung nicht unbedingt recht behalten. Sie sollte sich eher abgrenzen von den Prophetien, die immer nur sagen wollen, was sein *wird*, statt selbstkritisch und offen zu bleiben für das, was sein *kann*. In einer pädagogisch begründeten Zukunftsforschung kann es daher Zukunft eigentlich nur im Plural (*„Zukünfte“*) geben. Es gibt nach JUNGK zahlreiche Zukünfte, zwischen denen wir wählen, die wir also selbst weitgehend beeinflussen und gestalten können. Das ist der Unterschied zu naturwissenschaftlich geprägten Zukunftsaussagen wie z.B. bei KARL STEINBUCH, der nur das als echte Zukunftsforschung gelten lässt, was faktisch belegt und rational entwickelt werden kann. Die Verbindung von Wissen und Phantasie erscheint STEINBUCH geradezu verdächtig (STEINBUCH 1970 und 1971).

Als der dänische Physiker Niels Bohr seine Atomtheorie entwickelt hatte, wurden Stimmen laut wie: „Gott, muss der gerechnet haben." Seinen Freunden und Schülern wie z.B. Carl Friedrich von Weizsäcker vertraute der Gelehrte jedoch an: „Ich habe nicht gerechnet – das war ein Einfall" (JUNGK 1969/1990 S. 71). So muss auch Zukunftsforschung verstanden werden: Eine Antenne für das Kommende haben, eine Art inneres Radarsystem, so dass *intuitive Vorausschau* („intuitive forecasting") die *erkundende Vorausschau* („exploring forecasting") ergänzen kann.

Verantwortliche Zukunftsforschung muss sozialkritische Analysen liefern, aber genauso offen für positive Signale sein. Konkret: Zukunftsforschung

- ermittelt erstens auf der wissenschaftlichen Basis von Zeitvergleichen (= sogen. „Zeitreihen") statistisch nachweisbare *Entwicklungstendenzen* der Gesellschaft und geht den *Ursachen* und möglichen *Folgewirkungen* (Chancen, Risiken) für die Zukunft nach und
- versteht sich zweitens als wissenschaftliche *Orientierungs- und Entscheidungshilfe* für Gesellschaft, Wirtschaft und Politik, was das Vorausdenken („Antizipation") von *Zukunftsalternativen* (sogen. „Futuriblen", „Zukünfte") notwendig mit einschließt.

Der kanadische Kultschriftsteller DOUGLAS COUPLAND, Autor des legendären Romans „Generation X", stellt in seinem neuen Roman „Girlfriend in a Coma" eine jugendliche Clique vor die Wahl, zurück in die Vergangenheit zu gehen oder die *Weichen in die Zukunft für eine neue, bessere und schönere Welt zu stellen.* Im Mittelpunkt steht die sechzehnjährige Karen, die achtzehn Jahre lang in ein Koma fällt, während ihre Freunde so weiterleben wie bisher. Als Karen 18 Jahre später aus ihrem Koma erwacht, findet sie eine Welt der rastlosen Beschleunigung, ja der Hektik ohne Ziel und Sinn vor.

Mit Tempo und mit Spaß hat sich inzwischen das gesellschaftliche Leben weiterentwickelt, aber die Menschen sind in ihrer Entwicklung stehengeblieben oder noch treffender: sie haben *den Rückwärtsgang eingelegt. Jeder inszeniert nur noch sein Leben und sein Ich* für ein imaginäres Publikum. In dieser Inszenierung haben vor allem Oberflächlichkeit und leichte Konversation ihren Platz. Der Eindruck entsteht, als würden sich alle verstellen, wären nicht mehr sie selbst. Und kaum jemand nehme ihnen mehr die „Identität" ab, die sie sich selbst konstruiert hätten.

Der Roman vermittelt den Eindruck, als seien die Menschen heute gar nicht mehr in der Lage, sich wirklich zu ändern. Sie drohen stehen zu bleiben und sozial zu verkümmern: „Die Kinder werden in Schulen und zu Videospielen abgeschoben. Es scheint auch niemand mehr ertragen zu können, einfach allein zu sein – aber gleichzeitig sind alle isoliert. Die Leute arbeiten viel mehr als früher, nur um danach nach Hause zu gehen, im Internet zu surfen und lieber E-Mails zu verschicken, als einander anzurufen, zu besuchen oder Briefe zu schreiben. Sie arbeiten, sehen fern und schlafen. So sieht es aus. Die ganze Welt dreht sich nur um Arbeit: arbeiten arbeiten arbeiten abzocken abzocken abzocken ..., Karriere machen ..., gefeuert werden ..., online gehen ..., Computersprachen können ..., Aufträge ergattern ... Die Menschen sind ausgelaugt und wütend, geldgierig und der Zukunft gegenüber bestenfalls gleichgültig" (COUPLAND 1999, S. 194).

Was also ist zu tun? COUPLAND lässt am Ende seine Romanfiguren fragen: *Wie können wir uns ändern, ja wie müssen wir uns ändern?* Statt wie im Koma untätig zu verharren, müssten wir – bevor die Welt sich ändert – erst einmal uns selbst verändern: „Schürft. Spürt. Grabt. Glaubt. Fragt!" Hört nicht auf, Fragen zu stellen, zu suchen und zu forschen. Die Erde ist nicht der Himmel, aber „die Erde könnte unsere Arche sein" (COUPLAND 1999, S. 343). Um den nachfolgenden Generationen keinen Trümmerhaufen zu hinterlassen, endet der Roman sinngemäß mit der Aufforderung: Schafft eine humane und soziale Zivilisation: *Lasst uns eine neue Arche Noah bauen!*

Vorausschauende Pädagogik. Die Schwester der Historischen Pädagogik

Quo vadis, Gesellschaft? Quo vadis, Pädagogik? Das Kongressthema „Bildung und Erziehung in Übergangsgesellschaften" fordert zur Neuorientierung und zum Handeln heraus. Wenn die DGfE-Vorsitzende in ihrem Grußwort zum Kongress darauf verweist, dass sich „die Bedingungen von Arbeit und Lebensraum radikal ändern" und eine *„Vorausschau auf die eigene Zukunft"* (INGRID GOGOLIN 2000) erforderlich werde, dann darf unser Denken nicht bei den Disziplin- und Sektionsgrenzen stehen bleiben.

In der Forschungs- und Wissenschaftspolitik setzt sich weltweit die Erkenntnis durch: *Die Zukunft liegt „zwischen" den Fachgebieten.* Das disziplinäre Denken stößt immer mehr an seine Grenzen. Das Disziplin- und insbesondere das Territorialdenken muss aufgebrochen werden. Die Max-Planck-Gesellschaft (MPG) stellt in ihrem Zukunftsbericht „Forschungsperspektiven 2000 +" fest, dass die wirklich interessanten und innovativen Forschungsthemen und –projekte der Zukunft fast alle keine disziplinären mehr sind – „ob sie aus der Materialforschung, den Nanowissenschaften oder den Geisteswissenschaften stammen" (MARKL 2000).

Vor dem Hintergrund von Globalisierung und wachsender Beschleunigung in Wirtschaft und Gesellschaft wird *eine Vorausschauende Pädagogik im 21. Jahrhundert unverzichtbar:* Auf einer gutbekannten Landstraße brauchte früher der Fahrer eines Fuhrwerks, das sich nachts im Schritttempo fortbewegte, zur Beleuchtung der Straße nur eine schlechte Laterne. Ein schnelles Auto dagegen, das mit hoher Geschwindigkeit durch eine unbekannte Gegend fährt, muss mit starken Scheinwerfern ausgestattet sein. Wenn *Zukunft auch Herkunft* bedeutet, dann muss eine Vorausschauende Pädagogik zur Schwester der Historischen Pädagogik werden.

Es reicht in der Erziehungswissenschaft nicht mehr aus, Verantwortung nur für das Hier und Jetzt zu tragen. Erforderlich wird ein *Verantwortungsbewusstsein für kommende Generationen*, was der Ethiker und Sozialphilosoph HANS JONAS einmal *„vorausdenkende Verantwortung“* genannt hat. Als früher ganze Gebirge entlang der dalmatinischen Küste entwaldet wurden für die Flotten des Mittelmeeres, konnten die Holzknechte die daraus folgende Verkarstung nicht voraussehen. Heute und in Zukunft findet jedoch eine fortschreitende Wissensexplosion in Verbindung mit Beschleunigungsprozessen statt. Macht und Verantwortung, Wissen und Vorauswissen gehören daher zusammen, *vorausschauende Pädagogik* und *vorausschauende Politik* auch.

Wer als Politiker nur an die nächste Wahl denkt oder als Manager lediglich die Aktionärsversammlung und die nächste Quartalsbilanz im Blick hat, handelt politisch korrekt und betriebswirtschaftlich vernünftig, aber *unsensibel* für gesamtgesellschaftliche Herausforderungen und *unverantwortlich* für nachfolgende Generationen. „Einfach aussitzen“ oder „Augen zu – und durch!“ reichen als Zukunftsperspektive nicht mehr aus. Zu groß wäre dann die Nähe zu manchem blinden Aktionismus in der Computerbranche nach dem Motto: „Wir wissen ja auch nicht, wo wir hinwollen – aber wir werden auf jeden Fall als erste da sein!“

Die Wirtschaft propagiert heute gern und stolz: *Die Schnellen schlagen die Langsamen* – das ist viel zu kurzatmig gedacht. Erst rastlos, dann ziellos und am Ende ratlos? Offensichtlich gehen viele den schnelllebigen Trendforschern auf den Leim, die unlängst auf dem 5. Deutschen Trendtag in Hamburg kleinlaut eingestehen mussten: *„Vorne ist da, wo sich keiner auskennt.“* Gilt das auch für die Pädagogik? Als zukunftsfähige Maxime möchte ich eher ein Wort des Zeitgeistkritikers Ephraim Lessing (1729-1781) empfehlen: *„Der Langsamste*, der sein Ziel nicht aus den Augen verliert, geht immer noch *geschwinder als der, der ohne Ziel umherirrt.“*

Grundlagenliteratur

BECK, U.: Risikogesellschaft. Auf dem Weg in eine andere Moderne, Frankfurt/M. 1986

BELL, D.: Zukunftsforschung gestern und heute. In: H. Kahn/A.J. Wiener: Ihr werdet es erleben. Voraussagen der Wissenschaft bis zum Jahre 2000, Wien-München-Zürich 1968, S. 411-419

– Die nachindustrielle Gesellschaft („The Coming of Post-Industrial Society", 1973), Frankfurt/M. 1996

– Die Zukunft der westlichen Welt („The Cultural Contradictions of Capitalism", 1976), Frankfurt/M. 1996

COUPLAND, D.: Generation X. Geschichten für eine immer schneller werdende Kultur („Generation X. Tales for an Accelerated Culture", 1991), Hamburg 1992

ELIADE, M.: Kosmos und Geschichte. Der Mythos der ewigen Wiederkehr, Frankfurt/M. 1984

FLECHTHEIM, O.K.: Futurologie: Möglichkeiten und Grenzen, Frankfurt/M. 1968

GABOR, D.: Menschheit morgen, Bern-München-Wien 1965

GRIMM, J. und W.: Deutsches Wörterbuch, Bd. 32, Leipzig 1954

HÖLSCHER, L.: Die Entdeckung der Zukunft, Frankfurt/M. 1999

HUXLEY, A.: Schöne neue Welt. Ein Roman der Zukunft („Brave New World", 1932), Frankfurt/M. 1981

– Wiedersehen mit der Schönen neuen Welt („Brave New World Revisited", 1959), München 1987

JONAS, H.: Die Welt ist weder wertfrei noch beliebig verfügbar (Interview). In: Süddeutsche Zeitung vom 11. Februar 1992, S. 43

JOUVENEL, B. de: Die Kunst der Vorausschau, Neuwied-Berlin 1967

JUNGK, R.: Mehr Phantasie für das Morgen (1969). In: Ders.: Zukunft zwischen Angst und Hoffnung, 2. Aufl., München 1990, S. 69-84

KAHN, A./A.J. WIENER: Ihr werdet es erleben („The Year 2000", 1967), Reinbek 1971

LIST, F.: Schriften, Reden, Briefe, Bd. 7, Berlin 1931

MARKL, H.: Wissenschaft gegen Zukunftsangst, München-Wien 1998

– Interview zu den „Forschungsperspektiven 2000 +". In: Süddeutsche Zeitung vom 13. Juni 2000

MEADOWS, D. (u.a.): Die Grenzen des Wachstums. Bericht des Club of Rome zur Lage der Menschheit („The Limits to Growth", New York 1972), Reinbek 1973

MINOIS, G.: Geschichte der Zukunft, Düsseldorf-Zürich 1998

OPASCHOWSKI. H.W.: Der Fortschrittsbegriff im sozialen Wandel. In: Muttersprache 9/10 (1970), S. 314-329

– Freie Zeit ist Bürgerrecht. Plädoyer für eine Neubewertung von „Arbeit" und „Freizeit". In: Aus Politik und Zeitgeschichte (Beilage zur Wochenzeitung Das Parlament B 40/74), Bonn 5. Okt. 1974, S. 18-38

– Probleme im Umgang mit der Freizeit (B.A.T Schriftenreihe zur Freizeitforschung), Hamburg 1980

– Schöne, neue Freizeitwelt? Wege zur Neuorientierung (B.A.T Projektstudie zur Freizeitforschung), Hamburg 1994

– Feierabend? Von der Zukunft ohne Arbeit zur Arbeit mit Zukunft, Opladen 1998

– Leben zwischen Muss und Muße. Die ältere Generation: Gestern. Heute. Morgen, Hamburg 1998
– Generation @. Die Medienrevolution entlässt ihre Kinder: Leben im Informationszeitalter, Hamburg 1999
– Kathedralen des 21. Jahrhunderts. Erlebniswelten im Zeitalter der EventkulturHamburg 2000
– Xtrem: Der kalkulierte Wahnsinn. Extremsport als Zeitphänomen, Hamburg 2000
– Deutschland 2010. Wie wir morgen arbeiten und leben – Voraussagen der Wissenschaft zur Zukunft unserer Gesellschaft, 2. neubearbeitete Aufl., Hamburg 2000.

RITTELMEYER, F./Chr. Geyer: Gott und die Seele, Ulm 1908

THUROW, L.C.: Die Zukunft des Kapitalismus („The Future of Capitalism", 1996), Düsseldorf-München 1996
– Kolumbus irrte richtig. In: Süddeutsche Zeitung (Hrsg.): Die Gegenwart der Zukunft, Berlin 2000, S. 161-173

WARNECKE, H.-J. (Hrsg.): Projekt Zukunft. Die Megatrends in Wissenschaft und Technik, Köln 1999.

Rainer Treptow, Jena/Karl Neumann, Braunschweig:

Passage, Bildung und Transformation. Lebensgeschichtliche, institutionelle und globale Übergänge als Herausforderungen für die Sozialpädagogik

Die Sektion Sozialpädagogik interpretierte das Thema des DGfE-Kongresses „Bildung und Erziehung in Übergangsgesellschaften“ im Kontext der Aufgabenstellungen, die sich für ausgewählte Forschungs- und Handlungsfelder im Bereich der Pädagogik der frühen Kindheit und der Sozialpädagogik im Kinder-, Jugend- und Erwachsenenalter ergeben. Dabei wurde der makrosoziologische Begriff der Übergangsgesellschaft als heuristische Anregung aufgefasst, um die Mehrdeutigkeit des Begriffs „Übergang“ und seine Verwendungsvielfalt im Kontext der Sozialpädagogik auszuleuchten: als „Passage“, als „Bildung“ und als „Transformation“ .

- Im Blick auf lebensgeschichtliche Übergänge wird nach der Bedeutung und Gestaltung von Statuspassagen gefragt, die sich in der gesamten Lebensspanne ergeben, aber auch nach dem Übergang vom Kindergarten zur Schule, von der Schule in das Beschäftigungssystem, vom Beschäftigungssystem in den Ruhestand sowie nach den besonderen Formen der Bewältigung und Anforderungen differenzierter sozialer Hilfen, die insbesondere in krisenhaften Situationen als Hilfen in Übergängen notwendig geworden sind. Was bedeutet es zum Beispiel für Kindheit und Jugend, dass die elterliche Arbeitssituation durch ständig wachsende Mobilitätszumutungen geprägt ist und damit Übergänge im Kindergarten, Wohnmilieu, Region zu typischen Erfahrungen werden?
- Im Blick auf institutionelle Übergänge wird nach den Bedingungen des Wandels innerhalb der Einrichtungen der Kinder- und Jugendhilfe, der familienbegleitenden Hilfen und der Altenhilfe gefragt, und zwar insbesondere unter dem Gesichtspunkt der Koordinierung und Abstimmung von Hilfsangeboten, wie dies beispielsweise im Rahmen von Casemanagement diskutiert wird. Diese Diskussion erstreckt sich auch auf den Hintergrund veränderter Mobilitätsbedingungen und neuer Möglichkeiten, Hilfen „aus einer Hand“ anzubieten. Was bedeutet es für die Lebensentwürfe Jugendlicher, wenn die Übergänge zwischen Ausbildungs- und Beschäftigungssystem keineswegs garantiert sind; wie stellt sich zum Beispiel die Jugendberufshilfe darauf ein?

- Im Blick auf Übergangsphänomene in makrosozialer Perspektive wird nach der Veränderung in den Institutionalisierungsprozessen von Lebensläufen gefragt und danach, welche Veränderungen sich in Transformationsprozessen ergeben. Was bedeutet es beispielsweise für die Bewältigung neuer Systemanforderungen in Regionen, die einen massiven Strukturwandel durchlaufen? Welche veränderten Konstruktionen von Lebensphasen (Kindheit, Jugend, Alter) werden im internationalen Maßstab sichtbar?

Auf dem Hintergrund dieser drei Fragestellungen lenkte der Beitrag von Prof. Dr. Gunilla Dahlberg (Stockholm) die Aufmerksamkeit zunächst auf die Relation zwischen einer sich beschleunigenden arbeitsteiligen gesellschaftlichen Differenzierung in europäischen Ländern und einem sich abzeichnenden Wandel der Konstruktionen von Kindheit. Mit Bezug auf konstruktivistische Theoreme erläuterte Dahlberg, wie sich gesellschaftliche Differenzierung und die Bilder von Kindheit auf einander beziehen lassen. In einer durch Pluralisierung der Lebensformen und Individualisierung der Lebensstile geprägten Moderne zeichne sich zunehmend ein auf Stärkung der Selbsttätigkeit und der Teilhabefähigkeit orientiertes Konstrukt von Kindheit ab, das zugleich die Risiken und Offenheiten von Gelegenheitsstrukturen von Lebensläufen in der Moderne reflexiv zu bearbeiten und rechtlich-institutionell abzusichern habe. Das Koreferat von Prof. Dr. Michael Winkler (Jena) problematisierte diese Korrespondenz von sozialer Differenzierung und veränderter Konstruktion von Kindheit. Zwar sei nichts gegen die darin enthaltene emanzipatorische Ausrichtung einzuwenden, gleichwohl müsse die grundsätzliche Frage nach der gesellschaftlichen Funktionalität genau solcher Vorstellungen gestellt werden. Zugespitzt formuliert: die so differenzierte Moderne schaffe sich selber die Kindheitsbilder, die den gewandelten Systemanforderungen kompatibel sind.

Die Fragen nach den Aufgaben der Kinder- und Jugendhilfe im Kontext einer „Kultur des Aufwachsens", wie sie als Gegenentwurf zu der im 10. Kinder- und Jugendbericht der Bundesregierung gegebenen Lagebeschreibung entfaltet wurden, bildeten den Hintergrund für den Beitrag von Prof. Dr. Lothar Krappmann (Berlin). Der Aufgabenhorizont der Kinder- und Jugendhilfe liege in der Gewährleistung von Bedingungen für Selbstbildung und Selbsttätigkeit und in der besonderen Chance, die sie dabei wegen ihrer außerschulischen Verortung habe. Gegenstand intensiver Diskussion müsse die Frage nach der Gestaltung werden, die sensibel die Balance zwischen pädagogischen Zumutungen und der Gewährleistung von Freiräumen zu suchen habe und dabei institutioneller Absicherung bedürfe, um auch die rechtlichen Ansprüche auf Erziehung verwirklichen zu können.

Der international in der Diskussion um Kinderarbeit und Kinderrechte engagierte Prof. Dr. Jens Qvortrup (Trondheim) stellte den Kinderrechtsdiskurs in den Hintergrund, um sich der Darstellung und Erläuterung von einschlägigen sozialwissenschaftlichen Forschungsergebnissen aus vergleichender Perspektive zu widmen. Dabei bildete die krasse Varianz zwischen den demographischen Trends in europäischen und Ländern der sogenannten Dritten Welt den zentralen Bezugspunkt, um der Unterscheidung zwischen öffentlicher Verantwortung für das Aufwachsen von Kindern und dem Übereignen des Aufwachsens an die Sphäre des Privaten nachzugehen. Im Hinblick auf präventive Hilfen, Kriseninterventionen und begleitende Hilfen für Kinder in besonders belasteten Lebenslagen belegen international vergleichende Untersuchungen ein stetig wachsendes Nord-Süd-Gefälle. Prof. Dr. Ludwig Liegle (Tübingen) vertiefte als Koreferent die Forderung nach einer Kindheitsforschung, die den Blick auf Makroindikatoren durch die Perspektive auf Subjektivität ergänzt. Selbstbildung und Sozialwerdung sind also systematisch zum Gegenstand eines subjektzentrierten Zugangs zu machen. Indem Selbstbildung von Fremdbildung unterschieden werden, lassen sich die jeweiligen Anteile einer Kultur des Aufwachsens in ihrer Wechselbeziehung empirisch bestimmen und als pädagogische Dimensionen der Anerkennung begrifflich fassen.

Auf dem Hintergrund der umfangreichen Ergebnisse der 13. Shell-Studie akzentuierte Prof. Dr. Richard Münchmeier (Berlin) den Befund, dass der biographische Zukunftsoptimismus der befragten Jugendlichen sich vergleichsweise stabilisiert, dass gleichwohl die Gestaltung der Übergänge ins Ausbildungs- und Beschäftigungssystem schwieriger geworden ist und insgesamt verstärkte Anforderungen an die Bewältigung von Aufgaben der System- und Sozialintegration durch Jugendliche gestellt werden. Indem der Trend zur Leistungsbereitschaft und Mitgestaltung des Überlieferten mit den fragilen und mitunter defizitären Chancenstrukturen vor allem des Ausbildungs- und Beschäftigungssystem zusammentrifft, werden Disparitäten sichtbar, die nicht zuletzt vor dem Hintergrund der sich zeitlich ausdehnenden Phase einer Verschulung von Jugend verstärkt in den Blick genommen werden müssen. Lebensgeschichtliche Übergänge werden auch bei größerer Integrationsbereitschaft der nachwachsenden Generation, tendenziell schwieriger.

Dr. Roland Merten (Halle) thematisierte die Rolle sozialpädagogischer Professionalität im Kontext der Integrations- bzw. Inklusionsaufgaben Sozialer Arbeit. Mit der Normalisierung sozialer Hilfen als einer aus funktionaler Sicht zu vollbringenden Gewährleistung von Kommunikation über Hilfe und Nicht-Hilfe ließen sich klare Indikatoren dafür angeben, dass Soziale Arbeit insgesamt zur Eigenständigkeit eines autonom operierenden Subsystems ausdifferenziert sei. Allerdings stelle sich die Frage nach einer theoretischen Bestimmung des Verhältnisses von Inklusion und Exklusion vor dem Hintergrund einer diffusen Allzuständigkeit neu und tangiere damit auch das Professionsverständnis.

Prof. Dr. Werner Thole (Kassel) befasste sich im Ko-Referat mit dem Verhältnis von Professionalität zum Ehrenamt und erläuterte das Problem, wie biographisches Erfahrungswissen und wissenschaftliches Wissen sich im beruflichen Selbstverständnis aufeinander beziehen lassen. Dies habe Konsequenzen für das Theorie-Praxis-Verhältnis sozialpädagogischen Handelns selber, aber selbstverständlich auch für die Forschung.

Begreift man die Lebensphase Alter als differenzierten Übergangsprozeß, dann sei, so zeigte Prof. Dr. Dr. Hans Thiersch (Tübingen), „Übergang" primär unter dem Aspekt der Bewältigung von alltäglichen Verschiebungserfahrungen zu verstehen. Dazu gehörten veränderte Erwartungen anderer im Kontext eines sich verändernden Selbstbildes, die Verlagerung gewohnter Aktionsräume und die Veränderungen von Zeitplänen und Lebensentwürfen. Insgesamt gelte es, die Diskrepanz zwischen gesellschaftlichen Typisierungen der Altersphase, ihren Idealisierungen und Diskriminierungen, und der alltäglichen Mühe zu bewältigen und demgegenüber einen realistischen, entidealisierenden Blick zu schärfen, der jener Mischung von Abschied und Aufbruch, von Selbstbestimmung und neuen Abhängigkeiten im Alltag gerecht wird. Mit der Unterstützung bei der Bewältigung alltäglicher Verschiebungserfahrungen eröffneten sich auch neue Aufgabenbereiche zukünftiger Sozialer Arbeit. Prof. Dr. Barbara Friebertshäuser (Siegen) widmete ihr abschließendes Referat den Fragen einer lebenslaufbezogenen Status-Passagen-Forschung und den pädagogischen Folgerungen, die daraus für den Umgang mit dem Erleben und der Gestaltung von Ritualen gezogen werden können. Zwischen dem teilweisen Verlust und der Entwertung von Status-Inszenierungen und einem steigenden Bedarf an neuen Ritualisierungen, insbesondere Initiationsritualen, habe Pädagogik sich auf die Bedeutung der Markierung einzelner Entwicklungsschritte neu zu konzentrieren und sich auf die zunehmend wichtiger werdende Rolle einer behutsamen Begleiterin von Passagen im Lebenslauf zu besinnen.

Norbert Wenning

Erziehungswissenschaftliche Innovationsdiskurse in Transformationsgesellschaften

Ändern sich die gesellschaftlichen Rahmenbedingungen, so wandelt sich auch das darin eingebettete Bildungswesen – eine Binsenweisheit für alle, die sich unter einer historischen oder international vergleichenden Perspektive mit erziehungswissenschaftlichen Fragestellungen befassen. Die Beschreibung von Veränderungen auf beobachtbarer Ebene ist dabei ein Ansatzpunkt, der sozusagen das Rohmaterial liefert für den Fokus, der in dem Symposium „Erziehungswissenschaftliche Innovationsdiskurse in Transformationsgesellschaften – Lernorte, Lehrsprache, pädagogische Konzepte“ im Vordergrund stand: Es ging um die Analyse erziehungswissenschaftlicher Reflexionen, die unter sich wandelnden gesellschaftlichen Parametern als *Innovationen* „angeboten“ werden, die also eine verbesserte oder treffendere Reaktion sein wollen oder sollen.

Aus der Breite möglicher Themen wurden mit Blick auf aktuelle Diskurse drei Schwerpunkte ausgewählt: Zunächst ging es um die Frage, weshalb in Ländern der so genannten Dritten Welt wie auch in Regionen von Industriestaaten ein Prozess zu finden ist, der Vorstellungen der Entwicklung eines modernen (staatlichen) Bildungswesens mindestens scheinbar zuwider läuft. Neben erstaunlichen Privatisierungstendenzen in bestimmten Bereichen des Bildungssektors von Ländern der Dritten Welt finden Bildungsprozesse zunehmend auch an *informellen Orten* und zwar in der Regel außerhalb staatlicher Bildungsinstitutionen statt, etwa im Rahmen von informeller Erwerbstätigkeit, die oft halblegal erfolgt oder, z.B. durch Heimarbeit, an den formellen Beschäftigungssektor angekoppelt ist.

Zu den veränderten bzw. sich wandelnden Rahmenbedingungen für Bildungsprozesse in fast allen Staaten dieser Erde gehört eine differenziertere Wahrnehmung bzw. ein anderer Umgang mit den Mutter- bzw. Familiensprachen der Personen, die in öffentlichen Bildungseinrichtungen unterrichtet werden. Da in diesem Rahmen die Mehrsprachigkeit der zu Unterrichtenden immer schon gegeben war, stand die *Lehrsprache* und der möglicherweise veränderte Umgang damit angesichts der verstärkt wahrgenommenen sprachlichen Pluralität der Bevölkerung im Vordergrund.

Ein historisch schon mehrfach zu beobachtendes Phänomen ist, dass in gesellschaftlichen Umbruchzeiten, so z.B. in den letzten Jahren in osteuropäischen Staaten, gerade auf *reformpädagogische Konzepte* zurückgegriffen wird, um im Bildungsbereich auf den gesellschaftlichen Wandel zu reagieren. Neben der allgemeinen Frage, warum Reformpädagogik in Gesellschaften, die unter einem Veränderungsdruck stehen, attraktiv ist, wurden Beispiel aus osteuropäischen sowie einem asiatischen Land erörtert.

Aus den vielen im Symposium vorgetragenen Gedanken werden hier zu jedem der drei Schwerpunkte einige Überlegungen zur Fragestellung bzw. zum Hintergrund[1].

1 Zum Verhältnis von staatlichem Bildungswesen und informellem Lernen

Im April 2000 fand in Dakar (Senegal) eine UN-Konferenz statt, die sich mit der Umsetzung der Beschlüsse der UN Konferenz von 1990 in Jomtien (Thailand) mit dem Titel „Education-for-All" befasste. 1990 hatten man sich auf eine drastische Reduzierung der *Analphabetenquote* sowie eine Verbesserung der *Zugangsmöglichkeiten* zu Bildung verständigt. Obwohl die Unterzeichnerstaaten (unter ihnen 165 Entwicklungsländer) sich verpflichteten, alles zur Erreichung dieser Ziele Mögliche zu tun und regelmäßig Länderberichte über die Entwicklungen zu erstatten, hielten sich nur wenige Staaten daran. Obwohl schon 1990 klar war, dass die für das Jahr 2000 anvisierten Ziele kaum zu erreichen waren, bestand die verfolgte Absicht darin, die Staaten in die Pflicht zu nehmen.

In einer Reihe von Berichten, die die UNESCO zur Konferenz in Dakar herausbrachte (WORLD EDUCATION FORUM, 2000), betont die UNESCO die positiven Seiten der Entwicklung hin zur „Education-for-All" – das Ziel dieser Konferenz war schließlich, den erreichten Status festzuhalten und die Maßnahmen zu bestimmen, die notwendig wären, um „Education-for-All" zu erreichen. ASIT DATTA (Universität Hannover) wies im Rahmen des Symposiums auf mehrere Probleme hin, die sich in diesem Rahmen stellen und die bei einer unkritischen Lektüre der Berichte zur Konferenz leicht übersehen werden. So ist z.B. richtig, dass sich die Zahl der Alphabetisierten von 1970 bis 2000 von 1,5 auf 3,4 Milliarden verdoppelte; bedenkt man aber, dass sich die Gesamtzahl der Menschen im gleichen Zeitraum von 3,5 auf 6 Milliarden ebenfalls fast verdoppelte, so relativiert dies den Erfolg doch erheblich.

---

1 Für wichtige Anregungen und Ergänzungen danke ich Annette Scheunpflug. Ausführliche Fassungen mehrerer der hier angesprochenen Beiträge erscheinen im Jahr 2001 in einem Schwerpunkt der Zeitschrift Tertium Comparationis zum Symposium. Hier können nur einzelne Aspekte der vorgetragenen Argumentationen präsentiert werden.

Noch problematischer ist die *Aussagekraft* der vorgelegten Zahlen. Schwierigkeiten gibt es auf mehreren Ebenen: So wurden einerseits die Zahlen der vorgelegten Länderberichte (die nur von 50 bis 70 Prozent der Unterzeichnerstaaten des „Education-for-All"-Projekts geliefert wurden) für alle hochgerechnet. Als Beispiel nannte DATTA das Lehrer-Schüler-Verhältnis im Primarbereich. Erwähnt wird, dass es große Unterschiede gebe; diese werden aber, wie er sagte, „schöngerechnet". Angegeben wird, nur 11 Prozent der Staaten hätten ein Lehrer-Schüler-Verhältnis von über 1 zu 50 – darunter sind aber z.B. die meisten Länder Afrikas südlich der Sahara, womit große regionale Unterschiede deutlich werden. Zudem sind diese Länderzahlen selbst *Durchschnittswerte* und liefern teilweise ein falsches Bild, wie der Verweis auf Bangladesh zeigt: Dort haben die öffentlichen Schulen Klassenfrequenzen von 80 bis 90 Schüler, die teuren Privatschulen aber nur von 20 bis 25, so dass sich ein erträglicher Durchschnitt ergibt.

Eine zweite problematische Ebene der in den Berichten veröffentlichten Zahlen ist, dass sie häufig nicht mit der Realität übereinstimmen. So wird etwa bezüglich der Einschulungsraten fast überall von großen Steigerungen berichtet. Die Rate der Einschulungen sagt aber wenig über den schulischen *Erfolg* aus; denn mit den Einschulungen hat z.B. auch die Zahl der Kinder zugenommen, die dem Unterricht fernbleiben. So ergab eine Untersuchung in Bangladesh, dass die Klassenräume, die vor längerer Zeit für weniger Schüler und Schülerinnen konzipiert wurden, immer noch ausreichen: In keiner der beobachteten Klassen waren an den Besuchstagen mehr als 60 Prozent der gemeldeten Schulkinder anwesend (CHOWDHURY/CHOWDHURY/NATH, 1999, S. 64).

Zudem ergibt sich bei den amtlichen Zahlen ein für die UN kaum lösbares Problem: Die von ihr genannten Zahlen sind nicht selbst erhoben, sie stammen aus den nationalen statistischen Büros. Diese sind häufig direkt der Regierung unterstellt oder finanziell von ihr abhängig. So lässt sich z.B. die von dem amtlichen statistischen Büro in Bangladesh behauptete Steigerung der Alphabetisierungsrate Erwachsener durch eine unabhängige Untersuchung nur teilweise belegen (CHOWDHURY/CHOWDHURY/NATH, 1999, S. 1, 60).

Neben diesen Schwierigkeiten im Umgang mit vorliegenden statistischen Angaben zeigte DATTA eine weitere interessante Entwicklung auf, die in keinem der Berichte zur Dakar-Konferenz zu finden ist: die Veränderung des Privatschulwesens in einem Entwicklungsland zu einem für manche interessanten Geschäftsbereich. Er wies darauf hin, dass Privatschulen auch in weniger entwickelten Ländern Geld vom Staat erhalten und keineswegs nur privat finanziert sein müssen – in manchen Ländern erhalten sie sogar mehr finanzielle Unterstützung als staatliche Schulen. Die These vom „big business" sieht DATTA auf zwei Ebenen bestätigt: So zahlen in Bangladesh auf dem Lande Personen, die als Grundschullehrer tätig sein wollen, fünf Jahresgehälter an Bestechung. Diese Position ist lukrativ, obwohl sie nur mit einen

Hungerlohn ausgestattet ist. Durch *Privatunterricht*, zu dem offensichtlich erst die offizielle Anstellung als Lehrer bzw. Lehrerin einen Zugang verschafft, verdienen diese Personen einen „Nebenverdienst". In städtischen Regionen kommen Lehrer durch Privatunterricht auf das 10- bis 30-fache ihres Monatsgehalts.

Daneben gibt es eine Entwicklung, die nur vor dem Hintergrund der sich weltweit ausbreitenden Anerkennung schulischer Bildung und schulischer Abschlüsse zu verstehen ist: Wie in anderen Staaten mit einem ausgeprägten Privatschulwesen teilweise schon lange üblich, sind z.B. auch in Indien manche Eltern bereit (und in der Lage), viel Geld für eine besondere schulische Bildung ihrer Kinder auszugeben. Mit entsprechenden Investitionen (umgerechnet mehrere Millionen US-Dollar) und der Unterstützung namhafter Personen aus Wissenschaft und Politik, kann man – so DATTA – nach der Gründung einer *Privatschule*, wenn die Investoren fünf Jahre durchhalten, eine staatliche Anerkennung erreichen. Diese erlaubt dann eine Erhöhung der Gebühren und führt zu einem Jahresnettogewinn – nach Steuern – von 20 Prozent der Investitionssumme.

Von dieser Entwicklung steht zwar nichts in den UN-Berichten zur Bildungssituation, doch ASIT DATTA fasst sie provokativ so zusammen: „Education is a big business" – auch in einigen Staaten der so genannten Dritten Welt.

Ebenfalls wenig integriert in die offizielle Bildungspolitik, und schon gar nicht in den amtlichen Bildungsstatistiken enthalten, sind bisher die Vermittlung und Weiterentwicklung von Kompetenzen, die für eine erfolgreiche Tätigkeit im so genannten *informellen Sektor* erforderlich sind. Damit entsteht, bzw. hält sich, ein bedeutender Bildungsbereich außerhalb des staatlichen Bildungswesens.

BERND OVERWIEN (Technische Universität Berlin) erläuterte u.a., dass ein wachsender Anteil der Weltbevölkerung im informellen Sektor erwerbstätig ist. Gegenwärtig wird die Zahl auf rund 500 Millionen geschätzt. Die Bezeichnung „informell" wurde in den 1970er Jahren von der International Labour Organisation (ILO) eingeführt und umfasst Beschäftigungsverhältnisse sowie Erwerbstätigkeit außerhalb des formalen Arbeitsmarktes. Tätigkeiten ohne den Schutz staatlicher Regelungen und ohne soziale Absicherung, Mitarbeit von Familienangehörigen (insbesondere von Frauen und Kindern), Lohnarbeit in Klein- und Kleinstbetrieben mit einem Einkommen auf der Höhe des Existenzminimums, Straßenverkauf oder Kleinproduktion für den lokalen Markt usw. sind Erscheinungsformen, die in südlichen Ländern, aber auch in nördlichen Regionen, vor allem den östlichen Transformationsstaaten, zu beobachten sind. Dabei kann der informelle Sektor sogar eng an den formellen gekoppelt sein, wenn etwa die Auslagerung von Teilen des Produktionsprozesses in Billigstlohnfabriken oder die „selbständige" Produktion für den globalen Markt (vor allem im Textilbereich) dazugerechnet wird.

Die Analyse von *Kompetenzen*, die Menschen benötigen, um im informellen Sektor erfolgreich zu sein, und der Weg zu ihrem Erwerb, ist bis heute wenig vorangeschritten. Klar ist, dass spezifische Fähigkeiten, etwa handwerklich-technische oder betriebswirtschaftliche, eng mit dem konkreten Tätigkeitsbereich verknüpft sind und stark variieren (ausführlich SPECHT 1999). Wer sich mit Fernsehreparaturen befasst, braucht z.B. mehr und andere Kenntnisse als jemand, der Reifen flickt. Insgesamt zeigt sich, dass grundlegende Fähigkeiten wie Lesen, Schreiben und Rechnen vorausgesetzt werden und dass – entgegen früheren Annahmen – im informellen Sektor nicht generell ein geringeres Schul- und Ausbildungsniveau herrscht. Für Klein- und Kleinstunternehmer und -unternehmerinnen ist die Familie ein zentraler Rückhalt – ein soziales Netz ist wichtig für die (finanzielle) Basis, um eine Betriebsgründung zu finanzieren und um schlechte Zeiten zu überbrücken. Auch die Geschäftsbeziehungen sind in der Regel auf der persönlichen Ebene angesiedelt.

Bei der Beschreibung des Erwerbs der erforderlichen Kompetenzen zum Überleben im informellen Sektor werden die Begriffe „informelles Lernen“ und „informelle Lehre“ benutzt (ausführlich OVERWIEN/LOHRENSCHEIT/SPECHT 1999). Besonders eine *informelle Lehre* ist auf den ersten Blick ein Widerspruch in sich: Eine Lehre ist ein geplanter, mindestens aber strukturierter Lernprozess. Informell sind Bildungsprozesse, wenn sie nicht geplant sind. Dennoch finden im kleinbetrieblichen Bereich im Rahmen der verbreiteten informellen Lehre Lernprozesse statt, die als solche nicht geplant sind. Zugleich ist diese „Lehre“ durchaus strukturiert, so dass dort mehr geschieht als einfaches Anlernen.

Die klassische Schulbildung liefert zwar eine Art Grundbildung für Tätigkeiten in vielen Teilen des informellen Sektors; dennoch ist sie nur eine kleine Hilfe beim Erwerb von *Schlüsselkompetenzen* für diesen Bereich. Wichtig scheint vielmehr eine für die jeweilige Situation passende Kombination von schulischer mit nonformaler Bildung und mit betrieblichen Formen der Ausbildung sowie des Erwerbs entsprechender Arbeitserfahrung zu sein. Auch bestimmte in der früheren Sozialisation schon ausgeprägte Persönlichkeitsmerkmale sind für einen Erfolg im informellen Sektor bedeutend.

Aus diesen Gründen müssen Konzepte für *Bildungsangebote* zur Unterstützung solcher Prozesse den jeweiligen Bedingungen angepasst sein. Die konkrete Arbeits- und Lernsituation muss z.B. Ausgangspunkt für Lernangebote sein. Diese haben sich an den Lerngewohnheiten der Adressaten zu orientieren und die Personen aktiv einzubeziehen. Gleichzeitig müssen die Lerninhalte wenigstens zum Teil „produktiv“ sein: die Lernenden brauchen das Geld.

Wenn zudem eine für die Adressaten attraktive Verknüpfung außerschulischer Lernprozesse mit dem formellen Sektor erfolgt – etwa durch eine Öffnung von Lerninstitutionen für Gruppen aus dem informellen Bereich, eine Zertifizierung außerschulischer Lernprozesse oder eine gewisse „Entschulung“ schulischer Lernprozesse, um den Lernerfahrungen von Personen des informellen Sektors entgegenzukommen –, sollten nonformale Bildungsangebote Erfolge neben den klassischen Bemühungen zur Förderung des allgemeinen Bildungsniveaus dort haben, wo diese heute mindestens teilweise versagen bzw. nicht hinzielen.

Zusammenfassend verstärken diese Ausführungen den Eindruck, dass einerseits Bildung in gesellschaftlichen Transformationssituationen heute – falls die Prozesse nicht zur Zerstörung aller gesellschaftlichen Strukturen durch Krieg oder Bürgerkrieg führen – von großer Bedeutung ist und dass sich andererseits Strukturen für Bildungsprozesse herausbilden (können), wenn das staatliche Bildungswesen nicht entsprechend reagiert, die auf dem staatlichen System aufbauen bzw. die sich daneben etablieren. In dem einen Fall werden Privatunterricht und Privatschulen als individuelles Distinktionsmittel innerhalb des allgemeinen schulischen „Abschlusssystems“ genutzt, in dem anderen entstehen anders organisierte Bildungsprozesse – bzw. erhalten sich –, weil das staatliche Bildungswesen den Bildungsanforderungen nicht entspricht.

2 Institutionelle Reaktionen auf Machtverschiebungen auf dem „sprachlichen Markt“

Die Frage der *Sprache* in den Bildungseinrichtungen von Gesellschaften ist schon sehr alt, hat eine ganze Bandbreite von Facetten und bleibt vor allem in solchen Situationen auf der bildungspolitischen Tagesordnung, die von gesellschaftlichem Wandel gekennzeichnet sind. Welche Sprache(n) in Kindergärten, Schulen und Hochschulen gesprochen, gelehrt und gelernt werden, ist – in pluralen Gesellschaften – Ausdruck eines Dominanzverhältnisses zwischen verschiedenen (sprachlichen) Gruppen der Gesellschaft. Moderne Gesellschaften, die aufgrund eines Demokratieverständnisses Unterdrückung auch in sprachlichen Zusammenhängen reduzieren wollen, stehen zwangsläufig vor der Aufgabe, *Mehrsprachigkeit* zu organisieren. Dabei spielt es keine Rolle, ob die Tatsache, dass beachtenswerte Zahlen von Menschen mit unterschiedlicher Mutter- bzw. Familiensprache in einer Region leben, durch Zuwanderung, durch Grenzziehung unabhängig von der regionalen Verbreitung von Sprachen oder durch die Entstehung neuer bzw. die Durchsetzung anderer Sprachen entstanden ist.

Am Beispiel der Entwicklungen und Bemühungen in Südafrika nach dem Ende der Apartheid zeigte HEIKE NIEDRIG (Universität Hamburg) auf, welche *Strategien* im Umgang mit der vorhandenen sprachlichen Vielfalt verfolgt werden (können) (siehe auch NIEDRIG 2000). Ihre Hypothese lautete, dass dieser Staat sich nach der langen Unterdrückung eines großen Teils der

Bevölkerung auch im sprachlichen Sektor auf eine Art und Weise der sprachlichen und kulturellen Vielfalt stellt, die eher Akzeptanz von Mehrsprachigkeit fördern will als die Dominanz einer Sprache. Wichtig ist dabei auch, dass Südafrika sprachlich nie einheitlich war. In Deutschland scheint ein Satz wie: „In Deutschland wird Deutsch gesprochen" selbstverständlich – jedenfalls wird er von der überwiegenden Mehrheit der Bevölkerung fraglos akzeptiert, weil er für sie soziale Realität ist. In Südafrika gibt es zwar ebenfalls so etwas wie eine „legitime", d.h. allgemein akzeptierte und deshalb sozial besser gestellte, Sprache, nämlich Englisch. Allerdings sprechen drei Viertel der Bevölkerung dort eine der *afrikanischen Sprachen* als Erstsprache, so dass Englisch, genauso wie das konkurrierende Afrikaans, nicht fraglos als selbstverständlich angenommen werden kann. Dies führte in Südafrika schon 1994 zur Anerkennung von elf offiziellen, gleichberechtigten Amtssprachen; neben Englisch und Afrikaans sind dies die neun größten afrikanischen Sprachen des Landes. Zudem verpflichtet die Verfassung den Staat zur Förderung von Mehrsprachigkeit. Der „sprachliche Markt" dieses Landes, d.h. die Verbreitung und die (soziale) Akzeptanz verschiedener Sprachen, ist deshalb anders strukturiert als z.B. der in der heutigen Bundesrepublik Deutschland.

Vor dem Hintergrund dieser Situation in Südafrika identifizierte NIEDRIG drei allgemein gültige mögliche Strategien im Umgang mit Mehrsprachigkeit: Mehrsprachigkeit von Kindern kann, wenn ihre Erstsprache nicht die „legitime" Sprache ist, als unvermeidliches *Durchgangsstadium* zum Erwerb der „richtigen" Sprache akzeptiert werden, etwa die Einwanderersprachen als Unterstützung des als zentral angesehenen Deutschlernens. Der andauernde Gebrauch nichtlegitimer Sprachen wird dann als ein Zeichen für sprachliche Inkompetenz interpretiert und bedeutet nicht akzeptierte Mehrsprachigkeit. Die verstärkte Förderung von Englisch als internationaler Verkehrssprache wirkt, genau genommen, in die gleiche Richtung; die internationale Kommunikation reduziert sich auf diese eine Sprache, und die Kenntnis anderer Sprachen wird damit tendenziell überflüssig, auf jeden Fall aber in ihrer gesellschaftlichen Bedeutung abgewertet.

Eine zweite Strategie begreift Mehrsprachigkeit als *Ziel schulischen Unterrichts*: etwa die Angebote in bilingualen Gymnasien, die sich in Deutschland vorwiegend Englisch, gelegentlich auch Französisch, Spanisch oder Italienisch zuwenden. Das vielfach in Südafrika propagierte Konzept der Dreisprachigkeit (Englisch, Afrikaans und eine der afrikanischen Sprachen) beruht teilweise auf der gleichen Annahme. Ausgangspunkt ist jeweils die angenommene *Einsprachigkeit* der Kinder, die in die Schule kommen. Sie sollen erst durch schulischen Unterricht mehrsprachig gemacht werden.

Die dritte Strategie geht von einer Beobachtung aus, die für viele Regionen der Welt schon lange gültig ist, dass Kinder vielfach schon *mehrsprachig* in die Schule eintreten. Die von den Kindern in den schulischen Raum eingebrachte sprachliche Vielfalt soll dabei eine Voraussetzung sein, an die Bildungsprozesse positiv anzuknüpfen haben.

Diese Strategie ist am schwierigsten umzusetzen, weil ihr keine fertigen Konzepte zugrunde gelegt werden können; sie muss sich vielmehr auf die jeweils gegebenen Bedingungen der einzelnen Schule zur fraglichen Zeit einlassen. Das kann nur in einem *ergebnisoffenen Prozess* unter Beteiligung aller (Eltern, Schüler und Schülerinnen, Lehrer und Lehrerinnen sowie Schulbehörden) verfolgt werden. Ein solches Verfahren verlangt von allen Seiten eine hohe Bereitschaft zur Hinterfragung gängiger Praxis, eine große Kompetenz etwa zur Erhebung sprachlicher Daten oder von Sprachbildungswünschen und Kreativität im Umgang mit den verschiedenen Anforderungen. Ein von NIEDRIG vorgestelltes Projekt, das im Großraum Johannesburg diese Strategie verfolgte, wurde dementsprechend von ausgebildeten Moderatoren einer Nichtregierungsorganisation entwickelt und begleitet.

Die dritte Strategie hat zweifellos das höchste Potential an Reduzierung von sprachlicher Unterdrückung. Der ergebnisoffene Charakter und die problembehafteten Umsetzungsprozesse versperren diesem Vorgehen allerdings eine umstandslose Verbreitung, weil staatliche Einrichtungen tendenziell ihre Steuerung durch Vorgaben aus der Hand geben müssen und weil hohe Anforderungen an die Kompetenzen aller Beteiligten gestellt werden.

Jede sprachenbezogene bildungspolitische Maßnahme muss sich vor dem Hintergrund solcher Entwicklungen deshalb heute fragen lassen, welche impliziten – und dass heißt im Regelfall unterdrückenden – Auswirkungen sie auf die Sprecher und Sprecherinnen nichtdominanter Erstsprachen im Bildungswesen hat. Eine einfache und allgemeingültige Lösung für alle mehrsprachigen Situationen ist dabei nicht in Sicht, Sensibilität und Kreativität bleiben gefragt.

In diesem Zusammenhang sind die Erläuterungen von AUSMA SPONA (Universität Riga) zur veränderten sprachlichen Situation in den Schulen Lettlands interessant. Dieses Land steht, wie u.a. auch die übrigen baltischen Länder, nach der staatlichen Loslösung von der UdSSR vor der Aufgabe, ein neues staatliches Selbstverständnis zu entwickeln. Die Veränderungen in den Schulsprachen können als Spiegelbild des Wandels der gesellschaftlichen Situation begriffen werden.

Die Bevölkerung Lettlands setzt sich seit vielen Jahrzehnten aus unterschiedlichen Gruppen zusammen, wobei der Anteil der Letten von gut drei Viertel (1935) bis 1989 auf gut die Hälfte zurückging. Erst bei der Zählung 1999 lag er wieder etwas höher. Spiegelbildlich entwickelte sich der Anteil der Russen, der von knapp neun Prozent (1935) auf gut ein Drittel (1989) anstieg und bis 1999 wieder auf 30 Prozent sank. Andere Gruppen waren demgegenüber in der gesamten Zeit wenig bedeutend und machten bei der letzten Zählung nur einige Prozent aus: Weißrussen 4,2%, Ukrainer 2,7%, Polen 2,5%, Litauer 1,4% und weitere mit noch geringeren Anteilen.

Von den rund 2,5 Millionen Einwohnern Lettlands gaben 1997 etwa 57 Prozent Lettisch als *Alltagssprache* an, für weitere vier Prozent waren dies Lettisch und Russisch. Gut 37 Prozent bezeichneten Russisch als ihre Alltagssprache. Andere Sprachen wurden von weniger als einem Prozent der Bevölkerung im Alltag verwendet.

Die Zusammensetzung der Bevölkerung Lettlands und die Angaben zur Alltagssprache weisen schon auf eine Dualität des „sprachlichen Marktes" in diesem Land hin. Dies findet sich auch in den Unterrichtssprachen der Schulen Lettlands wieder. SPONA zitierte Statistiken des lettischen Bildungsministeriums, wonach 719 Schulen als Unterrichtssprache Lettisch verwenden, 199 benutzen Russisch, weitere 149 Schulen bieten beide Züge an. Addiert man die Zahlen, bietet knapp ein Drittel der Schulen einen Unterrichtsgang in russischer Sprache an, was etwa dem russischen Bevölkerungsanteil entspricht.

Noch deutlicher als in der Unterrichtssprache wird die Veränderung des „sprachlichen Marktes" in Lettland bei der Wahl der Fremdsprachen: War bis zur Mitte der 1990er Jahre Russisch als erste Fremdsprache bedeutend und waren Deutsch bzw. Englisch die bevorzugten Zweit- und Drittfremdsprachen, so ist Englisch seit dem Schuljahr 1999/2000 die erste *Pflichtfremdsprache*, die ab dem dritten Schuljahr gelernt wird. Auf der Sekundarschule I wird die erste Pflichtfremdsprache fortgeführt, und es folgt für alle eine zweite Pflichtfremdsprache. Dabei scheint Russisch zu dominieren (die Fremdsprachenstatistik ist hier, laut SPONA, unvollständig). In der Sekundarstufe II wurde im Jahr 2000 als zweite Fremdsprache zumeist Deutsch (gefolgt von Englisch und Französisch) und als dritte Fremdsprache ebenfalls Deutsch (gefolgt von Russisch und Englisch) gewählt[2].

Neben diesen Veränderungen im Fremdsprachensektor gibt es eine Reihe von Initiativen und Maßnahmen, um im schulischen Bereich auf die mehrsprachige Situation in Lettland zu reagieren:

- Schulen für „nationale Minderheiten" führen ab dem Schuljahr 1999/2000 schon ab der ersten Klasse bilinguales Lernen ein (Lettisch und eine der Minoritätensprachen Polnisch, Weißrussisch, Iwrit (Neuhebräisch), Estnisch, Litauisch, Ukrainisch). Die Anteile von bilingualem Unterricht sind, je nach Ansatz, unterschiedlich und reichen von einem bilingual unterrichteten Fach bis zu allen Fächern (außer der Muttersprache). In jedem Fall sind vier Wochenstunden für Lettisch als Zweite Unterrichtssprache enthalten.
- Neben den Schulen mit Russisch als Unterrichtssprache gibt es solche mit russischer Unterrichtssprache und einem „vertieften" oder „verstärk-

2 Zu berücksichtigen ist, dass Englisch erst seit 1999 erste Pflichtfremdsprache ist, viele Schulen Russisch als Unterrichtssprache haben und nicht alle Schüler und Schülerinnen eine dritte Fremdsprache wählen.

ten“ Deutschunterricht, d.h. Deutsch wird schon in der Primarstufe unterrichtet (bisher 26 Schulen landesweit, mit wachsender Tendenz).

- In einer Reihe von Schulen wird die erste Fremdsprache schon ab der ersten Klasse unterrichtet. Die Eltern müssen dies oft selbst bezahlen; dennoch nimmt die Zahl dieser Schulen zu. Mit Genehmigung des Ministeriums für Bildung und Wissenschaft können auch andere Fremdsprachen (am häufigsten Deutsch, manchmal Französisch) angeboten werden.
- Die Mehrsprachigkeit von Schülern und Schülerinnen wird auch durch andere Maßnahmen gefördert. SPONA berichtete von der Möglichkeit, neben Privatunterricht, durch so genannte Familienlehrer und -lehrerinnen schon im Kindergarten zwei und in der Schule mindestens drei Sprachen zu lernen.

Die mehrsprachige Situation in Lettland spiegelt sich im Bildungswesen des Landes vor allem in den verschiedenen Unterrichtssprachen wieder. Die Veränderungen bei der Wahl der Fremdsprachen bis hin zur Festlegung des Englischen als erste Pflichtfremdsprache kann man u. a. als Ausdruck der expliziten politischen Westorientierung des Landes lesen. Die Bemühungen zur Einrichtung bilingualen Unterrichts zielen dagegen auf den Erhalt der in der Bevölkerung vorhandenen sprachlichen Vielfalt. Damit kommen sie der von NIEDRIG skizzierten dritten Strategie im Umgang mit gesellschaftlicher und individueller Mehrsprachigkeit am nächsten. Zugleich wird noch einmal deutlich, dass es für einen nichtdiskriminierenden Umgang mit Mehrsprachigkeit keine fertigen „Rezepte“ gibt, die nur noch anzuwenden sind. Auch die sprachliche Situation im heutigen Lettland erfordert eine kreativen Umgang mit den jeweils vor Ort gegebenen Bedingungen.

Insgesamt zeigen diese Beispiele aus unterschiedlichen gesellschaftlichen Zusammenhängen, dass sich auch der „sprachliche Markt“ in Transformationssituationen relativ schnell ändern kann – jedenfalls so schnell und so radikal, dass eingefahrene schulische Reaktionen auf die hier ausgewählte gesellschaftliche und individuelle Mehrsprachigkeit plötzlich als kontraproduktiv erscheinen. Eine grundsätzlich geänderte politische Einstellung zu Mehrsprachigkeit erfordert dennoch, sich mit den konkreten Gegebenheiten in der einzelnen Bildungseinrichtung zu befassen und die jeweiligen Möglichkeiten auszuloten: Das Einlassen auf Differenz beinhaltet zugleich eine Absage an einheitliche und allgemeingültige Lösungsmuster – es sei denn, sie erklären Offenheit in diesem Punkt zum Prinzip.

3 Zur Renaissance reformpädagogischer Konzepte in Zeiten gesellschaftlicher Umorientierungen

Was unter *Reformpädagogik* verstanden wird, ist höchstens auf den ersten Blick klar. Jede Nachfrage nach einer zeitlich und räumlich näheren Bestimmung fördert dagegen die Mehr- oder sogar Vieldeutigkeit dessen, was *auch* als reformpädagogisch bezeichnet wird: Dies reicht von der allgemeinen Kennzeichnung reformerischer Bemühungen über eine konkrete Epoche (zumeist die von 1900 bis etwa 1933) bis hin zu pädagogischen Konzepten, die inhaltlich mit Schlagworten wie „Kindgemäßheit", „Natürlichkeit" oder „Praxisorientierung" belegt werden.

Das Spektrum dessen, was unter Reformpädagogik subsummiert wird, erweitert sich – inhaltlich – noch einmal, wenn man den Horizont über euroamerikanische Diskussionszusammenhänge hinaus erweitert. ZARINA RAHMAN KHAN (Universität Dhaka, Bangladesh) zeigte dies an einem eindrücklichen Beispiel des Reformdiskurses in Bangladesh. Gerade im Hinblick auf den Begründungsdiskurs der Frauenbildung wird dort auf historische reformpädagogische Argumentationen zurückgegriffen. KHAN berichtete über Veränderungen in der Frauenbildung und diesbezügliche Diskussionsprozesse in Bangladesh. Zwei Problembereiche bilden dabei den Hintergrund für die Diskussionen: Das Land ist in besonderem Maße von einem muslimischen Gesellschaftsbild geprägt, das Auswirkungen auf die Stellung der Frau auch im Bildungsbereich hat. Die Zahlen, die über die Frauenbildung in Bangladesh verbreitet werden, sind in starkem Maße geschönt; denn die Regierung will ein positives Bild ihrer Bildungsbemühungen verbreiten. Zwar habe sich in den letzten Jahrzehnten die Bildungssituation von Frauen durchaus gebessert, so Frau KHAN; angesichts der ökonomisch schwierigen Situation des Landes sowie der politisch in der Vergangenheit durch diktatorische Regimes gekennzeichneten Situation sind im Hinblick auf die Bildungssituation der Frauen dennoch nicht die Erfolge ereicht worden, die man sich seitens der Frauenbewegung erhofft hatte.

Heutige Diskussionen um die Verbesserung der Mädchen- und Frauenbildung in der muslimisch geprägten Gesellschaft Bangladeshs beziehen sich oft auf eine Vordenkerin dieser Bemühungen, die sich zu Beginn des 20. Jahrhunderts, parallel zu den europäischen reformpädagogischen Versuchen, dafür einsetzte, auch Mädchen und Frauen Zugang zu schulischer Bildung zu ermöglichen.

ROKEYA BEGUM wurde 1880 in Kalkutta geboren und wuchs in einer muslimischen Umgebung auf. Sie ist 1932 ebendort gestorben. BEGUM erhielt bereits in ihrer Kindheit eine gute Erziehung und konnte ihre vielfältigen Bildungsbestrebungen nach der Heirat mit einem europäisch erzogenen Offizier fortsetzen.

Die Bemühungen ROKEYA BEGUMs waren auf zwei Ebenen angesiedelt: Unter einem Pseudonym verfasste und veröffentlichte sie *theoretische* Schriften zu Erziehung und Bildung muslimischer Mädchen, die durch ihre Radikalität Anstoß erregten. Ihr *praktisches* Handeln war dagegen subtiler angelegt. Mit der Argumentation, die traditionelle Rolle von Frauen und Mädchen durch außerhäusliche Erziehung zu unterstützen und diese zur besseren Wahrnehmung dieser Rolle auszubilden, sprach sie sich für die Errichtung von Schulen für Mädchen aus. 1911 gründete sie deshalb in Kalkutta selbst eine solche Schule und setzte sich gegen vielfältige Bedenken und Anfeindungen durch. So mussten die Schülerinnen z.B. in verschleierten Bussen transportiert werden, weil nur so gewährleistet war, dass Fremde keine Einblicke in den Bus und die Insassinnen keine Ausblicke auf die für sie verbotene Außenwelt erhielten. Gleiches galt für die (Außen-)Fenster des Schulgebäudes.

Nur durch den Bezug auf das Althergebrachte und das Versprechen auf dessen Verbesserung war in diesem Fall der Zugang zu etwas Neuem möglich. Dies erklärt auch, warum heute z.B. in Bangladesh in einer ähnlich gelagerten gesellschaftlichen Situation Diskussionen um Veränderungen im Bildungsbereich für Mädchen und Frauen gerne auf die Vorstellungen und Handlungen von ROKEYA BEGUM zurückgreifen.

Betrachtet man zeitlich und örtlich verschiedene reformpädagogische Diskussionen, fällt auf, dass pädagogische Diskurse sich gerade in Zeiten des gesellschaftlichen Aufbruchs häufig an reformpädagogischen Argumentationen orientieren. ALFRED K. TREML (Universität der Bundeswehr, Hamburg) fasste in seinem abschließenden Beitrag die verschiedenen zeitlichen, räumlichen und inhaltlichen Aspekte dessen, was unter der Überschrift „Reformpädagogik" diskutiert wird, zusammen und bezeichnete die gesamte Erscheinung als *reformpädagogische Semantik*. Sein Interesse galt der Frage, warum in Zeiten schneller werdenden sozialen Wandels gerade auf diese Semantik zurückgegriffen wird.

TREML vertrat in diesem Rahmen die These, dass reformpädagogische Semantik um so mehr vergangene Zustände idealisierend zurückholen will/soll, je schneller der soziale Wandel mit seinem Verlust an Sicherheit(en) verläuft. Gegenüber dem ursprünglichen Reformgedanken, Altes zu verlassen und Neues als das Bessere zu beginnen, bringt die reformpädagogische Semantik in solchen Situationen gegen das Schwinden von Vertrautem alte, bekannte und Sicherheit versprechende Begriffe und Konzepte oder auch nur solche Verheißungen in Stellung.

Eine systemtheoretische Analyse sieht z.B. die Funktion der reformpädagogischen Einheitssemantik dann in der Kompensation der Bedrohung bzw. des Verlusts einer als zusammenhängend wahrgenommenen Lebenserfahrung. Der zunehmenden funktionalen Differenzierung als Moment der modernen Gesellschaft mit ihrer wachsenden Zergliederung aller Lebensvollzüge in unterschiedliche und zum Teil nur noch mittelbar verknüpfte Rollen und Teilbereiche der Gesellschaft werden dabei Begriffe wie „Leben", „Praxis", „Ganzheitlichkeit" oder „Erfahrung" gegenübergestellt.

Diese Begriffe haben keine positiv besetzten Gegenbegriffe und sind deshalb resistent gegen Kritik – wer sie vertritt, ist sozusagen in jedem Fall auf der sicheren Seite. Wird dann noch das Reformmotiv, die Forderung nach Änderung, damit verbunden, entsteht eine überall einsetzbare positiv konnotierte Reformsemantik. Da es gleichzeitig kein allgemein akzeptiertes und quantifizierbares Ziel solcher „Reformen" gibt, erscheint am Ende jeder „Reformphase" – so die Erfahrung mindestens des letzten Jahrhunderts – der Bedarf an Reform nur noch größer geworden zu sein.

Bei diesem Rückwärtsbezug der Reformpädagogik in Zeiten schnellen sozialen Wandels können dennoch – so paradox es erscheint – neue Strukturen entstehen. TREML erklärte dies damit, dass die (Wieder-)Einführung früherer Gedanken in die Diskussion das Reaktionspotential auf die neue Situation vergrößert. Zudem entsteht dabei durch Bedeutungsverschiebungen und kleinere Veränderungen unter Umständen tatsächlich etwas Neues. Die auf diese Weise gebildete Erklärungsvielfalt erlaubt, die gegebenen Zustände als kontingent, als eine Möglichkeit neben anderen, zu begreifen. Erst so wird eine „Evolution" von Ideen möglich.

Begreift man reformpädagogische Semantik auf diese Weise als eine *theorietechnische* Option, böte sie Alternativen und ließe das Gegebene kritisieren. Dabei käme es nicht auf die Inhalte dieser Semantik an, sondern auf ihre Funktion als differenz- und damit kontingenzproduzierendes Gegenbild.

Mit diesem Ansatz kann man erklären, warum z.B. die an einer Verbesserung der Mädchen- und Frauenbildung interessierten Personen in Bangladesh auf einen in die gleiche Richtung zielenden Veränderungsversuch zurückgreifen, der vor nahezu einem Jahrhundert unternommen wurde. Da die gesellschaftliche Situation sich aber auch in dieser Region verändert hat, bieten die Gedanken und Handlungen aus dem frühen letzten Jahrhundert mindestens das Potential für eine neue Interpretation der als verbesserungsbedürftig angesehenen Lage, möglicherweise sogar einen Ansatz zu veränderndem Handeln.

Ob reformpädagogische Semantik im Sinne TREMLs als die „Theorietechnik" der Wahl einzuführen wäre, wenn es um Bildungsreform geht, kann an dieser Stelle nicht diskutiert werden – sie ist aber eine Möglichkeit, die in Zeiten raschen gesellschaftlichen Wandels bevorzugt, wenn auch eher unbewusst und vielleicht sogar ungewollt, gewählt wird.

Zusammenfassung

Transformationsgesellschaften sind vor allem dadurch gekennzeichnet, dass sich gesellschaftliche Rahmenbedingungen verändern. Von den „normalen" gesellschaftlichen Wandlungen, die moderne Staatsgebilde u. a. ausmachen, heben sich Transformationsgesellschaften durch die Geschwindigkeit und die Radikalität der Umbrüche ab. Das Bildungswesen einer solchen Gesellschaft wird zwangsläufig von diesen Prozessen beeinflusst. Die hier ausgewählten Aspekte von erziehungswissenschaftlichen Innovationsdiskursen, die unter Transformationsbedingungen geführt werden, zeigen zwei, sich auf den ersten Blick widersprechende Tendenzen. Auf der einen Seite wird deutlich, dass in turbulenten Zeiten ein Rückgriff auf das Alte, scheinbar Bewährte, nahe liegt, zumal, wenn es Versprechungen auf Ganzheitlichkeit enthält und psychisch tiefverwurzelte Bedürfnisse anzusprechen scheint. Auf der anderen Seite verdeutlicht eine solche Situation gleichzeitig das begrenzte Lösungspotential bisheriger Bildungsmaßnahmen und ermöglicht bzw. erlaubt einen anderen Blick auf die sich zeigende Misere.

So wie der Rückgriff auf das scheinbar Alte den Keim des Neuen schon enthalten kann, weil das Alte in der neuen Situation eben nicht das Gleiche sein kann, das es früher war, so enthält der andere, von manchen Konventionen befreite Blick das Potential für neue Ansätze. Die Widersprüchlichkeit und Brüchigkeit des Versuchs, mit alten Mitteln in neuen Zusammenhängen das scheinbar „Gute" und Alte wieder heraufzubeschwören, haben z.B. schon viele Politiker lernen müssen. Um Zustände unter geänderten Bedingungen aufrecht zu erhalten, bedarf es angepasster Mittel. Darin liegt aber gleichzeitig eine Gefahr, die sich diejenigen bewusst machen müssen, die in einer gesellschaftlichen Transformationssituation neue Ansätze verfolgen: dass sie mit geänderten Bildungsmaßnahmen unter Umständen ungewollt ihren Intentionen entgegen arbeiten, weil es sich um der neuen Situation besser angepasste Bemühungen mit „alten", eventuell versteckten Wirkungen handelt.

Neben diesen beiden Tendenzen verdeutlicht der derzeit an verschiedenen Orten zu beobachtende gesamtstaatliche und schulische Umgang mit Mehrsprachigkeit einmal mehr:

> „Es ist eine Illusion, dass die Schulen einer Gesellschaft freier, demokratischer und menschlicher sein könnten als die gesellschaftlichen Lebenszusammenhänge, in die sie notwendig eingebettet sind" (HERRLITZ/HOPF/TITZE 1993, S. 234).

Die in Nationalstaaten weit verbreitete Annahme von Einsprachigkeit mit ihren, anderssprachige Personen vielfach diskriminierenden, Folgen (vgl. GOGOLIN 1994), lässt sich angesichts geänderter gesellschaftlicher Machtverhältnisse, wie z.B. in Südafrika oder in einigen europäischen Staaten, die sich der Zuwanderungstatsache anders als nur (sprachlich) homogenisierend stellen (wollen), nicht mehr bruchlos aufrecht erhalten. Die dahinter stehende *politische* Entscheidung erlaubt auch im Bildungswesen einen anderen Umgang und lässt diesen gesellschaftlich erst fruchtbar werden – nicht umgekehrt. Darin steckt genauso ein Grund zur Bescheidenheit gegenüber den Ursachen und den Reichweiten *erziehungswissenschaftlicher* Innovationsdiskurse, nicht nur in Transformationsgesellschaften, wie es eine Verpflichtung zum Ausloten des gesellschaftlich „Zumutbaren" beinhaltet.

Literatur

CHOWDURY, A./CHOWDURY, R./NATH, S. (Hg.) (1999): Hope not complacency. State of Primary Education in Bangladesh. Dhaka

GOGOLIN, I. (1994): Der monolinguale Habitus der multilingualen Schule. Münster, New York: Waxmann

HERRLITZ, H.-G./HOPF, W./TITZE, H. (1993): Deutsche Schulgeschichte von 1800 bis zur Gegenwart. Eine Einführung. Weinheim, München: Juventa

NIEDRIG, H. (2000): Sprache – Macht – Kultur. Multilinguale Erziehung im Post-Apartheid-Südafrika. Münster u. a.: Waxmann

OVERWIEN, B./LOHRENSCHEIT, C./SPECHT, G. (1999): Arbeiten und Lernen in der Marginalität. Pädagogische Ansätze im Spannungsfeld zwischen Kompetenzerwerb und Überlebenssicherung im informellen Sektor. Frankfurt/M.: IKO

SPECHT, G. (1999): Überleben durch Flexibilität. Berufliche Bildung und Existenzsicherung im informellen Sektor. Untersucht am Beispiel Metro Manila. Frankfurt/M.: IKO

WORLD EDUCATION FORUM (Hg.) (2000): Education for All 2000 Assessment. Paris: UNESCO (6 Bände)

Jürgen Wittpoth

Erwachsenenbildung im Horizont konkurrierender Zeitdiagnosen

Ohne von Zeitdiagnosen Kenntnis zu nehmen, kann Erwachsenenbildung in verschiedenen Hinsichten kaum gelingen: Sie lässt sich zum einen nicht seriös *realisieren*, wenn man keine Vorstellungen davon hat, in welchen allgemeinen Problemkonstellationen sich die Adressaten zu orientieren suchen. Sie lässt sich aber auch nicht angemessen *beobachten*, wenn man nicht fragt, welche Funktionen ihr im gesellschaftlichen Wandel zukommen. Insofern ist es konsequent, dass Begründungen von Erwachsenenbildung und Analysen ihrer Praxis bzw. Entwicklung an Zeitdiagnosen anschließen.

Damit ergeben sich aber zugleich Probleme. Sieht man sich prominentere Zeitdiagnosen an, so fällt auf, dass sie alle einen Hang zum Spektakulären haben. Sie ‚leben' gewissermaßen von der Zuspitzung, was am sinnfälligsten darin zum Ausdruck kommt, dass die Autoren immer gleich neue ‚Gesellschaften' erfinden: Risiko-, Erlebnis-, Wissens- und andere -gesellschaft. Die Ökonomie der Aufmerksamkeit, die die Kulturindustrie beherrscht, ist offensichtlich auch an der Wissenschaft nicht spurlos vorübergegangen. Um Beachtung im sozialen System Wissenschaft (und vielleicht sogar noch darüber hinaus) zu finden, braucht es ‚Knalleffekte'[1]. Diese beschränken sich aber nicht nur auf Label und Klappentext, sondern hinterlassen deutliche Spuren in der Argumentation. Komplexe Zusammenhänge werden geglättet, griffiger, teilweise gegenläufige Entwicklungen werden eher eindeutig dargestellt, schwer Absehbares erscheint als mindestens wahrscheinlich, wenn nicht gewiß. Schließt man nun als Erwachsenenpädagoge (vorbehaltlos) an solche Zeitdiagnosen an, so ist es zumindest nicht unwahrscheinlich, dass sich Vereinfachungen und Einseitigkeiten in die eigenen Reflexionen hinein verlängern.

Wir haben dieses Problem, das sich keineswegs allein für die *Erwachsenen*pädagogik stellt, in unserem Symposium anhand ausgewählter Zeitdiagnosen bearbeitet. Eine Kollegin und Kollegen, die sich der jeweils ‚über-

1 Hätte zum Beispiel Beck (1986) in seiner Risikogesellschaft all die notwendigen Differenzierungen (vgl. Wittpoth 1994, 18ff.), zu denen er wohl in der Lage gewesen wäre, tatsächlich vorgenommen, so hätte er einen Bestseller verschenkt.

nommenen' Perspektive stärker verbunden fühlen als anderen, zumindest aber in ihren Arbeiten daran anschließen, haben vorgestellt: Arbeitsgesellschaft (PETER FAULSTICH), Risikogesellschaft (JOCHEN KADE), Erlebnisgesellschaft (RUDOLF TIPPELT), Wissensgesellschaft (SIGRID NOLDA), Transformationsgesellschaft (ORTFRIED SCHÄFFTER), Reflexive Modernisierung (JÜRGEN WITTPOTH). Eine Frage war dabei stets, wie sich der erwachsenenpädagogische Diskurs auf die spezielle Zeitdiagnose bezieht und welche Konsequenzen dies hat. Angesichts des begrenzten Raumes werde ich so verfahren, dass ich das Problem zunächst an *einem* Beispiel – der reflexiven Modernisierung – weiter bearbeite (1.). Im Anschluss daran werde ich (2.) unter jeweils knappem Bezug auf die anderen Perspektiven den Horizont erweitern, das Grundproblem damit zuspitzen, um schließlich (3.) einige Anmerkungen zu Konsequenzen zu formulieren[2].

1.

Indem ULRICH BECK, ANTHONY GIDDENS und SCOTT LASH sich unter dem Schlagwort ‚reflexive Modernisierung' vereinen (vgl. dies. 1996), signalisieren sie zumindest ein gewisses Maß an Gemeinsamkeit. Sie grenzen sich gleichermaßen von denjenigen ab, die von der (durchgesetzten) Moderne sprechen, wie gegen die Postmoderne-Debatte. Mit reflexive Moderne wird eine Situation bezeichnet, in der die Moderne erst zu sich selbst kommt. Auflösungsprozesse, die in der letzten Zeit beobachtet werden, betreffen also nicht die Moderne selbst, sondern in ihr bislang überdauernde traditionale Restbestände und überkommene Gewißheiten. Gemeinsam ist den Autoren außerdem, dass sie eine *kritische* Theorie der Gesellschaft zu formulieren versuchen, d.h. sie zeigen auch mehr oder weniger explizit (politische) Handlungsoptionen auf. Neben diesen Gemeinsamkeiten gibt es aber auch *relevante Unterschiede*, und auf diese werde ich mich konzentrieren.

1.1

Bei ULRICH BECK bleibt der Begriff reflexive Modernisierung mindestens in einer Hinsicht schillernd: er bezeichnet sowohl einen Befund als auch ein Programm[3]. Einmal ist reflexive Modernisierung „Selbsttransformation der Industriegesellschaft [..] Das heißt: Die großen Strukturen und Semantiken

2 Wir werden unser gemeinsames Nachdenken im Herbst in einer eigenen Publikation ausführlich dokumentieren (vgl. Wittpoth 2001).

3 Es ist nicht unwahrscheinlich, dass gerade dieser Umstand die Anschlussfähigkeit für pädagogische Diskurse erhöht.

nationalstaatlicher Industriegesellschaften werden [...] transformiert, verschoben, umgearbeitet, und zwar in einem radikalen Sinne“ (ebd., 27); ein anderes mal „das Bemühen, Sprache und damit Handlungsfähigkeit, Wirklichkeit wiederzugewinnen“ (ebd., 26).

Der zentrale Begriff, von dem die Analyse ausgeht und um den sich letztlich alles dreht, ist der der *Nebenfolge*, dem im Grunde ein Gegenüber fehlt. Man könnte sagen: Nebenfolgen hat es immer schon gegeben, sie blieben allerdings gewissermaßen ‚folgenlos‘, wohingegen sie nun registriert und damit in verschiedenen Hinsichten wirksam werden. Insofern sind mit den Nebenfolgen weniger die Ereignisse gemeint, die im ersten Schritt ‚objektiv‘ aus industriegesellschaftlichen Verhältnisse hervorgehen. Worum es geht, sind eher die Folgen der Nebenfolgen verbunden mit der Tatsache, dass man an ihnen nicht mehr vorbeisehen kann[4].

Versucht man, zentrale Merkmale nach dem Gesichtspunkt zu sortieren, was die bisherige Situation, die ‚einfache‘ Modernisierung, gekennzeichnet hat und was demgegenüber die ‚reflexive‘ ausmacht, so ergibt sich folgendes Bild:

- Die Industriegesellschaft orientierte sich an Linearitätsmodellen, an Planbarkeits- und Kontrollphantasien, die die handlungsleitende Idee einer Immer-weiter-so-Modernisierung begründeten. Modernisierungs*probleme* verwiesen lediglich darauf, dass die Modernisierung noch nicht weit genug fortgeschritten war. Risiken und Nebenfolgen erschienen als externalisierbar und begrenzbar. Der Motor sozialen Wandels wurde in Kategorien der Zweckrationalität verortet; zentral war dabei ein einfaches Verständnis von Verwissenschaftlichung, der man zutraute, immer neue Problemlagen alsbald einzuholen und adäquate Lösungsinstrumentarien zu liefern.
- Diese Grundorientierung hat sich in verschiedenen Hinsichten als illusionär erwiesen. Die ‚Nebenfolgen‘ sind globaler Natur und nicht kontrollierbar. Sie kehren gewissermaßen zurück: materialiter im Sinn der globalen Naturzerstörung, aber ebenso vermittelt über die Subjekte, die in ihrem gewandelten Bewusstsein die von den Institutionen erzeugten Folgeprobleme in sie zurücktragen. Die Externalisierbarkeitsannahme ist durch ‚zirkuläre Summen- und Bumerang-Effekte‘ (vgl. ebd., 54) nachhaltig in Frage gestellt. Verwissenschaftlichung untergräbt sich selbst: indem Probleme gelöst werden, treten neue auf. Gewissheit ist nicht zu haben, vielmehr wachsen Begründungszwänge und Unsicherheit.

---

4 Am Beispiel: es geht nicht in erster Linie darum, dass es Rinderwahnsinn (als Folge ‚moderner‘ Formen der Fleischproduktion) gibt und was er mit den Menschein anrichtet, die verdorbenes Fleisch verzehren, sondern darum, welche Reaktionen dieses Ereignis bei den verschiedensten Akteuren im politischen System, auf Märkten etc. auslöst, wie also gesellschaftlich mit dem Problem ‚umgegangen‘ wird.

Vor- und Gegenmoderne sind dabei nicht überwunden, sondern gehen mit der Moderne eine ‚historische Symbiose' ein (vgl. ebd., 66). Insofern ist die ‚Dialektik von Modernisierung und Gegenmodernisierung' im Bereich des Politischen auszutragen und auszuhandeln. Somit ergibt sich aus der und in der reflexiven Modernisierung eine zentrale gesellschaftliche Aufgabe: „Das *Denken* muß verändert werden, damit die Welt der Moderne an ihren eigenen Ursprüngen und Ansprüchen erneuert werden kann. Der Raum für politische Reformen [...] muß überhaupt erst mit der Macht des Begriffs gewonnen, geöffnet werden" (ebd., 26). Was wir brauchen, sind neue Organisationsformen, in denen jenseits von Arbeit und Kapital die Demokratisierung der halbierten Demokratie vorangetrieben werden kann.

Knüpft man *in der Erwachsenenpädagogik* an die zentrale Unterscheidung: intendierte Handlungsergebnisse / (unbeabsichtigte) Neben-Folgen, an, liegt für Theoriebildung und mit ihr verbundene empirische Forschung die Frage nahe: Sind Weiterbildungsinstitutionen Statthalter der Industriegesellschaft oder agieren sie den Bedingungen der reflexiven Moderne gemäß? Anders formuliert: sind sie (wie viele andere) von Problembewältigungs- zu problemerzeugenden Institutionen geworden, schaffen also, indem sie sich an ihren traditionellen Aufgaben abarbeiten, gewissermaßen ‚Probleme zweiter Ordnung'? In dieser Weise wird – wenn ich recht sehe – allenfalls selten an die BECKsche Argumentation angeschlossen. Was man eher findet, ist ein Anschluß im programmatischen Sinne; hier treffen sich manifeste Interessen im Feld mit dem BECKschen Argumentationsgestus, in dem Befund und Programm gelegentlich ineinander übergehen. Die naheliegende Parole ist: Wir brauchen (politische) Weiterbildung ohne Ende, um über die Neuartigkeit der Verhältnisse aufzuklären, um ‚gegenmoderne' Tendenzen zurückzudrängen, um die gemeinsame Suche nach neuen politischen Organisations- und Aktionsformen zu unterstützen. Diese Art des halbierten Anschlusses ist allerdings brisant: die Befunde werden übersprungen, es bleibt ungeklärt, welche Nebenfolgen mit dieser Art der Bearbeitung von Nebenfolgen verbunden sind.

1.2

ANTHONY GIDDENS setzt in seiner Zeitdiagnose, die sich an vielen Stellen mit der BECKschen überschneidet, anders an. Der Schlüsselbegriff ist der der *Tradition.* Den gesellschaftlichen Wandel, dessen Zeugen wir sind, beschreibt er vor allem als eine Ablösung der mit Traditionen verbundenen formelhaften Wahrheiten durch Expertenwissen. Das ‚noch-nicht-moderne' Element der Phase, die vielfach als Moderne lediglich *miss*-verstanden wird, sieht GIDDENS darin, dass Traditionen – und sei es auch im entleerten, verkümmerten Zustand – dem wirtschaftlichen und industriellen Modernisierungsprozess lange standgehalten haben; erst jetzt werden sie bedrängt und aufgelöst.

Für GIDDENS ist Tradition „eng mit dem Gedächtnis verknüpft [...]; sie enthält das Element des Rituals; sie hat mit dem zu tun, was ich einen *formelhaften Wahrheitsbegriff* nennen möchte; sie hat ihre ‚Hüter'; und sie besitzt, anders als bloße Gewohnheit, eine bindende moralische wie emotionale Kraft" (ebd., 124). In diesem kurzen Zitat sind bereits alle wichtigen Aspekte benannt. *Gedächtnis* meint mehr als bloßes ‚Sich-in-Erinnerung-Rufen'; es ist ein *aktiver* und kollektiver Prozess, in dem das Vergangene nicht lediglich bewahrt, sondern nach Maßgabe gegenwärtiger Erfahrungen umgestaltet wird (vgl. ebd.). Das *Ritual* ist dann eine Form, ein praktisches Instrument, in der bzw. mit dem die ständige Rekonstruktion der Vergangenheit zur Darstellung gelangt. Es ist deutlich vom Alltagshandeln und dessen pragmatischen Zielen zu unterscheiden und gerade deshalb relativ autonom in der Zeit. Sprache und Handlung sind im Ritual vielfach symbiotisch verknüpft; dabei müssen Sprecher und Zuhörer keineswegs alles ‚verstehen', was gesagt und getan wird. Es geht nicht um den propositionalen Inhalt von Aussagen, sondern um ihre Stellung im Ritual. Die *Hüter* der Tradition sind einerseits für deren Interpretation zuständig und fungieren andererseits als Mittler der Wirkkräfte des Rituals. Sie sind weniger durch irgendeine Kompetenz als durch ihren Status innerhalb der traditionalen Ordnung charakterisiert (vgl. ebd., 127). Schließlich haben Traditionen einen normativen Gehalt, der ihnen Verbindlichkeit verleiht und ihren Anhängern eine gewisse Sicherheit gibt.

Der Bedeutungswandel und schließlich -verlust der Traditionen vollzieht sich in zwei Schritten:

- Beim Übergang in die Moderne löst sich die traditionale Koppelung von ökonomischer Zweckrationalität und übergreifenden, historisch verbürgten und/oder religiös begründeten Werten auf. Die Akteure mühen sich redlich, wissen aber nicht länger, warum sie dies tun; sie sind ‚zwanghaft motiviert' (vgl. ebd., 133). „Das Vergangene lebt weiter, aber statt dass es in der Form der Tradition aktiv erneuert würde, bestimmt es das Handeln in fast kausaler Weise" (ebd., 135).
- In posttraditionalen Kontexten *müssen* die Menschen *wählen*, wer sie sind und wie sie handeln wollen (vgl. ebd., 142)[5]. Wählen, besser: Entscheiden ist auf tendenziell allen Gebieten des sozialen Lebens obligatorisch geworden. Neu ist außerdem, dass solche Entscheidungen zwar nicht in jedem Fall, aber sehr oft unter Berufung auf Expertenwissen getroffen werden. Die formelhaften Wahrheiten der Tradition schließen eine große Fülle von Handlungsmöglichkeiten aus, über die es in der reflexiven Moderne immer wieder neu zu entscheiden gilt.

5 Dies ist einer der Punkte, an denen Giddens Beck sehr nahe ist.

Nicht nur der Tatbestand der obligatorischen Wahl markiert wesentliche Unterschiede, sondern ebenso die *besondere Art* des Expertenwissens. GIDDENS bindet Expertentum nicht an besondere Berufsrollen; vielmehr kann jeder Experte sein, der über spezielle Fähigkeiten oder Kenntnisse verfügt, die der Laie nicht besitzt (vgl. ebd., 157). Solches Expertentum ist grundsätzlich ortlos und dezentral; es ist nicht an formelhafte Wahrheiten gebunden, sondern beruht auf dem Glauben an die Korrigierbarkeit des Wissens. Nicht Gewissheiten darüber, wie die Welt ,wirklich ist', werden gefördert, sondern der Zweifel. Vertrauen in Expertise und ihre Repräsentanten lässt sich nicht mit Hilfe esoterischen Wissens erzeugen, und es ist widerrufbar.

Für die Subjekte bedeutet dies, dass sie zu aktivem Engagement genötigt sind. Vertrauen, das unter den Bedingungen der Zwanghaftigkeit erstarrte, ist nun – im Lichte von Alternativen – immer wieder neu zu schenken oder zu entziehen. „Die Wiederaneignung des Expertenwissens durch die Individuen, ohne den Rückfall in zwanghafte Verhaltensmuster, ist die Bedingung der Möglichkeit von ,Authentizität' im täglichen Leben. Gewohnheiten und Erwartungen werden mehr oder weniger automatisch unter dem Einfluss dieses Informationsflusses immer wieder neu geformt" (ebd., 168).

GIDDENS beschließt seine Überlegungen – nicht ohne Pathos – mit einigen Hinweisen auf die ,dialogische Demokratie' (vgl. ebd., 193f.). Mit dem Ende der traditionalen Gesellschaft sieht er ein gänzlich neues Universum des sozialen Handelns heraufziehen. Die (erst jetzt wirklich) globale Gesellschaft ist eine Gesellschaft des unbegrenzten Raumes, in dem die Subjekte gezwungen sind, soziale Bindungen aktiv einzugehen. Verhaltensweisen müssen diskursiv gerechtfertigt, Gründe bis in die zwischenmenschlichen Beziehungen hinein geliefert werden. Dies ist ein schwieriges, von allerlei Ängsten begleitetes Unterfangen. Aber es lohnt die Mühe, denn jenseits „von Verhaltenszwängen gibt es die Möglichkeit, authentische Formen menschlichen Lebens zu entwickeln, die nur noch wenig mit den formelhaften Wahrheiten der Tradition gemein haben" (ebd., 194).

Für Theoriebildung und empirische Forschung *in der Erwachsenenpädagogik* legen die zentralen Unterscheidungen und die Argumentation GIDDENS' folgende Fragen nahe[6]: Wie stellt sich das Verhältnis von Tradition (Hütern der formelhaften Wahrheiten), Zwangshandeln und Entscheiden unter Bezug auf Expertentum in Kontexten dar, die sich als weiterbildende beschreiben? Gibt es funktionale Äquivalente zu den Hütern im ,alten Sinne'? Konkreter: wie ist es um die Möglichkeit bestellt, ,Vertrauen in Experten durch esoterisches Wissen herzustellen' (vgl. etwa Managementkurse, Motivationsseminare etc.)? Oder (andersherum): wie gehen Menschen und

6 In denen allerdings bereits eine gewisse Skepsis gegenüber der von Giddens suggerierten Eindeutigkeit der Entwicklung zum Ausdruck kommt.

Institutionen mit Zweifel, Unsicherheit (und deren Unhintergehbarkeit!) um? Wird das Wissen, das heute vielfach als ‚unproblematisch' erscheint, insofern es nur angeeignet und ‚gemanagt' werden muss, nicht zum Problem[7]?

Ähnlich wie bei BECK denke ich, dass diese Art des Anschlusses bestenfalls selten vorkommt. Näherliegend ist wiederum der programmatische ‚Kurz-Schluss': Subjekten muss bei der Wiederaneignung des Expertenwissens (Bedingung der Möglichkeit von Authentizität) geholfen, Kompetenz für das Leben in unhintergehbarer Unsicherheit vermittelt werden; ‚dialogische Demokratie' ist zu befördern. So sehr sich dies angesichts des Selbstverständnisses organisierter Erwachsenenbildung und der ihr verbundenen Reflexionen auch anbietet, die interessanten und – auch gemessen an den eigenen Ansprüchen – wichtigen Fragen werden übersprungen.

1.3

SCOTT LASH reiht seine Überlegungen zu einer ‚kritischen Theorie der heutigen Informationsgesellschaft' zunächst in die ‚Theorien der reflexiven Modernisierung' ein (vgl. ebd., 195), macht dann aber sofort eine überraschende Kehrtwende. Denn er geht davon aus, dass man vorliegende Ansätze dieser Art – gemeint sind BECK und GIDDENS – ‚radikal gegen den Strich bürsten', bzw. im Sinne ‚ihres eigenen unartikulierten Anderen verstehen' muss (vgl. ebd.). Grundlegend ist dabei die These, dass „eine völlig neue Ökonomie der Zeichen im Raum" entsteht, und dass diese „neue semiotische Ökonomie", die nicht aus begrifflichen, sondern aus mimetischen Symbolen besteht, „nicht so sehr die Möglichkeiten für eine kognitive als vielmehr für eine ästhetische Reflexivität" bereitstellt (ebd., 234).

Klassisch wird Reflexivität, also der (Rück-) Bezug des Subjektes auf sich selbst sowie auf andere, auf Objekte, auf die Gesellschaft als ein kognitiver, nachdenkender Bezug verstanden. Konstitutiv ist dabei die (bewusste) Distanzierung zwischen Subjekt und Objekt, die vor allem durch die Sprache als Vermittelndes gewährleistet wird. Zur Kennzeichnung ästhetischer Reflexivität, bei der diese Distanz schwindet, greift LASH auf die in der Linguistik verwandte Unterscheidung zwischen Semiosis und Mimesis (dem Schlüsselbegriff LASHs) zurück: In der Semiosis beruht Bedeutung auf Unterschieden, in der Mimesis entsteht sie ‚ikonisch', durch Ähnlichkeit. Ästhetische Wahrnehmung oder ästhetischer Bezug meint dann vor allem: Wahrnehmung der umgebenden Welt im mimetischen Sinne, also ohne Vermittlung durch Begriffe, ‚unmittelbar' im Sinne des Ge- bzw. Missfallens, Anrührens, Erfreuens, Bedrohens etc. Objekte, auf die sich diese Art der Reflexivität rich-

---

7 Hier läge dann eine Erweiterung um die religionssoziologischen Reflexionen Luckmanns nahe, die für das üppig bestückte ‚Warenlager der Transzendenzen' diesseits klassisch religiöser Praxen sensibilisieren (vgl. 1991).

tet, stellt vor allem die Popularkultur bereit. Ihren, den Raum beherrschenden Zeichen schreibt LASH den Charakter von Hieroglyphen zu, die Bedeutung nicht abstrakt durch Semiosis, sondern unmittelbar, durch Mimesis vermitteln (vgl. ebd., 241).

Ästhetische Reflexivität in diesem Sinne ist nicht allein für die individuelle Orientierung in sozialen Welten, sondern ebenso im Blick auf die Entstehung kollektiver Bedeutung in kulturellen Gemeinschaften maßgeblich. Hier bedient sich LASH einer HEIDEGGER entlehnten Unterscheidung zweier Modi des ,In-der-Welt-Seins' (vgl. ebd., 254):

- Solange die ,Werkstatt' (im Sinne einer Gemeinschaft) funktioniert, agieren die Menschen ohne ausdrückliche Subjekt-Objekt-Differenz, also ohne Distanz. Die Aufmerksamkeit gilt nicht dem Zeichen oder Signifikanten (als solchem), Zeichen werden vielmehr *unmittelbar* als Bedeutung gesehen.
- Sobald – oder: erst wenn –,die Werkstatt zusammenbricht', also das gemeinschaftliche Handeln ins Stocken kommt, nicht mehr funktioniert, erfolgt eine Hinwendung zur Subjekt-Objekt-Denkform.

Zur Veranschaulichung kann man an den reibungslosen oder gestörten Ablauf von Spielen und Ritualen, aber auch an sprachliche und gestische Zeichen denken, auf die wir entweder präreflexiv, ,unmittelbar' reagieren oder die wir ausdrücklich zu deuten versuchen; etwa: ,Wie hat sie das gemeint?', ,Ist die Freude echt?' etc.

Greift man LASHs Überlegungen *in der Erwachsenenpädagogik* auf, dann ginge es zunächst im Blick auf die Art und Weise, in der Subjekte und Kollektive Orientierung und Sinn finden, vor allem darum, die Ökonomie der Zeichen im Raum und die Formen, in denen Menschen Bezug auf sie nehmen, zu ergründen. Das hätte unter anderem zur Folge, dass die Auseinandersetzung mit den verschiedensten Produkten der Kulturindustrie ins Zentrum unserer Aufmerksamkeit rücken würde. Im Blick auf die (Angebots-) Praxis der Weiterbildungsinstitutionen ginge es um Inszenierungsformen, also einerseits um die Frage, wie die Zeichen der Weiterbildung im kulturindustriellen Raum situiert sind (wahrgenommen werden) und andererseits um die mimetische Komponente dessen, was in den Einrichtungen und Veranstaltungen geschieht. Dies erschöpft sich nicht in dem, was im Anschluss an Milieustudien etwa SCHULZEs oder des SINUS-Instituts bereits geschieht. Dort werden Geschmacksvorlieben und die Erlebnisorientierung als zwar wesentliche, aber doch Rand- oder Begleiterscheinungen der Erwachsenen*bildung* behandelt. LASHs Perspektive wird so im wörtlichen Sinne ,auf den *Kopf* gestellt'; denn sie legt nahe, dass das, was wir gemeinhin als wesentliches Moment von Erwachsenenbildung betrachten (die *kognitive* Dimension!), eher einen Ausnahmefall darstellt.

Programmatisch ergibt sich, gerade wenn man den ‚Gegner' der Argumentation LASHs, die Betonung der kognitiven Reflexivität, an die uns vertraute pädagogische Konzepte umstandslos anschließen können, bedenkt, ein Perspektivwechsel. Folgt man LASH, dann geht es weniger um ‚Aufklärung' über das, was vernünftig ist, als vielmehr um ‚reflexive Anthropologie' im Sinne BOURDIEUs, also um den Versuch, Formen und Effekte mimetischer Orientierungen transparenter oder vorbewusst verankerte Strukturierungen unseres Handelns zugänglicher zu machen (vgl. BOURDIEU / WACQUANT 1996).

1.4.

Im Sinne eines *Zwischenresumees* kann festgehalten werden: Wir haben es mit *einem* Label (‚reflexive Modernisierung') und *drei* verschiedenen Ansätzen zu tun. BECK und GIDDENS haben, was die von ihrer Argumentation nahegelegten programmatischen Schlussfolgerungen angeht, einige Gemeinsamkeiten. In der Tradition der Aufklärung plädieren sie (relativ ungebrochen) dafür, den Subjekten Hilfestellung zu geben, die neue Unsicherheit kognitiv und ‚politisch' zu bewältigen. BECK orientiert dabei stärker auf teilweise neu zu erfindende Organisationsformen, GIDDENS fokussiert auf die um Authentizität bemühten Subjekte. ‚Theoretisch' und bei der Konzipierung empirischer Forschung würde man jedoch zu mehr als nur unterschiedlichen *Akzentuierungen* kommen: Ausgehend von der grundlegenden Unterscheidung: ‚Nebenfolgen ignorierend / Nebenfolgen bearbeitend' stellt sich Weiterbildung nun einmal anders dar, als ausgehend von der Unterscheidung: sicherheitsverbürgende Tradition (Glaube) / Unsicherheit bescherende Expertise (Zweifel). LASH weicht stärker ab: indem er ästhetische gegen kognitive Reflexivität stark macht, ergibt sich eine andere Perspektive. Weiterbildungseinrichtungen werden zu Institutionen ‚beliebiger Art', eingereiht in das gesamte Spektrum dessen, was in der Kulturindustrie bzw. im Kulturbetrieb inszeniert wird. Nach welchen Gesichtspunkten Individuen sich dem einen zu- und vom anderen abwenden, ist dann eine offene Frage.

Allen drei Ansätzen gemeinsam ist, dass sie eine kritische Betrachtung der Weiterbildung ermöglichen bis nahe legen. Bei GIDDENS ergibt sich die Nachfrage aus einer Distanz zu seinem Optimismus: Tritt die Gewissheit, dass jede Wissensbehauptung widerlegbar geworden ist, tatsächlich an die Stelle formelhafter Wahrheiten? Gerade in den ‚verschiedenen Abteilungen' der Weiterbildung ließe sich diese Frage gut studieren; meine These: wir werden auf sehr viel Katechese und ‚Glauben' stoßen (gerade in der betrieblichen Weiterbildung!). Bei BECK kann man kaum anders, als die Weiterbildungsinstitutionen darauf hin zu prüfen, ob sie eher Statthalter der Industriegesellschaft sind oder eher im Bewusstsein der ‚reflexiven Modernisierung' (und das heißt ihrer eigenen (!) ‚Nebenfolgen') agieren. Mit LASH muss man danach fragen, in welchem Verhältnis die auf kognitive Reflexivität abhebenden Intentionen von Weiterbildungseinrichtungen und in ihnen beschäftigten Akteuren zur ästhetischen Reflexivität stehen, mittels derer Subjekte und Kollektive Orientierung finden.

Diese verschiedenen Varianten einer *kritischen* Perspektive trifft man in unserem Diskurs kaum an. Eher wird die Weiterbildung (implizit) als exterritorialer Ort behandelt. Das, was mit reflexiver Modernisierung in seinen unterschiedlichen Varianten bezeichnet wird, spielt sich in der Gesellschaft (aber nicht in der Weiterbildung) ab. Betroffene Subjekte suchen dann die Weiterbildung lediglich auf, um die Folgen sozialen Wandels (im Sinne kognitiver Reflexivität) zu bearbeiten. Die wichtigsten Einsichten, die man aus den drei skizzierten Zeitdiagnosen gewinnen kann, werden somit übersprungen.

Ein anderes Problem scheint mir (im hier thematisierten Zusammenhang) allerdings wichtiger zu sein: Je nachdem, für welche Diagnose ich mich entscheide, weil sie mich überzeugt oder weil sie mir ‚gefällt‘ (LASH), wird das weitere Nachdenken einen je besonderen Weg nehmen. Dabei es geht nicht um Petitessen, vielmehr werden die grundlegenden Fragen, was Weiterbildung ‚ist‘ und welche Rolle sie in der Gesellschaft sowie für die Subjekte spielt, ganz unterschiedlich beantwortet.

2.

Dieses Problem spitzt sich weiter zu, sobald man den Rahmen der ‚reflexiven Moderne‘ verlässt. Nimmt man etwa die *‚Risikogesellschaft‘* (BECK 1986), die ja (im Sinne ihres ‚Erfinders‘) viele Überschneidungen mit der reflexiven Moderne aufweist, so wird man vor allem auf die Selbstgefährdungen der modernen Gesellschaft und auf die Unsicherheit über die Folgen des Handelns verwiesen. Auch hier gibt es (mittlerweile) unterschiedliche Verständnisse: Risiken werden eher als objektive Schäden oder eher als Ergebnis sozialer Konstruktionen oder eher als Folge gewachsener Optionsspielräume betrachtet (vgl. etwa NASSEHI 1997). Das Konzept hat – insbesondere in seiner ursprünglichen Gestalt (BECK) – nachhaltige Resonanz in der Erwachsenenbildungswissenschaft und in der Praxis gefunden. Die Art des Anschlusses entspricht weit überwiegend der nun bereits vertrauten. Weiterbildung wird als Problemlösung vorgestellt, die gewissermaßen von der Risikogesellschaft ‚profitiert‘: denn wo die Gefährdungen und Risiken wachsen, gewinnen auch die ‚Helfer‘ zwangsläufig an Gewicht. Weiter ausschöpfen lässt sich das Anregungspotential, wenn man Risiko als Element von Erwachsenenbildung selbst analysiert: etwa in Bezug auf ‚riskante Biographien‘, als Handlungsmodus lebenslangen Lernens (vgl. etwa KADE 1997,

KADE/SEITTER 1996) oder – erweitert – als spezifischen Modus der Bearbeitung von Unsicherheit (vgl. etwa SEITTER 1999). Allerdings: welchem Verständnis von Risiko man auch immer huldigt – weder geht das Leben der Menschen in dieser Dimension auf, noch erfasst man damit die Bildung Erwachsener in ihrer ganzen Breite. Insofern ist es also durchaus ‚riskant', an die Risikogesellschaft anzuschließen!

In eine wiederum ganz andere Richtung wird der Blick gelenkt, wenn man von der *‚Erlebnisgesellschaft'* (SCHULZE 1992) ausgeht. Im Zentrum steht nun – als Folge eines angenommenen Übergangs zur Wohlstandsgesellschaft – der dominante Handlungsimperativ: *‚Erlebe Dein Leben!'*. Demnach geht es im Alltag der Menschen nicht länger darum, das Dasein unter Bedingungen von Knappheit zu sichern, sondern – im Sinne einer unabweisbaren Pflicht – um dessen genussvolle Gestaltung. Ihren Rahmen findet die Ästhetisierung des Alltags in verschiedenen sozialen Milieus (bei SCHULZE fünf an der Zahl, bei anderen mehr), die einen je besonderen Lebensstil kultivieren. Auch diese Perspektive tritt in zumindest unterschiedlichen Akzentuierungen auf: neben SCHULZE ist an die Arbeiten des SINUS-Instituts (vgl. etwa FLAIG u.a. 1993), an die von VESTER und anderen (vgl. etwa 1993) zu denken, aber auch – wenn man es weniger zugespitzt, dafür aber theoretisch breiter fundiert schätzt – an BOURDIEU. In der Erwachsenenbildung sind entsprechende Arbeiten – durchaus analog zur Konsumgüterindustrie und der Marktforschung! – vor allem im Zusammenhang der ‚Adressatenforschung' aufgegriffen worden. Dabei interessierte vor allem, welche Milieus sich zum Beispiel von der Volkshochschule angesprochen fühlen, welches Bild sie von ihr haben, mit welchen Motivationen man sich in eine Bildungsstätte begibt, was man dort im Blick auf die Inszenierungsformen von Weiterbildung, aber auch des räumlichen Ambientes, der Freizeitgestaltung etc. erwartet (vgl. etwa TIPPELT u.a. 1996; BARZ/TIPPELT 1994). Denkbar wäre auch hier, Erwachsenenbildung in einem umfassenderen Sinne als Teil der Erlebnisgesellschaft zu betrachten, was aber kaum geschieht. Unabhängig davon dürften die wenigen Anmerkungen deutlich gemacht haben, dass es in der Erlebnis- verglichen mit der Risikogesellschaft relativ vergnüglich zugeht, für Selbstgefährdungen und Unsicherheit, aber auch für die grauen und zähflüssigen Seiten des Alltags keinen Raum gibt.

All den bisher skizzierten Ansätzen[8] gegenüber betont kritisch steht die Perspektive der *‚Arbeitsgesellschaft'* (vgl. etwa OFFE 1983, KOCKA / OFFE 2000). Sie beharrt gegenüber all dem, was aus ihrer Warte als eher (‚zeitgeistiger') kurzfristiger Trend, als *ein* Phänomen unter anderen erscheint, auf dem konstitutiven Charakter der Arbeit als *dem* Modus unseres

---

8 Das gilt auch für diejenigen, die wir im Symposium noch erörtert haben, auf die ich aber hier aus Raumgründen nicht weiter eingehe, zumal sich in der Allgemeinheit der Betrachtungen, die hier nur möglich ist, lediglich die Muster wiederholen: Wissensgesellschaft (vgl. Nolda 1996a,b) und Transformationsgesellschaft (vgl. Schäffter 1998).

Bezuges zur Welt. Gerade deshalb wird der Perspektive auch eine theoriezentrierende und -fundierende Potenz für die Erwachsenenbildung beigemessen (selbstverständlich nur von einem Teil der Kolleginnen und Kollegen!). Was man aus ihr gewinnen kann, ist eine Art ‚Beschwerung' (erwachsenen-) pädagogischer Debatten, eine Rückbindung an das, was für die Eröffnung und Verschließung von Lebenschancen nach wie vor zentral ist: an (Erwerbs-) Arbeit. Dabei geht es in der Erwachsenenbildung nicht allein, nicht einmal in erster Linie um technische Qualifizierung für Tätigkeit, sondern um den weiten Horizont von Interessensorientierung, Integration allgemeiner, beruflicher und politischer Bildung – oder auch: um die Schaffung von Voraussetzungen für Partizipation (vgl. etwa FAULSTICH 1981, 1998). Eine Schwierigkeit dieser (‚Zeit-')Diagnose könnte darin liegen, dass die Argumentation derart grundsätzlichen Charakter hat – man muss schon sehr weit zurückgehen, um eine ‚Zeit' zu finden, in der Arbeit im heutigen Sinne nicht konstitutiven Charakter hatte. Die Protagonisten etwa der Risiko- und Erlebnisgesellschaft bestreiten ja nicht die Bedeutung von Arbeit. Sie weisen lediglich (im Sinne der besonderen ‚Zeichen der Zeit') darauf hin, dass andere Faktoren hinzugekommen und maßgeblich geworden sind. Für *diese* Faktoren ist eine in der Perspektive der Arbeitsgesellschaft verankerte Erwachsenenbildung so unsensibel, wie andere für Arbeit.

3.

Auffällig ist zunächst, dass Zeitdiagnosen in erwachsenenpädagogischen Praxiszusammenhängen, aber ebenso in programmatisch akzentuierten Diskursen nach einem durchgehaltenen Muster rezipiert werden: All das, was die Diagnostiker ‚beschwören', wird als außerhalb der Erwachsenenbildung selbst liegend, ihr vorausgehend betrachtet. Sie muss (und will) sich darauf einstellen, dass ihre Adressaten mit je bestimmten Orientierungsproblemen und Erwartungen zu ihr kommen und je angemessene Formen der Bearbeitung ersinnen und praktizieren. Dass sie selbst (als gesellschaftliche Praxis*form*) in den Strudel aktueller Entwicklungen und Wandlungsprozesse hineingeraten könnte, unter Umständen eher problemverschärfend als -lösend wirksam werden könnte, von den Imperativen etwa der Erlebnisgesellschaft bis ins Mark durchdrungen (und dann nur noch schwerlich mit tradierter Bildungsprogrammatik vereinbar) sein könnte, kommt nicht in den Blick. Dies möge nicht als Schelte missverstanden werden, denn wir wissen aus der sogenannten ‚Verwendungsforschung' (vgl. etwa BECK/BONSS 1989), dass Politik und Praxis ganz eigensinnig – je nach Gusto – auf Theorieangebote zurückgreifen (müssen). Allenfalls im Sinne eines emphatischen Professionalitätsverständnisses gibt es Anlass zu Bedauern; denn ein wenig höhere

‚Auflösung', eine Vervielfältigung von Fragehorizonten könnte nicht schaden.

Auffällig ist aber auch, dass wir ‚innerhalb' der wissenschaftlichen Beschäftigung mit der Bildung Erwachsener ein meines Erachtens nicht zu unterschätzendes Problem haben. Wenn man die anfängliche Setzung, derzufolge ein Anschluss an Zeitdiagnosen für die Erwachsenenpädagogik sinnvoll ist, akzeptiert, dann handeln wir uns mit diesem Anschluss

1. Probleme ein, die mit dem besonderen Typus der ‚Zeit'- oder ‚Gegenwarts'-Diagnose verbunden sind, ohne uns
2. dazu so verhalten zu können wie die Soziologie, aus deren Mitte die Diagnosen formuliert werden.

Die Probleme dürften hinreichend deutlich geworden sein: jede Zeitdiagnose kann nur bestimmte Phänomene in den Blick nehmen (die Totalität je gegenwärtiger Gesellschaftszustände ist nicht zu erfassen) und ‚überdehnt' diese dann mit einer gewissen Zwangsläufigkeit (man kann vielleicht sagen: um überhaupt als ‚Zeitdiagnose' erkennbar zu sein).

In der Soziologie geht man damit eher distanziert-gelassen um: Man sieht einerseits die ‚Diagnosefähigkeit' der Disziplin als überfordert an und nimmt andererseits zur Kenntnis, dass es offensichtlich einen gesellschaftlichen Bedarf an Zeitdiagnosen gibt (vgl. etwa FRIEDRICHS u.a. 1998). ‚Erfolgreich' sind einschlägige Arbeiten vor allem außerhalb des Faches, wo sie eher sinnstiftende Funktionen übernehmen, als zuverlässige Beschreibungen und technologisch umsetzbares Kausalwissen zu liefern. Kolleginnen und Kollegen, die sich durch entsprechende ‚große Würfe' in die öffentliche Debatte einschalten, agieren in diesem Fall eher als Intellektuelle, denn als Fachwissenschaftler (vgl. ebd., 16). Letztere konterkarieren in Theoriebildung und empirischer Forschung permanent zeitdiagnostische Aussagen, die notwendig „den professionellen Kompetenzraum der Soziologie überschreiten" (ebd., 26f.).

Anders in unserem Fach: Wir gehören zu den ‚Abnehmern' dieser Diagnosen, ‚nutzen' sie in unterschiedlicher Weise (und tragen damit zu ihrem ‚Erfolg' bei!). Weder können wir eigene Zeitdiagnosen erstellen, noch produzieren wir (hinreichend) eigenes Wissen, das die vorliegenden konterkarieren könnte. Oft werden (auch im erziehungs*wissenschaftlichen* Diskurs) solche Diagnosen gewählt, die relativ umstandslos ‚passen', also unmittelbar anschlussfähig sind. Genau das ist aber problematisch, wie der bisherige Argumentationsgang gezeigt haben sollte. Wie kann die Alternative aussehen? Es ist unrealistisch, sich eine ‚eigene' Diagnose aus den vorliegenden (dann möglichst noch mit ‚flächendeckendem' Anspruch) ‚zusammenzubasteln'. Beim Aufgreifen einer *einzelnen* Diagnose zu viele Skrupel walten zu lassen, kann die Produktivität, die gerade in der (in manch anderer Hinsicht problematischen) Zuspitzung liegt, strangulieren.

Was meines Wissens keine Zeitdiagnose leistet (und leisten kann, weil sie sonst einen Differenzierungsprozess in Gang setzen würde, der in ihre eigene Unmöglichkeit mündete), ist: diejenigen Aspekte, auf die sie besonders abhebt, mit denen der anderen – zumindest einiger – zu relationieren; also etwa zu fragen, welchen Stellenwert *Wissen* für Erwerbs*arbeit* in einer *traditionslosen* Gesellschaft hat, deren Angehörige sich *mimetisch* der *Ästhetisierung* ihres *riskanten* Alltags widmen. Genau solche Relationierungsarbeit können (und müssen) wir aber leisten, wenn und weil wir zeitdiagnostische Perspektiven auf *konkrete Problemlagen* unseres Feldes beziehen, denn deren Komplexität übersteigt in der Regel den Horizont *einer* Zeitdiagnose. Erziehungswissenschaftliche Reflexion hätte also – sobald sie an Zeitdiagnosen anschließt (aber wohl nicht nur dann) – im Sinne einer *,theoretischen Mehrsprachigkeit'* zu erfolgen. Das bedeutet zumindest, dass jeder Versuch, das Anregungspotential einer einzelnen Perspektive auszuloten, *von vornherein* in dem Bewusstsein erfolgt, dass diese Perspektive *notwendig* verkürzt ist. Es liegt auf der Hand, dass so andere Ergebnisse erzeugt werden, als wir sie vielfach heute antreffen; denn noch dominiert die Haltung, die Perspektive, der man sich im Moment, eine Weile oder bereits seit längerer Zeit besonders verpflichtet fühlt, als *die* eine, allen anderen überlegene auszuweisen.

Literatur

BARZ, H. / TIPPELT, R. (1994): Lebenswelt, Lebenslage, Lebensstil und Erwachsenenbildung. In: TIPPELT, R. (Hg.): Handbuch der Erwachsenenbildung / Weiterbildung, Opladen, S. 123 – 146

BECK, U. (1986): Risikogesellschaft, Frankfurt

BECK, U. / BONSS, W. (Hg.) (1989): Weder Sozialtechnologie noch Aufklärung? Frankfurt

BECK, U. / GIDDENS, A. / LASH, S. (1996): Reflexive Modernisierung, Frankfurt

BOURDIEU, P. / WACQUANT, L. (1996): Reflexive Anthropologie, Frankfurt

FAULSTICH, P. (1981): Arbeitsorientierte Erwachsenenbildung, Frankfurt

FAULSTICH, P. (2000): Strategien betrieblicher Weiterbildung, München

FLAIG, B. u.a. (1993): Alltagsästhetik und politische Kultur, Bonn

FRIEDRICHS, J. u.a. (1998): Diagnose und Prognose in der Soziologie. In: Dies. (Hg.): Die Diagnosefähigkeit der Soziologie, Opladen, S. 9 – 31

KADE, J. (1997): Riskante Biographien und die Risiken lebenslangen Lernens. In: Literatur- und Forschungsreport Weiterbildung 39, S. 112 – 124

KADE, J. / SEITTER, W. (1996): Bildung – Risiko – Genuß. In: BRÖDEL, R. (Hg.): Lebenslanges Lernen – lebensbegleitende Bildung, Neuwied, S. 51 – 59

KOCKA, J. / OFFE, K. (Hg.) (2000): Geschichte und Zukunft der Arbeit, Frankfurt

LUCKMANN, TH. (1991): Die unsichtbare Religion, Frankfurt

NASSEHI, A. (1997): Risikogesellschaft. In: KNEER / NASSEHI / SCHROER (Hg.): Soziologische Gesellschaftsbegriffe, München, S. 252 – 279

NOLDA, S. (Hg.) (1996a): Erwachsenenbildung in der Wissensgesellschaft, Bad Heilbrunn
NOLDA, S.(1996b): Interaktion und Wissen, Frankfurt
OFFE, K. (1983): Arbeit als soziologische Schlüsselkategorie? In: MATTHES, J. (Hg.): Krise der Arbeitsgesellschaft? Frankfurt, S. 328 – 65
SCHÄFFTER, O. (1998): Weiterbildung in der Transformationsgesellschaft, Berlin
SCHULZE, G. (1992): Die Erlebnisgesellschaft, Frankfurt
SEITTER, W. (1999): Riskante Übergänge in der Moderne, Opladen
TIPPELT, R. u.a. (1996): Markt und integrative Weiterbildung, Bad Heilbrunn
VESTER, M. u.a. (1993): Soziale Milieus im gesellschaftlichen Strukturwandel, Köln
WITTPOTH, J. (1994): Rahmungen und Spielräume des Selbst, Frankfurt
WITTPOTH, J. (Hg.) (2001): Theoriebeobachtungen. Erwachsenenbildung im Horizont konkurrierender Zeitdiagnosen, Bielefeld

Verzeichnis der Autorinnen und Autoren

der verschiedenen Publikationsbeiträge für den DGfE-Hauptkongressband (Kongress Göttingen, September 2000)

ACHTENHAGEN, FRANK, Prof. Dr. Dr. h.c.
Universität Göttingen, Seminar für Wirtschaftspädagogik
Platz der Göttinger Sieben 5, 37073 Göttingen
Telefon: 0551 / 39 44 22
Fax: 0551 / 39 44 17
Email: fachten@wipaed.wiso.uni-goettingen.de

ALEXANDER, NEVILLE, Prof. Dr.
Director of Project for the Study of Alternative Education in South Africa
University of Cape Town
Private Bag , 7701 Rondebosch, Rep. of South Africa
Telefon: 0027 – 21 / 650 4013 u. 650 3589

BEETZ, SIBYLLE, Prof. Dr.
Bürgerwohlsweg 110, 28215 Bremen
Telefon: 0421 / 37 98 650
Fax: 0421 / 37 98 652

BOHNSACK, FRITZ, Prof. Dr.
Virchowstraße 98, 45147 Essen
Telefon: 0201 / 74 19 79

BULMAHN, EDELGARD
Bundesministerin für Bildung, Wissenschaft, Forschung und Technologie
Postfach 229, 10106 Berlin
Telefon: 030 / 2850 405 005

DIETRICH, CORNELIE, Dr.
Universität Hildesheim, Institut für Allgemeine Pädagogik
Marienburger Platz 22, 31141 Hildesheim
Telefon: 05121 / 883 426
Fax: 05121 / 883 421
Email: dietrich@rz.uni-hildesheim.de

FÖLLING-ALBERS, MARIA H., Prof. Dr.
Josef-Bayer-Weg 11, 93053 Regensburg

GIRMES, RENATE, Prof. Dr.
Otto-von-Guericke-Universität Magdeburg
Fakultät f. Geistes-, Sozial- und Erziehungswissenschaften
Institut für Erziehungswissenschaft
Stresemannstraße 23, 39104 Magdeburg
Telefon: 0391 / 671 47 18
Fax: 0391 / 671 47 03

GOGOLIN, INGRID, Prof. Dr.
Universität Hamburg, FB Erziehungswissenschaft
Institut für International und Interkulturell Vergleichende Erziehungswissenschaft
Von-Melle-Park 8, 20146 Hamburg
Telefon: 040 / 42838 – 2127
Fax: 040 / 42838 – 4298
Email: gogolin@erzwiss.uni-hamburg.de

GRUBER, KARL HEINZ, Prof. Dr.
Universität Wien, Institut für Erziehungswissenschaft
Abteilung f. Vergleichende Erziehungswissenschaft
Garnisongasse 3, A-1096 Wien, ÖSTERREICH
Telef.: 0043-1 / 4277 – 48041
Fax: 0043-1 / 4277 – 9480
Email: Karl.Heinz.Gruber@univic.ac.at

GRUSCHKA, ANDREAS, Prof. Dr.
Universität Frankfurt/M., Fachbereich Erziehungswissenschaften
Institut f. Pädagogik der Sekundarstufe
Senckenberganlage 15, 60054 Frankfurt/M.

HABEL, WERNER, Prof. Dr.
Universität GHS Duisburg, Fachbereich 2, Schulpädagogik
Lotharstraße 65, 47048 Duisburg

HOLTAPPELS, HEINZ GÜNTHER, Prof. Dr.
Universität Dortmund, FB 12 / Erziehungswissenschaften und Biologie
Institut für Schulentwicklungsforschung
Vogelpothsweg 78, 44227 Dortmund
Telefon: 0231 / 755 55 03 / 01
Fax: 0231 / 755 55 17

KAHLERT, JOACHIM, Prof. Dr.
Universität München, Fakultät für Psychologie und Pädagogik
Lehrstuhl für Grundschuldidaktik
Leopoldstraße 13, 80802 München
Telefon: 089 / 21 80 51 01
Fax: 089 / 21 80 51 04

KIRCHHÖFER, DIETER, Prof. Dr.
Friedrich-Wolf-Str. 5, 16761 Hennigsdorf
Telefon: 03302 / 800 323
Email: dikir@aol.com

KOLBE, FRITZ-ULRICH, Prof. Dr.
Johannes-Gutenberg-Universität Mainz,
Fachbereich 11 / Philosophie u. Pädagogik, Pädagogisches Institut
C.-Kleinmann-Weg 2, 55128 Mainz
Telefon: 06131 / 39 29 18
Fax: 06131 / 39 59 95

KRAUL, MARGRET, Prof. Dr.
Georg-August-Universität Göttingen, Pädagogisches Seminar
Baurat-Gerber-Straße 4-6, 37073 Göttingen
Telefon: 0551 / 39 94-40, -41, -42, -43
Fax: 0551 / 39 94-62
Email: mkraul@gwdg.de

KRÜGER-POTRATZ, MARIANNE, Prof. Dr.
Universität Münster
Georgskommende 33, 48143 Münster
Telefon: 0251 / 832 4299
Fax: 0251 / 832 9244
Email: potratz@uni-muenster.de

LENZEN, DIETER, Prof. Dr.
Freie Universität Berlin, Institut für Allgemeine Pädagogik
Arnimallee 10, 14195 Berlin
Telefon: 030 / 838 55 295

LOMSKY-FEDER, EDNA
School of Education, Mt. Scopus, Hebrew University
91905 Jerusalem, ISRAEL
Telefon: 00972 – 2 / 588 2086
Fax: 00972 – 588 2174
Email: mstamarr@mscc.huji.ac.il

LÜER, GERHARD, Prof. Dr.
Vizepräsident der Universität Göttingen
Gosslerstrasse 14, 37073 Göttingen

MAROTZKI, WINFRIED, Prof. Dr.
Otto-von-Guericke-Universität Magdeburg, Allgemeine Pädagogik
Stresemannstraße 23, 39104 Magdeburg
Telefon: 0391 / 671 47 – 18
Fax: 0391 / 671 47 – 03
Email: winfried@marotzki.de

MILLER-KIPP, GISELA, Prof. Dr.
Heinrich-Heine-Universität Düsseldorf
Erziehungswissenschaftliches Institut, Abteilung für Allgemeine Pädagogik
Universitätsstraße 1, 40225 Düsseldorf
Telefon: 0211 / 81-12369 od. –13104
Fax: 0211 / 81-15126
Email: miller@phil-fak.uni-duesseldorf.de

NEUMANN, KARL, Prof. Dr.
Technische Universität Braunschweig
Erziehungswissenschafticher. Fachbereich, Seminar für Schulpädagogik
Bültenweg 74-75, 38106 Braunschweig
Telefon: 0531 / 391 34 02
Fax: 0531 / 391 81 49

OPASCHOWSKI, HORST, Prof. Dr.
Universität Hamburg, Fachbereich Erziehungswissenschaft
Institut f. Sozialpädagogik, Erwachsenenbildung und Freizeitpädagogik
Von-Melle-Park 8, 20146 Hamburg
Telefon: 040 / 42838 – 3761 bzw. – 3760
Fax: 040 / 42838 – 6112

ROYL, WOLFGANG, Prof. Dr.
Universität der Bundeswehr München
Werner-Heisenberg-Weg 39, 85579 Neubiberg
Telefon: 089 / 6004 – 3180
Fax: 089 / 6004 - 3560

TREPTOW, RAINER, Prof. Dr.
Friedrich-Schiller-Universität Jena, Institut für Erziehungswissenschaften
Otto-Schott-Straße 41, 07740 Jena
Telefon: 03641 / 94 53 70 od. 94 53 10
Fax: 03641 / 94 53 72
Email: ert@uni-jena.de

WATTS, MERDITH W., Prof. Dr.
Politikwissenschaft
University of Wisconsin-Milwaukee
Milwaukee, WI 53201-0413, U. S. A.
Email: meredith@csd.uwm.edu
Anschrift: 2555 44th Avenue
San Francisco, California 94116-2634
Telef.: 001-415 / 504 – 6344

WENNING, NORBERT, PD Dr.
FernUniversität Hagen
Fleyer Straße 204, 58084 Hagen
Telefon: 02331 / 987-2758 od. –2759
Fax: 02331 / 987-2709
Email: norbert.wenning@fernuni-hagen.de

WISSINGER, JOCHEN, Prof. Dr.
Universität Heidelberg, Erziehungswissenschaftliches Seminar
Akademiestraße 3, 69117 Heidelberg
Telefon: 06221 / 54 75 11
Fax: 06221 / 54 77 40

WITTPOTH, JÜRGEN, Prof. Dr.
Bergische Universität – Gesamthochschule Wuppertal
FB 03 – Erwachsenenbildung
Gaußstraße 20, 42097 Wuppertal
Telefon: 0202 / 439 22 92
Fax: 0202 / 439 22 70
Email: wittpoth@uni-wuppertal.de

ANHANG

Erklärung zum 17. Kongress der DGfE
Erziehungswissenschaft, Demokratie und Rechtsextremismus
Göttingen, 21.09.2000

Rechtsextremistische, ausländerfeindliche und rassistische Tendenzen haben in den letzten Monaten eine politische Debatte über Ursachen, Folgen und Gegenstrategien ausgelöst. Verbotsforderungen und Appelle an die Zivilcourage der Bürger sollen Handlungsbereitschaft demonstrieren, können jedoch die politische Hilflosigkeit nicht verdecken.

Von Seiten der Politik wird der Eindruck erzeugt, es handele sich um ein völlig neues Problem. Tatsächlich haben wir es – wie zahlreiche sozial- und erziehungswissenschaftliche Studien belegen – seit 20 Jahren und verstärkt seit der deutschen Vereinigung mit der Zunahme und gesellschaftlichen Verankerung von rechtsextremer Ideologie und Praxis zu tun, die allzu lange von der Politik verharmlost worden sind. Nicht eingestanden wurde die damit verbundene massive Bedrohung von Menschenrechten und Grundrechten in der Bundesrepublik Deutschland.

Als Erziehungswissenschaftlerinnen und Erziehungswissenschaftler haben wir eine besondere Verantwortung, in die Debatten einzugreifen. Weil wir fachlich zuständig sind für Bildungsfragen und Lebenschancen der jungen Generation, müssen wir die Öffentlichkeit darauf hinweisen, dass es sich bei Rechtsextremismus und Gewalt gegen Fremde nicht primär um ein Jugendproblem handelt. Vielmehr treffen Jugendliche bei weiten Teilen der Bevölkerung, auch bei manchen politisch Verantwortlichen, auf ein Klima, das durch extreme Anschauungen und Feindlichkeit gegenüber „Fremden" gekennzeichnet ist – und zwar nicht erst neuerdings. Sie können sich dadurch in fremdenfeindlicher Haltung und Gewaltexzessen geduldet, verstärkt, wenn nicht gar ermuntert fühlen. Die politische Sphäre ist also zunächst uns allen Rechenschaft darüber schuldig, wie und warum sie zu diesen Entwicklungen beigetragen hat.

Da kurzschlüssiger, blinder Aktionismus kein Mittel ist, den beklagenswerten Zustand zu beenden, bietet die Erziehungswissenschaft ihre Mitwirkung an der Problemlösung an.

In der Lehre muss stärker, als dies in der Vergangenheit der Fall war, das Ziel verfolgt werden, die Studierenden mit den Konsequenzen vertraut zu machen, die die wachsende Pluralität und Heteroginität der Bevölkerung

Deutschlands mit sich bringt. Studierende müssen reflexive Fähigkeiten erwerben, die es ihnen ermöglichen, den ihnen anvertrauten jungen Menschen dabei zu helfen, anders als gewaltförmig mit Verschiedenheit, mit Ungewissheiten und Zukunftsangst umzugehen.

In pädagogischer Beratung und Begleitung von Institutionen – von der Offenen Jugendarbeit über die Schule bis hin zum Betrieb – müssen präventive Maßnahmen verstärkt werden. Strafen allein tragen vielleicht zur Unterdrückung unerwünschter Haltungen und Handlungen bei – nicht aber zur Aneignung von reflexiven und aufgeklärten Verhaltensweisen anstelle von Gewalt und Haß.

In diesem Sinne werden wir auch die begonnene erziehungswissenschaftliche Forschung fortsetzen. Wir möchten als Erziehungswissenschaftlerinnen und Erziehungswissenschaftler, als Bürgerinnen und Bürger dieses Staates dazu beitragen, dass die deutsche Gesellschaft den Herausforderungen des Rechtsextremismus und der Fremdenfeindlichkeit auf eine Weise begegnet, die nachhaltige Wirkung hat und die zur Stärkung der demokratischen Grundprinzipien dieses Landes beiträgt.

Verantwortlich im Sinne des Pressegesetzes
Prof. Dr. Ingrid Gogolin
Universität Hamburg, Fachbereich Erziehungswissenschaft,
Von-Melle-Park 8, D-20146 Hamburg